빌리 월터스

겜블러

Gambler

빌리 월터스_겜블러

초판 1쇄 발행 2024년 3월 31일

지은이	빌리 월터스
옮긴이	김재서
발행처	예미
발행인	황부현
편 집	박진희
디자인	김민정

출판등록 2018년 5월 10일(제2018-000084호)

주소 경기도 고양시 일산서구 강성로 256 B102
전화 031)917-7279   **팩스** 031)911-5513
전자우편 yemmibooks@naver.com
홈페이지 www.yemmibooks.com

ⓒBilly Walters, 2023

ISBN 979-11-92907-36-9 03690

위험한 삶에서 얻은 비밀

빌리 월터스 지음 | 김재서 옮김

겜블러

빌리 월터스

Gambler

예미

항상 변함없이 나를 믿어준 준 수잔에게
그리고 나를 바르게 키워주신 할머니께

골프전문기자로 『빌리 월터스_겜블러』를 읽게 된 건 순전히 필 미켈슨 때문이었다. 미켈슨이 욕을 먹으면서도 사우디아라비아 후원의 LIV 골프로 옮긴 건 스포츠 베팅으로 진 빚을 갚기 위해서라는 보도가 나왔고 이를 가장 잘 아는 사람이 빌리 월터스이기 때문이다. 월터스는 오랫동안 미켈슨의 스포츠 베팅 파트너였다. 월터스가 책을 쓴다니 어찌 안 볼 수 있을까.

월터스는 주식 내부자 거래로 3,200만 달러 수익을 얻은 혐의로 유죄 판결을 받고 31개월을 복역했다. 그는 책에서 "내부자 거래가 아니어서 나는 무죄다. 반면 미켈슨은 그 회사에 투자했고, 명백한 범죄인 돈세탁도 했는데 빠져나갔다"고 했다. 월터스는 미켈슨이 혼자 살려고 진실을 얘기하지 않았다고 생각한다.

월터스는 자신의 억울함을 호소하고 미켈슨의 이중성을 고발하기 위해서 펜을 든 것 같다. 그러나 저자는 마음을 고쳐먹었다. 미켈슨에 대한 얘기도 일부 있지만, 그는 책의 대부분을 각종 중독으로 어려움을 겪는 사람들을 위한 내용으로 채웠다.

월터스라는 인물은 미켈슨 못지않게 흥미롭다. 그의 인생은 영화 같고 책은 술술 읽힌다. 그는 불우한 환경에서 자라 어릴 때부터 술과 도박 등 각종 중독 속에 살았다. 강도의 차 트렁크에 갇히는 등 죽을 고비도 여러 번 넘겼다. 그러나 이를 이겨냈고 자신이 중독에 빠졌던 분야 중 하나인 스포츠 베팅을 과학적으로 분석해 최고 전문가가 됐다. 그는 '스포츠 베팅의 마이클 조던'이라는 평가를 받는다.

월터스는 책에서 자신의 스포츠 베팅 노하우를 공개했다. 그는 "이 책을 쓰지 않았다면 2,000만 달러를 받더라도 나의 베팅원칙을 공개하는 일은 절대로 없었을 것"이라고 했다.

그는 일반인들은 스포츠 베팅에서 장기적으로 큰 손실을 볼 수밖에 없는데 자신은 이러한 구조적 한계를 극복할 수 있는 특별한 베팅 방식을 개발해 큰 성공을 누렸다고 했다.

책은 팀과 선수에 대한 핸디캡핑, 홈경기장의 이점, 각 팀의 공격성, 부상, 잔디 상태, 이동 거리, 경기 간격, 날씨 등 경기에 영향을 미치는 요소 등을 설명한다. 아직 주먹구구식인 국내 스포츠의 경기 결과 예측이 발전할 수 있는 좋은 노하우를 알려준다. 스포츠 베팅을 하지 않더라도 어떤 팀이 경기에서 유리할지를 알 수 있는 인사이트를 제공한다.

- **성호준** 중앙일보 골프전문기자

겜블을 통해 가장 돈을 많이 번 사람을 찾아보면 토니 블룸, 빌 벤터, 에드워드 소프, 엘런 우즈, 젤리코 라노가예츠, 데이비드 월시 그리고 빌리 월터스의 이름이 보인다. 이들이 겜블을 정복하여 수천억 원에서 수조 원에 가까운 재산을 쌓아나간 비결에는 공통점들이 있다. 하나같이 수학과 통계를 곧잘 했으며 애초에 겜블의 결과를 운명의 대상이 아닌 계산 가능한 영역으로 접근하였다. 하지만 오직 빌리 월터스만큼은 시작점이 다른 이들과 전혀 달랐다. 성공한 베터들이 가지고 있는 냉철함이 빌에게는 전혀 없었다. 그는 마치 맹수처럼 베팅에 달려들었으며, 경마, 포커, 골프, 당구에 이르기까지 모든 것에 베팅을 거는 심각한 도박 중독자였다. 심지어 동전 던지기 내기를 하다가 집을 잃기도 하였으며 수많은 파산을 하기도 했다.

여기까지만 본다면 빌리는 그저 도박에 미쳐 인생이 망한, 수많은 도박 중독자의 모습과 다를 바 없다. 그러나 현재 그는 스포츠 베팅의 마이클 조던이라고 불리며, 40년 가까이 스포츠 베팅으로 매해 돈을 벌었으며, 수천억 원의 재산을 보유하고 있다. 켄터키의 무일푼 도박 중독자가 지금의 모습으로 변모할 수 있었던 데에는 먼저 그를 개과천선 시켜준 세 번째 부인인 수잔의 역할이 컸다. 또한 그를 단순한 도박꾼에서 통계에 기반한 과학적 베터로 탈바꿈하게 해준 라스베이거스 스포츠 베팅의 전설인 '컴퓨터 그룹'의 설립자 마이클 켄트와의 인연이 크다. 특히나 컴퓨터 그룹은 현대 과학적인 스포츠 베팅의 초석을 마련한 그룹임에도 불구하고 자세한 이야기를 들을 기회가 거의 없었는데, 라스베이거스에서 그들과 함께 전설을 만들어간 빌리 월터스 본인이 『빌리 월터스_겜블러』를 통해 당시 상황을 생생하게 풀어낸 점은 매우 흥미롭다.

이제 빌리는 더 이상 마구잡이로 베팅하지 않는다. 지구상에서 가장 뛰어난 전문성을 가진 사람들을 모아 스포츠 베팅을 연구하는 팀을 구성하고, 그들을 통해 데이터를 수집한 후, 객관적인 승률을 예측하여, 150개 이상의 다양한 경기를 동시에 베팅한다. 경기에 영향을 미치는 부상자 현황, 잔디 상태, 디비전 매치 여부, 이동 거리, 연속 원정경기, 온도 차, 눈과 비 등 수집할 수 있는 모든 정보를 수집하여 승률을 계산한다. 빌리 본인이 수많은 파산 그리고 수십 년간의 연구 및 실전을 통해 배운 핸디캡, 베팅 전략, 자금 운용이라는 성공적인 스포츠 베팅의 핵심 노하우를 이 책을 통해 꽤 자세하게 설명해 준다. 이는 비단 스포츠 베팅뿐만 아니라 모든 분야의 투자에 적용되는 철학이기에 매우 가치가 있다.

사실 빌리 월터스뿐만 아니라 수십 명의 전문가가 팀을 이루어 철저하게 데이터와 통계를 기반으로 스포츠 베팅을 하는 '베팅 조직'은 미국뿐만 아니라 영국과 호주 등에서는 보편화되었다. 그들의 형태는 갬블러라기보다는 전문적인 펀드 매니저에 가까울 정도이며, 매해 엄청난 액수의 돈을 벌고 있다. 아직 합법적인 스포츠 베팅 시장도 매우 작고 그 인식도 부정적인 국내에서, 본 책을 계기로 여러 독자가 글로벌 스포츠 베팅 그룹들은 얼마나 전문적이고 체계적으로 움직이는지 알 수 있는 계기가 되었으면 한다.

- **이현열** 유튜브 '헨리의 퀀트대학' 운영자 /
KAIST, 한양대학교 겸임교수

CONTENTS

2017년 10월 11일

새벽 2시, 잠은 희미한 추억이 된 채 떠나고 말았다. 나는 얇은 매트리스에 누워 아래로 푹 꺼진 이층침대의 바닥을 바라보고 있다. 공기는 트럭 정류장 화장실처럼 악취를 풍긴다. 작은 방은 원래 해군 비행단 4인용 막사였지만, 지금은 열 명의 재소자로 가득 차 있다. 낯선 펜서콜라 연방교도소에서 보내는 첫 밤이다.

훗날 동료 수감자들은 그날의 내 표정을 마치 '갑자기 발가벗겨져서 충격받은 사람의 모습'이라고 표현하기도 했다. 그날, 나는 이전과는 완전히 다른 시간과 공간으로 떠난 것처럼 느껴졌다. 내 마음속에는 단 한 가지 생각만이 머물러 있었다.

도대체 어쩌다가 일흔한 살의 나이에 여길 들어온 거지?

답은 간단했다. 10건의 내부자 정보를 이용한 주식 거래 혐의로 유죄 판결을 받았기 때문이다. 수감생활 전문 컨설턴트는 나에게 캘리포니아주 베이커스필드 인근의 태프트 교도소와 플로리다주 팬핸들에 있는 펜서콜라 연방교도소 등 두 곳을 추천했다.

태프트 교도소는 지역에 공해가 심해서 제외했다. 반면, 펜서콜라는 루이빌에 있는 아내 수잔의 집과 멀지 않아 면회를 오가기가 편할 것 같았다. 펜서콜라는 또한 RDAP^{주거용 약물 오남용 프로그램}를 운영하고 있었는데, 과거 술과 관련한 나의 이력으로 볼 때 나도 이 프로그램에 참여할 자격이 있었다. 만일 내가 9개월간의 이 프로그램을 성공적으로 이수하면 5년의 형기 가운데 1년을 감면받을 수 있을 것이다. 인근의 온화한 기후와 걸프 해안에서 불어오는 산들바람도 내가 펜서콜라를 선택한 이유였다.

그것은 큰 실수였다.

내가 교도소에 입감 신고를 준비하고 있을 때 허리케인 네이트가 빠르게 이동하며 걸프 해안을 강타하고 있었다. 수잔과 나는 켄터키에서 너무 늦게 출발하면 화요일 아침까지 해야 하는 입감 신고를 못할지도 모른다고 생각했다.

우리는 여유 있게 토요일에 펜서콜라에 도착해서 한 호텔에 묵었다. 허리케인 네이트는 성난 바람을 휘몰아쳤고, 수잔과 나는 방에 웅크리고 앉아 밤을 보냈다. 드디어 화요일 아침, 우리는 잠에서 깨서 잠시 멍하게 앉아 있었다.

수잔은 교도소 문 앞에서 차마 입이 떨어지지 않는 듯 아무런 말도 못 했고, 우리는 서로 껴안고 키스를 했다. 나는 그녀의 두려움을 덜어주기 위해 무슨 말이라도 해야 했다.

"내 걱정할 필요는 없으니 당신만 잘 지내면 돼."

"내 걱정은 하지 말아요. 난 잘 지낼 거예요."

오전 6시를 조금 넘긴 시각에 나는 작은 가방 하나만 손에 들고 펜서콜라 연방교도소의 사무실로 들어섰다.

"윌리엄 월터스입니다. 입감 절차를 밟으러 왔습니다."

그 방은 교도소 전체를 운영하는 통제실이었다. 어떤 교도관이 마치 성난 개 한 마리가 짖는 것 같은 거친 말투로 "거기 서 있으시오!"라고 말했다. 꽤 긴 시간 동안 서 있었더니 또 다른 교도관이 나타나서 말했다. "밖에 나가서 서 있어요."

얼마 지나지 않아 깨닫게 된 사실이지만 밖에서 보는 펜서콜라 교도소의 고즈넉한 외관은 그저 신기루 같은 것이었다. 아늑한 예배당 같은 외관과 대학의 캠퍼스 같은 모습은 교도소의 실상을 가려주는 잔혹한 허상이었다. 입감 과정은 철저하게 비인간적이었고, 단일한 메시지를 분명하게 전달하기 위해 설계되었다.

그 메시지란 '이제 당신의 삶은 당신 것이 아니다.'라는 것이었다.

그렇게 7시 반까지 혼자 서있으니, 그린이라는 교도관이 내게 다가왔고 입감 절차가 시작되었다. 아니 시작되었다기보다는 시도되었다고 하는 편이 정확할 것 같다. 그린 교도관은 새로운 전자지문등록기를 사용하는 법을 잘 몰라 이렇게도 해보고 저렇게도 해보더니 에어컨 바람이 너무 센 감방에 나를 놔둔 채 나가버렸다. 나는 계속 기다려야 했다. 마침내 오후 2시가 되었을 무렵, 그는 구식 지문등록기를 들고 나타났다.

이어서 나는 갬블이라는 여성 교도관에게 넘겨졌다. 그녀는 이후

31개월 동안 나의 상냥한 상담자가 되어준 사람이었다. 그녀는 따뜻한 말투로 내게 뭘 좀 먹었느냐고 물어보았다. 나는 아무것도 못 먹었다고 말했고, 그녀는 식당으로 가더니 먹을 것을 좀 챙겨 왔다. 그때 그녀가 가져다준 음식이 정확하게 뭔지는 기억이 나지 않는다. 처음 맛본 교도소 음식은 입맛이 싹 달아나게 할 만큼 고약했다.

이어서 나는 세탁장으로 가서 락이라는 재소자로부터 셔츠, 바지, 티셔츠 등 5가지로 된 녹색 죄수복 한 세트를 받았는데, 앞굽이 금속으로 처리된 신발은 발에 잘 맞지 않아서 너무 불편했다. 신발이 발에 꼭 끼다 보니 첫날부터 발톱이 빠져서 양말이 피로 물들 정도였다.

세탁소 방문 후 나는 캠블 교도관에게 돌아갔다. 우리는 계단을 걸어서 무너질 듯한 붉은 벽돌 건물의 꼭대기 층인 3층의 C동으로 올라갔다. C동의 최대 수용인원은 200명이었고, 감방 하나에 10~12명이 수용되어 있었다. 마찬가지로 최대 수용인원이 200명인 B동은 한 층 아래에 있었다. 그리고 1층은 통제소라고 불리는 교도소의 사무공간이었고, A동은 별도의 옆 건물에 있었는데 B, C동과는 다른 구조였고, 275명보다 조금 더 많은 인원을 수용할 수 있었다.

B동과 C동의 감방 구조는 똑같았다. 대여섯 개의 이층침대와 개인 물품을 보관할 수 있는 작은 사물함이 전부였다. 그리고 가운데는 감방의 모든 죄수가 함께 둘러앉을 수 있는 바닥에 고정된 테이블이 있었다. 벽에는 군데군데 검은 곰팡이 얼룩이 보였다. 복도 아래쪽에는 6개의 세면대와 커튼이 쳐진 샤워실 그리고 2개의 화장실이 있었다. 화장실에는 소변이 강물처럼 흐르고 있었다. 분뇨와 썩은 음식 냄새가 공기를 더럽혔다.

자료에 따르면, 펜서콜라 교도소는 유명한 미 해군 시범 비행대대인 블루엔젤스의 본부기지에 소속된 최소보안등급의 연방교도소이다. 펜서콜라는 플로리다의 주도인 탤러해시에서 282km 정도 떨어져 있고, 앨라배마주의 모빌에서는 동쪽으로 97km 정도 떨어져 있다. 펜서콜라는 고운 모래 해안과 해변에 늘어선 각종 식당과 바 등으로 여행자들에게는 더 없이 매력적인 도시로 알려져 있다.

그러나 좀 지내보면, 이 지역은 제트 연료가 녹아든 듯한 공기와 뼛속까지 파고드는 겨울바람, 시도 때도 없이 내리는 비, 미국에서 최악인 식수 등 결코 좋은 환경이 아니라는 것을 알게 된다.

2009년, 포브스는 펜서콜라 교도소를 미국에서 가장 수감 환경이 '끝내주는' 교도소 랭킹 2위에 선정했다. 납세자의 세금으로 화이트칼라 범죄자들이 골프나 수영까지 즐길 수 있는 호화판 교도소라는 의미였다. 포브스의 보도 내용이 사실이라면, 그 보도가 있고 난 뒤 내가 입감될 때까지 불과 몇 년 사이에 교도소가 거짓말처럼 바뀌었다고밖에 말할 수 없다.

1940년대에 지어진 건물은 무너지기 직전인 듯 보였고, 실제로 부식되어 무너진 부분도 있었다. 에어컨 바람이 매우 강해서 한여름에는 지내기 나쁘지 않았지만, 나머지 계절에는 마치 북극에서 사는 것 같았다. 플로리다 북부의 밤 기온은 겨울에는 영하 7도까지 내려간다. 나를 포함한 재소자들은 얼어 죽지 않으려면 흔히 땀복이라고 불리는 보온용 바지와 셔츠, 티셔츠는 물론 장갑까지 따로 사야 하고, 밤에는 담요를 뒤집어쓰고 자야 했다.

둘째 날에는 더 심각한 일을 만났다. 교도소 주치의인 루이스 베리어스 박사가 나의 오랜 주치의가 처방한 약의 목록을 검토하더니 그 가운데 일부 약의 복용을 금지했다. 또 세 번에 걸친 어깨 수술로 생긴 고통을 덜어주기 위한 소염제를 다른 약으로 대체 했는데, 그로 인해 나는 심한 복통을 겪어야 했다.

베리어스 박사 때문에 겪지 않아도 되어야 할 복통을 겪어야 했지만, 그는 작은 신발로 인해 겪었던 발의 고통은 크게 덜어주었다. 내 발톱이 빠진 이유를 바로 알아차리고 더 부드러운 신발로 바꿀 수 있도록 조치를 해준 것이다.

식사를 위해 처음 구내식당에 들어선 나는 다른 재소자들과 떨어진 자리에 앉았다. 접시 위에 담긴 정체가 불분명한 음식을 응시하고 있는데, 근처 테이블의 재소자가 나를 불렀다.

"윌리엄, 이리 와서 함께 앉아요."

그의 이름은 루이 둘루크였는데 사람들은 그를 루이라고 불렀다. 그는 도미니카공화국의 부유한 집에서 자라났고, 부모는 모두 의사였다. 물리치료 및 재활 관련 회사를 운영하고 있던 그는 자신의 회사가 자행한 대규모 불법행위에 중요한 역할을 했다는 이유로 2014년 12월에 11년 형을 선고받았다. 나는 루이가 이곳의 내부 사정을 잘 알고 있는 것 같아서 이것저것 물어보기 시작했다.

"여기서 무슨 일을 하며 지내게 되나요?"

"어떻게 하면 노역장에서 편하고 좋은 작업을 배정받을 수 있나요?"

"매점은 어떻게 이용하나요?"

루이는 펜서콜라 교도소에서 거의 3년을 보냈기 때문에, 모든 질문에 대한 답을 여러 각도에서 해줄 수 있는 사람이었다.

내가 루이를 다시 만났을 때, 그는 내가 윌리엄이 아닌 다른 이름으로 소문이 났고 평판도 좋다고 말했다.

"윌리엄. 사람들이 당신을 빌리라고 부르나요?" 루이가 물었다.

나는 희미하게 미소를 띠며 대답했다. "친구들이 그렇게 부르지요."

돌이켜 보면 나의 삶은 불과 생후 18개월밖에 안 되었을 무렵부터 정상적인 궤도에서 이탈했다. 아버지는 마흔한 살의 나이에 돌아가셨고, 스물다섯 살의 어머니는 자식들을 버리고 가출했다. 그리고 나를 포함한 3명의 어린아이는 각기 흩어져 친척들에게 맡겨졌다.

나의 삶이 정상적인 궤도로 복귀하는 데는 수십 년이 걸렸다. 10대부터 40대 초반까지 나는 항상 삐딱한 삶을 살면서도 그것을 은근히 자랑스럽게 여겼다. 술에 빠져 살았고, 담배도 엄청나게 피웠으며, 심각한 도박중독자였다. 나는 당구, 카드게임, 골프 등 온갖 사행성 게임을 하면서 늘 부적절한 행동을 하는 사람들과 몰려다녔다. 나는 스스로 삶을 위험에 빠뜨렸고, 하루하루는 롤러코스터 같은 부침의 연속이었다.

열일곱 살에 처음으로 결혼이라는 것을 했다. 1년 후에 나는 아버지가 되었고, 스물세 살 때는 내가 사랑하기는 했지만 잘 알지도 못했던 세 아이를 데리고 두 번째 결혼을 했다.

한참 거칠게 도박에 빠져 살던 어느 날, 나는 총으로 위협을 받아 자동차 트렁크에 갇혔고, 거의 알아볼 수 없을 정도로 얻어맞았다. 며칠만에 다행스럽게도 나는 혼수상태에서 깨어났고, 혼미해진 정신 속에서 한 줄기의 빛이 휙 지나가는 것을 느꼈다.

"더 이상 이렇게 살아서는 안 된다. 살아가는 방식을 통째로 바꾸지 않으면 나는 죽은 목숨이나 다름없다."

나는 마흔두 살에 술과 담배를 완전히 끊었다. 그러나 내가 제일 잘한 일을 꼽으라면 뭐니 뭐니 해도 세 번째 아내와 결혼한 것이다. 나와 46년을 함께 지내는 동안, 내가 가장 심하게 망가졌을 때조차도 나를 향한 아내 수잔 월터스의 신뢰는 조금도 흔들리지 않았다. 우리가 처음 만났을 때는 내가 가장 암울한 상황에 있던 시기였다. 나는 파산했고, 이혼한 알코올 중독자였으며, 어린 아들은 뇌종양 말기라는 판정을 받았을 무렵이었다.

수잔은 내가 더 나아지도록 끊임없는 영감을 불어넣어 준 여인이었다. 돌이켜보면 나의 가장 친한 친구였고, 나를 오늘날의 모습으로 바꾸는 데 결정적인 역할을 해준 사람이었다. 그녀를 만나면서 나는 사랑받는 남편 그리고 아버지 역할을 제대로 감당할 수 있을 정도로 성숙해졌다.

나의 변화는 하루 아침에 이루어진 것은 아니다. 대략 10~20번쯤 뒤로 자빠지는 것 같은 좌절을 겪었다. 그러나 나는 기어이 치명적인 약점인 여러 중독 성향을 극복하면서 최고의 스포츠 베터이자, 기업가, 투자자, 자선가 그리고 무엇보다도 괜찮은 아버지이자 남편이 되었다.

나는 여전히 베팅을 하지만, 철저하게 사업적인 차원에서 엄격한 원칙을 가지고 한다. 카지노는 아예 출입하지 않는다. 나의 베팅 대상은 풋볼이나 골프 등 다양한 종목의 스포츠 경기이다. 미국의 스포츠 전문 케이블 TV 채널인 ESPN부터 「식스티미니츠60 Minutes」 같은 시사 프로그램에 이르기까지 수많은 대중 매체들이 나를 역사상 최고의 스포츠 베터로 꼽고 있다. 나는 순간적인 충동이나 특정 팀에 대한 충성심에 따라 베팅하거나 이발소에서 우연히 귀동냥하여 알게 된 정보에 의지해서 돈을 걸지 않는다. 나는 베팅을 위해 최고로 정교한 연구를 진행하고 있고, 나를 돕는 최고의 전문가로 구성된 소수의 연구진을 거느리고 있다.

나는 단순한 도박꾼이 아니다. 스포츠 베팅뿐 아니라 주식 투자와 또 다른 사업의 영역에서 수억 달러의 수익을 올리는 사업가이다. 베팅에서 벌어들인 돈으로 몇 개의 기업을 설립하여 주거용 부동산들과 상업적 부동산들을 개발하고, 13개의 골프장과 22개의 자동차 대리점을 운영하고 있다.

아이러니하게도 나는 사업을 하면서 여섯 차례 고발을 당했으나, 켄터키에서 불법도박업과 관련하여 유죄 판결을 받은 것을 제외하면 모든 재판에서 이겼다는 것이다. 나는 이미 70대였고, 나름 깨끗하고 정의로운 존재라고 자부해 왔다. 그러나 2011년, 나를 향한 멋진 찬사로 가득 찬 「식스티미니츠」의 마지막 1분의 내용을 꼬투리 삼아 미국 증권거래위원회가 쏜 단 한발의 총탄에 맞아 모든 것이 엉망이 되어버렸다.

훌륭한 인터뷰의 말미에 나온 나의 짧은 독설이 나를 27년간 추적해 온 연방검사들을 포함하여 월가를 좌지우지하는 강력한 세력들을 자극했던 것은 의심할 여지가 없다. 증권거래위원회가 나를 고발했고, FBI가 조사에 나섰고, 법무부가 기소했으며, 미국 국세청IRS 산하의 글로벌고부가산업그룹Global High Wealth Industry Group의 감사를 받았다. 이

조직은 국세청 내의 '부자 전담반'이라고 불리는 조직이었다.

나를 단순히 교도소에 가두는 정도가 아니라 아예 매장하려고 혈안이 되어 있었던 자들에 의해서 물어뜯기고 고통을 당했다고 말할 수 있다.

법무부는 내가 도박과 술에 빠져 건달들이나 사기꾼들에 둘러싸여 하루하루를 보낼 때는 나를 건드리지도 않았다.

나는 마피아인 토니 스필로트로 등 흉악하기 짝이 없는 자들에 맞서서 질풍노도의 시절을 보냈을 당시에도 체포된 적이 없었다.

내가 범죄자로 낙인찍힌 것은 월가의 전설이라 불리는 주식투자자인 칼 아이칸이나 프로골퍼인 필 미켈슨, 댈러스 지역의 유명인사인 톰 데이비스 그리고 딘 푸드Dean Foods: 미국의 유가공 음료 회사의 이사진과의 관계 때문이다.

지금 언급한 세 명 가운데 내가 아직도 존경하는 사람은 칼 아이칸 한 사람뿐이다. 필 미켈슨에 관해서는 뒤에 좀 더 이야기할 것이 있다. 결론부터 말하자면, 그가 나의 재판에 증인으로 나서서 내가 그에게 제공한 정보들이 이미 대중에게 공개된 정보였다는 사실을 솔직하게 증언해 주기만 했다면, 쥐가 들끓는 펜서콜라 교도소 근처에도 갈 일이 없었을 것이다.

사실대로 말하자면, 필 미켈슨은 내가 만났던 그 누구보다도 도박을 좋아하는 사람이었다. 웬만큼 세계적으로 유명하고 대단한 도박꾼들을 거의 다 알고 있는 내가 보기에도 말이다. 그가 얼마나 스포츠 베팅을 좋아했는지를 설명해 주는 일화 하나를 소개하자면, 그는 2012년 8월, 시카고 외곽의 메디나 컨트리클럽에서 내게 전화를 걸어 깜짝 놀랄 만한 요청을 했다. 그는 곧 열릴 제39회 라이더컵에서 자신이 참가하는 미국대표팀이 유럽팀을 이긴다는 쪽에 40만 달러를 걸어보라는 것이다.

나는 다른 사람들과는 전혀 다른 방식으로 생각한다는 사실을 먼저 이야기하고 싶다. 내 두뇌는 한시도 쉬지 않는다. 인내심은 그리 크지 않고, 누군가가 나를 자극하면 겁을 먹을 수도 있다. 이러한 변덕스러움으로 득보다는 실이 많았다. 다른 사람들도 마찬가지겠지만, 나도 이러한 성격 때문에 적이 몇 명 생겼다.

나는 결국 고등학교조차 제대로 졸업하지 못했지만, 거리에서의 거친 생활을 통해서 더 많은 것들을 배웠다. 그러나 스스로 나름 똑똑하다고 생각했음에도 불구하고, 내가 인생을 살면서 몇 번이나 빈털터리가 되었는지 아는가?

이 책을 쓰는 지금, 나는 76세가 되었다. 이 책에서 독자들이 만나게 될 등장인물 가운데는 짐 댄디Jim Dandy나 퍼기Puggy, 사지Sarge, 트리탑Treetop, 캐비지Cabbage 그리고 텍사스 돌리Texas Dolly 등의 별명으로 알려진 마틴 스코세이지 영화의 유명 무명의 출연진들과 전직 카지노 황제이자 내 평생의 숙적이기도 한 스티브 윈Steve Wynn도 있다.

나는 이 책을 통해 깨달음과 즐거움 그리고 교훈을 줄 수 있는 몇 가지 이야기를 공유하고 독자들이 지금까지 접하지 못했던 정보들도 알려주고 싶다. 어떤 이야기는 누군가에는 불편할 수 있을 것이다.

내가 무슨 말을 할지 아시나요?

내 고향 켄터키의 자랑이기도 한 무하마드 알리가 자신의 자서전 『가장 위대한 무하마드 알리』에 있는 바로 그 이야기이다.

　나는 파이터다.
　나는 눈에는 눈이라는 법칙을 믿는다.
　나는 한쪽 뺨을 맞고 반대쪽 뺨까지 내어주는 짓은 하지 않는다.
　나는 당하고도 반격하지 않는 자를 조금도 존경하지 않는다.
　만일 네가 내 강아지를 죽이면, 너의 고양이를 빨리 숨기는 게 좋을 것이다.

　그러나 한 가지 분명히 해 둘 것이 있다. 복수심 때문에 이 책을 쓰는 것은 아니라는 것이다. 내가 몇 년에 걸쳐서 이 책의 집필에 매진해 온 것은 세 가지 이유 때문이다.
　첫째, 뭔가에 대한 중독에 빠져 고생하는 사람들을 보다 나은 삶으로 이끌고 싶다. 내가 살아온 이야기가 그들에게 도움이 될 것이라고 확신한다. 생을 포기하려는 사람들도 있을 것이고, 거친 환경 속에서 자라났을 수도 있다. 고아로 자라났을 수도 있다. 나는 그러한 이들에게 역경을 극복하고 성공해야 하는 이유와 길을 제시해 주고 싶다.
　둘째, 나를 31개월 동안 연방 교도소에 수감하게 만든 중범죄 유죄 판결에 대한 모든 진실을 밝히기 위해서다. 연방 검찰이 FBI의 고위 요원들과 공모하여 수십 년 동안 나를 불법도박 혐의로 수사한 후, 내부자 거래 혐의를 씌운 방법을 설명할 것이다. 그들이 나를 쫓는 과정에서 어떻게 법을 어기고, 잘못을 은폐하고 거짓말을 하다가, 잡히고 나서야 범죄를 인정했는지 설명할 것이다.

셋째, 스포츠 베팅에 대한 나의 비밀스러운 노하우를 공유하고 싶다. 내가 스포츠 베팅으로 큰 성공을 거두게 해준 가중치부여 방식, 베팅, 자금 관리 시스템을 공개할 수 있는 범위까지 최초로 공개하는 것이다. 프로 겜블러는 물론 재미로 스포츠 베팅을 즐기는 사람이나 제법 규모가 큰베터들에게 조금이나마 유리한 결과를 줄 수 있는 나만의 영업비밀을 공개하려는 것이다.

나의 인생철학은 간단하다. 빈손으로 와서 빈손으로 떠난다. 그러므로 잡을 모든 기회를 잡아서 다른 이들에게 영감을 줄 수 있는 유산을 남겨야 한다. 세상이 끝나는 날, 여러분은 당신 자신과 창조주만큼은 절대 속일 수 없다. 여러분은 당신이 살아온 방식과 봉사자로 사는 삶에 얼마나 충실했는지에 따라 심판을 받게 될 것이다. 이러한 기준으로 내 삶을 감히 판단하자면, 오랫동안 나는 빛나는 모범이 되지 못했다. 하지만 나는 성자보다 죄인의 삶을 연구함으로써 더 많은 것을 배울 수 있다고 굳게 믿는다.

내 인생 이야기를 읽고, 여러분도 나와 같은 마음이 들었으면 좋겠다.

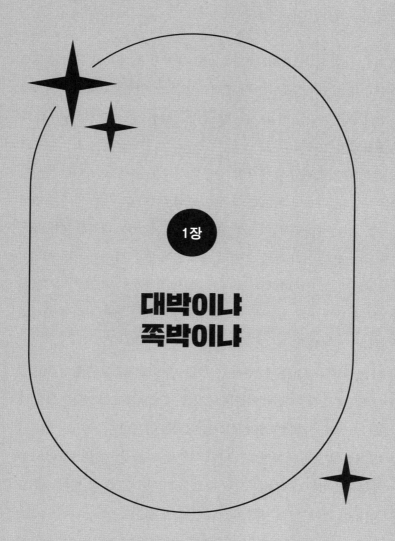

1장

대박이냐
족박이냐

미국 서부 시간으로 새벽 5시 30분, 대학 풋볼 경기로 붐비는 토요일이다. 나는 집무실에서 가장 정교한 스포츠 베터와 핸디캡 분석가들만이 이해할 수 있는 색상, 사각형, 숫자로 깜박이는 세 개의 컴퓨터 화면 앞에 앉아 있다.

흰색 사각형, 붉은색 사각형, 검은색 사각형, 플러스, 마이너스 숫자들이 보인다. 화면에 떠 있는 도시나 주의 이름들은 오늘 경기가 벌어질 곳들이다. 볼티모어, 디트로이트, 댈러스, 켄터키, 미시간 미네소타, 텍사스 등 화면 여러 곳에 오늘 경기가 벌어질 두 팀의 이름이 짝지어 표시되어 있고, 북메이커bookmaker : 스포츠 경기의 배당률을 설정하는 단체, 개인들이 작성한 숫자가 적혀 있는데 이는 두 팀 간의 예상 전력 차이와 예상되는 결과를 의미한다.

나는 새벽 4시 30분에 일어나서 오늘 벌어질 게임들을 확인하고 결과 예측치를 조정한다. 이 예측치 조정은 지구상 최고의 전문가들이 개발한 시스템에 가장 정교한 데이터를 입력한 결과이다.

내 책상의 오른편 화면에는 나의 예측과 시중에서 전문가들이 내놓은 예측과의 차이가 큰 경기들이 따로 정리되어 있고, 각 팀의 전력도 수치화되어 있다. 나의 예측치와 포인트 스프레드points spread : 두 팀의 실력 차이를 고려하여 북메이커가 설정하는 핸디캡으로 베팅의 균형을 맞추기 위해 사용된다. 간의 차이가 클수록 나의 베팅액수도 커질 것이다.

나의 베팅액수는 다양하다. 대학 농구의 경우 시즌 초기에는 8천 달러 정도의 소액을 걸기도 하고, NFL 플레이오프 경기쯤 되면 300만 달러를 베팅하기도 한다.

이따금 펜과 마우스패드, 작은 사탕, 박하 등이 어지럽게 널려진 책상 위에서부터 내 앞에 있는 컴퓨터 화면의 어지러운 기호들까지 물끄러미 바라보기도 한다. 이곳은 전 세계 스포츠 시장을 다루고 있는 40여 권의 서적들이 있는 곳이고, 매일 새롭게 입수되는 최신 정보가 모두 모이는 장소이다.

여기서 내가 볼 수 있는 데이터들 가운데는 포인트 스프레드의 최신 수치, 전 후반 합계표, 날씨 정보, 부상선수 정보, 경기 시작 시간 등이 모두 포함되어 있다. 이 모든 데이터는 시시각각 바뀌고 있고, 내용이 바뀔 때마다 데이터 상자가 흰색으로 바뀌었다가 잠시 붉은색으로 변했다가 다시 검은색으로 돌아온다.

왼쪽의 컴퓨터에는 그날 열린 대학 풋볼 경기가 모두 표시되어 있다. 가운데 컴퓨터 스크린에는 왼쪽과 마찬가지로 그날 열릴 대학 농구 경기가 한 화면에 정리되어 있다. 오른쪽 화면에는 오늘 열릴 NBA 경기와 내일 열릴 NFL 경기 일정이 떠 있다.

지금부터 18시간 동안, 나는 밥 먹는 시간과 화장실 갈 때 빼놓고는 자리에서 일어나지 않을 것이다. 이 작은 공간에서 나는 150개 이상의 다양한 경기에 대한 베팅을 조정하고, 비어드beards : 대리 베팅하는 사람, 카지노 속어로는 병정, 러너, 파트너 등 대리 베팅자 네트워크를 통해 전 세계 1,600개 이상의 베팅 계정을 관리할 것이다. 나의 정체를 숨기고 경쟁자들을 상대로 우위를 유지하기 위해 우리는 위장 장치나 음성 변조장치 등 비밀 스파이들과 유사한 장비를 사용하고, 전술을 구사한다.

왜 이렇게까지 하느냐고?

오늘 내가 베팅할 돈은 무려 2,000만 달러이다.

내일도 같은 시간에 일어나서 똑같은 일을 해야 한다.

나는 겜블러다. 그러나 여느 다른 겜블러들과는 근본적으로 다른 겜블러다.

나는 정말 다양한 베팅을 해보았다. 지저분한 경마장 화장실에서 1센트를 걸어본 적도 있고, 뒷골목의 선술집 당구장에서 돈을 걸기도 했다. 그런가 하면 골프에서 퍼팅 한 번의 결과를 놓고 수천 달러를 걸어보기도 했고, 라스베이거스 카지노에서 수백만 달러를 잃었던 적도 있다. 미국에서 벌어지는 거의 모든 스포츠 경기를 놓고 수십억 달러를 베팅하는 것은 빼놓고 하는 이야기이다.

거의 25년 동안 나는 술과 도박에 이중으로 중독된 사람이었다. 특히 술을 마시고 나면 내 삶은 물론 주변의 여러 사람의 삶에까지 피해를 주는 것을 알면서도 내 행동을 스스로 제어할 수 없었다.

사람들은 똑똑한 사람은 실수를 통해서도 배운다고 하지만, 나는 내 잘못을 통해 교훈을 얻고 깨닫는데 너무 오랜 시간이 걸렸다. 그나마 다행인 것은 내가 고집이 세고 의욕적인 사람이라는 것이다. 내가 늦게라도 깨달을 수 있었던 것은 그만큼 오랫동안 같은 실수를 거듭해서 저질렀기 때문일 것이다.

오늘날 스포츠 베팅은 하나의 거대한 산업으로 성장했고, 그 규모는 해마다 커지고 있다. 그러고 보면, 내가 시대를 앞서간 것인지도 모르겠다.

　스포츠 베팅이 거대 산업으로 성장하게 된 계기는 2018년에 미국 연방대법원이 네바다주를 제외한 미국의 다른 주에서 스포츠에 돈을 거는 것을 불법으로 규정하고 있는 1992년에 제정된 프로 및 아마추어 스포츠 보호법PASPA:Professional and Amateur Sports Protection Act 상의 조항이 잘못이라고 판단하면서부터이다.

　연방대법원은 또 스포츠 베팅을 합법화할지를 각 주에서 알아서 판단하도록 허용했다. 내가 이 글을 쓰는 지금, 미국의 38개 주와 컬럼비아 특별구 그리고 푸에르토리코 등에서는 하우스는 물론 모바일앱을 통해서 스포츠 경기에 돈을 거는 것을 허용하고 있다. 미국게임협회American Gaming Association에 따르면 상업적인 목적으로 운영되는 미국 내의 하우스에서 2022년 한 해 동안 스포츠 게임을 놓고 약 1,000억 달러 달러의 크고 작은 베팅이 이루어졌다고 한다.

　스포츠 베팅이 이처럼 급속하게 성장한 이유는 오랫동안 스포츠 베팅 합법화를 반대해 왔던 주요 스포츠 리그가 태도를 바꿔 적극적으로 지지했기 때문이다. 그들이 과거 이를 반대했던 이유는 NFL의 커미셔너였던 피트 로젤의 말에서 잘 드러난다. "나는 스포츠 경기 베팅 합법화가 스포츠 그 자체에도 큰 해를 미치지만, 장기적으로는 대중들도 큰 상처를 입게 될 것이라는 의견을 자주 표명해 왔다."

　로젤은 더 이상 이 세상 사람이 아니고, 베팅에 대한 NFL 측의 입장도 완전히 바뀌었다. 그들은 스포츠 베팅이 그들의 파이를 키우리라는 것을 깨달았고, MLB나 NBA, NHL 그리고 PGA투어 등 입장이 비슷한 다른 단체들도 드래프트킹스DraftKings나 팬듀얼FanDuel, 시저스엔터테인먼트Caesars Entertainment, 벳엠지엠BetMGM 그리고 판타스틱스Fanatics 등의 스포츠 베팅업체들과의 환상적인 동거를 시작했다. 2023년 NFL의 구단주들은 투표를 통해 스포츠 베팅을 환영하며 경기 당일, 경기장 내에 해당 경기에 대한 베팅을 할 수 있도록, 베팅룸을 설치하는 것을 허용하기로 했다.

이들 스포츠 업계의 경영자들은 자신들이 수년간 무엇을 알고 깨닫게 되었는지 솔직하게 인정했다고 볼 수 있다. 우선 미국인들은 게임에 돈을 거는 것을 좋아한다. 사람들이 온라인을 통해서, 또는 다른 방식으로 스포츠 베팅에 참여하는 것을 합법화하여 제도화하면 정부 입장에서는 많은 일자리와 세수를 창출하고, 범죄로 발전할 가능성을 제거할 수 있다는 것이다.

이제 많은 사람은 스포츠 베팅사이트에 들어가서 축구, 복싱, 테니스, UFC 등 실제로 벌어지는 경기는 물론 온라인에서 이용자가 가상의 팀을 꾸려 컴퓨터 게임 방식으로 경기를 치르는 판타지 스포츠 게임에까지 베팅을 할 수 있게 되었다. 나는 이들 웹사이트가 내일 저녁 식사 전에 비가 올지 말지를 놓고 베팅을 할 수 있는 판을 연다 해도 조금도 놀랄 일이 아니라고 생각한다. 베팅 사업 운영자나 북메이커들은 페이튼이나 엘리, 아치 매닝, 제리 라이스, 배리 샌더스, 케빈 가넷, 제이미 폭스, 케빈 하트, J B 스무브 등 유명 스포츠 스타나 유명인사들을 동원한 광고를 유치하여 그들의 서비스를 홍보하고 있다.

대호황을 누리는 이 시장에서 경쟁이 얼마나 치열할지 모른다. 2021년 11월, 뉴욕주게임위원회New York State Gaming Commission는 베팅업계에서도 가장 규모가 큰 두 개의 기업에 향후 10년간 모바일 스포츠 베팅 사업을 영위할 수 있는 허가를 내주었다. 하나는 시저스 스포츠 북과 윈 인터렉티브 그리고 리조트월드 등 3개 사의 컨소시엄이고, 다른 하나는 판듀엘, 드래프트킹스, 베트엠지엠, 벨리스 인터랜티브 등 4개 사의 컨소시엄이다.

그들이 10년간 뉴욕주에서 베팅 사업을 운영하는 대가로 뉴욕주에 두 기업이 매년 2,500만 달러씩 모두 2억 5,000만 달러를 내고, 이와 별도로 수입 총액의 51%를 주세로 납부하기로 했다. 이렇게 해서 이들이 스포츠 베팅 사업을 시작한 첫 달인 2022년 1월, 베팅 총액은 뉴욕주에서만 16억 7,000만 달러에 달했고, 이는 전국 최고 기록이었다. 22~23 회계연도가 끝나는 2023년 3월까지 뉴욕주는 160억 달러를 세금 수입을 올릴 것으로 추정되고 있었다.

내가 스포츠 베터로 엄청난 성공을 거둔 것도 스포츠 베팅을 하나의 비즈니스로 생각하고 진지하게 임하기 시작하면서부터이다. 나는 다른 베터들이 알아내거나 훔쳐내기 위해 온갖 방법을 동원할 만큼 탐냈던 나만의 독특한 베팅 방식을 가지고 있다. 그들은 나만의 노하우를 빼내기 위해 내 휴대전화를 해킹하고, 내 무선호출기를 몰래 복제하기도 했고, 심지어 내 사무실 주변의 쓰레기통을 뒤지는가 하면 내 밑에서 일하는 직원들을 매수하기까지 했다.

나는 나만의 은밀한 베팅기법을 그들에게 알려줄 생각이 없었고, 그들의 이러한 시도를 모두 막아냈다. 이는 지금도 마찬가지이다. 그럼에도 불구하고 나는 이 책에서 나만의 비밀스러운 원칙을 상당히 많이 공개할 것이고 이는 전문적인 베터는 물론, 재미 삼아 베팅하는 사람들에게도 승률을 높이는 데 도움이 될 것이다.

원칙 1: 나의 베팅은 광범위한 연구와 미국 전역에 흩어져 있는 전문가그룹과 내부자그룹으로 구성된 방대한 인적 네트워크 그리고 정교하게 다듬어진 나만의 감각에 기반을 두고 있다.

대단한 관록이 있는 베터조차도 철저하게 정보에 의존해서 베팅하는 프로 겜블러들이 활용하는 변수들과 요소들을 제대로 알지 못하는 경우가 많다. 나는 다른 베터들이나 북메이커보다 우위에 서야 한다는 강박 속에서 무려 50여 년간이나 먹고 자고 숨 쉴 때마저도 스포츠 베팅만 생각하며 살아왔다.

원칙 2: 스포츠 베팅에서 중요한 것은 딱 하나이다. 그 한 가지는 가치이다. 무슨 말인가 하면, 당신의 예측이 북메이커들의 예측보다 조금이라도 더 정확해야 한다는 것이다. 그리하여 정확한 숫자에 정확한 액수를 베팅해야 한다. 다른 것은 조금도 중요하지 않다.

원칙 3: 베팅 수입만으로 생계유지가 가능한 사람들, 즉 어느 정도 성공한 베터는 전체의 1%에 불과하다. 나머지 사람들은 베팅을 끊고 세차장에서 일하는 게 오히려 낫다는 것이 나의 솔직한 생각이다. 그 이유를 말하자면 베팅은 "11대 10의 확률 게임"이기 때문이다. 즉, 스포츠 베터들은 11달러를 베팅해서 10달러를 벌기도 하지만, 11달러를 베팅했다가 그것을 날리기도 한다.

경고: 철저한 계산으로 베팅해야 한다는 나의 원칙에 공감하지 못한다면 다음의 사례는 여러분의 뇌를 더 복잡하게 만들지도 모른다.

베터 A는 X라는 팀에게 베터 B는 Y라는 팀에게 베팅했다고 치자.

규칙에 따라서 두 사람은 각각 11달러를 걸게 되고, 두 사람은 각각 11달러씩 모두 22달러를 북메이커에게 일단 넘겨주어야 한다. 경기 결과 베터 A가 승리했다면 그는 자신이 냈던 11달러를 돌려받고, 10달러를 더 받게 되어 모두 21달러를 받게 된다. 반면 B는 11달러를 잃게 된다. 양측이 승패를 주고받으며 게임이 계속되면, 하우스에는 비고리쉬 vigorish라고 불리는 커미션을 쌓아가게 된다.

수학적으로 계산해 보면 이러한 구조에서 베터들이 돈을 벌려면 최소한 52.38% 이상의 승률을 유지해야 한다. 이는 보통의 베터들에게는 한밤중에 잠수복도 없이 배영으로 도버해협을 건너기보다 어려운 일이다. 사방에 상어가 득실거리고 있는데도 말이다.

원칙 4: 특정한 한 가지 종목에만 전문적으로 베팅을 하거나, 라인이 발표되자마자 베팅을 하면서도 안정적으로 수익을 내는 베터들은 거의 없다. 그런 사람들이 있다 해도 근근이 생계를 유지할 수 있을지는 모르지만, 큰돈을 버는 사람은 없을 것이다. 이런 사람들은 5년 이상 버티기 어렵다. 이런 방식의 문제는 베팅 한도가 매우 적고, 라인이 빠르게 변한다는 점이다.

내가 그런 사람들과 확실히 다른 점은 지난 36년간 항상 모든 주요 스포츠 종목을 베팅 대상으로 삼았고, 해마다 적지 않은 수익을 꾸준히 올렸다는 것이다. 나는 1995년 이후에는 야구에는 베팅하지 않았지만, 승률이 저조해서 그만둔 것은 아니었다.

야구 베팅을 그만둔 것은 내가 운영하는 팀이 1년 365일 내내 모든 주요 스포츠 경기들에 관하여 미래에 일어날 다양한 결과를 예측하는 고된 일에 시달렸기 때문이다. 그들이 무척 고달픈 업무를 수행했기 때문에 베팅 대상을 조금 줄일 필요가 있었다.

내가 스포츠 베팅에 임하는 방식을 한마디로 요약하자면 '군사작전'이라고 할 수 있다.

조라는 이름을 가진 보통의 베터라면 자신을 영화 「지.아이.조」의 주인공이라고 생각할는지도 모르겠다. 그들은 대개 뒤에서 지원해주는 부대도 없이 총 한 자루만 들고 맨몸으로 전장에서 싸우고 있으니 말이다. 그렇다면 전성기 때의 나는 네이비실이나 특수임무를 수행하는 CIA 비밀요원에 가까웠다. 36년간 꾸준히 승수를 쌓아가는 동안 나는 무기고 속에 쌓여 있는 다양한 무기들과 나 한 사람만을 위해서 생산된 방대한 정보를 마음껏 사용할 수 있었다.

나는 일기예보, 다양한 현장 상황, 팀의 사기나 내부 분위기, 선수들의 부상 여부 그리고 최근 몇 주간의 기록 등 여러 가지 요인들을 기반으로 베팅을 결정한다. 그게 그렇게 간단한 일은 아니다. 나를 도와주는 전문 분석가들은 수천 가지의 데이터들을 수집하여 독특한 알고리즘과 통계학적인 확률 이론을 바탕으로 정교하게 제작된 컴퓨터 프로그램에 입력한다.

나는 헤드셋과 단축다이얼로 무장하고, 라스베이거스, 코스타리카, 영국령 버진아일랜드, 유럽, 파나마, 지브롤터 등 세계 곳곳에 만들어놓은 비밀계정들을 활용해서 토마호크 마사일같은 위력적인 베팅을 할 수 있도록 끊임없는 현금 동원력을 갖추고 사방에서 목표물을 타격했다.

만일 누군가가 겹겹이 설치해놓은 보안장치를 뚫고 내가 전쟁을 벌이는 방문에 귀를 대고 그 안에서 나오는 소리를 들을 수 있다면, 이런 이야기들만 들을 것이다.

> 앨라배마 마이너스 10. 5만까지 올려.
> 디트로이트 플러스 7. 6만까지 올려
> 로욜라 메리마운트 8까지 내려. 주문 창 열고. 제한 풀어.
> 클리블랜드 브라운스 1과 1/2까지 기다려. 그리고 걸 수 있는 만큼
> 걸어.

내가 이끄는 특수팀원들은 어느 주말 동안 슈퍼볼 한 경기에만 350만 달러의 베팅을 한 것을 포함하여 수백 건의 베팅을 수행했고, 연간 10억 달러 이상의 베팅을 진행했다.

돌이켜 보면, 나는 여섯 살 때부터 도박꾼들 사이에서 살았다. 나름 똑똑한 사람, 멍청한 사람, 매우 예리한 사람, 좀 덜 예리한 사람, 지저분한 사기꾼들, 모난 사람들 등 온갖 인간 군상들을 어려서부터 보고 겪었다. 사람이 상상할 수 있는 온갖 협잡꾼, 폭력배, 얼치기 예술가 등 별별 사람들을 만났다. 살인자, 마약상은 물론, 유명인사들이나 백만장자들, 툭하면 주먹을 내뻗는 거친 인간들을 늘 상대하면서 살았다.

오랫동안, 나는 내 귀에 속삭이고 유혹하며 끌어들이는 달콤한 목소리를 들으면 참을 수 없었다. 여러 해 동안 나는 남부 도박꾼들이 즐겨 쓰는 말로 '대박 아니면 쪽박chicken or feathers'을 매일 반복하며 살았고, 그렇게 살다 보니 어느덧, 참담한 실패 끝에 파산하고, 자동차와 집, 사무실이 차례로 날아가더니 가정까지 해체되고 말았다. 나는 일단

도박을 시작하면 내가 가진 돈을 모두 잃거나, 상대가 가진 돈을 모두 따거나 둘 중의 하나였다.

중간에 적당히 끝내는 일은 없었다. 항상 목표는 상대가 가진 마지막 1달러까지 모두 털어내는 것이었고, 상대로 인해 내가 빈털터리가 되거나, 나로 인해 상대가 빈털터리가 되거나 둘 중의 하나였다. 한마디로 아무런 두려움도 모르는 질풍노도의 시기였다.

지금 생각하면 마치 죽으려고 마음먹고 살았던 것 같다. 마지막 남은 동전 한 닢까지 모두 털릴 때까지 올인 했고, 자고 일어나면 잃은 것을 되찾겠다고 또 도박판에 뛰어들었다. 대박이냐 쪽박이냐. 매일 매일 그런 날들의 반복이었다.

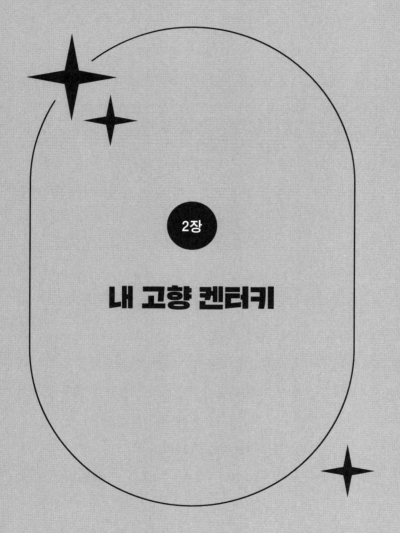

2장

내 고향 켄터키

나는 켄터키주의 먼포드빌이라는 시골 마을의 어느 가난한 집에서 태어났다. 지금도 그곳 사람들은 각자가 음식을 조금씩 장만해서 어느 집 현관의 앞마당에 한데 모여 저녁식사를 하는 포틀럭 파티를 즐기는, 마치 시간이 멈춘 것 같기도 하고, 과거로 시간 여행을 하는 것 같기도 한 마을이다. 고향마을의 인구는 약 1,600명 정도이고 마을 사람들이 키우는 개와 소는 셀 수 없을 정도로 많다. 눈에 들어오는 풍경이라고 는 콩밭과 건초더미 그리고 알파파주로 사료로 사용되는 콩과 식물, 밭밖에 안 보 이는 바이블벨트Bible Belt : 미국의 다른 지역에 비해서 상대적으로 기독교 신자의 비중이 높 은 남동부의 몇몇 주를 묶어서 바이블벨트라고 부른다.의 전형적인 시골 마을이었다.

루이빌과 볼링 그린의 중간에 위치한 하트 카운티의 청사 소재지인 먼포드빌은 '파라다이스'라는 노래로 유명한 느리게 흐르는 구불구불 한 그린 리버 유역에 자리 잡고 있다. 1971년에 존 프린이 부른 이 노래 에는 '낙원에 누워 있는 그린 리버의 하류로'라는 가사가 있다. (프린이 파라다이스라고 부른 곳은 내 고향 마을은 아니라 거기서 137km쯤 서쪽으로 떨어진 곳에 있는 파라다이스라는 작은 마을이다.)

먼포드빌에는 교회가 꽤 많다. 대부분 교회는 남침례교단 소속의 교회들이다. 또 마을 여기저기에는 "간음하지 말라", "성경, 진리이자 지혜이자 희망" 따위의 문구가 적힌 기독교 관련 광고판이 세워져 있 다. 지금 생각해 보면, 도박을 죄악시하는 광고판은 없었던 것 같고, 실제로 내가 만난 켄터키 사람들은 그런 종류의 행위에 대해서는 매우 너그러웠다.

월터스 집안의 남자들이 대개 그렇듯이 내 아버지도 자신의 삶을 너무 빨리 강렬하게 불태웠다. 아버지 서먼 월터스는 유달리 술을 좋아했고, 술보다 더 광적으로 좋아했던 것은 사행성이 큰 게임이었다. 내가 태어났을 때 아버지의 나이는 한 달 부족한 마흔 살이었다.

내 이름은 빌 루크라고도 불렸던 숙부인 로스코 빌 월터스Roscoe Bill Walters의 이름을 따서 지어졌다. 숙부는 사기꾼이자 도박꾼으로 유명했고, 카드게임에 특히 푹 빠져 있었던 사람이었던 것을 생각하면 그의 이름을 따서 내 이름이 지어졌다는 것이 그저 우연 같지는 않다. 숙부는 생계를 위해 농장을 사고파는 등의 거래를 했고, 나중에는 주 고속도로 휴게소를 운영하기도 했다. 그가 일하지 않거나 한가롭게 그의 여섯 자녀를 바라보고 있지 않다면, 어딘가에서 카드게임을 하는 것이 분명했다.

당시 켄터키 사람들은 에어비앤비의 원시 버전이었을지도 모르는, 포커비앤비Pokerbnb라고 불릴 만한 사업을 이미 하고 있었다. 즉 세븐카드스터드게임을 벌일 장소로 침실을 포함한 자신의 집 전체를 빌려주었던 것이다. 이렇게 이집 저집에서 열린 게임은 온종일, 심지어는 몇 주일 동안 계속되었다. 패자는 쓸쓸히 떠났다. 그리고 승자는 다음 도전자가 나타날 때까지 느긋하게 그 집에서 푹 자고 쉬었다. 부유한 농부나 사업가들은 수천 달러의 돈을 걸고 게임에 뛰어들었다.

숙부는 인기 TV 시리즈 「매버릭」에 등장하는 떠돌이 포커꾼의 이름을 따서 자신의 두 아들의 이름을 갤런드 '빅 매버릭' 월터스와 지미

'리틀 매버릭' 월터스라고 지었을 정도이다. 게다가 갤런드는 회색 머리에 잘 생기기까지 해서, 매버릭을 연기했던 배우 제임스 가너와 닮았다는 이야기도 가끔 들었다.

빅 매버릭은 내게는 친형과 같은 존재였고, 나는 오랫동안 그가 미국 최고의 포커 플레이어 가운데 하나라고 생각했다. 그는 후에 라스베이거스로 이주하여 월드시리즈 오브 포커에서 거물급 선수들과 대결을 벌이는 등 카드게임을 직업으로 삼아 살았다. 그는 2023년에 85세를 일기로 세상을 떠났다. 그의 동생 지미는 세븐카드스터드 게임의 최고의 플레이어였다. 그는 1979년 7월 13일, 켄터키에서 밤새 카드게임을 하고 집으로 돌아가던 중 자동차 사고로 일찍 세상을 떠났다.

나의 아버지는 1948년 1월 26일, 켄터키 침례병원에서 돌아가셨다. 사망진단서에 기재 된 사인에 따르면 아버지는 알코올과는 상관없는 희귀성 장 궤양으로 돌아가셨다. 그때 아버지의 나이는 41세였고, 나는 두 번째 생일을 6개월 앞두고 있었다.

당연히 아버지에 대한 기억은 전혀 없다. 기억나는 사건은 하나도 없고, 그저 남아 있는 것은 어머니의 손을 잡고 무덤 가장자리에 서 있는 희미한 사진 한 장뿐이다. 그런데도 나는 자라나면서 언젠가 아버지를 자랑스러운 존재로 크게 기리겠다는 이상스러운 강한 욕망을 늘 품고 살았다.

나의 어머니 에일린 데일 퀘선버리 월터스는 세 명의 자녀를 낳았고, 나는 막내였다. 어머니는 상냥했지만, 젊은 나이에 자동차 사고로 얼굴이 망가지는 등 마치 저주를 받은 것 같은 힘든 삶을 사셨다. 어머니는 1937년, 아버지의 나이의 절반도 안 되던 14살에 결혼했다. 어머니는 정규 교육을 6년밖에 받지 못했다.

큰누나 바버라 앤은 부모님이 결혼한 지 1년 만에 태어났다. 그리고 3년 후에는 작은누나 마사 데일이 태어났다. 기록으로 확인된 것만 봐도 어머니는 1943년과 1944년 두 차례나 이혼을 시도했었다. 1946년 7월 15일에 내가 태어나기도 전의 일이었다.

당시 켄터키의 시골에서는 누군가의 이름을 부를 때 첫 번째 이름과 가운데 이름을 모두 부르는 게 보통이었기 때문에, 나는 '빌리 서먼'이라고 불렸다. 나의 어린 시절에 대해서는 별다른 추억이 없다. 어머니는 너무 힘든 여건에서 세 아이를 돌보아야 했다. 어머니는 힘겨운 삶을 감당하기 어려웠던지 스물다섯 살이 될 무렵부터 늘 술을 마시고 화를 내고 짜증을 냈다.

아버지가 돌아가신 지 얼마 되지 않은 어느 날, 어머니는 가출했다. 65번 고속도로를 따라서 북쪽의 루이빌 쪽으로 가신 것 같다. 그리고 우리 형제들은 천덕꾸러기가 되고 말았다. 누나 한 명은 숙모에게 맡겨졌고, 다른 누나와 나는 외할머니에게 맡겨졌다. 내가 외할머니 손에서 자라나게 된 것은 신의 은총이었고, 구원의 빛이었다. 그분은 내게 '할머니, 그 이상'의 존재였다.

내가 외할머니 루시 퀘선버리에게 맡겨졌을 때 외할머니는 57세였다. 넉넉한 풍채의 할머니를 사람들은 '루시 어머니'라고 불렀다. 할머니 댁은 잘 정비된 먼포드 시립묘지 앞을 지나는 자갈길 건너편에 있었다. 할머니 집 현관에서 길 건너 묘지에 있는 아버지 묘비를 볼 수 있었다. 할머니는 1909년에 외할아버지인 클라렌스 마리온 퀘선버리와 결혼하셨지만, 내가 할머니 댁으로 옮겼을 때는 두 분이 따로 살고 있었다. 두 분은 어머니를 포함해서 여섯 명의 자녀를 두었다. 사람들이 '쿠시 아버지'라는 애칭으로 불렀던 할아버지는 88번 고속도로에서 가까운 케싱어에 있는 집에서 따로 사시다가 1977년, 92세의 나이로 돌아가셨다.

할아버지는 평생 시골에서 사셨고, 두꺼운 눈썹을 가진 아주 느긋한 분이었다. 여유를 즐겼고, 항상 멜빵바지에 밀짚모자를 쓰고, 씹는 담배를 좋아했으며, 라디오로 신시내티 레즈팀의 경기 중계를 즐겨 들으셨다. 추측이기는 하지만, 할아버지는 늦은 밤 시간을 즐기셨고, 붙임성 있는 여성들과 시간을 보내는 것도 좋아했을 것으로 생각한다.

내가 이렇게 생각하는 것은 할아버지의 아들, 해리 삼촌에게서 10대 여자 친구를 남겨두고 전쟁에 나갔다가 겪은 이야기를 들었기 때문이다. 간단히 말하자면, 해리 삼촌이 전쟁에서 돌아와 보니 자신의 여자 친구가 할아버지와 사귀고 있었다는 것이다.

어쨌든 나는 켄터키 출신이다.

할머니는 곧 쓰러질 정도로 낡고, 욕실도 따로 없고 수돗물도 나오지 않고, 바깥채와 물탱크도 따로 없는, 침실 하나에 거실 하나 딸린 작은 집에서 월세 10달러를 내고 살고 있었다. 그래서 나는 할머니와 한 방을 써야 했다. 나는 지금도 할머니 집 오븐에서 애플파이가 구워지고, 팬케이크 시럽이 난로 위에서 부글부글 끓는 냄새가 나는 것 같이 느껴진다. 그리고 할머니가 무릎을 꿇고 손으로 부엌 바닥을 닦거나, 꽃으로 가득 찬 앞마당을 가꾸는 장면이 눈에 선하다.

독실한 침례교 신자이고, 독립심이 강한 맹렬 여성인 할머니는 따듯한 사랑과 엄격한 훈육으로 나를 마치 친아들을 키우듯이 키웠다. 할머니는 강인한 성품을 지닌 성실한 분이었다. 할머니는 내가 처음으로 말을 배울 때부터 무언가를 물으면 반드시, "네", "아니오.", "네 할머니", "아닙니다. 할머니" 이런 식으로 정중하고 예의 바르게 대답하라고 가르치셨다. 할머니는 나에게 훌륭한 예법과 헌신하는 마음 그리고 청결함과 신앙을 심어주셨다. 할머니는 내가 만난 사람들 가운데 가장 친절하고 상냥한 사람이었다.

교회는 할머니의 삶 그 자체였다. 집에 돈이 아무리 없어도 예배 시간에 헌금 바구니가 돌아가면, 절대로 그냥 지나 보내지 말라고 가르쳤다. 1914년에 세워진 먼포드빌 침례교회는 네 살 때까지는 내 삶의 전부였다. 할머니는 주일 예배와 수요일 저녁에 열리는 예배 그리고 토요일 저녁에 기독교청년 단체인 '하나님의 대사들'이 주최하는 즐거운 모임 등 매주 세 차례의 예배와 모임에 참석하기 위해 항상 내 손을 잡고 집에서 몇 블록 떨어진 교회를 오가곤 했다.

나는 교회의 또래 친구들과 야구나 농구를 하고, 낚시도 다니며 놀았다. 나는 교회를 중심으로 보냈던 어린 시절이 지금도 그립다. 1학년 때 침례를 받았고, 아직도 주일 예배 때마다 「갈보리 산 위에 십자가 섰으니」 같은 찬송가를 불렀던 것이 기억난다.

갈보리 산 위에 십자가 섰으니
주가 고난을 당한 표라
험한 십자가를 내가 사랑함은
주가 보혈을 흘림이라

할머니는 생계를 책임지기 위해서 투잡을 뛰어야 했다. 매일 아침, 내가 먹을 아침 식사를 차려놓고, 집 안을 청소하고 나서 점심 교대 시간에 맞춰서 근처 식당에 가서 주방 일을 하셨다. 할머니는 일하러 가시기 전에 나를 해리 삼촌에게 맡겼고, 자연스럽게 해리 삼촌은 나의 유일한 성인 남성 보호자이자 아버지 같은 역할을 했다.

해리 삼촌은 185cm의 키에 100kg이나 나가는 거구지만 조용한 사람이었고, 사냥과 자동차 경주를 좋아하는 제2차 대전과 한국전쟁 참전용사였다. 내가 풍기는 분위기나 예의 바른 태도가 해리 삼촌을 닮았다고 말하는 사람들이 있는데 나는 그런 말이 칭찬이라고 생각한다. 해리 삼촌과 할머니 덕분에 오갈 데 없는 어린 소년인 나도 가족애와 소속감을 느낄 수 있었다.

해리 삼촌은 자신이 운영하는 큐앤알 당구장에 대한 자부심이 대단했는데, 그곳은 점심을 먹을 수 있는 간단한 식사 코너와 주크박스, 청량음료 자판기 그리고 핀볼게임 기계 몇 대를 갖춘 소박한 동네 사교 장소였다. 그곳은 특히 주말이면 동네 농부들이 가족과 함께 즐기는 소박한 오락장이었다. 그곳에 가면 항상 핫도그와 햄버거 그리고 절인족발 요리 냄새가 다른 퀴퀴한 냄새들과 섞인 독특한 향내를 맡을 수 있었고, 화장실과 식사 코너 사이에 놓여 있는 4대의 당구대는 마을 사람들이 가장 좋아하는 장소였다.

사실 큐앤알의 일로 항상 바빴던 해리 삼촌이 나를 제대로 돌봐줄 순 없었다. 4살 때, 할머니의 손에 이끌려 삼촌에게 처음 맡겨졌던 날, 삼촌은 당구대 뒤에 있는 나무로 된 콜라 상자 두 개를 쌓아 그 위에 서 있도록 해놓고는 내 손에 당구 큐대를 쥐여주는 바람에 손이 얼얼했던 것이 기억난다.

해리 삼촌은 당구를 제대로 가르쳐줄 정도로 한가하지는 않았다. 그리고 꼭 가르쳐줄 필요도 없었다. 나는 큐를 잡는 순간, 켄터키 꼬마의 온몸에 도박의 피가 흐르는 느낌이 들었다. 어느새 나는 물 만난 고기처럼, 색색 가지의 공을 녹색 당구대에 흩트리고 있었다.

내가 처한 여건을 고려할 때, 이 정도면 안정감과 소속감을 느낄 수 있는 최선의 환경이었다고 생각한다. 해리 삼촌의 당구장에서 놀기도 하고, 일도 하면서 나는 많은 인생 공부를 할 수 있었다. 이는 학교 수업이나 교회에서의 성경 공부 시간에 배우는 것들과는 전혀 다른 차원의 공부였다.

네 대의 당구대는 언뜻 보기에는 모두 똑같아 보이지만, 하나하나 미묘한 차이가 있다. 어느 당구대는 한쪽으로 아주 미세하게 기울었고, 어느 당구대는 포켓의 크기가 다른 것보다 눈에 띄지 않을 만큼 작았다.

상대방의 경기 스타일을 빨리 파악하는 것이 당구시합에서 얼마나 중요한지도 알게 되었고, 자기 실력을 속이거나 게임을 일부러 망치는 사기꾼 같은 사람들의 행태도 직접 보았다. 일반 당구대에서는 펄펄 날지만, 그보다 조금 더 큰 토너먼트 당구대에서는 맥을 못 추는 사람도 있다는 것도 알게 되었다.

고도의 집중력을 가지고 경기에 임하는 사람이 있는가 하면, 중요한 고비 때마다 헛손질하며 경기를 망치는 사람도 있었다. 자존심만 내세우다가 경기를 망치는 사람도 있었고, 일주일 치 생계비가 걸린 게임을 하면서 손끝을 벌벌 떠는 사람도 보았다. 도박꾼들의 베팅 한계가 어느 정도이고, 어떻게 그 돈을 운영하는지도 알게 되었다.

이렇게 아주 어릴 때부터 도박의 현장에서 많은 것을 듣고 보고 배우기도 했지만, 그로 인해 나는 젊은 시절부터 많은 위험을 겪게 되었다.

나는 게임을 하면서 겁이 없었다. 거의 본능적으로 게임에 뛰어들었던 것 같다. 이렇게 게임에 푹 빠진 내 모습을 '월터스 웨이Walters Way'라고 불렀다. 이렇게 내가 가진 모든 돈을 다 날릴 때까지 정신없이 게임을 하면서, 스스로 행복했던 것 같지는 않았다.

여섯 살 때부터 나는 1센트씩 받고 당구대 위의 삼각틀에 공을 채우고 정리하는 일을 했고, 10살쯤 되었을 때는 큐앤알 당구장의 스타가 되었다. 당시 동네 사람들을 나를 '당구장 꼬마'라고 불렀다.

그러던 중, 당구 좀 친다는 어느 외지인과 20달러를 걸고 내기 당구를 치면서 나의 전설이 소박하게 시작되었다. 멀리서부터 물고기 냄새를 맡고 찾아온 낚시꾼처럼, 구경꾼들이 몰려들었다. 경기는 거의 끝나가고 있었고, 웬만한 사람이라면 성공할 확률이 95%가 되는 9번 포켓 샷만 남았다. 그가 각도를 가늠하는 동안, 나는 주머니에서 두꺼운 고무줄로 묶은 지폐 뭉치를 꺼냈다.

나는 그 사람의 베팅 한계가 100달러라는 것을 눈치챘다. 그러나 내 수중에는 그 이상의 돈이 있었다. 그가 마지막 샷을 준비하고 있을 때, 나는 테이블 중앙에 돈다발을 던졌다. 돈 떨어지는 소리가 울릴 만큼 모두가 조용히 지켜보고 있었다.

"당신이 그 샷을 성공하지 못한다는데 이 돈을 걸지요." 내가 말했다.

"지금 농담하는 거니? 이걸 성공 못 시킬 사람이 어디 있다고?" 그가 말했다.

성공할 수도 있지만, 못할 수도 있다. 그건 해 봐야 한다. 그 집의 단골손님이 내가 던진 돈을 세어 보니 223달러였다. 내가 가진 모든 돈을 건 것이다.

"좋아, 해보면 알지." 그가 말했다.

그는 큐 끝에 초크를 세 번 문질렀다. 그러나 그의 마지막 샷은 살짝 빗나갔고, 9번째 공은 포켓에 들어갈 듯했지만 들어가지 않았다. 당구장에는 탄성과 욕설이 교차했고, 구경꾼들은 나에게 열광했다.

할머니는 깨끗한 셔츠와 깔끔하게 다림질한 바지를 입지 않으면 집 밖으로 못 나가게 했다. 우리 동네에서는 새 옷은 100달러짜리 지폐만큼이나 드물고 귀했다. 내가 초등학교에 처음 등교하던 날, 나는 헝겊 조각을 기워 수선한 헌 옷을 입고 학교에 갔고, 그 덕분에 별로 달갑지 않은 별명 하나를 얻었다.

"어이. 땜빵. 안녕?"

"야. 땜빵. 바지 멋지네?"

"그 땜빵 바지 어디서 살 수 있어?"

철없는 초등학생 특유의 잔인함을 느낄 수 있었던 사건이었다. 돌이켜 보면, 그때 운동장이나 복도에서 수없이 들었던 조롱이 나의 DNA마저 바꿔 놓은 것 같다. 그 모욕을 처음 듣는 순간부터, 내 마음속에서 큰 불길이 일었다.

구체적인 싸움 계획은 없었다. 내 옷이나 시골 사투리만 보고 나를 우습게 보는 애들에게 내 가치를 증명해보겠다는 결심 말고는 없었다.

나를 깔보고 괴롭히는 녀석들의 조롱에 대한 나의 대답은 매일 아침, 일어나서 눈가리개를 쓰고 '빌리 더 불'Billy the Bull : 미국의 인기 인형극인 「머펏 쇼」에 등장하는 캐릭터처럼 돌진하는 것이었다. 고개를 숙이고, 뿔을 들이밀고, 세상과 맞서서 내 자존심을 지키기 위해 최대한 열심히 그리고 가능한 한 멀리까지 돌진하는 것이었다.

나는 평생을 그렇게 싸움꾼으로 살았다. 술집에서 싸우다가 맥주병에 맞아 얼굴에 상처가 났고, 누군가가 당구 큐대로 머리를 내리쳐 큐대가 두 동강이 난 적도 있었다. 그래서 내 몸 여기저기에는 꿰맨 흉터가 셀 수 없을 정도로 많다. 폭력배들과 싸워서 참담하게 깨진 적도 있고, 훗날 강도가 된 아이들과 싸워 이긴 적도 있다. 정확한 전적을 기록해 보지는 않았지만, 4승 40패쯤 될지도 모르겠다.

그런데도 나는 절대 뒤로 물러서지 않았다.

1학년 내내 어느 한쪽 눈 주변은 멍이 든 채 보냈고, 양쪽 눈 주변에 모두 시꺼먼 멍이 들었던 적도 여러 번 있었다. 그때는 미처 인식하지 못했지만, 나는 육체적인 차원을 훨씬 뛰어넘는 싸움을 하고 있었다. 인정받고 존중받기 위해 싸웠던 것이다.

내가 처음으로 1대 1로 맞짱 뜬 상대는 폴 '지프' 민턴이었다. 지프는 나보나 네 살 위였고, 볼 때마다 나를 괴롭혔다. 그 당시의 내 속마음을 정확하게 표현하기는 어렵지만, 사륜구동차량을 연상케 하는 이름을 가진 그 녀석의 놀림이 무척 싫었던 것은 분명하다.

우리는 수시로 싸웠고, 주로 내가 맞는 편이었지만, 그 녀석도 적지 않게 맞았다. 마침내 지프는 나의 끈질긴 반항에 질렸는지 어느 순간부터 나를 더 이상 괴롭히지 않았다. 그 일을 통해 나는 싸워서 이길 수 없더라도, 질리도록 버티면 된다는 것을 배웠다. 그렇게 하면 지프처럼 나를 괴롭히는 녀석을 물리칠 수 있고, 가난으로 느끼는 최악의 박탈감도 물리칠 수 있었다. 그런데 성인이 된 지금도 떠올리기 싫은 소년 시절의 괴로움이 하나 있다.

할머니 댁에는 수돗물이 나오지 않았다. 좀 떨어진 곳에 있는 물탱크에서 물을 길어다 써야 했다. 할머니는 반드시 그 물을 끓여서 마시고 요리에 사용하고, 목욕물로 쓰기도 했다. 당시 켄터키주의 시골 지역의 수질은 악명 높을 정도로 나빴기 때문이다. 도시 지역에는 불소로 정화 처리한 물이 공급되었지만, 시골 지역은 그렇지 않았다.

할머니는 모든 면에서 나를 극진하게 보살펴 주었지만, 치아 위생에 대해서는 상식이 전혀 없었다. 할머니가 틀니를 했던 것도 바로 그 때문이었다. 우리는 잠자리에 들기 전이나 식후에도 이를 닦지 않았다. 게다가 수시로 탄산음료를 마시고 단 음식을 많이 먹은 것도 치아에는 도움이 되지 않았던 것이 분명하다.

나도 이빨 때문에 평생 고생했다. 나이가 든 후에도 말을 하거나 웃을 때는 항상 입속이 보이지 않게 하려고 노력했다. 나는 10살 때 처음 치과에 갔는데, 그때 의사였던 데이비드 벨트 박사는 지옥이라도 이보다는 나을 것이라고 말했었다. 그는 이미 너무 늦었다고 말하면서도 노보카인 주사를 놔주고 상한 부분을 메워주었다.

10대 초반에 이미 치아의 1/3 정도는 잃어버렸다. 나머지 치아들도 18살 무렵에는 거의 모두 발치했을 정도로 치아로 인한 고통은 심각했다. 치과의사는 위아래로 의치를 박아 넣었지만, 아래턱뼈의 상태가 너무 좋지 않아서 아래 의치는 제대로 박아 넣을 수 없었다. 나는 아래 틀니 착용을 중단했다. 한동안 나는 많이 씹어야 하는 음식을 피해야 했다. 그러나 시간이 지나고 나니 잇몸이 굳어져서 딱딱한 음식이라도 오래 씹으면 먹을 수 있게 되었다.

30대가 되기까지 아랫니가 없이 잇몸으로 살아가던 중, 아는 사람에게 임플란트가 있다는 이야기를 들었다. 그때는 마침 돈도 충분히 있었기 때문에 괜찮은 구강외과 의사를 찾아 시카고로 날아가서 잇몸을 절단하고, 나쁜 뼈들을 제거하고, 재건하는 시술을 받아 임플란트를 할 수 있게 되었다. 문제는 그 부위가 감염되어서 상상할 수 없을 정도로 고통을 겪었다는 것이다.

후에 나는 라스베이거스에서 턱뼈에 임플란트를 시술하는 전문가 두 사람을 만나게 되어 마흔 살에 처음으로 치아로 인한 문제에서 벗어나 모처럼 편안하게 웃을 수 있었다.

내가 어렸을 때, 켄터키는 미국에서 담배 농사가 가장 유명한 주였다. 아동 노동을 금지하는 법률도 없을 때였기 때문에, 아이들이 농사에 동원되는 것은 이상한 일이 아니었다. 나도 로스코 라울러라는 사람의 농장에서 일하며 돈을 벌었다.

담배가 어느 정도 자라면, 바닥 줄기에서 잎을 떼어내야 했다. 동료 친구들과 나는 담뱃잎을 모아 고무줄로 감아서 담배밭 바닥에 쌓았다. 그다음 막대기에 묶어서 헛간에 걸어 놓았다.

그러한 일은 키가 작은 사람에게 적합한 일이기는 하지만, 어린 소년에게는 힘에 부치는 일이었다. 그러나 그 일을 하면 하루 5달러를 받고 저녁까지 먹을 수 있었다. 대개 일터에서는 점심 식사를 제공 받는 것이 일반적이었다. 나는 그 일을 하면서 하루에 1만 달러만 벌 수 있다면 좋겠다고 생각했었던 기억이 난다.

신기하게도 오랫동안 잊고 있었던 어린 시절의 담배밭에서의 노동의 기억이 어느 날, 캘리포니아 남부의 란초 산타페 골프클럽에서 가장 친한 운동선수인 마이클 조던과 라운드를 즐길 때 불현듯 떠올랐다. 조던도 노스캐롤라이나주의 담배 농사로 유명한 곳에서 자랐다는 사실이 떠올랐고, 나는 조던에게 내가 켄터키 농장에서 처음으로 가졌던 직업에 대해서 이야기를 했다.

"마이클, 당신도 어려서 담배창고에서 일했나?" 내가 물었다.

그는 슬쩍 웃으면서 기묘한 표정을 지었다. 그는 자신이 가장 공포로 남아 있는 어린 시절의 기억이 담배농장에서 일하는 것이었다고 말했다. 그는 헛간 4층에서 일하다가 커다란 검은 뱀과 마주쳐, 놀라 뒷걸음질 치다가 1층으로 떨어졌던 적도 있었단다. 그때 다친 데가 없었던 것은 천만다행이지만, 어쩌면 그것이 훗날 에어 조던으로 추앙을 받게 될 남자의 마지막 비행이 되었을지도 모를 일이다.

7살 때, 담배농장보다는 좀 더 많은 돈을 벌기 위해 긴 시간을 일할 수 있는 일자리를 찾아보려고 했다. 나는 잔디를 깎는 일을 하고 싶었지만, 그러려면 잔디깎는기계를 가지고 있어야 했다. 할머니는 잔디깎는기계를 사라고 힘들게 일해서 번 돈 40달러를 선뜻 주실 분은 아니었다. 그 기회에 내게 뭔가를 가르쳐주시려고 했다.

"은행에 같이 가서 네가 대출을 받을 수 있는지 알아보자." 할머니는 말씀하셨다.

할머니는 하트카운티 저축은행에 나를 앞세우고 가셨고, 나는 거기서 루터 콜드웰 대령이라는 분을 만났다. 아직 어렸던 나는 대출을 신청하고 심사를 받는 절차가 나에게 돈을 관리하는 것을 가르쳐주기 위한 속임수라는 것을 몰랐다. 할머니와 콜드웰 대령 사이에는 이미 얘기가 다 되어 있었다는 것을 나중에야 알았다. 콜드웰 대령은 나를 데리고 허피에서 제조한 잔디깎는기계 값으로 40달러를 대출을 받기 위한 과정을 모두 진행한 후 마지막으로 대출서류에 내가 직접 서명하게 했다.

대출서류에 서명했고, 나는 이웃집 마당의 잔디를 깎아주고 2달러를 받을 수 있었다. 번 돈의 절반은 내 것이 되었고, 나머지 절반은 대출금을 갚기 위해 따로 모아두었다. 할머니는 내게 책임감을 가르쳐주고 싶어 하셨다.

9살 때, 나는 잔디 깎는 일을 그만두고, 신문 배달을 시작했다. 당시에는 신문사에서 배달구역을 배정받으려면 신문사에 일정 금액의 보증금을 맡겨야 했기 때문에, 다시 90달러를 대출받았다. 그 돈으로 매일 두 차례 신문 배달을 할 수 있게 되었다. 등교 전에는 쿠리어 저널이라는 신문을, 하교 후에는 루이빌 타임스를 배달했다.

신문을 하루에 두 차례 배달하는 일은 보통 힘든 일이 아니었다. 미국의 시골에서는 집들이 좁은 지역에 밀집되어 있지 않았다. 자전거 앞에 달린 바구니에 신문 80부를 가득 싣고 마을 곳곳을 돌아다녀야 했다. 보통 하루에 네 시간 정도 자전거를 탔다. 토요일에는 나름 영업이라는 것을 해야 했다. 매월 35센트를 내고 신문을 구독하는 독자들 가운데서, 20센트를 더 내고 주중에 배달되는 신문보다 훨씬 두툼한 일요판을 구독할 독자를 따로 모집하는 일이었다.

일요일이면 나는 새벽 4시쯤 마을 광장으로 나와 신문의 정규 판을 받아들고 왔다. 할머니와 나는 집의 마룻바닥에 앉아서 일요판을 정규 판 신문 사이에 끼워 넣었다. 일요판까지 포함된 두툼한 신문을 자전거에 실으려면, 자전거를 현관 위로 끌어 올려야 했다. 그리고는 할머니에게 신문 더미를 받아서 자전거 앞에 달린 바구니에 50부 정도를 채워 넣었다. 너무 높이 채워서 바구니 밖으로 쏟아지지 않도록 조심하면서 열심히 페달을 밟아서 마을 곳곳의 현관과 잔디밭에 신문을 던졌다.

겨울의 신문 배달은 그야말로 극한의 경험이었다. 성탄절이 얼마 남지 않은 어느 날, 어머니가 예고 없이 갑자기 나타나서 크게 놀랐던 기억이 있다. 어머니가 몰고 온 51년형 포드 자동차에 신문 더미를 싣고, 집집마다 돌며 아주 손쉽게 신문을 배달했다. 그리 길지 않았던 재회였지만, 평생 기억에 남는 감동적인 재회였다.

신문 배달과 관련하여 기억에 남는 또 하나의 사건이 있다. 열 살 때, 눈과 얼음이 온 땅을 뒤덮은 어느 겨울날이었다. 나는 옷을 두세 겹 겹쳐입고 있었다. 하트 카운티에는 주류 판매점이나 술집이 거의 없었기 때문에, 각자 집에서 만든 술이나 밀주업자들이 만든 술이 유통되는 시장이 형성되어 있었다.

1월의 어느 날, 영하의 추운 날씨였다. 내가 카운티 법원에 도착했고, 스튜어트라는 법원 직원이 문을 열어주었다.

그는 "빌리 서먼. 어서 들어와. 정말 춥지. 뭐 따듯한 것 가져올게." 라고 말하며 나를 맞아 주었다.

양 옆머리에는 머리카락이 몇 가닥쯤 남아 있었고, 정수리 위쪽으로는 완전히 머리가 벗겨진 스튜어트 씨는 나를 데리고 법원 뒤쪽으로 데려가 냉장고를 열고 맑은 액체가 담긴 단지 비슷한 것과 달걀을 꺼냈다.

내가 몸을 녹이는 동안, 그는 유리잔을 두 개 꺼내서 단지에 담긴 액체를 각각 부었다. 그리고 달걀을 그의 넓은 이마에 부딪혀 깨서 삼키고, 그 액체를 한입에 마셨다.

나도 그를 똑같이 따라 했더니, 속에 후끈해지는 것을 느꼈다. 나는 내장에 불이 붙었다고 생각했다. 조금 더 지나니 뱃속에서 시작된 열기가 몸 바깥으로 퍼져나가는 것을 느꼈고, 발바닥까지 포근하고 따듯해지는 것을 느꼈다.

(나중에 알게 된 이야기지만, 스튜어트 씨는 가끔 재판을 위해 법원 증거물 보관실에 보관된 증거 물품들을 조금씩 슬쩍 했다고 한다. 당시만 해도 나는 어려서 그때 내가 마셨던 투명한 액체가 무엇인지, 어디서 난 것인지 알 수 없었고, 알고 싶은 생각도 없었다. 역시 나중에 알게 된 것이지만 날달걀을 먹은 것은 상당량의 단백질을 한 번에 섭취하는 방법인 동시에 숙취를 빨리 해소하는 방법이기도 했다. - 즉 밀주를 몰래 즐기는 사람들이 술을 마신 것을 감추기 위해 애용하는 방법이었다.)

해리 삼촌의 당구장에서 1센트씩 받고 아르바이트를 하면서 나는 내 몸에 흐르는 월터스 집안 특유의 도박 유전자를 확인했던 것 같다. 처음 스포츠에 베팅한 것은 9살 때였다. 베팅 금액은 125달러였고, 2년 동안 잔디도 깎고 온갖 잡일을 하면서 모은 돈이었다. 나는 1955년 월드시리즈에서 내가 무척 좋아했던 미키 맨틀과 그가 속한 뉴욕 양키즈의 우승에 돈을 걸었다. 내기 상대였던 식료품점의 조지 게이트우드 우디 브랜스테터는 맨틀과 양키즈의 상대인 듀크 스나이더와 그가 속한

LA 다저스의 전신인 브루클린 다저스의 열렬한 팬이었다.

브랜스테터 가족은 우리 집에서 한 블록 반 정도 떨어진 곳에 살았다. 나는 그 집에 자주 놀러 갔다. 그의 아들 찰스 앨우드와 함께 보통 지붕이나 집 뒤편에서 공을 튀기며 놀곤 했다. 나는 지난 6년 내내 월드시리즈에서 우승한 브롱크스 봄버스Bronx Bombers : 양키즈 홈구장이 브롱크스에 있었기 때문에 양키즈의 타선을 이런 애칭으로 불렸다.가 우승하는 것이 당연하다고 생각했다. 게다가 다저스는 그 여섯 번의 우승 중 세 번이나 희생양이 되었다.

나는 조니 포드리스라는 영리한 왼손 투수가 그렇게 잘할 줄을 몰랐다. 그는 마지막 7번째 경기에서의 2-0 승리를 이끌어낸 것을 포함에서 월드시리즈에서 2승을 올렸다. 결국 내가 밀었던 양키즈는 패하고 말았고, 나는 가진 돈을 모두 날려 버렸다. 어렵게 번 돈을 모두 우디에게 건네주면서 법원에서 스튜어트가 문을 열어줄 때 느꼈던 영하의 추운 날씨보다 더 추운 느낌이 들었다.

이렇게 얼마 안 되는 전 재산을 날렸지만, 도박에서 손을 뗄 생각은 없었다. 오히려 반대였다. 가진 모든 것을 걸고 대박과 쪽박 사이의 경계선에서 느끼는 짜릿함에 나는 완전히 중독되었다.

할머니와 함께 살며 보살핌을 받는 생활에 익숙해질 무렵, 어머니가 다른 남자와 재혼하여 함께 할머니 댁 근처로 돌아왔다. 그 남자의 이름은 이만 도일이었고, 비교적 온화한 성품의 남성이었다. 어머니의 성격이 상당히 거칠었던 것을 생각하면, 내가 기억하고 있는 것보다 훨씬 더 온화한 사람이었는지도 모른다. 이만과 어머니는 강 건너의 우드슨빌이라는 작은 마을에서 허름한 집을 임차하여 살았다. 그렇게 정착한 두 분은 나와 함께 살고 싶어 했다. 나는 그런 제안이 그리 반갑지는 않았다.

그즈음 만 열세 살이었던 마사 누나는 벌써 결혼해서 아이까지 낳았다. 바바라 누나는 다른 할머니의 보살핌을 받고 있었다. 이 때문에 본의 아니게 어머니의 관심은 오로지 나에게만 쏟아질 수밖에 없는 상황이 되었다. 그러나 나는 어머니나 의붓아버지와 함께 사는 것이 싫었다. 두 분 사이의 관계는 그리 원만하지는 않았고, 두 분 사이의 그러한 관계가 나한테까지 영향을 미쳤다. 어머니는 이만에게 자주 분노를 폭발시켰고, 그때마다 불똥이 나에게까지 튀었다. 어머니의 짜증과 폭언은 지금의 기준으로 보면 가정폭력에 가까운 수준이었지만, 당시의 기준으로는 그저 가족끼리 알아서 해결해야 할 집안일일 뿐이었다.

어머니의 잔소리로 인해 나는 노이로제에 걸릴 지경이었다. 잔디 깎아라, 방 치워라, 버터 갈아라 등등.

그래도 견딜 만했다. 이미 나는 그보다도 더 힘든 일을 겪었고, 충분히 단련되어 있었다. 그러나 어머니의 끊임없는 폭언과 계속되는 감정의 기복으로 인해 나타나는 행동이 나에게 많은 타격을 입힌 것은 사실이다.

가끔 친한 친구인 레스터 부 브래드웨이에게 "이렇게 살다가는 엄마 때문에 죽을 것 같아."라고 푸념하곤 했다. 그저 농담만은 아니었다.

내가 할 수 있는 일은 집 밖에서 가능한 한 많은 시간을 보내는 것뿐이었다. 부와 나는 해가 질 때까지 자전거를 타고 루이빌에서 내슈빌로 이어지는 31W 도로를 비롯한 시내 여기저기를 돌아다니면서 공병들을 주웠다. 그 병들을 현금으로 바꾸어 생긴 돈으로 1.6km쯤 떨어진 구멍가게에서 싸구려 사탕을 사 먹을 수 있었다. 우리는 또 야구나 농구, 핀볼 같은 게임을 하며 시간을 보내기도 했다. 그것은 집으로 느껴지지 않는 집에 늦게 들어가기 위한 노력이었다.

얼마 지나지 않아 어머니와 이만이 헤어졌을 때 나는 놀라지도 않았고, 화도 나지 않았다. 나는 할머니의 사랑을 받으며 자라났던 그 집으로 다시 돌아갔다.

나이가 들면서, 어머니도 내 어린 시절이 무척 힘들었을 것이라는 것을 깨닫게 되었다. 결국 나는 어머니와 화해했고, 내게 상처를 주었던 어머니의 모든 말과 행동을 용서하게 되었다. 어머니는 루이빌에서 혼자 사시다가 1985년, 63세의 나이로 폐기종으로 세상을 떠났다.

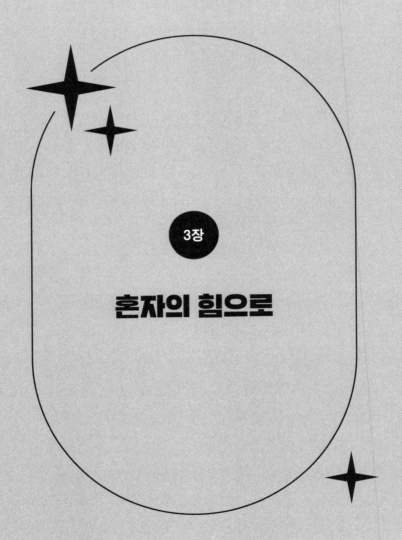

3장

혼자의 힘으로

내 또래의 아이들이 『톰 소여의 모험』이나 『허클베리 핀의 모험』 같
은 책들을 읽으면서 자라나는 동안, 나는 그 책들 속에 나오는 미국 하
층민 가정 어린이들의 삶을 그대로 살아가고 있었다. 마크 트웨인의 소
설에 나오는 주인공들처럼, 나는 한 푼이라도 더 벌기 위해 무슨 일이
라도 했다. 살길은 그것뿐이라고 나는 생각했다.

　잔디를 깎고 신문 배달도 했다. 그리고 한 가지의 일을 더 추가했
다. 하트 카운티 법원 광장에 구두 닦기 노점을 연 것이 나의 세 번째
사업이었다. 주말을 맞아 가족들을 데리고 마을의 중심인 광장으로 쇼
핑하러 나온 농부들이 나의 주요 고객들이었다. 그들의 신발에는 소똥
이나 닭똥뿐 아니라 정체를 알 수 없는 이상한 것들이 덕지덕지 붙어
있었기 때문에 손님이 많았다.

　구두 걸레를 팽팽하게 당겨 침까지 탁탁 뱉으며 광택제를 발라 문
지르는 등 나름 화려한 쇼맨십까지 동원해서 구두 한 켤레를 닦아주고
10센트를 받았다. 구두를 닦는 틈틈이 나는 법원의 공중화장실 앞에서
법원에 자주 출입하는 사람들끼리 벌이는 크랩스 게임에 끼어들었다.
그날 번 돈을 도박판에서 모두 날리는 일상이 상당히 오랫동안 계속 반
복되었다.

　내 돈을 모조리 따가지고 가는 사람은 대개 짐 댄디라는 노름꾼이
었다. 짐 댄디는 그 사람의 화려한 외모에서 비롯된 별명이었다. 그는

항상 손에 두 개의 주사위를 들고, 주사위를 든 손에 무슨 기운을 불어 넣는 듯이 4~5차례 입김을 불어 넣고는 "행운이 있기를"이라고 주문 비슷한 것을 외운 뒤, 던지곤 했다.

무슨 의식을 치르듯 바람을 불어 넣고, 던지는 그의 게임 방식은 꽤나 효과가 있는 거처럼 보였다. 우리는 크랩스, 하이다이스, 로우다이스 등의 게임을 했다. 댄디가 주사위 두 개를 벽에 던질 때마다 자주 파이브five나 에이스aces, 트레이trey : 모두 두 주사위의 특정한 숫자 조합을 일컬어 부르는 별칭이다.가 나왔고, 처음에는 그저 운이 좋은 것이라고 생각했다.

그러나 아직 어린 나이였음에도 불구하고 나는 뭔가 이상하다는 생각 하기 시작했다. 마침내 나는 그가 속칭 피위Pee Wees라고 부르는 별도의 주사위를 입속에 숨겨 놓았다가 주사위에 바람을 불어 넣는 척하면서 바꿔치기한다는 것을 알게 되었다. 그에게 유리한 특정 숫자의 조합이 자주 나오는 이유는 그 때문이었다. 그것을 알고 나서는 다시는 그와 크랩스 게임을 하지 않았다. 그렇다고 해서 공중 화장실 앞에서 벌어지는 도박판에 돈을 거는 일을 그만두지는 않았다. 물론 그도 그 게임에서 다시는 속임수를 쓸 수 없게 되었다.

켄터키 사람들에게 도박은 삶의 일부였다. 내 친구들도 매일 밥을 먹듯이 도박을 하고 살았다. 카드게임을 하고, 내기 당구를 치고, 주사위를 던지고, 경마나 각종 스포츠 경기에도 베팅했다. 지금 생각하면 눈앞에 벌어지는 모든 상황에 대해서 내기를 했던 것 같았다. 우리는 도박이 불법이거나 부도덕한 행위라는 생각을 해본 적이 없다.

어린 시절부터 나는 먼폴드 침례교회에서 많은 시간을 보냈기 때문에 일부 교인들이나 마을 사람들이 도박을 사악한 행위라고 생각한다는 사실은 알고 있었다. 주일 예배나 수요예배에서 나는 도박이나 춤, 또는 혼전 섹스 등의 향락에 빠지는 것을 죄악시하는 설교를 자주 들었다.

나는 그런 설교를 들을 때마다 무시해버렸다.

내가 열세 살쯤 될 무렵부터 할머니의 건강이 너무 나빠져서 더 이상 나를 돌보기 어려워졌다. 나는 폐기종으로 서서히 죽어가고 있는 넬이모의 집을 새로운 피난처로 삼았다. 넬 이모는 나에게 최선을 다했지만, 이모가 세상을 떠날 때까지 2~3년 동안 나는 사실상 스스로의 힘으로 살아야 했다. 나는 열다섯 살이 되자 나도 모든 사람을 알고, 다른 모든 사람도 나를 알고 있는 익숙한 고장을 떠나서, 또 다른 새로운 남자와 함께 사는 루이빌의 어머니 집으로 옮길 수밖에 없었다. 나에게 먼포드빌을 떠나 켄터키주에서 가장 큰 도시로 이사하는 것은 마치, 「메이버리 R.F.D」노스캐롤라이나주의 메이버리라는 가상의 시골 마을을 배경으로 한 미국의 농촌 드라마의 주인공들이 뉴욕으로 이주한 것만큼이나 큰일이었다. 그리고 어머니가 사는 곳은 뉴욕의 최고 번화가인 파크애비뉴 같은 곳도 아니었다.

어머니의 세 번째 남자는 키가 작고 단단한 체격의 전직 해병대원인 밴 테일러였다. 그는 자신이 일하던 트럭 정류장에서 웨이트리스로 매일 12시간씩 2교대 일을 하던 어머니를 보고 구애했다고 한다. 결국 벤의 사업은 망하고 말았지만 어머니는 지켰다. 벤에게는 이미 쌍둥이 남매가 있었다. 하나는 아들인 제리였고, 또 하나는 딸인 테리 페이였다.

벤은 가족을 부양하기 위해 브라운 앤 윌리엄슨 담배공장에서 일했다. 나는 루이빌 남쪽의 비치애비뉴에 있는 가난한 노동자들이 주로 거주하는 헤이즐우드 구역에 있는 초라한 1층 임대주택으로 이주했다.

나는 마을에서도 가장 낙후된 지역에 있는 당구장 등 여기저기 쏘다니면서 가능한 한 많은 시간을 집 밖에서 보내려고 노력했다. 당구대가 15대나 있는 이 당구장은 먼포드빌에 있는 해리 삼촌의 당구장보다 시설이 좋은 곳이었다. 나의 새로운 아지트가 된 이곳은 비크넬애비뉴에 늘어선 다 쓰러져가는 집들과 쓰레기 더미들로부터 걸어서도 찾아갈 수 있는 가까운 곳이었다. 비크넬애비뉴는 지금도 꿈이 사라져 버린 거리로 남아 있다.

작은 몸집과 촌스러운 옷차림, 엘비스 스타일로 기름을 잔뜩 먹여 빗어 넘긴 머리 그리고 촌스러운 말투 때문에, 당구장을 단골로 드나드는 사람들은 나를 '촌놈'이라고 불렀다. 큐앤알 당구장에서는 '꼬마'로 불렸고, 초등학교에서는 '땜빵'이라고 불렸던 내게 또 하나의 별명이 생긴 것이다. 그러나 나는 그들의 조롱을 무시하고 나에게 딱 맞는 큐대를 가지고 그들의 주머니를 털기 시작했다. 처음에는 5달러에서 시작해서, 10달러를 넘어서 순식간에 게임당 20달러의 내기 당구에 나선 것이다.

당구시합에서는 연전연승을 했지만, 그만큼 적도 많아졌다. 어느 날, 나이가 꽤 들어 보이는 남자들이 나에게 돈을 잃고 화를 냈다.

"이봐. 우리 돈 가져간 것, 돌려줬으면 좋겠어." 한 사람이 이렇게 말했다.

그러자 다른 사람이 말했다. "당장 내놓는 게 좋을 거야."

정당한 승리의 대가를 포기할 수는 없었다. 나는 당구 큐대의 끝으로 한 남자의 이마를 찍었고, 피가 뿜어져 나왔다. 이어서 선반에서 또 다른 큐대를 낚아채서 다른 남자의 머리를 내리쳤다.

갑작스러운 공격으로 움찔했던 그들은 이내 정신을 차리고 내게 반격을 가했는데, 나도 거기까지 생각하고 그들을 공격한 것은 아니었다. 나는 그날 엄청나게 두들겨 맞았지만, 돈은 끝까지 지켰다. 이 사건으로 인해 당구장의 단골들이 나를 다시 보게 되었다. 내가 돈을 위해서 물불을 가리지 않고 싸운다는 소문이 빠르게 퍼졌다. 일단 어떤 사람이 매우 거칠고 강하다는 소문이 퍼지면, 더 거친 남자들의 도전을 계속해서 받기 마련이다. 그 소동이 있고 난 뒤, 나는 마치 촌 동네의 코만도 전사처럼 되어 갔다. 내가 집에서 개발한 무기는 손으로 단단히 쥐기 위해 한쪽 끝을 공사용 테이프로 단단히 감은 35cm 정도 길이의 통나무 묶음이었다. 나는 그것을 평소에는 뒷주머니 쪽에 차고 있다가, 필요할 때 거침없이 휘둘러댔다.

어느 날 밤, 그날도 손쉽게 딴 돈 60달러를 지니고 가벼운 마음으로 집으로 돌아가던 중 어둠 속에서 젊은 녀석 두 명이 튀어나왔다. 한 놈은 칼까지 휘두르고 있었다.

"돈 내놔. 이놈아." 칼 든 녀석이 말했다.

나는 기죽지 않고, 먼저 그에게 한 방 날렸다.

"그냥 나 좀 내 버려두면 안 되겠어?"

그렇다고 물러날 녀석들이 아니었다.

"엿이나 먹어라."

내가 지니고 있던 쇠사슬을 꺼냈고, 그도 칼을 휘둘렀다. 내가 그의 머리를 겨냥해서 쇠사슬을 휘둘렀다. 두 놈이 어둠 속으로 사라질 때까지 쫓아가며 휘두르고 또 휘둘렀다.

루이빌의 새로운 실력자의 전적에 또 1승이 추가된 것이다.

그렇게 어머니와 어머니의 남편인 밴과 함께 살던 중, 돈을 모아서 처칠 다운스에서 몇 블록 떨어진 조금은 더 환경이 괜찮은 동네인 로드 만에 있는 2층 주택으로 이사를 했다. 우리 가족들은 1층에 거주하기로 했고, 2층은 대출금을 갚기 위해 임대를 하기로 했다. 그 때문에 나는 지하로 밀려났고, 그마저도 바바라 요쿰이라는 또 다른 여성 세입자와 함께 사용해야 했다. 뒤에서 이야기하겠지만, 바바라는 훗날 잠깐 나의 처형이 되었던 사람이다.

나는 바퀴벌레를 비롯한 벌레들이 들끓는 방에서 생활하는 대가로 어머니에게 매주 10달러의 임차료를 내야 했다. 나는 내 방에서 돌아다니는 벌레들이 집주인이자 부모보다 훨씬 좋은 친구라고 생각했다. 그즈음 어머니 부부는 4일 혹은 5~6일이나 연달아 술을 마시는 등 알코올에 젖어서 살았다.

그러나 그것보다도 나를 힘들게 만든 것은 나의 삶을 지탱해주던 사랑과 힘의 원천을 잃어버린 것이다. 아무도 나를 사랑하지 않을 때 유일하게 사랑을 주었던 할머니가 1962년 3월 3일에 돌아가셨다. 할머니의 나이는 70세였고, 사인은 심장마비였다. 할머니는 통장에 들어 있던 220달러를 유산으로 남기셨다.

할머니가 돌아가셨다는 소식을 듣는 순간, 정신이 반쯤 나간 것 같았다. 며칠 동안 먹지도 못했고, 잠도 제대로 못 잤다. 장례식 날, 나는 아직 뚜껑이 열려 있는 관 속에 누워 있는 할머니에게 아주 가까이 다가갔고, 어머니는 내 목덜미를 잡아 나를 뒤로 끌어당겨야 했다. 그때 슬픔보다 더 컸던 것은 내 마음속 깊이 자리한 죄책감이었다.

할머니는 나를 어떻게든 바른길로 이끌어주시려 했지만, 나는 그것을 저버리고 뒷골목의 담배 연기 가득한 방에서 대부분 시간을 보냈다. 당구장이 문을 닫을 때까지 아버지 나이의 건달들과 어울려 술을 마시고 당구를 치는 것이 나의 일상이었다. 내가 평생 그렇게 살았으면 어떻게 되었을지는, 당시 어울렸던 사람들의 불쌍한 모습을 봐도 뻔했다.

돌이켜 생각하면, 내가 할머니께 당신이 내게 뿌려주신 한 알의 씨앗이 이렇게 뿌리를 내려 성장했는데, 이제는 내게 베풀어주신 사랑을 갚아드릴 기회가 더 이상 없다는 점이 너무 아쉽다. 내가 중학교 2학년이던 해의 가을, 할머니와 나는 할머니 댁 현관의 작은 흔들의자에 함께 앉아서 나무에서 떨어지는 낙엽을 바라보며 할머니가 살아온 고단한 세월에 관하여 이야기를 나누었던 때가 기억이 난다.

"너희 엄마와 아빠의 관계는 늘 좀 삐걱거렸어. 너희 엄마는 14살 때 너를 임신했고, 6학년도 제대로 마칠 수 없었어. 네 삼촌들도 제대로 못 배웠어. 제대로 읽고 쓰지도 못할 정도지. 빌리 서면, 너만은 그들과는 많이 달랐으면 좋겠다."라고 말씀하셨다.

"나한테 약속을 해줬으면 좋겠다."

나는 할머니가 무엇을 약속하라는 건지 알 것 같았다.

"할머니. 나는 고등학교는 반드시 졸업할게요."

그건 진심이었다. 나의 약속이었다. 할머니 앞에서 했던 약속이었다. 그 약속만큼은 잊지 않고 살았다. 그게 그녀의 삶의 방식이었고, 나에게 살아가는 방법을 가르쳐주시는 방식이었다.

내가 학교를 그만둘 생각만큼은 한 번도 하지 않았던 것은 할머니 덕분이었다. 할머니에게 지금이라도 할머니가 돌아가신 것이 내 인생의 큰 전환점이었다고 말씀드리고 싶다. 결심에도 불구하고 나의 노력은 실패했지만 그렇게 결심했던 것은 분명하다.

현명한 사람들은 책에 몰두하여 책을 통해서 자신의 삶을 향상시킬 수 있는 길을 찾아낸다. 그러나 나는 그렇게 현명한 사람은 아니었다. 듀폰매뉴얼고등학교는 올드 루이빌 인근에 있는 아름다운 빅토리아풍의 건물을 가진 학교였다. 그러나 나는 학교가 무척 싫었고, 선생님도 싫었고, 동료 학생들도 싫었다. 최고가 되기 위해 끊임없이 노력해야 하는 분위기가 싫었다.

나의 본능은 가장 나쁜 본능인 동시에 유일한 본능이었고, 나는 그 대가를 치러야 했다.

어느 날 아침, 나는 스쿨버스를 놓쳤기 때문에, 엄지손가락을 치켜들어 지나가는 자동차를 잡아타야 했다. 그런데 내가 잡아탄 차의 운전자가 학교에서 세 블록쯤 남았을 때, 미소를 짓더니 손을 뻗어 내 허벅지 안쪽에 얹었다.

나는 그때까지만 해도 소아성애에 관해서 아는 게 없었다. 할머니도 그런 것에 대해서는 한 번도 얘기해 주지 않으셨다. 어머니뿐 아니라, 내가 만난 그 어느 어른도 그런 것에 대해서는 가르쳐준 사람이 없었다. 아무리 그렇다 해도 낯선 남자가 내 가랑이 사이를 더듬는 것은 용납할 수 없었기 때문에, 재빨리 그의 손에서 벗어나 몸을 뒤로 젖히고, 분노와 두려움에 사로잡혀 변태 운전자의 얼굴을 마구 두들겨 팼다.

그는 예상치 못했던 나의 거친 반격에 멈칫했고, 나는 그 틈을 타 차

66

에서 뛰어 내려 학교로 내달렸다. 나는 도시의 물정을 모르는 시골뜨기였지만, 그런 식으로 이전에 알지 못했던 것을 하나씩 배워가고 있었다. 이 사건을 통해 얻은 첫 번째 교훈은 루이빌에서는 히치하이크를 하지 말라는 것이었다. 버스노선을 숙지하여 학교를 오가고 당구장을 오갈 때, 철저하게 대중교통을 이용하게 되었다. 당구장에서 노는 사람들은 대개 한 곳에 붙박이로 머무르지 않고, 여러 당구장을 전전하는 경향이 있었고, 나도 시내의 당구장 여러 곳을 오가며 시간을 보냈다.

나는 여기저기를 전전하다 보니 루이빌의 처칠 다운스까지 가게 되었다. 그곳은 서러브레드 경마장이라는 오래된 경마장이 있는 곳이었다. 나의 본능을 자극한 것은 서러브레드의 명물인 쌍둥이 첨탑도 아니고, 잘 가꿔진 정원이나 경마 트랙 안쪽의 잘 단장된 잔디밭도 아니었다. 나는 트랙 뒤쪽으로 발걸음을 옮겼다. 그곳은 오물 냄새 가득한 마구간과 격렬한 레이싱을 마친 말들을 진정시키는 워킹 핫스walkings hots를 하고, 땀과 악취가 배어있는 안장과 고삐, 재갈 등을 비누칠하여 세척 하는 등의 일들을 하는 공간이었다.

나는 처음 맡아보는 냄새와 발굽의 딸깍거리는 소리, 맵시 있는 순혈종 말의 힘과 매혹적인 아름다움에 단번에 사로잡혔다. 그리고 무엇보다도 나를 사로잡은 것은 쉬지 않고 오가는 달콤한 돈 냄새였다. 나는 재빨리 그곳에서 일자리를 구했다. 그리고 그곳에서 일하는 대부분의 흑인 일꾼들은 짚과 건초더미 그리고 말똥이 가득하여 발목까지 푹푹 빠지는 마구간으로 주저하지 않고 들어가려 하는, 예의 바른 시골 아이인 나를 금방 한 식구처럼 받아 주었다.

그 일자리 덕분에 근근이 먹고 살 수는 있었지만, 베팅에도 참여하기 위해서는 돈을 더 벌어야 했다. 그래서 경마장 일을 그만두고 집에서 한 블록쯤 떨어진 곳에 있는 데이비스 도넛 베이커리에서 새로운 일자리를 구했다. 평일에는 새벽 4시 반부터 오전 7시 반까지 일했고, 주말에는 새벽 4시 반부터 오후 5시까지 일했다. 나는 아침마다 바닥을 걸레질하고, 쟁반을 닦고, 한 번에 수십 개의 도넛을 말고, 자르고, 튀기고 모양을 내다가 시간이 되면 학교에 갔다.

그렇게 일을 하고 돈을 버는데 많은 시간을 쓰다 보니 공부할 힘은 별로 남아 있지 않았다. 내가 수업 내용을 잘 따라가지 못한 것은 멍청해서가 아니라 지쳤기 때문이었다. 그럼에도 내가 자연스럽게 좋아했고, 신나게 공부했던 과목이 하나 있는데 그것은 수학이다. 훗날 내가 베터이자 사업가로 큰 성공을 거둔 것은 숫자를 능수능란하게 다룬 결과라는 것은 의심할 여지가 없다.

대부분 아이들이 공부에 집중할 수 있는 것은 공부에만 전념할 수 있도록 지원해주는 부모가 있기 때문이다. 그러나 나는 그런 사치를 누리지 못했다. 나의 십 대 시절은 크고 작은 충돌로 채워져 있었다. 게다가 고등학교 3학년 때 아빠가 되고 나니 나의 삶은 더 힘겨워졌다.

아랫니도 없는 시골뜨기 소년이 대도시에서 다정한 얼굴을 가진 여자 친구를 갖게 될 확률은 거의 없었지만, 나는 그 좁은 문을 능숙하게 통과했다. 아랫입술만 잘 봉하고 최악의 치아를 감추기만 하면, 나는 나름 신체 건강한 '시골 미남'으로 대접받을 수 있었다.

나는 단번에 샤론 요쿰이라는 소녀에게 반했고, 그녀도 나를 싫어하지 않았다. 우리가 그렇게 가깝게 된 데는 가난과 부모의 방치라는 공통점이 있었기 때문이다. 그녀도 부모가 이혼한 후 루이빌의 쓰레기장과 야적장 근처의 더 포인트라는 찢어지게 가난한 마을에서 할머니와 함께 살았다. 우리는 부모님의 보살핌을 받지 못하면서 느꼈던 애정의 결핍을 보충이라도 하려는 듯 맹렬하게 사랑을 했다. 야구로 치자면, 우리의 사랑은 1루를 지나 2루를 통과했고, 그즈음 우리 사이에 아기가 만들어지고 있다는 사실을 알게 되었다.

이제 우리 앞에는 결혼하는 것 말고는 사회적으로 용납될 만한 선택지가 없었다. 게다가 나는 세상 물정을 잘 모르는 아직은 어린 십 대였지만, 할 수 있는 한 열렬하게 샤론을 사랑했다. 켄터키주의 법에 따르면, 그때 열여섯 살이었던 그녀의 나이는 부모의 동의 없이 결혼하기에는 너무 어렸다. 그래서 우리는 1963년 11월 23일, 내 차인 1951년형 셰비를 타고 남쪽으로 233km 떨어진 테네시주의 셀리나로 갔다. 그 차량은 우리의 결혼을 출발부터 엉망으로 만들기에 충분할 만큼 상태가 나빴다. 운전석 창문을 덮는 플라스틱 커버는 망가져 바람에 펄럭이고 있었다. 오른쪽 바퀴의 흙받이는 박살 나서 아슬아슬하게 낮게 매달려 있었다.

우리의 혼인신고를 받아 줄 평화의 사도인 재판관을 비롯한, 셀리나 법원에서는 그 누구도 우리의 실제 나이를 확인하려 들지 않았다. (우리는 거기서 나이를 각각 18세와 20세로 속여 신고했다) 우리는 존 F. 케네디 대통령의 갑작스러운 서거를 추모하는 라디오 방송을 들으면서 그날로 집으로 돌아왔다. 이 사건은 우리의 결혼의 암울한 앞날을 예고하는 또 다른 징조였는지도 모른다.

그때까지 아무도 우리가 결혼한 사실을 몰랐다. 우리는 루이빌로 돌아와서 주변 사람들에게 결혼 사실을 알렸다. 우리가 결혼했다고 해서 신문 사회면에서 보도해 줄 것이라고까지 기대한 것은 아니었지만, 주변의 반응은 놀라울 정도로 냉담하고 무관심했다. 어머니와 밴이 내가 이제까지 살던 지하실에서 벗어나 다른 곳으로 이사하면, 다른 세입자를 들여서 더 많은 월세를 받을 수 있게 되었다고 흥분한 것이 내 결혼에 대한 가장 기억에 남는 반응이었다.

샤론과 나는 매주 12달러 50센트씩 내기로 하고 4번 거리와 M 거리가 만나는 교차로 근처에 있는 가구와 식기가 갖춰져 있는 아파트를 빌렸다. 근처에 루이빌대학교가 있었지만, 그게 중요한 것은 아니었다. 당시 나는 할머니와의 약속을 지키기 위해 고등학교에서 여전히 고군분투하고 있었다.

교장 선생님은 내가 형편이 어렵다는 것을 한눈에 알아보셨고 돈벌이를 위해 방과 후 학습을 면제하는 배려를 해주셨기 때문에, 나는 매일 오후 3시부터 11시까지, 퀸 애비뉴와 테일러 가의 교차로에 있는 주유소에서 또 다른 일할 수 있었다. 일단 차가 들어오면, 우리는 달려가서 기름을 넣어주고, 창문과 헤드라이트를 닦고, 오일과 와이퍼 날과 에어필터를 점검해 주었다. 그리고 고객들을 상대로 오일 1쿼터와 와이퍼 날 그리고 필터 등을 팔 기회가 있었다. 나는 나름 훌륭한 판매실적을 올렸고, 쉘 석유 계열의 주유소에서의 그 일을 통해서 나는 영업사원으로 진정한 첫발을 내디뎠다.

이 책을 읽지 않으면 영원한 지옥에 떨어진다는 섬뜩한 경고를 하며 성경을 판매하는 성경 판매자와 같은 심정으로 고객들에게 자동차 액세서리를 내밀었다. 와이퍼 날을 많이 팔면 우리도 판매수수료를 많이 받을 수 있었다. 그것이 내가 열심히 물건을 팔아야 하는 이유였다.

나는 기름때를 뒤집어쓰고, 오일을 교체해 주고, 점화플러그 등 여러 엔진 부품을 교체해 주는 일도 했다. 또 하루의 일을 마치면 두 개의 작업대를 등유로 청소해야 했다. 비틀거리며 집에 도착하고 나면, 나는 침대에 쓰러지기 전에 목욕할 힘도 없을 정도로 피곤했다.

매뉴얼고등학교의 수업은 가족을 부양하기 위해 투잡을 뛰지 않는 보통 아이들도 따라가기 힘들었다. 수업 시간에 졸 수밖에 없는 나 같은 학생에게 특별히 학점을 배려해 준다면 나에게도 기회가 좀 있었을지도 모른다. 할머니에게 고등학교는 졸업하겠다고 약속했지만, 반드시 매뉴얼고등학교를 졸업하겠다고는 약속하지 않았다. 1964년, 졸업반이 될 무렵 매뉴얼고등학교와는 라이벌 관계인 매일고등학교로 전학 갔다. 이 학교의 교과과정은 조금은 더 느슨했고, 나처럼 방과 후에 일하면서 다니기에 적합했다.

매일고등학교는 나 같은 남학생, 즉 어린 여성과 결혼하여 토냐 파예라는 갓 태어난 딸까지 두고 투잡을 뛰어야 하는 소년에게 딱 맞는 학교였다. 대부분 아빠에게 첫 아이의 출생은 삶의 놀라운 전환점이 된다. 그러나 나는 분만실은 물론이고 병원도 가지 않았다. 그 이유는 아직 나에게 아빠로서의 본능이 아직 갖춰지지 않았던 것이기 때문일 수도 있고, 아버지나 어머니와 살아본 적이 없었기 때문일 수도 있고, 아이가 나의 삶에서 어떤 의미인지 이해하기는 너무 어렸고, 감정적으로도 무감각했기 때문일 수도 있다.

그때 내가 했던 생각은 이렇다. 우선 아내와 아이를 부양하기 위해 더 열심히 일해야 한다는 것이었다. 할머니와 약속을 한 대로 드디어 졸업한 후, 나는 여러 직업을 전전했다. 모두 저임금 막노동 일이었다.

처음에는 브라운 앤 윌리엄슨 담배회사의 관리직으로 일했고, 그다음으로는 인터내셔널 하베스터에서 주조 노동자로 일했다. 정시에 출근해서 일하고 정시에 퇴근하고 나면, 나는 술을 마시며 도박을 했다. 샤론과 토냐는 내팽개쳐진 것이나 마찬가지였다. 나는 그들에게 남편이나 아빠라기보다는 돈을 벌어다 주는 사람에 불과했던 것 같다.

인터내셔널 하베스터에서의 일은 무척 고됐다. 석탄 연료를 사용하는 공장의 한여름 온도는 섭씨 50도까지 올라갈 정도로 혹독했다. 신입 노동자인 나는 조립 라인에 배치되었다. 무거운 금속 부품이 세 곳에서 낙하산을 타고 내려오듯 내려와 내 작업대 앞에 모인다. 나는 마치 보호장구를 전혀 갖추지 않은 아이스하키 골리^{아이스하키에서는 골키퍼를 골} ^{리라고 부른다} 같은 기분으로 23kg 무게의 강철 덩어리를 미친 듯이 돌리고 잡고 들어 올려 컨베이어 벨트에 올려, 갈거나 깎는 작업에 투입하는 일을 했다.

그 일을 시작했던 첫날, 샤론은 석탄 먼지를 뒤집어쓰고 온 나를 보고, 광부 한 사람이 집을 잘못 찾아왔다고 생각했다고 한다. 밤에 자려고 침대에 누우니 팔이 납덩이처럼 무겁게 느껴졌다. 2주일쯤 지나니, 그 일을 계속해서는 아무런 희망이 없다는 생각이 강하게 들었다. 나는 그 일을 그만두고 12번가와 힐 거리 근처에 있는 존스 대브니라는 산업용 광택제와 페인트를 생산하는 회사로 옮겼다. 나는 연구와 개발을 책임지는 부서 주간근무조의 잡역부로 일하게 되었고, 조금 여유가 생기자 다시 베팅이라는 부업에 뛰어들었다. 대부분 동료는 흑인이었다. 어릴 때 담배농장이나 경마장에서 일할 때부터 흑인들과 함께 일하는 데 익숙했다. 흑인 하층 노동자들은 대부분 왕성한 도박꾼이어서, 나의 기업가 정신을 다시 깨어나게 하기 충분했다. 얼마 지나지 않아, 나는 공장 내의 사설 북메이커가 되어 처칠 다운스에서 벌어지는 경마 경기나 풋볼 경기를 놓고 사람들로부터 5달러나 10달러씩 거둬들이곤 했다.

나는 사설 북메이커로 활동하면서 동료 직원들을 상대로 급여일에 맞춰 1달러당 25센트의 이자가 붙는 소액대출도 함께 했다. 즉 베팅에 참여하고는 싶지만, 돈이 없는 직원들에게 10달러를 빌려주고 급여일에 12달러 50센트를 갚도록 하는 것이다. 나는 사설 복권사업도 했다. 내게 1달러를 낸 사람들 가운데 추첨을 통해 아를란 백화점에서 10달러를 주고 산 시계를 1달러에 구매할 기회를 제공한다는 것이다. 매번 추첨할 때마다 25장의 복권, 즉 추첨 응모권을 팔아서 짭짤한 이익을 챙겼다.

나는 첫날부터 동료들과 함께 웨스트힐 스트리트에 있는 그들이 가장 좋아하는 두 곳의 술집에 갔다. 네빗 리쿼스에서 우리 시간제 노동자들과 담배회사 직원들이 어울려 갈색 종이봉투에 든 술을 마셨고, 건물 뒤쪽에서는 당구를 치고, 크랩스 게임을 하며 놀았다.

거리 건너편, 그램린 그릴의 주크박스에서는 소울 음악과 모타운 음악이 뿜어져 나왔다. 조명은 흐릿했다. 주급이 지급되는 금요일이 되면, 그곳은 새벽까지 북적거렸다. 술에 취해서 인사불성이 될 때까지 라이어스포카라는 게임을 하곤 했다. 주머니에 들어 있는 10달러, 20달러, 100달러짜리 지폐를 모두 털어 5,000달러쯤을 걸 때도 있었다.

술에서 깨어났을 때는 주머니에 동전 한 개도 남아 있지 않았다. 내 친구인 빅 존과 레프티가 나를 돌보아 주곤 했다. 돌보아 주었다는 것이 그렇게 특별한 뭔가를 했다는 것은 아니고, 나를 어깨에 둘러매 낡은 차 안으로 던져 넣거나 집 침대에 눕혀주는 정도였다.

이러한 나의 일상을 붉은 머리의 아내가 좋게 볼 리가 없었다. 상냥한 성품이기는 했지만, 내가 취한 모습을 매일 보면서 견디기는 쉽지 않았을 것이다. 그러나 나는 이 문제에 크게 신경 쓰지 않았다. 공과금을 꼬박꼬박 납부해서 전기가 끊기지 않게 해주면 나의 책임을 다하는 것으로 생각했다. 나머지 일은 그녀가 감당해야 할 부분이라고 생각했다.

나는 새로운 수익 모델을 만들어내기 위해 온갖 노력을 다했다. 그렘린 그릴의 책임자를 설득하여 금요일과 토요일 밤에 세븐카드게임 테이블을 내가 운영할 수 있게 되었다. 게임마다 판돈이 15달러 이상 모이면 내 몫으로 1달러를 가져갔고, 35달러가 모이면 또 1달러를 가져갔다.

토요일에 영업이 끝나면 500~600달러의 수입이 생겼는데, 25%는 그렘린 그릴에게 주고 나머지는 내 몫이었다.

그러나 호시절은 오래 가지 않았다. 어느 날 밤, 길 아래 브라운 앤 윌리엄슨 담배회사에서 일하는 사람들이 무리 지어 그렘린에 들어섰다. 뭔가 일이 벌어질 것이 분명했지만, 아무런 이유 없이 그들이 게임에 끼어드는 것을 막을 수는 없었다.

첫 번째 판이 끝났고, 늘 게임에 참여하던 누군가가 승자가 되었다.

"이 멍청한 친구야. 이게 뭐야?" 그들 가운데 누군가가 소리쳤다.

지옥문이 열렸다. 누군가 총을 꺼냈고, 실제로 총성이 울렸다. 불도 꺼졌다. 나는 1달러짜리와 5달러짜리 지폐가 가득 담긴 시가 상자를 끌어안고 기어가다시피 그곳을 탈출했다. 나는 그날로 그렘린 그릴과 영원한 작별을 고했다. 그들도 나를 그리워할 겨를이 없을 것이다. 2주 후, 원인을 알 수 없는 폭발이 일어나 그렘린 건물 자체가 완전히 주저 앉아 버렸다.

폭발사고나 나기 직전, 나는 승진하여 페인트공장의 배송부서로 자리를 옮겼다. 급여도 인상되었고, 밤 11시부터 다음날 오전 7시까지 일하는 근무조에 속하게 되었다. 내가 맡은 일은 55갤런 크기의 드럼통에 합성수지를 가득 채운 후 무게를 달고, 도장을 찍은 후, 차량에 올려 목적지로 출발시키는 것이었다. 밤낮을 바꿔 일하는 것은 힘든 일이었지만, 나로서는 무척 절실했던, 적지 않은 금액의 고정급여가 꼬박꼬박 들어왔다.

임금이 인상된 덕분에 샤론과 나는 처음으로 우리 소유의 집을 갖게 되었다. 1만 달러를 주고 하이랜드 파크에 있는 침실 두 개 딸린 주택을 구입한 것이다. 내 수입은 가구와 자동차 할부금에, 주택 구입을 위해 빌린 대출금을 매월 갚고 나면 의식주도 겨우 해결할 정도로 아슬 아슬했다.

그때 내 나이는 19살에 불과했지만, 벌써 인생을 두 번쯤 산 느낌이 들었다.

그리고 이제 곧 인생의 3라운드가 시작될 예정이었다.

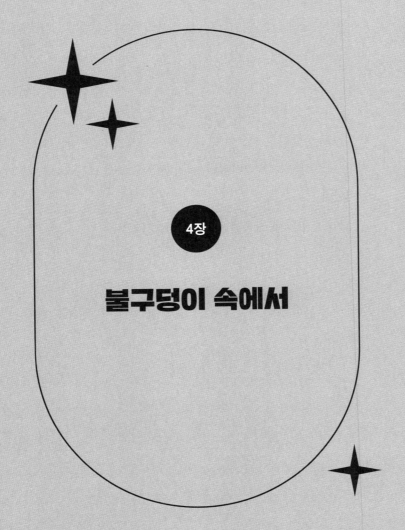

4장

불구덩이 속에서

내가 처음으로 내 차를 구입한 것은 고등학교 2학년이었던 16살 때였다. 그 차는 기어변속을 수동으로 해야 하는 문 두 개 달린, 외관이 꽤 괜찮은 54년형 올즈모빌이었다. 나는 슈페리어 오토 세일 매장에서 그 차를 발견하고, 대출을 받아서 395달러에 샀다. 대신 매월 18달러씩 갚아나가야 했다.

그러나 그 차를 오래 쓰지는 못했다. 매뉴얼고등학교 뒤의 거리에서 친구와 가속 경주를 벌이다가 주변의 다른 자동차를 들이받아 자동차의 앞부분이 완파된 것이다.

자동차는 사라졌지만 자동차 대출금은 계속 갚아나가야 했다. 나는 돈을 모두 갚을 때까지 버스를 타고 다녔다.

19살 때쯤, 나는 65년형 검은색 세비 승용차를 갖고 싶었다. 나는 그 차를 테일러가와 아케이드애비뉴의 교차로 부근에 있는 중고 자동차 매장인 맥매킨모터스에서 찾았다. 자동차만 찾은 게 아니라 새로운 직업도 함께 찾았다.

매장 주인인 존 맥매킨은 나에게 아르바이트로 자동차 판매를 해보지 않겠냐고 제안했다. 그는 내가 작성한 신용구매 요청서를 보고는 내가 어린 나이에 결혼도 했고, 아이도 있고, 페인트 회사에서 일하고 있다는 사실을 알고 있었다. 그는 내가 누구와도 편안하게 대화를 나눌 수 있다는 점을 높이 산 것 같다.

나는 자동차를 파는 일이 주조 노동자로 일하는 것이나 공장에서 일하는 것보다는 쉬울 것 같다고 생각했다. 판매는 기본적으로 대화로 상대를 설득하는 일이고, 나는 능수능란한 화술을 가지고 있다고 생각했다. 그러나 영업 수수료로 살아가기 위해 고정급여를 포기하는 것이 잘하는 일인지 여러 번 생각했다. 그래서 일단 시험 삼아 며칠간 일을 해보고, 페인트공장에서의 밤샘 근무를 그만둘지 결정하기로 했다.

맥매킨이 보기에, 나는 타고난 세일즈맨이었고, 실제로 얼마 지나지 않아 나는 하루 12시간, 주 6일간 그의 밑에서 일하게 되었다. 나는 타고난 순발력과 빠른 계산을 무기 삼아 수많은 베팅을 하면서 20년 가까이 살아왔기 때문에, 자동차 판매는 그리 어려운 일이 아니었다.

당구장에서 시작해서 담배밭과 포커판에 이르기까지 내가 쌓은 경험을 생각하면, 나는 이미 영업에 필요한 학위를 딴 것이나 마찬가지였다. 자동차 영업하는 사람들이 사용하는 전문용어로 말하자면, "우수 고객"이라고 할 수 있다. 일단 자동차를 구매할 가능성이 있는 것처럼 보이는 사람들이 나타나면, 나는 정신을 바짝 차리고 그가 살 수 있을 만한 자동차를 그들에게 소개해 주기 위해 미리 준비한 대로 대화를 시작한다.

"어디쯤 사세요?"

"혹시 어떤 일을 하시나요?"

"지금 사시는 곳에서 얼마나 오래 사셨나요?"

"지금 타시는 차는 어디서 사셨어요?"

"대금은 직접 치르실 건가요? 아니면 누군가의 도움을 좀 받으실 건가요?"

이렇게 대화를 나누다 보면, 십중팔구는 함께 걷고 말하는 사이에 그가 자동차 구매를 위한 신용 대출 신청서를 작성해 줄 수 있을 만큼 충분한 정보를 얻을 수 있다. 일단 그가 자동차를 구입할 가능성이 크다고 판단되면, 나는 그에게 자동차를 팔기 위해 모든 방법을 다 동원했다. 그 사람이 만족할 만한 차가 우리 매장에 없으면, 만족할 만한 자동차를 준비해 줄 수 있는 지역 내의 다른 자동차 판매상들을 최소한 네 사람 이상 물색해서 그와 연결해 주었다.

다른 딜러들도 생산회사에 판매수수료를 내지 않고, 맥매킨에게 도매가보다 조금 높게 차를 팔아넘겨 차액을 챙길 수 있었기 때문에, 나와 이런 식으로 거래하는 것을 좋아했다. 맥매킨도 도매가보다 조금 높게 구입하기는 했지만, 그래도 차를 판매하고 나면 상당한 이익을 챙길 수 있었다.

만일 페이스 오토, 제프 하비나 쿡 브라더스 같은 지역 딜러들도 고객이 원하는 차량을 보유하고 있지 않으면, 나는 맥매킨에게 경매를 통해서라도 그 차를 구해보라고 요청했을 것이다.

고객이 정말로 차량을 구입하고 싶어 한다면, 영업직원은 무슨 수를 써서라도 그 차량을 구해주어야 한다고 생각했다. 절대로 중간에서 포기해서는 안 된다. 내가 지닌 성품 가운데 이러한 끈질김이 있는 것은 분명했다. 내 마음의 엔진에는 공회전이란 없었다. 내 마음은 매일 아침 약간의 예열 과정을 거쳐 어디로든 바로 출발할 준비가 되어 있는 자동차와 같았다. 가끔은 나도 마음의 여유를 좀 가지고 살고 싶었지만, 그건 불가능한 일이었다. 이런 기질은 지금도 여전하다. 일단 한번 승부의 현장에 들어가게 되면, 나의 집착은 누구도 말릴 수 없게 되고,

심지어 누군가에 빙의되기까지 한다.

"원하시는 차량이 있으시면, 바로 오늘 찾아드립니다. 내일도 아니고, 가까운 시일 내도 아닙니다."

나는 자동차 영업을 시작하고 얼마 지나지 않아서 자동차 영업은 공장에서 일하는 것과는 달리 여유 시간이 많다는 것을 깨닫게 되었다. 영업하는 사람들의 성공비결은 비는 시간 없이 항상 바쁘게 지내야 한다는 것이다. 그러나 영업직원들 가운데는 딱히 잠재적인 구매 희망자가 없으면, 누군가와 잡담을 하거나, 카드게임을 하고, 잡지를 읽는 사람들도 있었다.

또한 사업가로서의 나의 평생을 이끌어 줄 원칙을 한 가지 배웠는데, 그것은 정보를 많이 축적할수록, 더 많은 기회를 얻을 수 있다는 것이다.

매장에서 누군가에게 자동차를 팔기 위해 상담을 해야 할 일이 없을 때는 나는 가장 최근에 나에게 차를 구매한 사람의 주변에 사는 사람들 찾아내기 위해 전화번호부를 뒤적거리곤 했다.

그리고는 전화를 건다. "존스 씨, 안녕하세요. 저는 맥매킨모터스의 빌리 월터스라고 합니다. 혹시 이웃에 사는 베일 씨가 새로 구매한 차를 본 적 있으신가요?"

그가 어떻게 대꾸하든, 나는 미리 준비한 대로 이야기를 끌고 나간다.

"그분이 구매한 차는 1964년형 세비 노바입니다. 제가 그 차를 팔았는데요. 혹시 그런 정도나 그보다 더 좋은 차량이 필요하시다면 제가 도와드리고 싶습니다."

한편으로는 매일 생활정보지의 광고면을 살피며 자동차를 팔겠다는 사람들을 찾아서 연락처를 메모했다. 그런 사람들 가운데는 자동차를 구입했다가 매월 내야 할 할부금을 감당하기 힘들어서 다시 내놓는 사람들도 있었다. 나는 그런 사람들에게 전화를 걸어서 그들이 팔려고 내놓은 차를 우리가 인수하고, 자동찻값을 현금으로 지급하는 대신 그보다 좀 더 저렴한 차를 제공해 주겠다고 제안하기도 했다. 나는 이것을 트레이드다운trade-downs이라고 불렀는데, 이런 식으로 거래를 하면 수익성이 꽤 괜찮았다.

그러다가 정말 할 일이 아무것도 없을 때는 도시 남쪽 끝에 사는 자동차를 구입할 가능성이 전혀 없어 보이는 사람들에게도 전화를 돌렸다.

"안녕하세요. 맥매킨모터스의 빌리 월터스입니다. 오늘 저희 매장에서는 특별 세일 행사를 합니다. 한번 오셔서 보시면 어떨까요? 저희 매장에는 다양한 상품들을 갖춰 놓고 있습니다. 저희 사장님께서는 귀하와 거래를 하고 싶어 하십니다."

어떤 사람들은 관심을 보여주기도 하지만, 다시는 전화하지 말라며 짜증을 내고 전화를 끊는 사람도 있다. 짜증을 내거나 말거나 나는 개의치 않고 계속 전화를 한다. 손가락에 지문이 닳도록 다이얼을 돌리고, 목이 쉬도록 통화를 한다.

나는 첫 달에 20대를 팔았고, 매주 600달러를 받았다. 나는 다른 동료 영업직원보다 주 단위의 실적은 물론, 일 단위의 실적에서도 한 대라도 더 앞서고 싶었다. 나아가서 매월 나의 실적 최고치를 경신하고 싶었다.

내 목표는 그저 차 한 대를 파는데 머무르지 않았다. 당장 한 대 파는 정도를 넘어서 미래에도 꾸준한 매출이 발생할 수 있도록 고객들을 묶어서 영업망을 구축하고 싶었다. 당시 영업직원들 사이에서는 누군가가 자신에게 고객을 소개해 주면, 그 사람에게 소개비조로 25달러를 지불하는 관행이 있었다. 나는 이 수수료를 50달러로 올렸다. 그들 가운데서도 특히 활약이 많은 사람에게는 생일이 되면 선물도 주고 카드도 보냈다. 또 추수감사절에는 칠면조 고기도 선물했다.

영업을 시작한 지 1년 정도 지나서 확인해 보니 나는 월평균 25대의 자동차를 팔았다. 1966년에는 나의 월평균 판매 대수는 32대로 올라갔다. 20세를 넘길 무렵, 켄터키주에서 나보다 더 많이 파는 자동차 영업직원은 없었다.

내가 1년 동안 받는 실적급은 5만 6,000달러나 되었다. 이는 현재의 화폐가치로 환산하면 50만 달러 이상이다. 나 다음으로 많이 판 영업직원은 폰티악 매장에서 일하는 29년 경력의 베테랑이었지만, 그가 1년 동안 받은 실적급은 2만 2,000달러에 불과했다. 미국의 가구당 평균 소득이 7천 400달러에 불과했던 시절의 이야기이다.

나의 월별 판매 최고기록은 월 56대였다. 악천후, 재고 부족, 불황 등 어떤 장애물도 나를 막을 수는 없었다. 돈은 충분히 벌었다. 문제는 그것을 어떻게 관리하는가 하는 것이었다. 그러나 여전히 내 마음속에는 도박의 본능이 시퍼렇게 눈을 뜨고 있었다. 돈을 벌면 벌수록, 도박판에 더 많은 돈을 걸었다.

일을 마치고 나면, 밤마다 술집에서 그곳 사람들과 어울렸다. 우리는 쉬지 않고 엄청난 양의 메이커스 마크Maker's Mark : 켄터키 지방 특유의 달콤

^{한 버번위스키}를 마시면서 크랩스 게임을 벌이고, 돈을 걸었다. 심하면 그 다음 날 아침 6시가 될 무렵까지 먹고 마시며, 게임을 벌였다.

그리고는 집에 들어가서 면도를 하고, 옷을 갈아입고, 손에 잡히는 대로 아무거나 한입 먹고 나서 다시 회사로 나갔다. 21번째 생일이 채 지나가기도 전에 이미 나는 루이빌 최고의 도박꾼으로 소문이 나 있었다. 나 자신도 나를 제어할 수 없었다. 돈을 더 많이 걸수록, 그만큼 위험도 커졌다. 한편에서는 점점 더 많은 돈을 걸고 있었지만, 머릿속에서는 나를 타이르는 목소리가 수천 번씩 재생되어 들려오고 있었다. '잃은 돈만 만회하면, 본전만 회복하면, 그만해야지!'

그러나 언제 어떻게 해야 그만두게 될지 나도 알 수 없었다.

대신 나는 늙은 도박꾼의 회한을 그린 연극 포스터에 등장하는 어린 주인공 같은 꼴이 되어갔다. "도박에서 느낄 수 있는 가장 큰 스릴은 큰돈을 걸고 이기는 거야. 그다음으로 큰 스릴은 거액을 베팅했다가 날리는 거지."

집이라는 곳이 그저 잠시 들러서 면도하고, 씻고, 옷을 갈아입는 장소로 전락했다면, 나도 집에 무언가를 해주는 것이 있어야 했다. 그러나 내가 샤론과 결혼했다는 것 말고 다른 것은 없었다. 우리가 함께한 4년 동안 어린 딸을 낳았다는 것 말고는 결혼의 의미를 찾기 힘들었다. 나의 이기적인 생활방식으로 인해 우리의 결혼 생활은 파멸로 치닫고 있었다. 결혼 후 몇 달도 지나기 전에, 우리의 관계는 끝을 향해 달려가고 있었다.

이때쯤 캐롤 브라운이 내 앞에 나타났다. 캐롤은 매뉴얼고등학교를 함께 다닌 같은 학년 친구였지만, 학교에 다닐 때는 그렇게 친하지 않았다. 캐롤은 활달하고 누구에게나 친근하게 다가가는 성격이어서 학교에서 제법 유명한 친구였다. 그리고 그때 나는 이미 결혼한 상태였고, 투잡을 뛰느라 많이 지쳐있었다.

졸업 후 우리는 우연히 인근의 한 드라이브 인 식당에서 마주쳤고, 마주친 김에 이런저런 이야기를 나눴고, 그것이 두 번째 만남, 세 번째 만남으로 이어졌다. 그녀를 만난 첫날 밤, 나는 그녀에게 여자 친구와 헤어져 지금은 혼자라고 거짓말을 했다. 그날 저녁, 그녀는 다른 남자와 데이트 약속이 있었지만, 그 약속을 깨고 나와 데이트를 했다.

두 달쯤 후, 나는 캐롤에게 약혼반지를 선물하며 솔직하게 말을 했다.

"내가 꼭 얘기해야 할 것이 있어. 내가 말 안 해도 언젠가 알게 될 테니까. 사실은 난 결혼을 했어, 어린 딸도 있어."

"말도 안 돼." 캐롤이 말했다.

그렇지만 사실인 걸 어쩌겠나.

캐롤이 받은 충격은 마치 누군가에게 복부를 세게 얻어맞은 것 이상으로 컸을 것이다. 그러나 내가 누구인가? 말로는 누구에게도 지지 않은 최고의 세일즈맨 아닌가? 우리 결혼은 끝났고, 지금은 법적 절차만 남아 있다는 말로 일단 고비를 넘겼다.

다음날, 캐롤은 회사에서 오전 내내 눈물을 흘렸다고 한다. 그녀의 회사인 제너럴일렉트릭서플라이의 상사가 그녀를 불러 점심을 같이하며 무슨 일인지 물었다. 캐롤은 약혼반지를 돌려줘야 할지 고민하고 있다며 자초지종을 털어놓았다. 상사는 자기 생각을 분명하게 말했다.

그는 말했다. "그런 놈한테 말려들면 안 돼. 빌리라는 녀석은 결혼한 사실을 지금까지 숨겼던 작자야. 앞으로도 그런 일이 계속 일어날 거야."

그러나 캐롤과 나는 사랑을 계속 이어나갔다. 내 입장에서 보면, 이기적인 욕망이라고 표현하는 것이 적절할지도 모르겠다. 1967년 3월 25일, 이날은 나와 샤론이 최종적으로 이혼한 날인 동시에 캐롤 브라운과 결혼을 한 날이기도 하다. 그로부터 불과 얼마 후 알게 되겠지만, 그녀도 나에게 숨기고 있는 것이 있었다. 그녀는 임신하고 있었던 것이다.

7개월 후, 우리는 아들을 낳았고, 이름을 윌리엄 스콧William Scott이라고 지었다.

불과 21살의 나이에 새로 결혼한 아내와 아들, 그리고 전처와 전처가 낳은 딸까지 4명을 부양해야 할 책임을 지게 된 것이다. 혹자는 이러한 무거운 책임감이 도박의 욕망을 좀 진정시킬 수도 있으리라 생각할지도 모르겠다.

스콧이 태어나고 얼마 지나지 않았을 즈음, 캐롤과 나는 다른 점이 너무 많다는 것을 깨닫고 있었다. 나는 내 아들도 나처럼 부모의 이혼을 경험하며 자라게 하고 싶지는 않았기 때문에, 나름대로 최선을 다했다. 게다가 이미 한번 딸을 낳고 이혼했는데, 또 이혼할 수는 없지 않은가? 정말 그러고 싶지는 않았다.

나는 여전히 치열하게 할 수 있는 한 열심히 뛰었다. 낮에는 가능한 한 돈을 더 벌기 위해 뛰었고, 밤에는 술과 담배 연기 속에서 가진 돈을 모두 베팅을 했다.

지금도 그때를 생각하면 괴롭지만, 돌이켜 보자면 나는 밤늦게까지 술을 마시고, 그저 그런 친구들과 어울리고, 짜릿한 쾌감과 죄책감에 빠져 사는 철저한 도박꾼이었고, 나의 아내는 나에게는 과분한 행운의 여신이었던 것 같다.

그때까지도 가장이 가족에게 줄 수 있는 가장 소중한 선물은 돈이 아니라는 것은 생각지도 못했다. 돌이켜보면 아빠가 된다는 것의 의미가 무엇인지 제대로 몰랐다.

캐롤을 탓하고 싶지는 않다. 그녀는 주 5일 동안 낮에는 직장에서 열심히 일하고 나머지 시간은 가족과 함께 보내는 전통적인 남편을 원했다. 내가 그런 사람이 아닌 것은 분명했다. 나는 매주 70시간은 자동차 영업을 하며 보냈고, 나머지 시간은 도박판에서 보냈다. 늦은 밤에 술에 취해 거의 망가진 모습으로 집에 들어오는 날이 너무 많았다.

지금 생각해 보면, 나는 제법 돈을 많이 벌어다 주는 남편이었던 것은 분명했다. 그러나 집에서 보내는 시간이 거의 없었다. 내가 가족을 사랑했는지는 잘 모르겠지만, 도박을 진정으로 사랑한 것은 분명했다. 그때는 잘 몰랐지만, 나는 도박중독자였다.

그러던 중 도미노 라운지라는 하우스에서 최악의 사건이 발생했다. 주인인 루퍼스 앨런에게 가진 것을 몽땅 털린 후, 새 아내에게 어떻게 말해야 할지 심각하게 고민하면서 집으로 기어들어 갔다.

당시는 우리가 헤리티지 에스테이츠라는 비교적 고급 주택단지에 5만 달러를 주고 새집을 마련한 직후였다. 다음 날 아침 식사를 하면서 나는 캐롤에게 퐁텐블로와 버우리버지등 새로운 아파트 단지 홍보 책자 두 권을 슬쩍 들이밀며 물었다.

"어디가 더 나아 보여?"

그녀는 이해가 가지 않는다는 표정을 지어 보였다.

"둘 중 하나를 선택해야 한다면, 어떤 것을 선택하고 싶으냐는 말이야."

그녀는 두 권의 책자를 대충 보더니 말했다.

"하나 고르라면 퐁텐블로가 좋아 보이는데, 왜?"

"어젯밤에 이 집을 날렸어. 그곳이 새로 이사 가야 할 곳이야."

캐롤은 당연히 불같이 화를 냈고, 나는 그녀의 화가 가라앉기를 기다리는 수밖에 없었다. 겨우 마음을 진정한 캐롤이 물었다. "좋아. 그럼 이사업체에 전화할까?"

"그럴 필요 없어. 가구도 다 날렸어."

그날 늦게 루퍼스의 전화를 받았다.

"빌리. 네 집은 필요 없으니, 네가 가진 돈을 있는 대로 최대한 다 내놔."

세상에! 이렇게 고마울 데가! 루퍼스 덕분에 잠잘 곳은 지켰네! 나는 동전 한 닢까지 가진 돈을 탈탈 털어서 그에게 주었다. 하지만 나중에는 살던 집을 팔고, 더 싼 집을 구해서 이사해야 했다.

1968년 들어서, 그 사건으로 한동안 바닥을 드러냈던 내 통장에 다시 잔고가 두둑하게 쌓였다. 상처받은 캐롤을 위로할 겸(사실 그것은 구실에 불과했는지도 모르지만), 캐롤을 데리고 낭만적인 휴가를 떠났다. 라스베이거스에서 사흘간 머무른 뒤 하와이에서 4박을 하는 일정이었다.

그다음 이야기는 독자들도 충분히 짐작할 수 있을 것이다.

시저스팰리스호텔이 세워진 것은 당시로부터 2년 전이었다. 아주 현대적인 시설이었다. 전형적인 서구 스타일의 디자인을 버리고, 고대 로마의 이미지를 담아 호텔을 지었다. 당시는 전차와 검투사, 그리고 스파르타쿠스나 클레오파트라 같은 사람들이 등장하는 향락적인 장면을 담은 할리우드영화들이 유행처럼 개봉되고 있었던 때였다. 라스베이거스도 그러한 흐름에 동참한 것이다.

시저스팰리스는 '무엇이든 가능한' 어른들을 위한 판타지 테마파크였다. 우리가 그곳에 가기 몇 개월 전, 전설적인 스턴트맨인 이블 크니블이 호텔 앞에 있는 으리으리한 분수대를 오토바이로 뛰어넘는 곡예를 시도했다. 그는 도전에서 실패했고, 뼈가 크게 부러지는 부상을 입었지만, 결과적으로 시저스팰리스는 스릴과 흥분을 추구하는 사람들의 성지로 그 이름을 알렸다. (이블 크니블은 부상에서 재기했고, 훗날 나의 골프 친구이자 도박 친구가 되었다.)

어느 봄날 오후, 시저스팰리스에 처음으로 들어가 보니 화려한 조명과 여기저기서 들리는 종소리와 슬롯머신에서 동전이 쏟아지는 소리 등으로 정신을 차릴 수 없었다. 가슴을 한껏 드러내 강조한 노출이 심한 블라우스를 입고 칵테일을 나눠주는 아름다운 웨이트리스들도 정말 인상 깊은 볼거리였다.

생각할 틈도 없었다. 나는 그들의 완벽한 제물이었다. 충동을 억제하는 것은 아예 불가능했다.

고급스러운 게임장은 도박꾼의 감정과 충동을 한껏 자극하도록 설계되어 있었다. 카지노에 발을 들여놓는 순간부터 잠시 잊었던 도박중독 증세가 재발했다. 심장이 뛰고 다리가 후들거렸다. 카지노 내부를 둘러보는 것만으로도 마치 마약 소굴에 들어온 마약중독자가 된 느낌이었다.

크랩스 게임 테이블에 앉은 것은 오후 두 시였다. 원래 내 계획은 딱 세 시간만 놀고, 캐롤과 근사한 저녁 식사를 하겠다는 것이었다. 계획은 그랬었다. 3,000달러를 들고 시작했지만, 두 시간 만에 1,000달러를 잃었다. 뇌의 한쪽에서는 모두 털리기 전에 당장 그만두라고 나를 꾸짖는 목소리가 들리고 있었다. 그러나 다른 한쪽에서는 전혀 다른 소리가 들렸다. 원금은 회복해야지? 할 수 있잖아?

어느덧 저녁 시간이 훌쩍 지나버렸다. 캐롤은 포기하고, 혼자 잠자리에 들었다. 다음 날 새벽 5시 30분쯤 되자 휴가비를 다 날려버렸고, 주머니에는 한 푼도 남아 있지 않았다. 다행히 여행에 필요한 경비는 이미 선불로 결제했지만, 휴가는 엉망이 되었다. 물론 뒤늦게 후회했지만, 후회는 어디까지나 후회일 뿐이었다.

캐롤이 나의 도박벽을 감당하기 힘들어한다는 것을 잘 알고 있었다. 자주 도박과 술을 끊으라고 사정했다. 나도 매번 그만두겠다고 다짐했다. 캐롤은 도박을 하지 않아도 이미 살 만큼 벌고 있지 않으냐고 설득했다. 나도 안다. 그러나 그만둘 수 없었다. 그런데도 캐롤은 내가 결혼 생활 동안 몇 차례 밑바닥까지 내동댕이쳐졌을 때마다 나를 다시 일으켜주는 놀라운 능력을 발휘해 주었다는 것은 밝혀 두어야 할 것 같다. 나중에는 오히려 내가 도박판에서 철저하게 깨지고, 우리 가족이 완벽한 파멸에 이르러, 도박과 술의 이중 저주가 자신과 가족에게 얼마나 큰 해악을 끼치는지 처절하게 보고, 경험하고, 느껴야 한다고 말하기도 했다.

"빌. 당신은 자신이 도박과 술의 구렁텅이에 빠져 허우적거리고 있다는 걸 모르고 있어. 지금이라도 그만두기만 하면, 당신의 인생은 물론 가족 모두의 삶을 위해서 다른 뭔가를 해낼 수 있을 거야." 라는 말도 했다.

나는 그녀의 말에 동의하지 않았다. 내가 아는 알코올 중독자들은 매일 술을 마시지 않으면 못 견뎠지만, 나는 그렇지 않았다. 도박에 관해서도 문제가 될 정도는 아니라고 생각했다. 나는 두 가지 문제 모두 그 정도로 심각하지는 않다고 생각했다.

술을 마시지 않은 상태에서 도박판에 앉으면 나는 거의 지지 않았다. 그러나 술이 좀 들어가면 나의 베팅 금액은 두 배쯤으로 올라가고, 성격도 마치 딴 사람처럼 바뀌었다. 나는 자신이 똑똑하고 강하다고 과대평가하고 있었다. 그래서 쉽게 누군가의 먹잇감이 되었던 것 같다.

술은 나를 쉽게 흥분하게 만들기도 했다. 누군가가 나에게 듣기 싫은 말을 하거나 놀리면, 어릴 적 괴롭힘을 당했던 기억이 떠올랐다. 감정이 폭발했다. 본때를 보여주고 말겠다고 덤벼들었다. 있는 힘 다해서 덤벼봐. 안 그러면 크게 후회할 거야.

자신을 파괴하는 잘못된 생활방식을 끊는 대신에, 나는 중독에 빠진 채로 쉬운 해결책을 찾아보려고 했다.

그러는 사이에 내 삶에 또 큰 변화가 일어났다. 1970년 7월 10일, 캐롤은 둘째 아들 데린을 낳았다. 23살의 나이에 지금의 아내와 전처, 그리고 세 명의 아이까지 부양해야 하는 상황이 된 것이다. 전처 사론은 군인과 재혼하여 토냐와 함께 독일에서 살고 있었고, 나는 양육비를 보내주어야 했다.

마치 돈을 탕진할 새로운 기회를 일부러 찾고 있기나 한 것처럼, 나는 골프장에서 또 다른 절호의 기회를 발견할 수 있다는 느낌이 강하게 느껴졌다.

어린 시절, 나는 손과 눈의 감각이 제법 정교한 꼬마 야구 선수였다. 20세 초반의 나이가 될 때까지 나는 한 번도 골프채를 잡아 본 적이 없었지만, 막대기를 휘둘러 작은 공을 때리는 일은 어려운 일이 아니었다. 그린 위에 공을 놓고 퍼팅을 하는 것은 마치 좀 더 큰 당구대에서 큐대로 당구공을 치는 것과 비슷하다고 생각했다. 일단 한 번 골프채를 잡아보니, 내 본능에 딱 들어맞는 종목을 또 하나 찾았다는 느낌이 들었다. 그렇지 않아도 나쁜 생활방식에, 못된 습관이 또 하나 추가된 것이다.

놀랍게도 나는 처음으로 라운드하는 날부터 내기를 걸었다. 그때는 60년대 후반이었다. 얼마 지나지 않아 나의 처남이 될, 친구 조니 험프리스가 루이빌에 있는 보비니콜스 골프장의 9홀 코스에서 라운드를 하자며 나를 초대했다.

당시 내 주변 사람들 가운데 골프에 관심 있는 사람은 조니 밖에 없었다. 어린 시절, 나는 골프시합을 본 적이 없었다. 이유는 간단했다. 우리 집에는 TV가 없었다. 처음 라운드하는 날 우리는 약속장소인 골프장 주차장에서 만났다. 그는 의아하다는 듯 나를 두어 번 쳐다보았다.

"네 클럽 어디 있어?" 그가 물었다?

"클럽? 그게 뭔데?"

아마추어 골퍼로서는 수준급이었던 조니는 부랴부랴 장비 대여소로 나를 데려가 클럽은 물론 공과 티 등 나는 전혀 모르고 있었던 필요한 용품들을 갖춰주었다.

골프화도 빌려야 하나? 금속 징이 달린?

첫 번째 홀로 향하면서 조니에게 머릿속에서 계속해서 맴돌고 있던 질문을 던졌다.

"조니. 오늘 얼마 걸고 치는 거야?"

"빌리, 돈을 거는 건 좋은데, 넌 오늘 처음 치는 거잖아?"

"처음이든 뭐든? 게임을 하려면 뭔가 목표가 있어야지? 나는 아무것도 걸지 않고 게임을 하는 법은 없어."

그래서 우리는 즉석에서 홀 당 5달러씩 걸기로 했다. 9홀의 코스는 양옆으로 나무가 빽빽하게 있었고, 좌우로 휘어진 홀도 여러 개 있었고, 곳곳에 물웅덩이가 있었다. 니콜스크릭이라는 작은 시내가 딱 한 홀을 제외한 모든 홀의 옆을 스쳐 흐르고 있었다. 골프채를 쥐는 방법조차 제대로 모르는 사람에게는 매우 힘든 코스였다.

나는 일곱 홀에서 지고 35달러를 잃었다. 지금 생각해도 나머지 두 홀에서 어떻게 비길 수 있었는지 신기할 따름이다. 그러나 중요한 것은 첫 라운드에서부터 골프와 사랑에 빠졌다는 사실이다. 골프는 내 열정을 발산할 수 있는 또 하나의 수단이 되었다. 골프에 매료된 나는 퇴근만 하면 루이빌에 있는 켄터키 스테이트페어그라운드의 조명시설이 갖춰진 골프연습장으로 향했다. 나는 하루 12시간의 근무로 인한 피로에도 불구하고 매일 밤, 200개 이상의 공을 때리고 나서야 연습장을 나섰다.

남편으로서나 아빠로서 가정적인 면모라고는 털끝만큼도 없었던 나는 일요일이 되면, 날씨만 나쁘지 않으면 해가 뜰 무렵부터 루이빌의 미들랜드트레일 골프클럽이라는 골프장에 가서 해가 질 때까지 골프를 쳤다. 골프장에서는 대개 캘빈 쿨리지 하쉬나 대니 매튜스, 루퍼스 앨런과 하딘 알렌제들 같은 가까운 친구들이 함께했다.

전체 코스를 한두 바퀴, 많으면 세 바퀴까지 돌고 나서 우리는 남성용 식당으로 옮겨서 새벽 두 시쯤 되어 바텐더인 오델이 우리를 강제로 쫓아낼 때까지 카드게임을 했다.

어느 날 늦은 밤에 우리는 도미노 라운지에서 술을 마시면서 캘빈과 대니와 함께 각자의 골프 기술에 관해서 대화를 나누다가 입씨름이 벌어졌고, 그 입씨름 끝에 우리는 실제로 당장 한판 붙어보기로 했다. 우리는 즉시 차를 몰고 주 경계를 넘어서 가까운 인디애나주 제퍼슨빌에 있는 엘크런 골프클럽으로 가서 해가 뜨기를 기다렸다. 이 골프장은 스스로를 '최고의 프로골퍼이자 수석 막일꾼이자, 골프장 관리인'이라고 자부하는 빅 짐 바버가 운영하는 곳이었다. 그는 골프장 안에 있던 젖소 외양간으로 사용하던 허름한 건물을 개조하여 골프장에 딸린 골프용품매장도 운영하고 있었다.

우리는 아직도 술에서 완전히 깨지 않아서 메이커스 마크 양조장에서 나는 냄새와 비슷한 냄새를 풍기며 골프장에 나타났다.

"카트 요금은 한 홀 당 얼마인가요?" 캘빈이 물었다.

"우리는 그렇게 카트를 빌려주지 않습니다. 9홀이나 18홀 단위로 카트를 대여합니다." 바버가 답했다.

이에 캘빈이 말했다. "이런, 우리는 딱 한 홀만 쳐보면 됩니다. 여기 있는 이 빌어먹을 빌리가 자신이 당신의 골프장의 7번 홀 파5에서 아이언만 가지고도 최소한 보기를 할 수 있다고 우기는 바람에 정말 그게 가능한지 내기를 걸었습니다. 우드도 필요 없고, 퍼터도 필요 없어요."

바버는 이 내기가 자신의 골프장에서 벌어진 가장 흥미로운 사건이 될 것임을 알아차렸다. 그는 기꺼이 한 홀만의 게임을 위해 카트를 빌려주기로 하고, 자신도 직접 카트에 탔다.

전체 길이가 516야드나 되는 7번 홀에 도착하자마자 나는 1번 아이언을 꺼내서 드라이브를 날렸다. 두 번째 샷은 2번 아이언으로 쳐서 공을 페어웨이로 보냈다. 그리고 9번 아이언으로 공을 그린 위에 올렸고, 1번 아이언으로 두 차례의 퍼팅을 통해서 파를 기록했다. 덕분에 나는 캘빈과 대니에게 100달러 지폐 20장을 받아냈다.

또 다른 어느 날 밤, 도미노 라운지에서 나는 한참 술에 취한 나머지 내 골프 실력을 한참 떠벌였다가 그 술집의 주인인 루퍼스 앨런으로부터 내기 도전을 받았다. 독자들도 앞에서 읽었겠지만, 그는 앞서 내가 새로 마련한 집과 가구까지 몽땅 털어갔던 바로 그 사람이다.

루퍼스는 당시 40대 중반이었으니 나의 두 배쯤 되는 나이였고, 좀 어수룩해 보이는 사람들을 유혹할 수 있는 타고난 언변을 지닌 재미있는 사람이었다. 그의 제안을 받아들여 시합을 하기 위해 다음 날, 새벽 6시쯤 루퍼스의 집으로 찾아갔는데, 그는 여전히 술에 취해 자고 있었다. 그의 아내인 비버리가 남편을 깨워 옷과 골프채를 챙겨 밖으로 떠밀다시피 내보내는 것을 보니 이런 상황이 처음은 아닌 것 같았다.

그때는 골프 실력으로는 내가 그를 따라갈 수 없었다. 술에 취하지 않은 정상적인 상황이었다면 아마도 그가 대여섯 타쯤 앞설 수 있었을 것이다. 다행인지 우리는 전날 밤, 내기 골프를 치기로 합의한 자리에서 메이커스 마크 한 병을 다 비웠던 터였다. 우리는 한 홀당 200달러를 걸고 라운드를 시작했다.

우리는 9홀 코스인 보비니콜스 골프코스를 두 바퀴 돌기로 했다. 그는 숙취 때문에 한 홀에 열 홀 정도 쳐야 기록할 만한 타수를 칠 정도로 엉망이었다. 그는 정신을 차리지 못했고, 공은 수시로 코스를 이탈했다. 내가 맨 마지막 홀에서 무려 11타를 기록했음에도 불구하고 나는 그 게임에서 이겼다.

그날 게임에서 나는 122타 정도의 스코어를 기록한 것 같다. 루퍼스가 술로 인해 제정신이 아니었기에 망정이지, 그 정도면 루퍼스에게 확실히 패하고도 남을 최악의 스코어였다. 어쨌든 그날 루퍼스를 이긴 덕분에 나는 2,200달러를 챙겼다.

루퍼스는 술이 깬 상태에서 다시 한 번 붙어 보고 싶어 했다. 2,200달러를 땄다는 사실에 취해서 나는 이제 그를 충분히 제압할 수 있는 실력이 되었다고 생각했고, 나는 그의 재대결 제안을 환영했다. 몇 주 후 열린 재대결을 위해 루퍼스는 마치 도인처럼 정신을 집중해서 준비했고, 드디어 나와 함께 코스를 돌았다. 그는 잃었던 2,200달러를 만회하고, 또 1,000달러를 더 벌었다. 그것이 계기가 되어 우리는 여러 해 동안 치열하고 재미있게 내기 골프를 즐기는 사이가 되었다.

한번은 동료 자동차 판매 직원이자, 아주 친한 친구이기도 한 캘빈 쿨리지 하쉬와 미들랜드 트레일 골프클럽에서 골프를 함께 칠 기회가 있었다. 그는 조지 패튼 장군 밑에서 복무하며 2차 대전에도 참전하여 용맹스러운 전과를 올려 훈장을 네 개나 받은 참전용사였다. 그는 훗날

80세가 넘어선 나이에도 괜찮은 샷을 날릴 수 있는 뛰어난 골퍼였다. 그는 2타의 핸디캡handicap : 두 팀 또는 선수 간의 실력 차이를 감안하여 더 강한 팀 또는 선수에게 일부 점수를 빼는 것을 말함을 나에게 주고도 나에게 수백 달러를 따갔다.

캘빈은 그날 이후 나하고는 더 골프를 치고 싶어 하지 않았다.

내가 물었다. "500달러 걸고 한 판 해보자고, 피하지 말고 조건을 말해봐."

"네가 핸디캡을 2개 주면, 해보지" 캘빈이 무시하듯이 말했다.

"좋아. 그렇게 하자."

"미쳤군." 그가 말했다.

그렇게 해서 벌어진 두 번째 대결에서 나는 그에게 2,000달라를 따는 이변을 만들었다.

그날의 게임을 계기로 캘빈과 나는 내가 심리적 압박이 크면 클수록 훨씬 더 훌륭한 성적을 내는 특징이 있다는 사실을 새삼 알게 되었다. 그날 이후 그는 나의 매우 가까운 골프 파트너가 되었다. 이후 여러 해 동안 우리는 미국 전역의 여러 곳의 골프장에서 수백 차례나 함께 라운드했다. 개인적으로 나의 가장 가까운 친구로 여겨지는 캘빈은 애석하게도 2016년에 세상을 떠났다.

나는 내 인생의 대부분을 스스로 통제하지 못하고 있었다. 그러나 내가 스스로 통제할 수 있는 것은 딱 한 가지 있었고, 그것에 관해서는 빠른 결정을 내릴 필요가 있었다. 어느 일요일, 골프를 마치고 나서 골프장 식당에서 한 의사와 함께 최근 둘째 아이인 데린을 낳은 일과, 내가 겪었던 자동차 사고의 책임 문제 등에 관하여 이야기를 나누게 되었다. 나는 내가 아이를 더 낳아서는 안 되는 여건이라고 말했다.

"그럼 정관수술을 권해드리고 싶네요." 그가 말했다.

뒷일을 걱정하지 않고, 언제라도 마음 편하게 성관계를 가질 수 있다는 점에 크게 마음이 동했다.

"합시다." 내가 말했다.

다음 날, 나는 점심을 먹고 매장에서 나와 병원으로 향했다. 나는 정관수술을 마치자마자 바로 골프연습장으로 가서 연습을 했다. 그리고 수술 부위에 아이스팩을 하고 절뚝거리며 매장으로 돌아와서, 그날 오후에도 자동차 두 대를 팔았다.

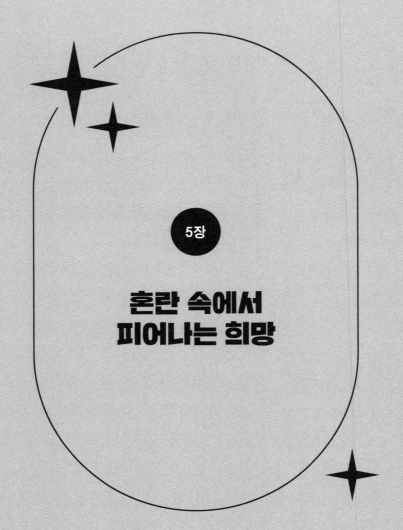

5장

혼란 속에서
피어나는 희망

1967년, 나는 맥매킨모터스와 길 하나를 사이에 두고 맞은편에 있는 스티븐스브라더스 오토세일로 자리를 옮겼다. 그곳의 대표인 짐 스티븐스가 나를 영입한 것은 일에 임하는 나의 열정과 엄청난 판매실적을 알고 있었기 때문이었다.

　그는 나를 영입하면서, "내가 당신을 도저히 이길 수 없다면, 우리 편으로 만드는 게 낫다고 생각했습니다."라고 말했다.

　그의 매장은 맥머킨의 매장보다 세 배나 많은 재고를 보유하고 있었다. 게다가 그는 나에게 매니저직을 제의했다. 그에 따른 고정급여와 함께 실적에 따른 성과급도 받기로 했다. 어떻게든 조금이라도 더 벌어야 했던 나의 필요와도 맞아떨어졌다. 나는 새 직장에 들어가자마자, 그 매장의 각종 판매기록을 갈아치우기 시작했다.

　스티븐슨 매장으로 옮기면서 내 수입이 크게 늘었지만, 그만큼 베팅의 규모도 커졌다. 한 번에 수백 달러, 많으면 수천 달러씩 걸었지만 결과는 좋지 않았다. 한번은 하우스에서 크게 패하는 바람에 4,000달러의 빚이 생겼다. 내게 돈을 빌려준 사람이 월요일 아침에 돈을 받기 위해 스티븐스 매장에 직접 찾아왔다.

　그의 방문을 예상하였기 때문에, 나는 미리 준비해 놓았던 돈 봉투를 건네주었다. 그래도 아직 2,000달러의 빚이 남아 있었다.

　이는 내가 이미 계획한 바였다.

"이번에 다 못 드립니다. 미안하지만, 좀 기다리셔야겠습니다." 나는 그에게 말했다.

상어는 미끼 냄새를 맡고 주변을 맴돌 듯 나는 돈을 두 배로 늘릴 기회가 왔음을 감지하고 있었다.

"어떻게 하시겠다는 겁니까?"

"한 판 더 해보겠다는 것이지요."

그는 도박판에서의 나의 명성을 익히 들어 알고 있었기 때문에, 나의 꾀에 쉽게 넘어가지 않았다. 나는 창밖을 바라보며 잠시 뜸을 들이다가, 매장 바로 옆에 있는 전화선 위에 앉아 있는 작은 새 두 마리를 가리키며 말했다.

"저 새들 보이시죠?"

"네, 보입니다."

"두 녀석이 전부 동쪽을 바라보고 있군요."

"그게 무슨 말이지요?"

"저 두 마리중 어떤 녀석이 먼저 날아오를지는 모르겠습니다만, 먼저 날아오르는 놈은 서쪽을 향해 날아간다는데 제가 아직 못 갚은 액수만큼 걸겠습니다."

그 사람은 어이없다는 표정으로 나를 바라보며 말했다. "한번 해봅시다."

우리는 가만히 앉아서 1~2분쯤 새들을 바라보며 기다렸다. 드디어 한 마리가 날아오르더니 방향을 180도 선회하여 서쪽으로 날아갔다.

"자 이제 빚은 다 갚은 거죠?" 나는 웃음을 터뜨리며 약간은 빈정거리듯 말했고, 그는 빈손으로 자리를 떴다.

짐 스티븐스의 조카인 로니 알드릿지가 그 자리에서 우리들의 대화를 다 듣고 보았다. 그로서는 내가 운이 좋은 건지, 미친 건지 도무지 알 수 없었을 것이다.

"도대체 무슨 자신감으로 그런 내기를 한 거죠?" 그가 물었다.

내 대답은 간단했다. "뭐 대단한 게 아니고, 나는 여기서 일하면서 저 새들을 자주 봤지. 항상 그러더라고."

1972년, 내가 스티븐스 밑에서 일한 지 5년이나 되었고, 이제는 독립해서 스스로 중고차 도소매 업체를 창업해도 될 만큼 충분히 경험을 쌓았다고 생각하게 되었다. 나는 곧바로 독립해서 다른 딜러들이나 렌터카 대리점에서 차량을 대량으로 싸게 사들이거나 경매 등을 통해 차를 싸게 낙찰받아 이윤을 붙이고 팔 수 있었다.

처음으로 내가 창업한 중고차매장의 이름은 테일러블루바드 오토세일즈였고, 처칠 다운스 입구의 쌍둥이 첨탑에서 도보로 10분 거리였다. 나의 매장의 문제점은 자동차를 충분히 많이 전시해 둘 만큼 주차 공간이 없었다는 것이다. 기껏해야 20대 정도밖에 차를 세워둘 수 없었다. 무슨 수를 써서라도 가까운 거리에 40~50대쯤 더 세울 수 있는 공간을 확보해야 했다.

나의 사업체는 가파르게 성장했고, 그곳조차도 부족하게 여겨져, 베리 대로 쪽에 더 큰 공간을 얻어서 이전했다. 매주 20대 정도 팔리던 판매량은 주 40대로 늘어나더니 좀 더 시간이 지나고 나니 주 80대로 늘어났다. 매출 성장은 거기서 멈추지 않았고, 또다시 두 배쯤 더 늘어 한 달에 600대 넘게 팔았다. 그리고 이것저것 다 제하고 나면 월 6만 달러의 순이익이 발생했다.

나는 아무리 많은 차량도 충분히 팔 수 있다고 자신했기 때문에, 그만큼 많은 차량을 사들여야 했고, 때로는 눈으로 직접 확인도 하지 않고 전화 통화만으로 수백 대씩 사들이기도 했다. 이렇게 모든 것이 순조롭게 풀렸고, 나는 경매장에서 거만하게 소리쳤다. "다른 분들은 포기하고 돈을 도로 주머니에 넣어 두세요. 다음에 나오는 30대의 매물도 무슨 일이 있어도 내가 사갈 겁니다!"

켄터키주나 인근의 다른 주에서 경매로 자동차를 사들이고 나면, 타이어를 새로 교체하고, 여기저기 오래된 부품도 교체하고, 도색작업도 다시 하는 등 세부적인 정비를 해주어야 했다. 그래서 나는 이런 일을 전담해서 처리해 줄 수 있는 사람들을 따로 확보했다. 또 구입한 차를 가져오고, 팔려나간 차를 보내주는 등의 배송 기사들도 필요했다. 나는 교도소 출소자들이나 정신병원에 수용되었던 사람들의 사회 복귀를 도와주는 시설에 많은 사람을 뽑아 채용했다. 좋게 말하자면, 온갖 다양한 사람들이 모두 나를 중심으로 모여들었다.

프랭크 오델 게인스도 그런 사람들 가운데 한 명이었다. 켄터키주의 프랭크포트의 한 언덕의 마을에서 어린 소년 시절을 보냈던 프랭크는 당시에는 금고털이 전문가로 악명을 떨쳐 왔지만, 이제 그러한 삶의 굴레에서 벗어나기 위해서 새로운 기술을 연마할 필요가 있었다. 그는 다양한 혐의로 20년 넘게 교도소를 들락거렸다. 나이는 나보다 위였지만, 우리는 과거 말로 표현할 수 없는 어려운 시절을 보내며 거칠게 살았다는 공통점이 있었다. 나는 그에게 영업을 가르쳤고, 나의 매장의 매니저로 임명했다.

프랭크는 사회 복귀 시설에서 몇 사람을 찾아서 채용했다. 그들은 불평도 없었고, 성실하게 일했고, 충성심도 강했기 때문에 매장에도 큰 도움이 되었지만, 몇 가지 문제도 있었다.

내가 프랭크를 포함해서 전과자들을 여러 명 채용하고 있다는 사실이 지역 사법 당국에도 알려졌다. 우리가 고용한 사람들 가운데는 루이스 노든도 있었다. 그는 65곳의 은행을 턴 혐의로 연방교도소에서 12년간이나 복역한 사람이었다. 루이빌 인근 지역에서 흉악 범죄가 일어나면 경찰이나 FBI 요원들이 나를 찾아와 우리 직원들에 대해서 이것저것 탐문하는 일이 자주 벌어졌다. 결과부터 말하자면 내 밑에 있는 직원들이 그들에게 체포되는 불상사는 일어나지 않았지만, 요원들을 상대로 차를 몇 대 팔았던 것 같다.

나의 사업 규모는 꽤 컸지만, 그만한 큰 자본은 없었다. 그래서 돈이 필요하면 다른 사람들의 돈을 단기간 차입해서 해결했는데, 이를 OPM^{Other people's money}이라고 불렀다. 차를 사들이더라도, 그 차의 명의가 내게로 이전되기 전까지는 찻값을 낼 필요가 없었다. 나는 웬만하면, 차를 낙찰받은 후 나에게로 명의가 이전되기도 전에 차를 팔아치울 자신이 있었다. 이처럼 9년간의 나의 사업은 늘 아슬아슬한 곡예 같았다. 문제는 북메이커에게 진 빚을 갚기 위해 더 많은 차를 팔아야 한다는 압박감을 매일 느끼며 살았다는 것이다. 그들은 내가 사업체를 운영하든, 술에 취했든, 아프든 전혀 개의치 않고 빚 독촉을 했다.

이유야 어떻든 나는 사업하는 내내 별로 재미도 없는 회전목마에서 내리지 못하는 기분이었다. 그래도 내가 평범한 삶을 영위하는 건실한 사람이었다면, 자동차 대리점을 12개쯤 거느릴 수 있을 정도로 돈을 벌었을지도 모르겠다. 그러나 사업은 나날이 번창했음에도 불구하고 나는 빚의 수렁에서 벗어나지 못하고 있었다.

나는 한 번에 20~30대 정도의 차량을 구입하곤 했는데, 그 가운데 상당수는 인디애나폴리스 자동차 경매소에서 사들였다. 인디애나폴리스 동부에서 이 경매소를 운영하는 마이크 호켓은 25년간이나 자동차 경매업에 종사해 온 업계의 실력자였다.

60년대 후반 무렵, 인디애나폴리스에 있는 그의 경매장은 자동차의 구매자와 판매자가 서로 만나 거래를 성사시킬 수 있는 가장 적절한 장소였다. 그의 경매장에는 14에이커 이상의 비포장 공터가 있었고, 여기에 자동차들이 최소한 네 줄 이상 줄을 지어 늘어서 있었다. 매일 200대 이상의 차량이 이곳에 줄지어 늘어서면 수백 명의 딜러가 와서 차량을 꼼꼼히 살핀다. 줄마다 경매사와 위탁자들이 배치되고 경매가 진행되었다.

겉보기에는 혼란스러워 보이지만, 나름대로 질서 있게 돌아가는 장소였다. 그리고 내가 참 좋아하는 장소이기도 했다. 나는 마치 엄청난 돈을 가진 사람처럼 늘어선 차량을 두 세줄 정도 살펴보고, 돈도 들이지 않고, 마음에 드는 차를 하나씩 사들였다. 하루에 20만 달러 이상의 차를 오로지 신용으로 구매한 적도 있었다. 마이크는 나를 믿어주었기 때문에 2~3주 안에 명의를 이전하고 대금을 결제하는 조건으로 자정 전에 차량을 가져갈 수 있도록 배려해 주었다.

여러 해 동안 이런 식으로 거래하다 보니 경매 방식이 아닌 수의 계약방식으로 거래하는 때도 많았고, 모두 합치면 굉장한 액수의 거래를 주고받는 사이가 되었다. 그러는 사이에 우리는 매우 친해졌고, 지금도 그를 가장 친한 친구 가운데 한 명이라고 생각하고 있었다. 그러나 내가 라스베이거스에서 게임을 하다가 그로부터 15만 달러의 빚을 지는 등 우리의 우정이 시험대에 올랐던 적도 여러 번 있었다.

그러고 보면 하버드비즈니스스쿨 같은 데서 가르치는 이론이 반드시 현장에 잘 들어맞는 것은 아닌 것 같다.

리비에라 카지노호텔에서 정켓Junket : 개인이 카지노로부터 일정한 공간을 임차하여 운영하는 VIP를 위한 공간을 운영하는 루터 제임스도 오랫동안 관계를 맺어 온 절친한 친구이다. 내가 그를 처음 만난 것은 19살이었다. 루터의 젊은 시절의 삶도 나와 비슷했고, 어려서부터 거리를 쏘다니며 거칠게 살아온 사람이었다. 그는 흙길을 따라서 과일과 채소가 실린 손수레를 끌고 다니며 팔아서 하루에 1달러를 겨우 벌기도 했다. 부모님이 루이빌의 포틀랜드 인근의 그의 집을 도박꾼의 소굴로 제공하여 돈벌이할 때 옆에서 석탄을 한 포대에 50센트씩 받고 팔기도 했었다고 한다.

루터는 15살 때인 1952년, 디트로이트에서 자동차 실내 액세서리 영업을 배우다가 집으로 돌아와 쇼니고등학교를 졸업했다. 입대했다가 한국전쟁에 참전하기도 했던 그는 인근의 포트 녹스에 근무하면서 쉬는 날에는 경비원으로 근무하면서 일당 7달러씩 벌었다고 한다. 전역 후 그는 7번 가에 자동차 시트커버를 파는 점포를 열었다. 얼마 지나지 않아 그는 자신의 가게 앞에 식당을 열었고, 이 식당은 후에 나이트클럽, 호텔 등으로 바뀌었다가 종합 쇼핑센터로 성장했다.

리비에라호텔에서 나는 바카라 테이블에 앉아서 30만 달러를 딴 적이 있었다. 루터는 이렇게 번 돈이 얼마나 쉽게 사라지는지 잘 알고 있었다. 나 같은 사람을 워낙 많이 봤기 때문이다. 좋은 친구였던 그는 나를 무척 말렸다.

"밤이 늦었어. 그만하고 자지 그래?" 그는 말했다.

루터는 직접 나를 반강제로 호텔 방에 밀어 넣었지만, 나는 방에 들어가서도 잠들지 못하고 우리에 갇힌 호랑이처럼 어슬렁거렸다. 주머니에 가득 들어 있는 돈을 생각하니 이대로 잘 수는 없었다. 나는 루터가 곯아떨어진 것을 확인하고, 날아가듯이 카지노로 향했고, 조금 전에 땄던 30만 달러를 다 날려 버리고 15만 달러를 더 잃었다. 문제는 내 수중에 이 손실을 갚을 돈이 없다는 것이다.

일단 나는 호텔 방으로 올라가서 아무 일도 없었다는 듯 잠을 잤다. 아침이 되어 내가 가진 돈을 다 날리고 빚까지 지고 온 것을 안 마이크 호켓은 지금까지 내가 본 것 가운데 가장 심하게 화를 냈다. 그 일로 우리의 우정에는 큰 상처가 났고, 그 여파는 한동안 계속되었다.

돌이켜보면, 그때가 내 인생의 최악의 시절이었던 것 같다. 도박과 술에 관해서는 나 자신을 전혀 통제할 수 없었다. 지금 생각하면, 그때 죽었어도 이상해할 것이 없다고 생각되는 순간이 꽤 여러 번 있었고, 실제로 죽기 직전까지 갔다가 살아난 적도 있었다.

언젠가 자동차 경매가 끝나고 인근의 홀리데이 인의 한 객실에서 포커판이 벌어졌다. 그곳에는 호켓도 있었고, 대여섯 명의 안면이 있는 자동차 딜러들도 보였다. 그들은 각각 수천 달러의 현금을 소지하고 있었다. 우리는 그 돈들을 걸고 한참 게임을 벌이고 있었고, 방에는 TV가 켜져 있었다.

그때 우리 중 누군가가 전화로 룸서비스를 불렀다. 그때 나는 이미 여러 시간 째 맥주를 마시고 있었기 때문에, 소변을 보고 싶어졌다. 그래서 화장실로 가기 위해 막 일어서려는데 누군가가 방문을 노크하는 소리가 들렸다. 그러나 문 앞에 서 있는 사람은 룸서비스가 아니었다. 남자 셋이 얼굴에 복면을 쓴 채 총을 들고 방안으로 쏟아져 들어왔다. 그들은 우리에게 모두 입을 다물고 바닥에 엎드려 손을 앞으로 뻗으라고 명령했다. 그리고 미리 준비한 포대에 우리가 찬 시계와 반지, 그리고 현금 더미를 쓸어 담으려 했다.

나는 평소 담배를 많이 피웠던 탓에 바로 그 순간 기침을 하기 시작했다. 도무지 멈출 수가 없었다. 게다가 술에 많이 취해 있었기 때문에 강도 일당 중 한 놈에게 무슨 말을 했던 것 같다. 바로 다음 45구경 권총의 총구가 내 귀 뒤를 누르고 있다는 사실을 알아차렸다. 나는 기침도 멈췄고, 숨도 멈췄고, 방아쇠가 뒤로 젖혀지는 소리가 들렸다.

"입 닥치고 있으라고 했을 텐데?" 총으로 내 귀를 누르고 있는 녀석이 말했다.

방 전체가 쥐 죽은 듯 조용해졌다. 유일하게 들리는 소리는 TV 소리뿐이었는데, 공교롭게도 마침 그때 TV에서는 실화를 바탕으로 만든 영화 「보니 앤 클라이드」의 광고 가운데 총이 불에 활활 타버리는 장면이 나오고 있었기 때문에, 무척 불길하게 느껴졌다.

이런 상황에서 화장실에 갈 수가 없었다. 그러나 맥주를 워낙 많이 마셨기 때문에 더 이상 참을 수도 없었다. 결국 나는 누군가가 실탄을 장전한 총을 내 머리에 겨누고 있는 상황에서 옷을 입고 엎드린 채로 바닥에 실례할 수밖에 없었다.

이보다도 더한 위험스러운 고비도 있었다. 나는 가끔 삶이 단조롭다고 느껴지면 차를 몰고 페인트빌이나 파이크빌같은 곳을 찾아간다. 이곳은 하를란 카운티에서 차로 두어 시간쯤 떨어진 석탄 광산 지대였고, 내가 평생 좋아했던 TV 시리즈인 「저스티파이드」의 무대가 되었던 곳이기도 하다. 여기서는 거액의 판돈이 걸린 세븐카드게임이 저녁 6시 반 경부터 시작되어 밤새 계속되고, 보통 5만 달러 이상 잃기도 하고 따기도 한다. 테이블과 방을 가득 메우고 있는 사람들은 대개 석탄 광산 주인들이나 밀주업자들이었고, 모두 총을 지니고 있었고, 술에 거나하게 취한 상황이었기 때문에, 언제 무슨 일이 일어날지 모르는 위험이 항상 도사리고 있었다. 나는 이런 곳에 갈 때는 대개 내 뒤를 살펴줄 사람을 대동하고 가지만, 그렇다고 해서 그리 덜 위험할 것 같지는 않았다. 밤이 깊어갈수록, 꼭 누가 무슨 잘못을 저지르지 않았다 해도 언제 살인이 벌어져도 이상하지 않은 상황이 된다.

그러나 나는 게임을 하지 않으면 도무지 살아 있는 것 같지 않았다. 판이 벌어지는 곳이라면 어디라도 가야 했다. 7번 거리의 끈적끈적한 노래가 흐르는 스트립 클럽이든, 바이든, 넓게 탁 트인 라운지든, 켄터키주 동부의 산악지대이든 가리지 않았다.

그런 곳이 아니라면, 레이스마다 1,000달러 이상 걸 수 있었고, 관중석에서는 북메이커에게 수천 달러를 더 걸라고 호통을 치고, 허름한 남자 화장실 근처에서는 벽에다가 동전을 던지는데 한 번에 5,000달러씩 거는 노름판이 벌어지는 루이빌다운스 경마장에 가기도 했다.

어쨌든 나는 지금까지 상상조차 하지 못했던 일을 겪게 되었다.

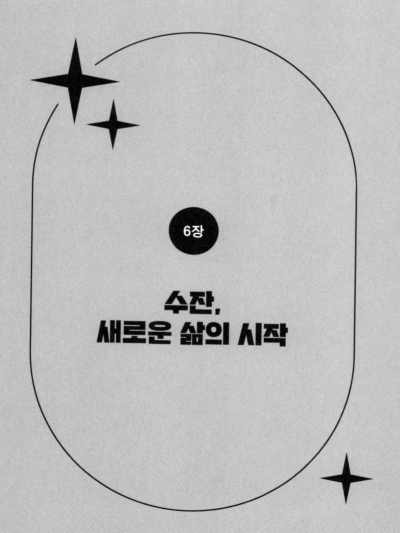

6장

수잔,
새로운 삶의 시작

20대 후반으로 접어들면서 부양해야 할 가족들에 대한 책임이 더 무거워졌음에도 불구하고 나의 무모한 삶은 전혀 바뀌지 않았다. 우선 순위를 따지자면, 나의 두 번째 아내와 아이들은 주사위나 카드게임 다음 순위였고, 나는 스스로 어떤 것도 두려워하지 않는다는 것을 행동으로 입증해야 한다는 강박에 사로잡혀 있었다.

스콧이 참가하는 운동경기를 꼭 가서 보기로 약속하거나, 캐롤에게 전화를 걸어 "오늘 저녁은 함께 먹자. 아이들도 같이."라고 약속해 놓고 어긴 적이 몇 차례인지 셀 수도 없었다.

지키지 못한 약속이 너무 많았다.

나는 가족을 사랑했고, 할머니께서 나에게 심어주셨던 가치관, 즉 사람을 존중하는 마음과 분명한 직업관을 아이들에게도 똑같이 심어 주고 싶었다. 그러나 나는 가족들에게 돈을 벌어다 주는 것을 제외하고는 사랑을 표현할 수 있는 다른 방법을 몰랐다.

일주일에 70~80시간씩 일하고, 나머지 시간과 에너지를 도박에 쏟아붓고 나면 아무것도 남아 있지 않았다. 그때의 나는 결혼이나 가정생활에는 맞지 않는 사람이었다. 그즈음 인생은 나를 확실하고 통쾌하게 응징해버렸다.

나의 큰아들 스콧에 관한 이야기이다. 스콧으로 말하자면, 어느 아이와도 비교할 수 없을 만큼 정말 착하고 사랑스러운 아이였다. 스콧은 항상 주변 사람들을 즐겁게 해주는 아이였고, 엄마와 아빠를 행복하게 해주기 위해서 무엇이라도 기꺼이 하려는 아이였다.

스콧은 1학년 때 낙제점을 받았는데, 나는 스콧이 말을 좀 더듬기 때문이라고 생각했다. 이 문제에 대해 내가 내놓은 해법은 몰아치기식 육아법이었다. "자 이제 정신 바짝 차리고 안전벨트를 단단히 매거라." 나는 그에게 말했다.

1974년 늦가을, 나는 모처럼의 가족 나들이를 갔다가 스콧에게 집중력 부족보다도 훨씬 더 심각한 문제가 있다는 사실을 알게 되었다. 그날 우리는 아이들(당시 데린은 4살밖에 안 되었다.)과 함께 지금은 사라진 미국농구협회 리그의 켄터키 콜로넬스팀의 경기를 보러 갔었다.

집으로 돌아오는 길에 우리는 프리치스빅보이라는 식당에 들러서 호박파이를 시켰다. 파이를 기다리는 동안 나는 스콧에게 그동안 말하지 않고 놔두었던 성적표에 관해 물어보았다.

"에이. 노인네. 걱정하지 말아요. 앞으로 잘할 거예요."

"노인네라니? 그렇게 부르면 안 된다. 아빠라고 불러라."

스콧은 한동안 말이 없이 냅킨에 펜으로 자기 이름을 쓰려고 안간힘을 쓰고 있었다. 가만히 보니 펜을 왼손에 쥐고 있었다.

"펜을 오른손에 쥐어야지. 너는 오른손잡이잖아."

스콧은 펜을 오른손에 바꿔 쥐기는 했지만, 펜을 제대로 잡는 데 상당한 어려움을 겪고 있었다.

캐롤과 나는 아마도 스콧이 전날 놀이터에서 뛰어놀다가 손을 다쳐서 그러려니 짐작하고 넘어갔다. 다음날 캐롤은 스콧의 손을 검사하기 위해 소아청소년과에 데려갔다. 캐롤은 병원에서 내게 전화를 했다.

"의사가 스콧을 신경외과에 데리고 가 검사를 해보래. 지금 신경외과 병원으로 가려고 해."

그날 저녁, 우리는 어느 부모도 듣고 싶어 하지 않는 충격적인 소식을 접해야 했다.

우리 아들이 뇌종양 말기라는 것이다.

종양의 크기는 상당히 컸고, 왼쪽 눈 뒤의 뇌의 중앙 부분을 차지하고 다른 뇌실들과 신경 신호를 주고받는 일을 담당하는 3번 뇌실에서 아주 가까운 곳에 있었다. 의사의 말에 따르면 종양의 크기가 종이 한 장 너비만큼만 더 커지면 뇌실로 흐르는 혈류가 차단되어 죽게 된다는 것이다. 의사는 그 기간을 약 30일 정도로 보았다.

내가 그 아이를 무척 사랑한 것은 분명한 사실이지만, 아이가 나의 삶의 우선순위에 있었던 적은 한 번도 없었다. 아이가 가족과 함께 있는 것은 너무나 당연한 것으로 생각했다.

하나님이 계셔서 내가 얼마나 큰 죄를 범했는지 깨우쳐주시는 것 같았다. 아버지로서 나는 낙제였다. 함께 식사하기로 약속해 놓고 함께하지 못했던 일들, 그때마다 나의 자리를 빈자리로 남겨 놓았던 수많은 밤들, 그리고 그때마다 가족들이 느꼈을 삶의 공간들.

이 상황에서 무엇을 해야 할까? 할 수 있는 일이 없었다. 내가 아니라도, 누구라도 이 상황에서 할 수 있는 일은 아무것도 없었다.

의사들은 조직검사를 해서 아직 수술이 가능한 상황인지 알아보자고 권했지만, 수술은 자칫 아이를 죽음에 이르게 할 수도 있는 위험한 방법이었다. 캐롤과 나는 고민 끝에 수술하기로 했다.

사실 우리는 어느 시점부터는 스콧을 살리기는 어렵다는 것을 알고 체념하기 시작했는지도 모르겠다. 대개 부부에게 닥친 큰 위기는 둘을 하나로 묶는 계기로 작용하지만, 우리의 경우에는 그렇지 않았다. 캐롤은 충격에 빠졌다. 그녀는 수시로 울부짖었고, 절대로 아이를 보낼 수 없다는 듯, 온몸을 던져 아이를 돌보았고, 아이가 원하는 것이 있다면 무엇이라도 주려고 했다. 물론 그녀가 그러는 것은 충분히 이해할 수 있는 일이었다.

나는 웬만한 것은 충분히 견뎌낼 만큼 심지 굳은 사람이라고 스스로 생각해 왔지만, 이건 상상도 못 했던 충격적인 상황이었다. 아들은 죽어 가고 있고, 결혼은 위기를 맞고 있었다. 나는 이럴 때 중심을 잡고, 가족들에게 힘과 위안의 원천이 되어주었어야 했지만, 오히려 죄책감에 사로잡혀 거의 반년이나 버번과 맥주를 폭음하며 스스로 무너지고 있었다. 그런데 내가 술독에 빠져 있는 사이에 의사들은 기적 같은 일을 해냈다. 의사들은 방사선치료를 하면서 철저하고 신중하게 계산된 용량의 먹는 치료 약을 투여했다. 결국 뇌는 손상되었지만, 죽지는 않았다.

아이는 최악의 고비에서 벗어났지만, 결혼 생활은 그렇지 못했다. 그녀는 내가 좀 더 가정적인 남편이 되어 안정적인 생활을 해주기를 원했다. 그러나 당시의 나는 그런 그녀의 바람을 현실로 만들어줄 수 있는 사람은 결코 아니었다.

결국 올 것이 오고야 말았다. 어느 날, 저녁 내내 술과 도박으로 보내고 나서 자정 무렵에 담배 냄새와 술 냄새를 잔뜩 풍기며 집으로 돌아왔다. 우리는 위층에서 자는 아이들이 모두 깰 만큼 큰 소리로 싸웠다. 나는 손에 잡히는 대로 집어 던졌다. 던져서는 안 될 것도 몇 개 던지고, 해서는 안 될 말도 했고, 부엌문에 구멍도 났다. 그리고 나는 집을 박차고 나갔고, 돌아가지 않았다.

내 인생은 모든 면에서 내리막길로 접어들고 있었다. 그나마 나의 삶을 지탱해주고 있던 중고차 사업도 기울어가고 있었다. 3년 후, 나는 루이빌트러스트 뱅크에서 반복되는 대출과 당좌대월을 더 이상 받아줄 수 없다는 통보를 받았다. 그때 나는 은행으로부터 20만 달러의 빚을 지고 있었다. 한참 잘나가고, 의욕이 넘치던 시기에는 나는 매일 20대 정도의 자동차를 팔았다. 그러나 당시는 중고차 사업을 시작한 지 16년째였고, 스콧에 대한 죄책감으로 몸과 마음이 모두 탈진되어 있었다. 보통 30대의 남성이라면 뭔가를 해보겠다는 왕성한 의욕을 주체할 수 없는 나이였지만, 나는 아무런 힘도 의욕도 남아 있지 않았고, 모든 것이 완전히 고갈되어 버렸다.

매장에 있는 차량을 모두 처분하면 은행 빚은 모두 갚고, 보디숍이나 타이어 공급 업체나 정비소 등 협력업체들에 밀린 돈을 모두 지급할 수 있었다. 나는 우선 이들에게는 피해를 주지 않아야 한다고 생각했다. 그래서 은행과는 2년 안에 모든 빚을 갚겠다는 합의서에 서명했다.

나는 협력업체들에게 미안한 마음을 전하고 합의를 마친 후, 마지막 남은 2만 5,000달러와 지푸라기 같은 희망을 품고 라스베이거스의 리비에라 카지노로 갔다.

페덱스의 설립자인 프레드 스미스의 경우에는 70대 초반의 늦은 나이에 이와 비슷한 시도를 해서 성공한 적이 있었다. 회사를 만든 지 2년쯤 되던 때, 페덱스는 석유 파동으로 인한 유가 급등으로 운송비가 상승하여 수백만 달러의 빚을 지고 고전하고 있었다. 그때 스미스는 5,000달러를 들고 라스베이거스의 어느 카지노에 가서 블랙잭으로 2만 7,000달러를 따서 그다음 주 연료비를 충분히 감당할 수 있었다고 한다. 그러나 프레드 스미스와 내가 근본적으로 다른 것이 하나 있었다.

그는 땄지만, 나는 다 잃었다는 것이다.

나는 완전히 빈털터리가 되어 망연자실한 상태가 되었고, 내 편이라고는 하나 없는 외톨이 같은 느낌이 들었다. 한 푼도 없으니 다른 게임 테이블을 기웃거릴 수도 없고, 술 한 잔 마실 곳도 없었다. 교회는 영 불편하다고 생각되어서 루이빌에 있는 평화의 성모라는 가톨릭 기관에 들어갔다. 여러 가지 중독을 포함해서 정신적으로 혹은 정서적으로 문제가 있는 사람들을 위한 치유 프로그램도 운영하는 곳이었다.

한 이틀쯤 있어 보니, 여기 더 있으면 진짜로 미쳐버리겠다는 생각이 들었다. 그래서 나는 다시 현실 세계로 돌아왔다. 그리고 나의 인생을 재건하기 시작했다. 여기에는 아주 강한 한 여성과의 소중한 관계가 중요한 기반이 되었다.

1976년 9월, 캐롤과 나는 9년의 결혼 생활을 정식으로 끝냈다. 결국 나는 남편보다는 좋은 친구로 남게 되었고, 스콧과 데린의 아버지로서 역할에 부족함이 없도록 최선을 다했다. 후에 캐롤은 제리 코트너라는 아주 괜찮은 남자를 만나 재혼했다.

그리고 보니 나는 짧은 인생에 벌써 두 번이나 결혼했지만, 장기적인 관계에 대해서 한 번도 진지하게 고민해 본 적이 없었다. 그런데 놀랍게도 나를 바로 잡아 세워줄 그 여성은 의외로 멀리 있지 않았다.

그녀는 내가 잘 알고 지냈던 험프리스 집안의 한 사람이었다. 그녀

의 오빠인 조니는 나보다 6살 위였지만, 친구처럼 지내 왔고, 그녀의
아버지인 찰리 험프리스 씨도 1965년부터 잘 알고 지냈던 관계였다.
조니는 나에게 골프라는 게임을 소개해 준 사람이고, 찰리 험프리스는
규모는 크지 않지만 도박을 아주 좋아하는 사람이었다.

내가 아는 도박꾼들은 대개 그날그날 입에 풀칠하기 바쁜 하급 노
동자들이었다. 그러나 찰리는 미국의 대표적인 담배회사인 필립모리
스의 임원이었다. 찰리는 마우스라는 북메이커를 단축번호로 저장해
두고 있었다. 그는 매년, 1주일 정도의 휴가를 얻어서 루이빌의 프리덤
홀이나 렉싱턴의 루프 아레나 등에서 열리는 켄터키주 고등학교 농구
토너먼트 경기를 관람하면서, 경기마다 딱 50달러씩만 베팅하곤 했다.

찰리와 조니는 네빗 리쿼스에서 일과가 끝난 저녁 무렵에 열리는
당구 경기에 자주 참여했다. 그리고 얼마 지나지 않아 자신의 집에서
벌어진 50센트를 거는 소규모 포커게임에 나를 초대했다.

나는 거기서 그의 부인인 마사와 아름답고 반짝이는 푸른 눈을 가
진 여인 수잔을 처음 만났다. 그때 수잔의 나이는 16살이었다. 그때는
몰랐지만, 그녀는 학교 연극반에서 활동하는 배우였고, 학교 플래그 풋

볼-flag football : 미식축구에서 상대에게 태클을 가하여 경기를 중단시키는 대신 선수가 달고 있는 깃

발을 뽑아서 중단하도록 하는 일종의 변형된 미식축구 선수이기도 했다.

후에 수잔이 말한 바에 의하면, 그녀는 나의 초췌한 얼굴을 보고 내
나이가 자신 아버지의 나이까지는 아니더라도, 아무리 낮춰도 자신의
오빠와는 비슷한 나이일 것이라고 짐작했었다고 한다. 사실 매일 밤 담
배 연기 자욱한 술집에서 시간을 보내다 보니 내 비대하고 지친 얼굴에
는 그 흔적이 새겨져 있었다. 당시 만해도 여전히 사람들은 나를 어릴

때의 별명인 '촌놈'이라고 부르고 있었다.

나는 수잔에게 눈길도 주지 않았다. 그때만 해도 나는 아이가 딸린 유부남이었고, 그녀는 어린 소녀였기 때문이었다. 첫 만남에서 그녀는 내게 들릴 듯 말 듯 한 인사말만 하고 방에서 나갔다.

시간이 좀 더 흘러 수잔도 결혼했고, 루이빌 시내를 오가다가 몇 번 우연히 마주친 적은 있었다. 운명적인 일이었는지는 모르지만, 나는 어느 날 밤, 경마장에 갔다가 우연히 조니 험프리스 일행을 만났다. 그들 가운데는 수잔도 있었다. 거기서 얘기를 나누던 중, 그녀가 이혼했다는 사실도 알게 되었다. 당시 그녀의 나이는 26세였다.

비록 내가 실제 나이보다 10살쯤 더 들어 보인다는 문제는 있었지만, 실제 나이 차이는 세 살이었으니 그것이 큰 문제가 되지는 않았다. 우리 사이에는 공감대도 꽤 있었다. 그녀의 부모님은 나의 두 번째 부모님처럼 느껴지는 분들이기도 했다. 그녀의 오빠는 내게 형이 없어서 그런지 형과 같은 느낌이 풍기기도 했다. 그녀와 나는 친구들도 많이 겹쳤기 때문에, 주변의 여러 괜찮은 장소들을 함께 다니며 교제했다.

수잔은 나면서부터 도박을 즐기는 사람들 사이에서 자라나고, 살아왔기 때문에 도박꾼들의 세계를 잘 알고 있었다. 그러면서도 그녀는 자신만의 삶의 방식을 고수하고 있었다. 우리는 밤늦게까지 웃고 떠들고, 이야기를 나누며 많은 날을 보냈다. 그녀와 함께 있는 날은 기분 좋은 편안함을 느낄 수 있는 당시로서는 흔하지 않은 날이었다.

내가 어느 날, 정식으로 데이트를 신청하자 그녀는 스스럼없이 받아들였다. 그러나 당시 나의 두 번째 이혼 절차가 완전히 마무리되지 못한 상황이었기 때문에, 그녀는 조심스러워했다. 그러면서도 그녀는

117

또 다른 남성과도 사귀고 있었는데, 그가 수잔을 대하는 태도는 매우 진지했다. 그녀의 마음을 사기 위해는 치열한 경쟁을 벌여야 하는 상황이었다.

수잔은 어려서부터 자신의 집에서 부모님들이 친구들과 어울려 포커판을 벌이는 것을 보면서 자랐기 때문에, 포커에 대해서 제법 잘 알고 있었다. 그녀는 카드게임을 할 때면 카드를 가슴에 가까이 대고 게임을 하는 버릇이 있었고, 나름 표정 관리를 할 줄도 알았다. 그녀는 또 긍정적이고 느긋한 성품을 가진 사람이었다. 웬만해서는 당황하는 일도 없었고, 그런 여성과 가까이 지내는 것은 나에게는 축복처럼 여겨졌다.

내가 술을 과하게 마시면 나를 의도적으로 냉랭하고 심술궂게 대했다. 술집이나 레스토랑, 또는 카지노 같은 데 있다가도 내가 나타나면 의도적으로 자리를 박차고 나가기도 했다. 그런가 하면 나도 모르고 있는 나만 가지고 있는 좋은 점을 먼저 찾아내기도 했다.

몇 번 그녀와 데이트를 하고 나서, 나는 그녀와의 관계를 좀 더 진지하게 생각하기로 마음을 먹었다. 나는 용기를 내서 가까운 친구들과 함께 라스베이거스의 정켓에 가려고 가는데 함께 가지 않겠냐고 물어보았다. 물론 그 친구들은 그녀의 부모님들도 잘 아는 친구들이었다.

무엇보다도 나는 도박꾼이었다. 이런 종류의 여행이 기분 좋게 끝날 가능성은 별로 없었다.

그녀는 승낙하는 대신 몇 가지 조건을 내세웠다. 우선 호텔 방을 따로 잡겠다는 것이다. 함께 여행하는 일행들이 그녀의 부모님들도 잘 아는 친구들이니, 자칫 부모님이 불쾌하거나 불편하게 할 만한 소문이 날

일은 하지 않겠다는 것이다. 나는 짐짓 당연하다는 듯 그녀의 생각을 받아들였지만, 비행기 안에서 서비스로 제공되는 술을 너무 많이 마셨기 때문에, 그 여행은 초장부터 엉망이 되어 버렸다.

일단 비행기에서 내리고 나니, 나는 너무 흥분한 나머지 예약되어 있던 전세버스가 우리를 데리러 올 때까지 기다릴 여유가 없었다. 나는 혼자 택시를 잡아타고 수잔은 물론 일행 모두를 남겨둔 채 리비에라호텔로 달려갔다. 애초에 상상했던 낭만적인 주말여행과는 전혀 다른 상황이었다.

수잔과 다른 일행은 한 시간쯤 후에 호텔에 도착해서 나를 찾던 중, 일행 중 한 사람이 바카라 테이블에 머리를 박고 인사불성이 되어 쓰러져 있는 나를 발견했다. 여행은 완전히 망쳤다.

나는 여행을 완전히 망쳐버렸다고 생각하고 자포자기로 돈까지 빌려가면서 게임에 몰입하는 동안 수잔은 역시 수잔답게 다른 친구들과 애써 아무런 티를 내지 않고 즐겁게 주말을 보냈다. 수잔은 화가 났어도 티를 내지 않았고, 나는 그녀를 다시 보기에는 부끄러운 맘이 들면서도 호기심이 생겼다.

루이빌로 돌아와서 나는 그녀를 끈질기게 따라다니며 반복해서 사과했고, 그녀도 별일 아니라는 듯 내 사과를 받아 준 것처럼 보였다. 그녀의 이러한 태도는 나를 더욱 헷갈리게 했다. 며칠 후 나는 그녀가 잠시 파견되어 근무하고 있는 트럭 운송회사로 커다란 튤립 꽃다발을 보냈다. 나는 여행이 엉망이 되었기 때문에, 그녀의 마음을 사기 위해 다른 남성과 벌이던 경쟁에서 몇 걸음 뒤처졌다고 생각했다. 그런데, 그 남자가 얼마 전 그녀에게 꽃다발을 보낸 적이 있었다는 사실을 알고 있었기 때문에, 한 다발 정도로는 안 된다고 생각하여 두 다발이나 보냈던 것이다.

꽃다발 속에 넣어 함께 보낸 카드에는 "그 녀석이 보낸 것보다 두 배 많이 보냅니다."라고 적었다.

튤립 때문인지 카드 때문인지는 모르겠지만, 수잔은 내게 전화를 걸어 웃으며 고맙다고 말했다.

"내 책상이 처칠 다운스에서 열리는 경마 축제일같이 화려해요."라고 말했다.

나는 그녀가 보기 드물게 마음씨가 고운 여자이거나, 나에게 완벽하게 한 방을 먹일 순간을 노리며 참고 기다리고 있다고 생각했다. 일단 그녀가 나처럼 거칠고 시골티가 많이 아는 남자에게 약하다고 생각하기로 했다. 그래서 그녀의 책상 위에 놓여 있을 튤립이 시들기 전에 다음 작전을 시작했다.

며칠 후 나는 할리우드 로맨틱 코미디에 나오는 주인공 흉내를 내며 그녀의 집 문 앞에 섰다. 가죽으로 만든 멕시코 스타일의 커다란 둥근 챙의 모자를 쓰고 여행 가방 하나를 들고 그녀의 문을 두드렸다. 안으로 들어간 나는 테이블에 카드를 한 장 올려놓았다.

카드에는 이렇게 적혀 있었다. "여기서 같이 살아도 될까요?"

나의 대담한 시도는 성공했다. 나를 걷어차 계단 아래로 쫓아내지 않을까 걱정했지만, 들어오게 해주었다.

내가 아는 모든 사람은 수잔이 있었기 때문에, 내가 더 나은 사람이 될 수 있었다고 말한다. 여자든 남자든, 사람들은 수잔을 가리켜 하나 같이 성녀라고 부른다. 오랜 세월 내 곁을 지켜준 수잔에 대한 찬사이다.

기회가 있었다면 그녀도 나의 과감성을 사랑했고, 내가 분명히 성공할 것이라고 마음으로 믿어 의심치 않았다고 잘라 말했을 것이다. 그녀는 무한한 용서와 긍정의 능력을 갖추고 있었다. 내가 최악의 어둠 속에 있을 때도 나를 가장 좋은 시각으로 바라봐 주었다.

우리는 1976년 9월 21일에 결혼했다. 우리의 결혼식은 그 후 몇 년 동안 벌어질 광란의 시간을 예고하는 듯했다. 법원에서 우리의 결혼 절차를 처리해 줄 유일한 판사는 마침 그날 살인 사건 재판을 진행하고 있었다. 러시 니콜슨 판사는 우리 결혼을 처리해 주기 위해 살인 사건 재판을 잠시 휴정했다.

우리의 결혼은 충분한 계획과 생각이 없이 좀 성급하게 추진되었기 때문에 미처 필요한 증인을 세우지 못했다. 마침 복도에서 길버트 헤일너트 변호사를 우연히 마주쳤고, 그에게 증인 역할을 해 달라고 부탁했다. 뒤에 이야기를 들어보니 나의 이혼 관련 송사를 맡아서 처리했던 그는 몇 년 후에 또 한 차례 짭짤한 수입이 있을 것을 기대하여 증인 역할을 받아들였다고 말했다.

결혼식을 간단히 치른 후 수잔은 직장인 트럭 운송회사로 돌아갔고, 나는 중고자동차 매장으로 돌아갔다. 우리는 이로써 함께 나의 혼란스러운 관계의 악순환을 깬 것이다. 따로 신혼여행도 가지 못했지만, 훗날 함께 세계를 일주하는 것으로 만회를 했다.

돌이켜 보면, 나의 세 번째 아내가 나의 첫 아내였다면 좋았을 뻔했다. 나의 첫 아내와 두 번째 아내를 비난하려는 것은 아니다. 수잔이 거의 서른 살이 다 되어서 결혼한 나라는 사람은 첫 결혼 때나, 두 번째

결혼 때와는 전혀 다르게 모든 면에서 결혼 생활에 헌신할 준비가 되어
있는 남자였다는 것이다.

그 후 46년이라는 긴 시간이 흘렀지만, 수잔은 여전히 내가 만난 최
고의 사람으로 남아 있다. 내 입장에서 구세주 같은 역할을 해준 두 사
람을 꼽자면, 수잔은 할머니와 함께 나란히 꼽힐 것이다. 그녀는 정의
롭게 살아가는 방법을 나에게 가르쳐주는 롤모델이었다. 우리의 사랑
은 무조건적이었다.

수잔은 자기 맘대로 어떤 규칙 같은 것을 만들어서 내게 강요하는
사람도 아니었고 나의 생활방식을 바꾸라고 요구하지도 않았다. 그녀
는 내가 누구보다도 나 자신에게 가혹하다고 믿었다. 그녀는 나를 아주
능수능란하게 다룰 줄 알았다. 그녀는 내가 언젠가는 마침내 내 안의
악한 영혼을 물리치게 될 것이라고 믿고 기다렸지만, 이는 그녀의 인내
심을 시험하는 과정이기도 했다.

첫 번째로 닥친 시험은 결혼한 지 얼마 되지 않아서였다. 친구들과
술을 몇 잔 마시러 나갔다가 얼굴에 피투성이가 된 채 집으로 들어왔
다. 이상하게도 그 사건이 벌어진 장소는 두 드롭 인이라는 루이빌에서
는 꽤 유명한 장소였다. 두 드롭 인은 '괜찮은 컨트리 음악에 맞춰서 춤
을 추는 괜찮은 사람들을 위한 장소'라고 광고하고 있었다.

처음에는 적어도 '괜찮은 사람들'에게는 모든 것이 별일 없이 평화
로웠다. 밴드가 음악을 연주하는 동안 나는 훗날 그래미상을 받게 되
는 가수 겸 작곡가이고 「King of the Texas Troubadours」라는 노래로
크게 알려진 가이 클락과 한 판에 100달러씩 걸며 게임을 하고 있었다.
(그의 대표작 가운데는 후에 제프 워커가 불러서 유명해진 「L.A Freeway」도

122

있다.)

　어찌어찌하다가 나는 훗날 내슈빌의 상징적인 인물로 떠오르게 될 이 사람과 별로 중요하지도 않은 논쟁을 벌이게 되었다. 우리는 당시 꽤 논란이 있었던 어떤 세계적인 사건을 놓고 말다툼을 벌였다. 말싸움이 진정되고 마음이 진정되기는커녕, 서로에게 주먹을 날리며 싸웠다. 나에게 날아오는 주먹들을 그럭저럭 요령 있게 맞으면서 버티던 중에 누군가가 내 코를 맥주병으로 내리쳤고, 나는 쓰러졌다. 그때 밴드 멤버 몇 사람도 뛰어 내려왔다.

　우리는 길거리로 옮겨 싸웠고, 나는 그들, 네 명을 피하려고 어느 자동차 밑으로 기어들어 갔다. 새벽 6시쯤 나는 힘들게 차를 몰고 집으로 돌아와 집 문을 두드렸다. 수잔은 웬 남자가 피투성이가 되어 문들 두드리는 것을 보고 처음에는 질 나쁜 불량배로 생각했고, 그렇게 생각하는 것도 무리는 아니었다.

　그녀는 나를 외면하고 문을 닫아 잠그려 했고, 나는 힘겹게 "나야."라고 중얼거리듯 말했다. 병원에 가서 코 주변을 32바늘이나 꿰맸다. 그리고 이틀 동안 얼음찜질을 하여 부기를 가라앉혔다. 이후 어긋난 코 뼈를 맞추고, 코를 바로 세우기 위해 수술을 받아야 했다.

　(자신을 위한 충고: 다음에 밴드 멤버와 싸우려면 어린아이들로 구성된 밴드만 골라서 싸워라.)

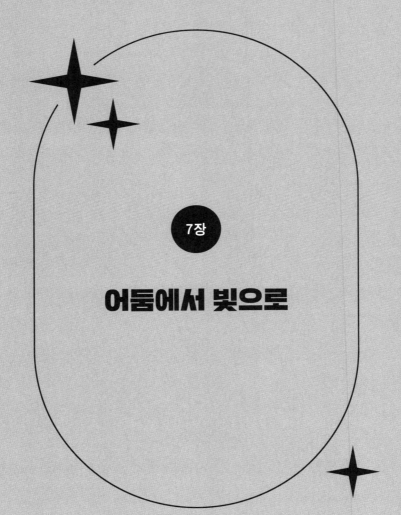

7장

어둠에서 빛으로

1975년의 일이다. 스콧의 여덟 번째 생일이 코앞에 다가왔다. 스콧은 값비싼 앵무새 한 마리를 기르고 싶다며 떼를 쓰다시피 원하고 있었지만, 놀랍게도 나는 그걸 사줄 만한 돈이 없었다. 나는 토이타이거로 향했다. 그곳은 티셔츠를 입은 채로 맥주를 온몸에 들이붓는 파티와 바나나 먹기대회 등 흥미진진한 일들이 가득하고 당구대도 여러 대 갖추고 있는 지역의 명소였다.

나는 12년 가까이 당구를 치지 않은 상황이었지만, 앵무새를 사려면 500달러를 반드시 따야 했다. 예전 실력은 아니었지만, 한 이틀쯤 치고 나니 그래도 돈을 땄고, 앵무새도 사줄 수 있었다. 그때가 내가 마지막으로 당구를 친 때였다. 빚으로 인해 막다른 상황에 몰려 있던 나는 상황을 극복하기 위해 자동차 매매 사업에 모든 것을 걸어 보기로 했다. 나는 새로 장인이 된 찰리 험프리스에게 5만 달러를 빌렸다. 필립 모리스에서 은퇴해서 퇴직금으로 받은 20만 달러가 장인이 가지고 있는 돈의 전부였다.

찰리가 그 돈을 빌려준 것은 자신의 딸과 내가 사랑하는 사이라는 것을 알고 있었기 때문이었다. 수잔도 자신이 아끼던 1971년형 폭스바겐 버그를 1,800달러에 팔아서 힘을 보태주었다. 나도 나름으로 열심히 했다. 정말 열심히 했다. 그러나 사업에 대한 열정이 고갈되어 있었고, 영업력도 예전 같지 않았다. 게다가 나의 신용도 평가도 바닥이었다.

그들은 내가 잘 알고 잘 할 수 있는 일을 하라고 충고했고, 수잔과 나는 남은 돈을 긁어모아 파티오 라운지라는 술집의 지분을 일부 인수했다. 우리의 사업파트너는 미국에서 가장 인기 있는 포커게임장 가운데 하나인 프로스펙트 브릿지 앤 백가먼 클럽의 소유주이기도 한 새미 마릴라 시니어였다.

우리는 그곳의 이름을 파티오에서 버치캐시디로 바꾸고 컨트리풍의 음악을 선보였다. 나는 매장 내에서 스포츠 베팅을 벌였지만, 이 하우스는 상당히 조심스럽게 운영했다. 당시 루이빌의 시장 후보로서 당선 가능성이 가장 컸던 빌 스탠스버리 후보가 당선되면 루이빌 내의 불법도박을 철저히 단속하겠다고 공약했기 때문이다.

인근에서 가장 유명한 갬블러로 소문난 내가 스포츠 베팅을 하면서 조심스럽고, 규모도 애써 줄여서 사업을 벌인다는 것이 성에 차지는 않았다. 1980년 슈퍼볼이 열리던 일요일, 우리는 정오부터 자정까지 영업했다. 문을 닫은 후, 나는 출입문을 잠그고 카운터의 현금 보관함을 정리해서 집으로 차를 몰았다. 내 옷 주머니에는 크고 작은 지폐로 2,000달러가 들어 있었다.

우리 집 문을 막 열려고 하는데, 스키 마스크로 얼굴을 가린 불량배 두 명이 주차된 자동차 뒤에서 불쑥 튀어나왔다. 그중 한 명은 2연발 산탄총으로 내 가슴을 지긋이 밀었다. 그사이 또 다른 한 녀석은 45구경 권총으로 내 머리를 밀고 있었다. 그러나 자세히 보니 둘 다 마치 영하 10도쯤 되는 냉골에 갇혀 있는 듯 몸을 떨고 있었다.

아무래도 경험이 거의 없는 초보들 같았다.

"자. 진정들하고, 돈이나 가져가라." 내가 말했다.

그들은 일단 현금을 챙겼다. 다음에는 내가 차고 있던 가짜 롤렉스 시계를 뺏을 것이라 예상하고 대비했지만, 그들의 계획은 달랐다. 한 놈이 내 차의 열쇠를 뺏더니 내 링컨 승용차의 트렁크로 들어가라고 명령했다. 그 트렁크에 들어간다면 내가 살아서 나올 확률은 높지 않다고 생각했지만, 45구경 권총을 들고 있는 녀석들과 싸워서 이길 확률도 낮기는 마찬가지였다.

트렁크의 뚜껑이 닫히고 사방이 어두워졌고, 내 머릿속도 캄캄해졌다. 혹시 이놈들이 내 차를 어느 외진 곳으로 몰고 가서 나를 쏴 죽이고, 시신을 찾기 어려운 곳에 유기하지 않을까 두려웠다.

내 예상과는 달리 그들은 집 부근 도로변에 차를 버리고 자신들의 차를 타고 달아나버렸다. 트렁크 안에 무거운 납덩이를 채우고 어딘가에 떨어뜨리는 짓을 하지 않은 것은 다행스러운 일이지만, 상황은 여전히 희망적이지는 않았다. 요즘 차량처럼 트렁크 안에 비상시 탈출을 할 수 있는 장치가 되어 있지 않았기 때문에, 마치 관 속에 갇혀서 죽음을 기다리는 것 같은 느낌이었다.

나는 미친 듯이 소리를 지르고 두드렸지만, 아무도 듣지 못했던 것 같다. 자칫 트렁크 내의 산소가 부족해져서 죽을지도 모른다는 생각이 들었기 때문에 일단 나를 애써 진정시키려고 노력했다. 조금 시간이 지나자 다시 공포감이 밀려왔다. 정신없이 트렁크 안을 뒤지다가 타이어를 교체할 때 사용하는 지렛대를 발견했다. 그것을 여기저기 틈 사이에 쑤셔 넣고 힘을 주어 비틀고, 흔들었다. 그러나 아무런 소용이 없었다.

급기야 손에서 피가 나기까지 했지만, 나는 지렛대를 잡고 트렁크

구석에 연결된 금속 스테레오 스피커를 뜯어내고 뒷좌석으로 통하는 구멍을 만들었다. 구멍 틈으로 손도 집어 넣어보고, 구멍을 통해 차량 내부로 소리도 지르고 하다가 기력이 완전히 소진되었다. 한 시간쯤 흘렀던 것 같았다. 또 한 시간이 흐른 것 같았다. 소리 지르다 지치면 쉬고, 또 소리 지르기를 반복했다.

마침내 지나가던 옆집에 사는 사람이 나의 비명을 들었다. 그는 급히 우리 집을 두드려 수잔에게 차에서 무슨 소리가 나는 것 같다고 알려주었다.

발걸음 소리가 들렸다.

"빌, 당신 거기 있어? 어디 있는 거야?"

뒷좌석으로 뚫린 구멍을 통해 수잔이 안을 들여다보는 모습이 보였다.

"나 여기 있어. 죽을 것 같아. 빨리 열쇠 좀 가져와!"

집에 여분의 열쇠가 있는 것이 다행이었다.

수잔이 트렁크를 열었고 나는 드디어 나올 수 있었다.

그녀의 부축을 받아 집에 들어와 침대에 쓰러지듯 누운 후, 나는 무슨 일이 있었는지 말해주었다.

"이사 갈 거야! 반드시 이사 갈 거야!" 마치 이번 사건이 일어난 이유가 우리가 사는 장소 때문인 것처럼 비명을 지르듯 반복해서 말했다. 그러나 사건의 원인은 우리가 사는 장소가 아니라, 내가 몸에 많은 현금을 지니고 다니는 스포츠 베팅장을 운영한다는 것이었다.

결과적으로 우리는 그때는 이사하지 않았다.

그 후에도, 차 트렁크에 갇혀서 숨이 막히거나 지쳐 곯아떨어지지 않는 한, 나는 주사위를 던지고, 경마에 돈을 걸고, 세븐카드게임을 하다가 돈을 잃고는 시내를 쏘다니며 남은 돈을 물 쓰듯 뿌리며 살았다. 늘 술에 취한 상태였다.

새미 마릴리아는 프로스펙트라는 비밀 하우스를 운영하고 있었다. 이곳에서 열리는 백가먼backgammon이나 브리지 게임은 법망의 단속을 피하기 위한 눈속임에 불과했고, 사실은 꽤 큰 돈이 걸리는 포커판이 벌어지는 곳이었다. 새미도 포커판을 열면서 늘 긴장을 늦추지 않았기 때문에, 자신의 초대장을 소지한 다양한 계층의 고객들만 입장시켰다. 당시 그곳을 드나들던 사람들 가운데는 루이빌의 아들로 불리며 사랑을 받았고, 1956년에는 노트르담대학교 소속으로 하이스먼 트로피

Heisman Trophy : 유명한 미식축구 감독 존 하이스먼의 이름을 따 제정된 트로피로 해마다 가장 활약이 컸던 대학 선수를 상대로 수여된다.를 받기도 했던 폴 호눙도 있었다. 그는 그 빈스 롬바르디가 그린베이 패커스팀의 감독을 맡아 9년 연속 슈퍼볼 우승이라는 불멸의 드라마를 써나갈 당시였던 1967년, 그 팀의 쿼터백으로 활약하며 슈퍼볼에서 우승한 공로로 명예의 전당에 헌액된 사람이기도 했다. 사람들은 그를 골든보이라고 부르며 영웅으로 추앙했지만, 나에게는 그저 폴이라는 친구였을 뿐이다. 우리는 1960년대 후반에 처음 만나 줄곧 좋은 친구로 지냈다. 1980년 크리스마스 무렵, 폴은 하룻밤에 4만 달러를 잃고, 자신의 아내에게 1만 달러만 더 잃으면 다시는 도박하지 않겠다고 맹세를 하고 나왔다. 폴이 나타났을 때, 테이블에 앉아 있는 사람들은 모두 그를 아는 사람들이었다. 그가 봐도 한 사람만 빼놓고는 대체로 낯이 익었다. 폴은 새미에게 거세게 따졌다.

"이 사람은 대체 누구요? 혹시 일부러 실력자 한 사람 모셔 온 거 아

니야?" 폴이 물었다.

세미는 별일 아니라는 듯 대답했다. "옆 동네 사람인데 그저 우리 판에 끼어서 놀고 싶어서 들어온 사람일 뿐이야."

폴은 그의 말이 사실이 아니라는 것을 눈치챘다. 이 장소는 비밀스럽게 운영되기 때문에 새미가 특별히 초대하지 않는 한 이곳의 존재도 알아내기 어려웠다. 어찌어찌하여 그가 누군지 알게 된 폴은 큰 충격을 받았다. 그 낯선 사람은 바로 '부엉이'라는 별칭으로 유명한 월드시리즈 오브 포커대회 우승자인 바비 볼드윈이었던 것이다.

독자들도 이런 상황이라면 호눙이 또 다른 슈퍼볼 우승 반지를 쟁취하기에는 역부족인 상황이 분명하다고 생각할 것이다. 그는 자리에서 일어나더니 새미를 향해 맹공격을 가했다.

"새미, 이 개자식아! 어떻게 우리한테 이럴 수 있어. 우리는 친구이고, 고객이야. 나는 당신을 친구라고 생각했어. 어떻게 '부엉이'가 여기에 올 수 있어. 당신이 일부러 그를 끌어들이지 않았다면 그가 이런 자리가 있다는 사실을 알고 있다는 것조차 말이 안 되잖아?"

새미는 결국 실토 했다. 그는 자신이 바비와 짜고 그를 이곳으로 데리고 왔다고 말했다. 다행히 폴은 잃었던 1만 달러도 돌려받았다. 우리는 지금도 그때의 일을 이야기하며 유쾌하게 웃곤 한다. 다행스러운 것은 폴이 그날 일로 새미에게 큰 악감정을 품지는 않았다는 것이다.

내가 바비를 처음 만난 것은 1978년에 라스베이거스의 호스슈호텔에서 열린 월드시리즈 오브 포커대회 최종전에서 승리하고, 28세의 사상 최연소 우승자가 된 직후였다. 그는 1977년부터 1979년까지 이 대회를 연속 우승한 후, 경영자로 변신했다. 경영자로서 그는 라스베이거스의 미라지 리조트의 CEO와 MGM리조트의 고객 개발 담당 최고 책임자 등을 역임하기도 했다.

훗날 내가 상당한 재력을 확보한 후, 우리는 일종의 파트너가 되었고, 나는 그를 후원해 주었다. 언젠가 내가 그를 맞이하기 위해 루이빌 공항에 갔을 때, 그는 이스턴 항공사의 로고가 찍힌 마분지 상자 하나를 들고 나타났다. 월드시리즈 오브 포커대회에서 우승하여 20만 달러나 되는 상금을 받은 직후임에도 불구하고 그는 자신의 모든 소지품을 그 상자 안에 담아 들고 다녔다.

바비는 10개월 정도 루이빌에 머무르다가 가족과 함께 추수감사절 휴가를 보내기 위해 털사로 돌아갔다. 그동안 우리는 루이빌 주변의 하우스를 돌며 돈을 꽤 모았다. 그 과정에서 작은 문제가 생겼다. 바비가 털사로 가면서 6만 달러의 현금을 놔두고 떠난 것이다. 나는 추수감사절 저녁 식사 후 어느 지하에서 크랩스 게임을 하면서 그 돈을 다 날려 버렸다. 놀랄 일도 아니었다.

휴가가 끝난 후 첫 월요일, 털사에서 돌아온 바비에게 내가 그의 돈을 모두 하우스에서 잃었다고 솔직하게 말했다. 바비는 대단한 일이 아니라는 듯 반응했다. 그는 내가 누군가에게서 빌려서 돈을 갚을 수 있는 시간을 주었다. 나는 바비와 지금까지도 변함없이 친구 관계를 유지하고 있다는 사실에 자부심을 느끼고 있다.

불량배들에게 강도를 당한 사건이 있기 전부터 술집 운영에서 가능하면 빨리 손을 떼야겠다고 생각하고 있었다. 수잔과 나는 여기저기서 엎질러진 술과 음료가 흥건한 바닥에서 담배 연기에 둘러싸여 매일 밤 늦게 일해야 했다.

문제는 그다음이었다. 이걸 그만두면 무슨 일을 할 것인가?

또다시 누군가가 겨눈 총구로 죽음의 고비를 넘기고 강도를 당하는 일만 없다면, 내가 부치 캐시디에서 운영하는 스포츠 베팅 사업은 성실하게만 운영한다면 충분히 안정적이고 높은 수익을 올릴 수 있을 정도로 괜찮은 사업이었다.

60년대 후반에서 70년대 초반 사이의 남부 도시 대부분이 다 그랬지만, 루이빌 역시 악덕과 죄악의 세력이 밤낮없이 활개 치는 곳이었다. 크고 강력한 범죄조직은 없었지만, 많은 건달과 범죄자들이 여기저기서 활개 치고 있었다. 누군가가 심하게 다치거나 죽지 않는 한, 경찰이 도박에 대해서는 별다른 단속을 하지 않는다는 것은 나에게는 다행스러운 일이었다. 그러나 내가 도박꾼의 한 사람으로서 돈을 거는 수준을 넘어서 도박꾼을 모아서 도박 사업을 벌이는 것은 법률이 허용하는 경계선을 넘어간 불법행위인 것은 분명했다.

1978년, 불법 스포츠 베팅 사업을 뿌리 뽑겠다는 공약을 내걸었던 빌 스탠스버리가 당선되어 시장 자리에 앉아 있는 것도 상당히 신경 쓰이는 일이었다. 실제로 스탠스버리 시장은 몇몇 불법 하우스를 색출하여 폐쇄하기는 했지만, 여전히 10여 곳 이상의 하우스가 루이빌 곳곳에서 은밀하게 운영되고 있었다. 그들은 나와 마찬가지로 일주일 내내 번쩍거리는 링컨이나 캐딜락을 타고 유유히 돌아다니다가 월요일 하루만 하우스를 열어 돈을 잘못 걸어 패배한 사람들로부터 돈을 거둬들였다.

그들은 자신들에게 매우 유리하게 하우스를 운영했다. 그들은 라스베이거스의 공식 NFL 스포츠 베팅장에서 정식으로 베팅 창구가 열리고도 실제로 경기가 열리는 날까지 6일 동안 배당률 게시를 거부했다. 간혹 하루 전에야 배당률을 게시하는 업자들도 있었다. 나는 나름 몇 가지를 계산해 본 결과 내가 스포츠 베팅을 자동차 판매점처럼 정식 사업으로 간주하여 체계적으로 운영한다면, 유사한 하우스를 운영하는 다른 사람들보다 더 낮게 운영할 수 있고, 궁극적으로는 훨씬 더 많은 돈을 벌 수 있으리라는 생각을 하게 되었다.

나는 시 당국이 불법 스포츠 베팅을 강력하게 단속하려 하고 있음에도 불구하고, 나는 전업 북메이커로 변신했다. 남들이 보기에는 사리에 맞지 않는 일이거나 미친 짓임이 분명했다. 나는 고객들에게 처음부터 경기마다 충분한 정보를 제공하고, 배당률을 좀 더 높이고, 베팅의 상한선을 두는 등 적극적인 영업 방식을 도입했다. 나는 소득 수준이나 위험도를 가리지 않고 모든 베터를 받아들였다.

나는 스포츠 베팅을 주 7일, 하루 24시간 내내 운영하며 다양한 판촉 행사도 벌였다. 금요일 밤에 최소한 10번 이상의 게임에 참여했다면, 어느 방향으로든 0.5포인트까지 바꾸도록 허용했다. 또 모든 게임에 베팅하면, 1달러 10센트 대신 1달러 5센트를 걸 수 있도록 해주었다.

나는 또 오랫동안 사설 하우스를 운영한 경력이 있었던 프랭크 게인스를 고용했고, 또 다른 나름 유명한 베터들의 참여를 유도하여 그들이 자주 드나드는 술집이나 식당, 당구장, 포커판 등에서 내가 운영하는 스포츠 베팅이 자연스럽게 알려지도록 했다. 대신 그들에게는 고객 유입 실적에 따른 인센티브를 약속했다.

내가 전업 스포츠 베팅 운영자로 나선 반면, 시장의 뜻에 따른 단속의 칼날은 루이빌 전역을 휩쓸고 있었다. 이에 대응하기 위해 나는 나의 영업장을 시장의 행정력이 미치지 않는 바로 옆 카운티인 올덤 카운티의 크레스트우드로 옮겼다. 이렇게 겉으로는 별로 특별해 보이지 않은 영업장을 확보했을 즈음, 다른 사설 스포츠 베팅 운영자들이 단속을 피하려고 경찰에게 뇌물을 먹이고 있다는 것을 알게 되었다. 나는 그렇게까지 할 필요는 없다고 생각했지만, 만일에 있을 위험에 대비해 베팅에 관한 각종 기록을 얇고 특수한 종이에 따로 기록해 보관하는 등 몇 가지 예방조치를 취했다.

뒷날 밝혀지겠지만, 이런 조치를 미리 취해 둔 것은 잘한 일이었다.

1982년, NFL 시즌이 시작된 후 첫 번째 일요일이었다. 나는 나의 영업장 뒤편의 작은 사무실에 앉아 내 밑에서 일하는 4명의 직원과 함께 일찍 열리는 경기의 중계방송을 TV로 보고 있는데, 정문에서 마치 자동차가 충돌하는 것 같은 둔탁한 소리가 들려왔다.

놀랍게도, 켄터키주 경찰관들이 출동하여 큰 쇠망치로 출입문과 벽을 연결하는 경첩을 부수는 중이었다. 이어서 20여 명의 주 경찰관들과 루이빌시 경찰관들이 몰려들었다. 나는 그사이에 증거가 될 만한 중요한 서류들을 끌어모아 급히 화장실로 향했다. 내가 사용하는 종이는 물속에 들어가면 녹아 없어지는 특수 종이였지만, 내가 그것을 화장실 변기 속으로 집어넣으려 할 때 경찰관 하나가 내 머리에 총을 겨누며, "움직이면, 네 머리통을 날려 버릴 거야!"

나는 순간 말을 저렇게 하지만, 절대 쏘지 못할 것으로 생각했다.

나는 쥐고 있던 서류 뭉치들을 변기에 집어넣는 데는 성공했다. 그러나 그것은 결코 현명한 대처는 아니었다. 그것 말고도 사무실 곳곳에 수많은 다른 서류들이 있었기 때문이다. 경찰은 남은 증거물과 현금 더미들, 자동차 2대, TV 2대, 사무실에 설치된 수신자 부담용 800회선 전화 4대를 포함한 전화기 8대를 압수했다.

프랭크 게인스와 도널드 조크 포터와 나를 포함하여 모두 5명이 구속되었다. 조크의 이력은 정말 화려했다. 그는 과거 경마장의 마부, 블랙잭 딜러를 거쳐 북메이커로 활동한 경력까지 가지고 있었다. 그는 나름 재치 넘치고 웃기는 사람이었지만, 경찰은 그의 위트에도 아랑곳하지 않았다.

그들은 우리 사무실을 수색하다가 조크의 73년형 몬테카를로 승용차에서 작은 그릇 몇 개를 발견했다. 그들은 그를 주목하여 주머니에 있는 것을 모두 내놓으라고 명령했고, 그는 어쩔 수 없이 마지막 동전 하나까지 다 내놓았다. 동전은 모두 7개였다.

경찰관 하나가 말했다. "좋아. 여기서 두목이 누굽니까?"

조크는 "돈을 제일 많이 가지고 있는 사람이 두목 아니겠습니까?"라고 말했다. 이는 동전 7개를 내어놓은 자신은 두목이 절대 아니라는 의미였다.

그들은 우리를 도박을 조장하고, 도박 관련 기록을 소지하고, 범죄 단체를 조직하고 운영한 혐의로 체포하여 올덤 카운티 교도소에 가뒀다. 보석 허가를 받으려면 1인당 1만 달러를 내야 했다. 그때는 마침 일요일이었기 때문에 수잔은 급한 대로 3만 달러의 현금을 모을 수 있었고, 우선 직원 3명을 보석으로 석방했다. 대신 나와 프랭크 게인스는 여전히 교도소에 좀 더 남아 있어야 했지만, 우리는 그것을 대수롭지 않게 생각했다.

다음 날, 켄터키주 최대 신문인 「쿠리어 저널」의 지역 판 1면에 우리의 상반신 사진이 실렸다. 기사의 제목은 '불법도박 단속, 5명 구속'이었다. 기사에 따르면 경찰은 우리를 6개월간이나 추적하며 조사하다가 덮쳤다고 한다. 주 경찰은 내가 매년 약 650만 달러 정도의 하우스를 운영했고, 이는 켄터키주에서 가장 큰 규모의 불법도박이라고 보고 있었다.

며칠 후, 나는 보석으로 풀려나자마자 프랭크 하다드 주니어라는 사람이 운영하는 법률사무소를 찾아갔다. 그는 가벼운 위트와 유머 감각을 소유한 겸손한 사람이었고, 루이빌의 법조계에서는 전설 같은 사람이었다. 그는 법정의 안팎에서 존경을 받는 사람이었고, 범죄 혐의를 받고 형사 재판을 받는 사람들이 가장 먼저 찾는 사람이었다. 변호사로서 능력도 출중하여 기적까지는 아니더라도, 기적에 가까운 재판 결과를 끌어낼 수 있다는 평가를 받는 사람이었다.

그는 과거에도 불법 북메이커들을 변호한 적이 있었다. 그는 나를 도와주기로 했고, 이런 충고를 해주었다.

"빌리. 두 가지 가운데 하나를 선택해야 합니다. 루이빌을 완전히 떠나세요. 만일 루이빌에서 계속 거주한다면, 다시는 도박해서는 안 됩니다. 지금부터 당신은 등에 과녁을 짊어진, 걸어 다니는 표적지나 마찬가지입니다."

그의 말은 옳았다. 루이빌을 떠나는 것 말고는 다른 선택의 여지가 없었다. 당시 내 나이는 36살이었지만, 겉보기에는 60살 이상으로 보였다. 당장 수십만 달러의 빚더미와 3개의 중범죄 혐의, 게다가 아직도 병마와 생사가 걸린 아들까지 엄청난 짐이 내 어깨를 짓누르고 있었다.

그 일이 있기 몇 년 전, 나는 친구들과 함께 내가 과연 몇 살까지 살 수 있을지 내기를 한 적이 있었다. 내가 35살을 기준으로 '더 오래 산다'와 '그 전에 죽는다' 등 둘 중 하나를 선택해서 각자 5,000달러씩 건 것이다. 믿어지지는 않겠지만, 친구들 가운데 아무도 '더 오래 산다'에 걸지 않았다. 내가 그들을 이긴 것은 분명하지만, 얼마나 크게 이긴 것인지는 아직도 확정되지 않았다.

수잔과 나는 이 기회에 완전히 새로운 출발을 하기로 했다. 안전과 안정이 선택의 기준이 되지는 않았다. 나는 보험영업 따위를 하고 살기 위해 태어난 사람은 아니었다. 단지 도박이 불법인 장소를 떠나 합법인 장소로 옮기고 싶었을 뿐이다.

그렇다면 우리가 갈 수 있는 곳은 한 곳밖에 없었다. 라스베이거스 말고는 다른 선택지는 없었다. 친구들은 우리의 계획이 마약중독자가 마약 소굴로 이사 가겠다는 말과 같다고 생각했다. 그들은 내게 너무 당연한 질문을 하나 던졌다. 돈 관리 능력도 없는 알코올 중독자이자 타락한 도박꾼이 점심 식사로 중독자를 먹어 치우고, 저녁 식사로 또 다른 중독자를 먹어 치울 꿈을 꾸며 성장하는 도시에서 살아남을 가능성이 얼마나 있냐는 것이었다.

나는 어린 시절 주사위를 굴리며 놀 때부터 내가 직업적인 겜블러로 살아갈 수 있다고 믿었다. 남들은 그것을 망상이라고 부르겠지만, 나는 나름의 계획이 있었다. 당시 나는 인생의 갈림길에 서 있었다. 도박에 비유하자면, 나는 절반의 날카로움에서 완전한 날카로움으로 나아가고 싶었다. 지금까지 승률이 평균보다 조금 높은 베팅을 해 왔다면, 이제는 최고의 베팅 승률을 만들어 낼 수 있는 실력을 갖춘 진정한 베터로 거듭나고 싶었다.

결정은 내려졌다. 1982년 말, 수잔과 나는 새로운 기회의 땅을 찾아 서쪽으로 향했다.

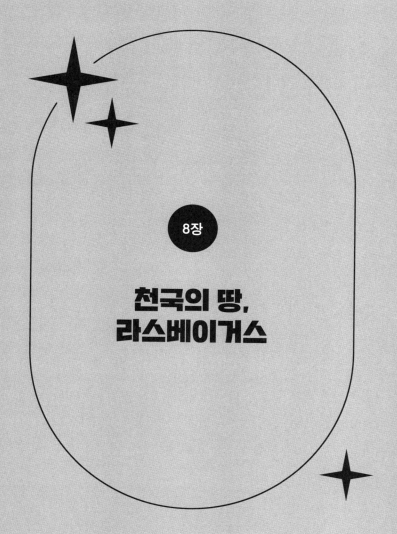

8장

천국의 땅,
라스베이거스

80년대 초반으로 돌아가서 생각하면, 라스베이거스와 나는 공통점이 많았다. 우리가 그곳에 도착했을 때 우리 눈에 비친 이 환락의 도시는 마치 로프에 기대어 있는 피곤함에 지친 싸움꾼 같았다. 사방에서 사람들이 환락과 돈을 찾아 몰려들던 60~70년대의 화려함은 사라지고, 29달러면 하룻밤을 잘 수 있는 호텔과, 낡은 카지노, 무엇이든지 양껏 먹을 수 있다는 뷔페와 황혼기에 접어든 왕년의 스타들이 등장하는 무대 등으로 가득 찬 시대에 뒤떨어진 관광도시로 바뀌어 있었다.

좋든 나쁘든, 그것은 내게 중요한 것이 아니었다. 나는 잭 비니언 프로 겜블러 인비테이셔널골프 토너먼트에 출전할 수 있을 정도의 라스베이거스의 대표적인 겜블러들을 여러 명 만났다. 그들도 나를 모르지 않았다. 혈중의 알코올 농도가 높아서 왕년의 실력을 발휘하지 못하는 한물간 겜블러 정도로 알고 있었다. 그들의 눈에는 내가 하루나 이틀 정도 이상은 버틸 수 없는 탐나는 먹잇감으로 보였을 것이다. 나만큼 털어먹기 좋은 멍청한 촌뜨기는 없다고 생각했을 것이다. 그러나 나는 파산하는 것을 두려워하지 않고 모든 것을 거는 위험한 겜블러이기도 했다.

당시 라스베이거스는 보이지는 않았지만, 어딘가 위험스러운 분위기가 감도는 언제 터질지 모르는 폭탄과도 같은 도시였다. 40, 50, 60년대에 메이어 란스키, 벅시 시겔, 모 달리츠 같은 사람들이 이끌던 유대계 폭력조직들이 이 도시의 밤을 지배했다면, 70년대 들어서 앤소니 토니 더 앤트 스필로트로같은 괴팍한 우두머리가 이끄는 시카고 아웃핏 같은 거대한 범죄조직이 그곳을 지배하고 있었다.

스필로트로는 1995년 마틴 스코세이지 감독이 제작한 영화 「카지노」에서 조 페시가 연기한 니키 산토로라는 주인공의 실제 모델이었다. 그의 키는 160cm 정도의 겉보기에는 별 볼 일 없어 보였지만, 살인과 폭력으로 악명이 높았다.

그는 얼음 갈고리나 해머, 용접용 토치 등 생산 현장에서 사용하는 위험한 기구들을 이용하여 마음에 들지 않는 자를 고문하면서 희열을 느끼는 가학적인 성격의 소유자였다. 그는 최소한 20건의 살인 사건에 연루되었다는 의심을 받으며 도시 전체를 공포에 떨게 했다.

스필로트로가 처음으로 악명을 떨치게 된 것은 '홀 인 더 월 갱'이라는 네바다에 기반을 둔 범죄조직의 우두머리로 알려지면서부터이다. 원래 이 조직은 고급주택이나 호텔의 객실, 고급 상점 등의 벽과 지붕을 부수고 침입하여 금고나 물건을 터는 절도조직이었다. 그러나 얼마 지나지 않아 그들의 활동은 고리대금업자 등에 대한 테러, 청부 방화 등을 저지르고, 도시의 유명한 갬블러들이나 북메이커들에 대한 보호를 명목으로 보호비를 징수하는 등 영역을 확대해 나갔다.

내 친구이자 베팅 파트너이고, 최고의 프로 포커선수인 데이비드 칩 리즈도 그들이 표적으로 삼은 사람들 가운데 한 명이었다. 내가 칩을 처음 만난 것은 70년대 후반, 프로 갬블러 인비테이셔널 골프 토너먼트에서였고, 우리는 첫눈에 상대를 알아보고 친구가 되었다. 칩은 오하이오주의 데이턴 외곽의 센터빌 출신이었다. 그는 다트머스에 있는 한 대학을 다녔는데, 당시 그와 학생 사교클럽을 함께 했던 친구들은 그의 타의 추종을 불허하는 포커와 브리지 실력 때문에, 그가 게임을 하던 방을 '데이비드 E. 리즈 기념 카드룸'이라고 명명할 정도였다고 한다. 그는 대학을 졸업할 무렵 스탠퍼드대학교의 법학대학원에서 입학 허가서를 받았고, 스탠퍼드로 가는 길에 잠시 라스베이거스에 들렀다가 한 프로 포커 토너먼트에 참가해 6만 달러의 상금을 받았다. 그리고 그는 대학원 대신 라스베이거스에 눌러앉기로 했다.

그러나 스필로트로와 그의 부하들은 칩을 포함한 여러 프로 갬블러들에게 "말을 듣지 않으면 응분의 대가를 치르게 하겠다."라는 따위의 섬뜩한 협박과 함께 이런저런 요구를 하곤 했다. 그들의 요구를 어기면서까지 과연 그 '응분의 대가'라는 것이 무엇인지 확인하려는 어리석은 갬블러가 있을 리 만무했다.

70년대 말, 그는 최고의 포커선수이고 월드시리즈 오브 포커를 여러 차례 우승한 바 있던 조니 모스를 상대로 포커게임을 벌여 20만 달러를 땄고, 그 돈으로 조니 모스가 가지고 있던 던스호텔의 포커게임방 임대권을 인수했다. 현금이 부족했던 모스가 돈 대신 임대권을 넘겨준 것이다. 사실 던스호텔 같은 곳에서 운영하는 모든 게임 테이블에는 텍사스홀덤이나 세븐카드 등의 게임을 하며 속임수를 쓰는 사기 도박꾼들이 하나씩은 앉아 있기 마련이었다.

당시 라스베이거스에서는 던스호텔이 베팅의 상한선이 높은 큰 게임이 벌어지는 유일한 장소였다. 칩은 속임수로 판을 흐리는 사기 도박꾼들을 몰아내지 않으면 자칫 거액을 베팅하는 고객들을 다른 데로 빼앗길 수도 있다고 생각하여 이들을 쫓아내고 질서를 잡아 줄 사람을 채용했다. 그렇게 해서 채용된 사람이 더그 달톤이었는데, 그는 우람한 근육질의 싸움꾼은 아니지만, 이런 하우스를 전문적으로 관리해 온 사람이었다.

샌디에이고에서 블랙잭 테이블을 운영하거나 판돈이 그리 크지 않은 게임에서 실제로 베팅을 하며 근근이 살아가던 그가 라스베이거스에 들어온 것은 60년대 후반이었다. 그는 1978년부터 던스호텔의 게임룸을 관리하며 경력을 쌓은 후, 골든너겟과 미라지, 그리고 벨라지오 등 여러 호텔의 책임 있는 자리에서 근무하며 화려한 경력을 쌓았고, 나의 친구이기도 한 전설적인 포커선수인 바비 볼드윈의 이름을 딴 유명한 포커게임룸을 운영하기도 했다.

더그는 매니저로 일하기 시작한 첫날, 모든 플레이어에게 게임은 공정하게 진행되어야 하고, 문제를 일으키는 사람에게는 적절한 조처를 할 것이라고 공개적으로 밝혔다. 그럼에도 문제를 일으킨 사람들이 있었고, 그는 일단 그들을 자신의 사무실로 데려가서 다음과 같이 경고했다.

"아내와 아이들에게 캘리포니아로 돌아갈 준비를 하라고 이야기하세요."

"무슨 뜻입니까?"

"다시 한번 딜러에게 카드를 던지거나, 거친 말을 하면 당신을 강제로 쫓아내겠습니다. 그리고 당신의 이름이 담긴 블랙리스트를 시내 모든 포커게임장에 돌릴 것입니다. 알아서 결정하세요."

"정말 그렇게 할 겁니까?"

"물론입니다. 그리고 나는 당연히 그렇게 할 수 있습니다."

"더그. 미안합니다. 다시 그런 일이 없도록 하겠습니다."

이렇게 하고 나면 실제로 10명 가운데 9명은 또다시 그런 짓을 하지 않는다.

어느 날, 키가 작고 건장한 남자가 게임을 하다가 화가 났는지, 딜러에게 카드를 던졌다. 더그는 서서히 그에게 다가갔다.

"손님. 진정하세요. 아니면 내보낼 수밖에 없습니다."

그러나 그는 일부러 보라는 듯 똑같은 행위를 반복했다.

"나가세요." 더그가 말했다.

훗날, 더그가 회고한 바에 따르면, 그 순간 방에 있던 모든 사람이 얼어붙었다고 한다. 그 이유는 더그가 쫓아내려는 사람이 평범한 인물이 아니었기 때문이다. 그자는 토니 스필로트로의 운전기사인 새미 슈피겔이라는 마치 시체와도 같은 섬뜩한 눈을 가진 자였다.

슈피겔은 방을 나가면서 다시 걸음을 멈추어 더그와 몇 마디 말을 주고받았고, 방은 또다시 조용해졌다.

"더그. 좋아. 나가지. 하지만, 또 한 번 이러면 가만히 있지 않을 거야."

일이 있고 난 뒤 그는 칩에게 전화를 걸어 무슨 일이 있었는지 알려주었다.

"우리 둘 다, 아니면 둘 중 하나는 살해당할지도 몰라요. 방금 내가 새미 슈피겔을 쫓아냈거든요."

이 거친 서부의 도시에 처음 들어온 이방인인 나도 살아남기 위해 라스베이거스의 숨은 실세이자 카지노 오너인 레스터 벤 비니언에게 조언과 도움을 구했다.

베니는 래리 맥머티의 소설에 등장하는 무뚝뚝한 주인공 같은 사내였다. 그에게 카우보이라는 별명이 붙은 것은 그가 텍사스 출신이었기 때문이었고, 실제로 그가 마치 '카우보이처럼' 사람을 총으로 쏴 죽인 적도 있었고, 자신이 자라난 고향 근처에 미국 최대의 로데오 대회인 내셔널 파이널 로데오 대회를 유치했기 때문이었다. 지금도 사우스포인트호텔 카지노앤스파의 로비에는 말을 타고 있는 그의 전신 청동상이 당당하게 자리를 잡고 있다.

그는 대공황시대에 도박과 폭력의 왕국을 세웠다. 그는 밀주와 불법무기 그리고 몇 차례의 살인 전과기록을 가지고 있었고, 냉혈한 폭력조직의 두목으로 유명했다.

인간의 본성에 관한 연구로 유명하고, 탁월한 포커꾼이기도 한 토머스 아마릴로 슬림 프레스는 베니에게 세상을 떠나거든 비석에 "세상에서 가장 착한 나쁜 사람이거나, 가장 나쁜 착한 사람이 여기 잠들다."라는 비문을 새겨 넣는 게 어떠냐고 말하기도 했었다.

베니가 태어난 텍사스주의 파일럿 그로브는 인구가 193명밖에 안되는 작은 마을이었다. 댈러스에서 젊은 시절을 보내던 그는 50년대 초, 그곳에서의 삶이 힘들어지자 네바다주로 이사했다. 그는 라스베이거스에 비니언 호스슈라는 화려한 포커게임장을 열었다. 그곳은 심야시간에는 스테이크를 2달러에 먹을 수 있고, 싱글데크 블랙잭 테이블을 갖추고, 베팅 한도의 제한도 없으며, 고객들에게 음료는 무제한으로 제공하지만, 속임수를 쓰는 등의 불량 고객들에게는 정의의 맛을 확실히 보여주는 것으로 유명한 곳이었다.

베니의 사업 철학은 이러했다. "사람들은 좋은 위스키와 싸고 좋은 음식을 먹고 마시며, 적은 돈으로도 게임을 즐길 수 있기를 원한다. 그러면서도 별 볼 일 없는 사람도 카지노에서는 최고로 대접받고 싶어 한다." 실제로 베니의 호스슈는 매일 밤 고객들에게 그 이상의 만족을 선사하는 곳이었다. 그러나 그는 1953년에 연방 소득세와 관련된 문제로 카지노 영업 허가를 상실했지만, 얼마 지나지 않아 그의 장남인 잭의 이름으로 다시 카지노를 열었고, 그는 홍보책임자 직책을 맡았다. 그는 생애 대부분을 어둠의 세계에서 보냈지만, 말년에는 자비의 상징이자 지혜의 원천으로 추앙받았다. 그는 1970년, 월드 시리즈 오브 포커대회를 창설한 것으로도 유명하다.

내가 라스베이거스에서 베팅을 평생의 업으로 할 생각으로 그의 조언을 듣기 위해 찾아갔을 때, 그의 나이는 거의 80세였다. 나는 아직 루이빌을 떠나기 전부터 여러 차례 베니를 찾아가 만났고, 그는 물론 그의 가족들과도 가까워졌다. 내가 정식으로 그와 만나고 싶다는 뜻을 전하자 그는 호스슈호텔의 커피숍에 있는 자신의 전용 공간에서의 저녁 식사에 나를 초대했다.

그 자리에서 라스베이거스의 현인은 나에게 귀를 기울여 볼 만한 여러 가지 충고의 말을 해주었다.

그가 제일 먼저 한 말은 나도 알고 그도 알고 있는 어떤 사람의 이름을 거론하며 그와 가까이해서는 안 된다는 것이었다.

두 번째 충고는 앞으로 살아가면서 위기에 닥쳐서 변호사의 조력이 필요한 경우 오랫동안 자신을 위해 일해 준 변호사인 해리 클레이본을 찾아가라는 것이었다.

"그놈은 교활한 자야." 베니는 잘라 말했다.

이것은 그가 마지막으로 해준 정말 중요한 충고였다.

그리고 그는 한때 자신의 적들을 두려움에 떨게 했던 사람으로서 충고한다며, 또 한 사람의 이름을 거론하며 매우 위험한 자이니 조심해야 한다고 말했다.

"빌리, 정말 여기서 살고 싶다면 항상 마음속에 레이더를 가동해야 해. 특히 토니 스필로트로와는 절대 엮여서는 안 돼. 그자가 자네의 존재를 알게 되면, 자네는 아주 힘든 결정을 내려야 해. 그자는 자네가 자신의 발아래 복종할 것을 강요할 것이고, 그때는 나도 도와줄 수 없어. 자네가 자신의 요구에 복종해서 매번 일정 액수를 상납하지 않으면 자네를 죽이거나 불구로 만들 거야. 그런 상황에 닥치면 자네의 선택은 딱 두 가지야. 무조건 그의 말을 듣던지, 아니면 멀리 떠나는 거지."

당시 베니는 그곳에서 스필로트로와 함께 양대 산맥을 형성하고 있었다.

이미 몇 년 전, 나의 가까운 친구이자 프로 포커선수였던 빌리 백스터도 자신이 머무르고 있던 리전시 타워에서 스필로트로에게 협박 전화를 받았다고 한다. 당시 상황을 빌리 백스터가 말하는 대로 재구성해보면 이렇다.

스필로트로가 말했다. "잠깐 만나서 얘기 좀 할 수 있을까?"

"토니. 지금 밤 10시인데요."

그러나 그는 막무가내였다.

"여기 윈첼 도넛 하우스야. 지금 당장 할 얘기가 있어. 기다릴 테니 오라고."

수화기 너머로 느껴지는 목소리로 미루어 볼 때, 그것은 거절해도 되는 단순한 초대가 아니었다. 빌리는 급히 그가 기다리는 곳으로 달려갔다.

스필로트로는 그가 앉자마자 말을 꺼냈다. "본론부터 말하겠어." 그의 이야기의 골자는 '너와 네 뚱보 친구'의 수입의 25%를 상납하라는 것이었다. 뚱보 친구란 도일 브런슨이라는 빌리의 친구를 말하는 것이었다. 그리고 만일 제대로 상납하지 않은 채 게임을 하다가 걸리면 도일의 살찐 배에 얼음송곳으로 12방 구멍을 낼 것이라고 말했다.

어떤 항변도 불가능한 일방적인 통보였다. 다음 날, 빌리는 도일을 만나 스필로트로의 경고를 전했다. 12방의 얼음송곳 협박도 이야기했다. 도일은 손가락으로 빌리의 배를 가리키며

말했다. "네 배는 왜 그냥 놔둔대?"

농담은 그저 농담일 뿐이고 두 사람 모두 자칫 뱃가죽이 남아나지 않을 수도 있는 위기에 빠진 것은 분명했다. 그들은 친하게 지내던 친구인 잭 비니언에게 연락을 했고, 잭 비니언은 아버지와 함께 만나 스필로트로의 위협에 어떻게 대처할지 궁리해 보기로 했다.

빌리의 회고에 따르면 베니는 시종 무뚝뚝했다고 한다. "자네들, 이렇게 말하고 싶지는 않지만, 아주 고약한 처지에 몰린 것 같군. 자네들이 토니를 이리로 데리고 올 수 있다면 내가 말은 해보겠네."

이 상황은 영화 「대부」에서 주인공이 상대방 마피아 보스에게 만남의 자리를 요청하는 것과 비슷한 장면이었다. 빌리는 스필로트로에게 전화를 걸어 자신과 도일이 비니언 부자와 가까운 사이라는 사실을 알리고, 비니언이 이 문제로 호스슈에서 만나서 이야기를 나누고 싶어 한

148

다고 말했다.

스필로트로가 대답했다. "그 노인네까지 끌어들였단 말이지?"

실제로 스필로트로는 물러나지 않았다. 스필로트로는 킬러 몇 사람을 데리고 베니가 있는 곳을 습격했다. 그러나 베니도 주변에 부하들을 잔뜩 배치해 놓았다. 베니도 한 판 세게 붙지 않고는 상황을 풀 수 없다는 것을 잘 알고 있었던 것이다. 결국 별다른 충돌 없이 상황은 끝났고, 베니는 자신만의 방식으로 평화유지자의 역할을 해낸 셈이다.

"토니, 이 두 사람은 내 아들의 친구야. 그리고 그렇게 나쁜 아이들도 아니야. 좀 너그럽게 봐줄 수 없겠나?"

한참의 침묵이 흐른 후 그가 입을 열었다.

"좋아요. 이번 건은 당신의 뜻대로 해드리겠소."

나는 라스베이거스로 이주한 직후, 또 다른 사람을 알게 되었다.

이반 민들린 박사는 질이 좀 좋지 않은 겜블러이기는 했지만, 상당히 어려운 수술도 척척 해내는 것으로 알려진 정형외과 의사이기도 했다. 그는 이른바 컴퓨터 그룹이라고 알려진 그곳의 전설적인 베팅조직과 나를 연결해 준 사람이었다. 그들은 70년대 후반부터, 마이클 켄트라는 천재 수학자가 고안한 컴퓨터 모델을 기반으로 라스베이거스에서 열리는 스포츠 베팅에서 큰돈을 벌어들이고 있었다.

사실 나는 피츠버그에 있는 한 북메이커를 통해서 이른바 '자금 이동' 방식으로 컴퓨터 그룹에 간접적인 방식의 투자를 하고 있었다. 그 업자가 나를 포함해서 여러 사람의 돈을 모아 뉴욕에 있는 컴퓨터 그룹에 돈을 보내주는 방식이었다. 그런데 나는 민들린 박사와는 한 번도

만난 적이 없었다. 한 때, 뉴욕에는 미국에서 가장 큰 스포츠 베팅조직
이 있었고, 그 시장을 이끄는 사람은 지미 에바트와 스탠리 톰친 등 두
사람이었다. 그러나 훗날 나는 여러 곳에서 동시에 스포츠 베팅 작업을
벌이는 지미와 스탠리의 조직보다 훨씬 더 큰 조직을 만들게 된다.

마이클 켄트와 컴퓨터 그룹과의 연결고리를 생각하면, 내가 라스베
이거스로 이주하자마자 민들린 박사를 만난 것은 잘한 일이었다. 나는
그가 외향적이고 권위적이라고 생각했다. 나중에야 그가 교활하고 사
기꾼 기질이 넘친다는 사실을 알게 되었지만, 당시에는 그런 눈치를 전
혀 채지 못했다. 우리는 첫 만남에서 나의 투자에 대한 확실한 합의를
보았다. 나는 컴퓨터 그룹의 독립계약자 자격으로 상당한 금액을 운영
할 수 있게 되었다.

나는 그룹 내에서 나의 입지를 확실히 하기 위해 파트너들을 끌어
들이기로 했다. 제일 먼저 접촉한 사람은 앞서 언급한. 'BB'라는 애칭
으로 불리는 프로 포커선수 빌리 백스터였다.

수잔과 내가 라스베이거스에 막 이사 왔을 당시, 우리는 약 30만 달
러의 빚을 지고 있었다. 우리는 살 집을 구하기까지 빌리와 그의 아내
가 살던 집에서 며칠간의 신세를 졌다. 내가 빌리를 처음 만난 것은 70
년대 언젠가 열린 프로 겜블러 인비테이셔널 골프 토너먼트대회에서
였다. 나는 처음 BB를 만났을 때부터 그가 나와는 아주 조금 다르기는
하지만, 나의 또 다른 분신 같다는 느낌이 들었다.

남부에서 어려운 소년 시절을 보낸 그는 나와 마찬가지로 무슨 일
에 관해서든 주저하지 않고 내기를 걸 준비가 되어 있는 사람이었다.
불과 9살에 조지아주 오거스타의 마블 게임 챔피언이 되었고, 16살쯤

되었을 무렵에는 타의 추종을 불허하는 당구 실력을 갖추게 되었다.

그는 당구를 쳐서 번 돈을 가지고 현지 변호사나 은행가, 사업가들이 모이는 알파인 라운지에 가서 그들을 상대로 진Jin Rummy 게임이나 포커게임을 벌여 큰돈을 벌었다. 빌리의 부모님들은 그가 치과의사가 되기를 원하셨다고 한다. 그러나 그는 남의 이빨이나 뽑는 생활보다는 에이스 카드를 뽑는 것이 훨씬 멋진 삶이라고 생각하고, 대학에서 자퇴해 버렸다고 한다.

한번은 빌리가 일명 파이슬리 룸이라고 불렀던 불법 하우스 주인과 진 게임을 벌여 4만 달러를 땄다고 한다. 상대는 빌리에게 4만 달러를 건네받는 대신 하우스를 인수하는 것이 어떠냐는 제안을 했다. 빌리는 이 제안을 선뜻 받아들였다. 그러나 결과적으로 이는 아주 나쁜 선택이었다. 하우스는 법망의 단속을 피하지 못하고 문을 닫고 말았다. 그는 이 일로 중범죄 도박 혐의로 체포되어 주 교도소에서 복역했다. 그는 교도소에서 산탄총으로 무장한 교도관들과 으르렁거리는 맹견들의 감시를 받으며 갱단 조직원들과 함께 수감생활을 했다고 한다. 그가 10개월의 형기를 마치고 출소했을 때 그의 나이는 36세였다.

BB와 줄리는 그 일을 계기로 조지아를 떠나, 겜블러에게 훨씬 우호적인 도시인 라스베이거스에 정착했고, 거물급 겜블러로서의 명성을 얻게 되었다. 그는 월드 시리즈 오브 포커대회에서 7차례나 우승했고, 유망한 사업가들에게 돈을 대주는 투자자로서 큰 명성을 얻고 돈을 벌었다. 또한 스포츠 프로모터로 활동하며 프로권투 세계 챔피언을 세 명이나 관리하기도 했다.

나는 빌리에게 나와 함께 컴퓨터 그룹에 투자해보자고 제의했다.

그는 단칼에 거절했다. (훗날 그는 나처럼 이미 여러 번 파산해 본 사람을 믿을 수는 없었다고 말했다) 그는 대신 도일 브런슨을 찾아가 그의 자금을 끌어들여 보라고 제의했다.

도일 텍사스 돌리 브런슨은 다른 겜블러와는 여러모로 다른 사람이었다. 그는 경쟁심을 타고난 사람이었고, 1950년 텍사스주 학교 대항 육상대회에서 단거리 부문 우승을 차지하기도 했다. 주를 대표하는 고등학교 농구선수로 활약했던 그는 하딘 시몬스대학교 농구팀에서 활약했으나 20살 무렵 다리에 골절상을 입은 것이 끝내 회복되지 않아, NBA 진출의 꿈을 접어야 했다.

도일은 아픈 다리로도 앉아서 할 수 있는 좀 더 치열한 게임의 세계로 방향을 틀었다. 그는 대학 재학 중에 카드게임 기술을 연마했고, 결국 텍사스주와 오클라호마주, 루이지애나주 등을 무대로 전업 도박사로 활동하다가 1970년에 라스베이거스로 왔다.

그는 직업적인 겜블러로 성공적으로 정착했고, 포커 토너먼트대회에서 100만 달러를 획득한 최초의 선수가 되었다. 도일은 월드시리즈 오브 포커대회의 우승자에게 수여되는 우승 팔찌를 10개나 받기도 했다. 그는 포커게임의 전략을 설명해주는 책을 세 권이나 쓰기도 했는데, 그 가운데『슈퍼 시스템』은 포커를 다룬 책 가운데는 역사상 최고의 베스트셀러로 지금도 꼽히고 있다.

도일은 골절상으로 인한 신체적 장애도 있었지만, 또 다른 치명적인 불명예도 있었다. 다른 모든 형태의 게임에서 성공했지만, 유독 스포츠 베팅에서는 이렇다 할 성공을 거두지 못했다는 것이다. 나는 BB의 조언을 따라서 도일에게 함께 컴퓨터 그룹에 투자할 것을 제안했다.

우리는 NFL 선수들의 파업으로 시즌이 단축되었던 1982년 시즌의
막바지부터 함께 베팅하기 시작했다. 우리가 파트너가 되어 베팅을 시
작한 첫 주말에 우리는 도일의 돈을 엄청나게 잃었고, 도일은 큰 충격
에 빠졌다. 도일은 월요일 아침, BB에게 전화를 걸어 소리쳤다. "너는
평생 도움이 안 되는 놈이야. 그 녀석이 모든 게임에 다 베팅을 걸었어.
주말 사이에 무려 100만 달러나 날렸어."

BB는 조지아 출신 특유의 부드러운 말투로 대답했다. "도일, 내가
무슨 말을 해야 하지? 나라고 하는 말마다 옳은 말을 하라는 법은 없
잖아?"

그러나 컴퓨터 그룹과의 협업을 통한 행운은 그다음 주부터 우리에
게 찾아왔다. 우리는 잃었던 100만 달러를 도로 찾았을 뿐 아니라 오히
려 22만 달러를 더 벌었다. 그러나 도일은 너무나 많은 돈을 고위험 베
팅에 투자해야 한다는 사실을 부담스러워했기 때문에, 우리의 파트너
관계는 그리 오래가지 못했다.

40년이 지난 지금에 와서 되돌아보면, 아무도 우리가 베팅에서 그
렇게 많은 승리를 거둘 것이라고 예상하지 않았다.

갑자기 머릿속에 한 사람이 떠올랐고, 그 말고는 선택의 여지가 없
어 보였다. 지구상에서 가장 훌륭한 포커선수라고 알려진 친구 칩 리
즈에게 투자를 제안해보면 어떨까? 칩은 스포츠 베팅을 즐기는 사람이
었다. 그러나 도일이나 다른 여러 갬블러와 마찬가지로, 그는 포커에
관한 한 최고의 선수였지만, 스포츠 베팅에서는 큰 재미를 못 보고 있
었다.

칩은 동물적인 본능을 가진 다른 갬블러에게 쉽게 마음이 끌리는

경향이 있었다. 그는 내가 모든 것을 걸고 베팅에 임한다는 것을 알고 있었기 때문에, 내가 함께 파트너가 되어 컴퓨터 그룹이 제공하는 첨단 기술 시스템의 이점을 활용하여 베팅할 것을 제안하자 큰 관심을 보였다.

나는 칩에게 일단 게임당 5,000달러씩만 걸고 시작해 보자고 제안했다. 칩도 서로 합의하여 결정된 게임당 베팅액수의 상한선을 준수한다는 조건으로 나를 따르기로 했다. 또한 수익은 50대 50으로 나누자고 요구했다.

칩의 친구들 가운데 몇 사람은 나를 의심스러운 눈초리로 바라봤다. 그들 가운데 한 사람은 칩에게 유선 전화선을 활용해서 정보를 주고받는 새로운 통신기구인 팩시밀리라는 기계를 이용해서 나의 베팅을 추적해 보라고 충고했다.

당시 팩시밀리 기계는 대당 5,000달러나 했고, 크기도 세탁기만 했다. 우리는 팩시밀리 기계 두 대를 사서 하나는 칩의 집에, 또 하나는 나와 수잔이 빌려서 생활하고 있던 사하라골프장에 있는 집에 설치했다. 칩은 팩시밀리 기계 덕분에 내가 베팅을 어떻게 했는지 손바닥 들여다보듯 볼 수 있었고, 나에 대한 의심은 완전히 거두게 되었다.

내가 칩과 함께 베팅하는 것은 마치 전문 도박 대학원에 등록하는 것과 같았다. 그때까지만 해도 나는 돈 관리를 잘하지 못했다. 반면 칩은 내가 아는 한 돈 관리에 매우 엄격한 사람이었다. 그는 언제 어디서든 위험을 최소화하는데 탁월한 사람이었다.

우리는 돈을 신중하게 활용하기 위해 우리가 가지고 있는 은행 잔고의 3% 이상을 어느 특정 게임에 베팅하지 않기로 합의했다. 그리고 베팅의 규모도 가능성에 대한 철저한 분석을 기반으로 결정했다. 베팅을 분산할수록 위험의 소지는 줄어들었다.

칩도 이렇게 엄격하게 자기 관리를 할 수 있게 되기까지 곡절이 많았다고 한다. 젊은 시절에는 그도 음습한 하우스에서 속임수를 쓰다가 발각되어 여러 번 곤욕을 치렀다고 했다. 시간이 지나면서 그는 상황이 좋지 않을 때는 과감히 테이블을 떠남으로써 자신의 약점이나 보이지 않은 모습을 감추고 보호할 수 있게 되었다. 또 어렵게 번 돈을 나쁜 일에 쓰지 않겠다고 스스로 다짐한 것이다.

결국 우리는 대학 풋볼 시즌 동안 큰 경기 베팅에서 성공하여 수십만 달러를 벌게 되었다. 우리는 최대한 신중하게 베팅을 한 뒤, 집에서 셔츠와 반바지가 땀에 젖는 것도 모르고 숨죽여 경기를 시청했다. 경기가 중대한 고비에 이르면 칩과 수잔, 그리고 나는 마치 직접 경기장에서 뛰는 선수처럼 그릇을 헬멧처럼 머리에 쓰고, 거실의 카펫 위에서 상대방의 필드골 시도를 막기 위한 자세를 취한 채 경기를 지켜보기도 했다.

지금 생각하면 그런 온갖 생생한 동작을 하며 보낸 나름 재미있는 시간이었다. 나는 칩과 파트너로 함께 하면서 승승장구했다. 나는 그의 지도를 받으면서 포커 실력을 연마했고, 그는 나의 지도를 받으며 골프 실력을 키우는 등, 우리 둘의 조합은 모두에게 이익이 되는 괜찮은 관계였다.

수잔과 나는 100만 달러 단위의 수입을 거둘 수 있게 되었다. 나는 그쯤 해서 나의 삶을 정리해 보았다. (그래야 한다고 느꼈는지도 모른다) 그때만 해도 나는 카지노의 딜러들과 관리자들 앞에서 빌리 월터스라는 사람은 늘 두려움 없고, 과감하고, 빠른 겜블러라는 사실을 과시하기 위해 정신이 없었던 것 같다.

술은 여전히 스스로 해결하지 못하는 문제였고, 술로 인해 주의력이 무뎌졌고, 상식 밖의 행동을 하는 경우가 많았다. 술을 많이 마시면 카지노의 불이 꺼질 때까지 게임에 몰입했다. 어느 날, 나는 처음으로 우리 은행의 잔고가 100만 달러를 돌파한 것을 기념하기 위해 수잔과 펀자호텔의 식당에서 멋진 저녁을 함께 하기로 해놓고 전형적인 자기학대 행위라고밖에 볼 수 없는 실수를 저질렀다.

식사하고 디저트까지 먹은 후 블랙잭을 조금만 하다가 가겠다며 수잔을 먼저 집에 보냈다.

조금만 하겠다는 원래의 생각은 어디론가 사라지고, 새벽 네 시까지 폭음하며 무모한 도박판을 벌인 것이다. 나는 미안한 마음으로 술 취한 몸으로 집에 와서 침대에 기어들어 가려 하자, 수잔이 말했다.

"결과가 어때?"

"정말, 정말 미안해. 완전히 망했어?"

"얼마나?"

"100만 달러를 모두 날려버렸어. 그리고 20만 달러 빚까지 졌어."

그러나 나의 바위같이 든든한 아내가 말했다. "뭘 걱정해요? 다시 벌면 되지?"

나에 대한 그녀의 믿음은 옳았다. 얼마 지나지 않아서 나는 다시 큰 돈을 벌었고, 월세를 청산하고 라스베이거스 컨트리클럽에 있는 칩의 옆집을 사서 이사했다. 80년대 초, 라스베이거스 컨트리클럽은 라스베이거스의 큰 흐름과 변화를 주도하는 사람들이 모여 사는 곳이었다.

가수 로버트 굴레이, 웨인 뉴턴, 제리 발레, 상원의원인 폴 락살트, 바바라 월터스와 결혼한 것으로도 유명한 TV 프로듀서이자 부동산 개발업자인 머브 아델슨, 로리마르 프로덕션의 공동창업자이자 라스베이거스의 유력한 개발업자이기도 한 어윈 몰라스키, 한때 조직의 보스로 이름을 떨쳤으나 라스베이거스의 자선가이자, 개발업자로 변신했고, 라스베이거스 컨트리클럽의 설립을 주도한 모에 달리츠같은 유명 인사들이 당시에 그곳에서 살고 있었다.

이 컨트리클럽의 회원권을 가지고 있는 인사들의 다양한 면면을 보면 라스베이거스가 모든 사람에게 기회의 도시이자, 겜블러와 마피아 보스가 지역 사회의 존경을 받는 인사로 떠오를 수 있는 미국의 유일한 도시라는 것을 확인할 수 있다. 나는 라스베이거스에서 내 집보다 더한 편안함을 느꼈다.

칩은 가끔 아침 식사를 우리 집에서 할 만큼 가까이에 살았고, 바비 볼드윈은 몇 집 건너에 살았다. 길 따라 조금만 내려가면 도일의 집이 있었다. 모퉁이를 돌아가면 훗날 포커 명예의 전당에 헌액된 스튜이 웅가가 사는 집이 있었다. 그곳은 삶 자체가 도박인 사람들이 모여 사는 곳이었다. 사게 페리스와 빌리 백스터, 퍼키 피어슨 등 모험 가득한 사람들이 또 다른 최고의 남자들과 시시콜콜한 이야기를 나누며 사는 곳이었다.

이 동네의 새내기였던 나는 세계 최고의 진 게임 선수인 도일, 바비, 사게, 칩, 스튜이 등이 게임방이나 남자들만의 휴식 공간, 수영장 변의 테라스 등에서 둘러앉아 게임을 벌이는 동안 그들의 세밀한 손가락의 움직임을 오랜 시간 동안 자세히 관찰할 수 있었다.

최고의 선수들에 의해 펼쳐지는 최고 중 최고의 전략들을 관찰하면서 나는 "인간이 하는 활동 가운데 전쟁과 가장 비슷한 것은 카드게임이다."라고 말했던 한 프로이센 장군의 명언을 떠올렸다. 나는 나의 멘토들이 전쟁을 벌이는 공간에 들어가서 직접 그들을 지켜볼 수 있었다. 그곳에서 나는 언제 진격해야 하고, 언제 퇴각해야 하는지, 측면을 어떻게 방어해야 하는지 등을 배웠고, 무엇보다도 인내의 중요성을 배웠다.

나는 그들에게 홀덤 토너먼트에서 작은 팟을 집어 들고, 칩을 쌓아가고, 세 수, 네 수, 다섯 수 앞을 내다보며, 포지션과 주요한 원칙을 지키면서 차근차근 게임을 펼쳐가는 법을 배웠다. 핵심은 욕심과 인내심 사이의 균형을 찾고, 나의 자아와 감정을 통제하고, 다음을 기약하고 빠져나갈 시점이 언제인지를 확실하게 판단하는 것이었다.

돌이켜 보면, 그 시절은 마치 천국을 거니는 듯, 내 생애에서 가장 행복한 때였다.

그즈음, 도일 브런슨은 나를 또 다른 빛 가운데로 안내했다. 암이 불치의 병으로 여겨지던 1960년대에 암의 공포를 극복하고 살아남은 그는 자신의 기적적인 회복이 아내인 루이스를 비롯한 몇몇 친구들, 특히 과거 대학 시절 농구팀에서 함께 뛰다가 침례교 목사가 된 밥 트레메인의 간절한 기도 덕분이라고 믿었다.

후에 루이스의 몸에 생겼던 커다란 종양이 사라지고, 그들의 딸이 척추측만증에서 회복되는 기적 같은 놀라운 일이 일어났다. 그 딸이 18살의 나이에 거식증으로 예상치 않게 세상을 떠나자, 도일은 우리 집에서 몇 집 건너에 있는 자신의 집에서 밥 목사와 함께 정기적으로 성경 공부를 하면서 큰 위안을 얻었다. 그 모임에 참석한 사람들은 대개 중독을 비롯한 온갖 종류의 시련을 일상적으로 겪으며 사는 사람들이었다. 도일과 밥 목사로부터 성경 공부를 함께 하자는 권유를 받는 순간, 오랫동안 내 안에서 잠자고 있었지만, 할머니와 함께 살면서부터 가지고 있었던 남침례교의 영적 본능이 깨어나는 것을 느꼈다.

나는 새삼스러운 종교적 각성을 자연스럽게 받아들였고, 그 결과 통제 불능의 음주벽과 아들이 겪고 있는 장애 문제, 그리고 항상 나를 짓누르고 있는 공허함을 이겨내는 데 큰 도움이 되었다. 수잔도 함께 하며 나를 응원해 주었다.

은행 계좌에 돈이 어느 정도 쌓이고 나니 돈에 대한 집착에서도 훨씬 쉽게 벗어날 수 있었다. 컴퓨터 그룹과의 협력을 통해 게임에서 승리를 쌓아가는 데다 칩의 엄격한 자금 관리 덕분에 1980년대 초에 나는 약 350만 달러를 쌓아두게 되었다. 그 덕분에 나는 수잔의 아버지와 루이빌의 은행, 그리고 나의 영웅인 프랭크 하다드 주니어 변호사에게 진 빚을 모두 갚을 수 있었다.

하다드는 켄터키에서 내가 받았던 중범죄 혐의 세 건을 플리바게닝

_{plea bargaining : 유죄협상제도, 협상을 통해 범행의 일부 혹은 전부를 시인하는 대신 혐의를 줄여주는 제도} 제도를 활용해 경범죄 1건에 대해서만 유죄 판결을 받는 선에서 끝내는 기적 같은 능력을 보여주었던 변호사이다. 그 결과 나는 2,000 달러의 벌금을 내고 6개월간 보호관찰을 받는 것으로 끝났으니, 내가 실제로 저지른 일에 비하면, 주차위반 딱지 한 장을 발부받은 셈으로 치면 될 일이었다. 게다가 그는 후에 내 범죄 기록을 말소시켜 깨끗하

게 만들었다.

다시, 나는 충분한 자금의 여유를 가지고 베팅을 할 수 있게 되었다. 나는 1984년 슈거볼 경기에서 후에 하이스먼 트로피를 수상하게 되는 보 잭슨이 뛰고 있는 오번대학교의 상대로 나선 보 셰베클러 감독이 이끄는 미시간대학교팀에 크게 베팅했다. 베팅은 언더독underdog : 약팀, 승률 확률이 낮은 팀 또는 개인 미시간대학교에 +4.5의 스프레드로 시작되었고, 이 라인은 내내 바뀌지 않았다.

나는 일단 내 생각대로 베팅했고, 시간이 있었지만 바꾸지 않았다. 오히려 나는 베팅 금액을 늘려 미시간에 150만 달러(현재 화폐가치로 환산하면 약 500만 달러)를 베팅했고, 이는 실제 계획했던 것보다 50만 달러나 초과 베팅을 한 것이었다. 경기를 지켜보는 것은 내내 고통스러웠다.

정말 지독하게 고통스러웠다.

마지막 4쿼터를 7분 남겨놓은 시점에서 미시간은 7:6으로 근소하게 앞서고 있었다. 그때 오번은 61야드나 전진하는 괴력을 보여주었다. 그 후, 오번의 쿼터백은 역사상 최고의 풋볼 선수이자, 경기 후 그날의 MVP로 선정된 보 잭슨에게 계속해서 볼을 넘겨주었지만, 경기는 쉽게 풀리지는 않았다. 내 등에는 식은땀이 흘렀고, 그는 경기를 불과 23초를 남겨놓은 시점에서 미시간의 골 앞 2야드 지점까지 전진시켰다.

나는 거의 죽을 지경이었다. 오번대학교가 터치다운을 성공시키면 나는 망한다!

미시간이 타임아웃을 요청했다. 오번이 키커인 알 델 그레코를 투입하는 것을 보고 나는 가슴이 두근거렸다. 그는 19야드 필드골을 보기 좋게 성공시켰다! 최종 스코어는 9:7, 오번의 승리였다. 나는 2.5포인트 차로 이겼고 300만 달러를 땄다. 지금의 가치로 환산하면 1,000만 달러를 딴 것이나 마찬가지였다. 그리고 내 눈은 더 높은 곳을 바라보고 있었다.

9장

18홀의 매력

나는 라스베이거스로 이주한 후 그 지역의 골프 좀 친다는 사람들이나 여행 차 찾아온 사람들을 상대로 나날이 늘어가는 골프 실력을 충분히 과시하고 시험해 볼 수 있었다. 지미 추도 그런 상대들 가운데 한 사람이었다.

그는 털사 출신으로 바비 볼드윈과 PGA 프로골퍼인 레이먼드 플로이드의 친구였다. 지미는 2인용 카드게임인 진과 주사위 놀이인 백가먼 그리고 골프에 관해서는 라스베이거스에 자신의 적수가 없을 것이라고 호언장담했다. 사실인지 아닌지는 실제로 해 봐야 알겠지만, 우리는 진은 스튜이 웅가가, 백가먼은 칩 리즈가 그리고 골프는 내가 맡아 그와 맞서보기로 했다.

지미는 모든 경기에서 패했고, 수십만 달러를 잃었다.

경기에 임할 때마다 내 전략은 간단했다. 상대방이 마음 편하게 게임을 즐길 수 있는 액수보다 더 높은 판돈을 제시하여 상대의 동의를 이끌어내는 것이다. 상대의 마음에 조금의 여유도 가질 수 없도록 숨통을 조이는 것이다. 숨이 막힐수록 플레이는 나빠지리라 생각했다.

또 하나의 사례는 테니스의 여제 빌리 진 킹과 남녀 성 대결을 벌인 것으로 유명했던 프로테니스 선수 바비 리그스였다. 그는 자신이 테니스 선수이기도 하지만, 골프에 관해서는 골프클럽을 손에 들고 있는 상어 같은 존재라고 스스로 생각하고 있었다. 그와는 샌디에이고의 라 코스타에서 마주쳤다.

내가 라 코스타의 드라이빙 연습장에서 몸을 풀고 있는데 바비가 내게 다가와 자신을 소개하면서 언제 함께 라운드하지 않겠냐고 제안했다. 그가 나와 인사를 나눈 후 떠나자, 오랫동안 나와 함께 한 전문 캐디인 마이크 누이치는 바비를 되도록 피하라고 충고해 주었다. 그가 자신의 골프 실력을 잘 모르는 호텔 투숙객들에게 자신의 실력을 낮춰 속인다는 것이었다. 다음 날 바비가 나에게 다시 다가왔을 때 나는 어떤 다른 선택도 할 수 없었다. 자신의 실력을 속여 상대의 돈을 털려는 도둑놈 심보를 가진 사람을 역으로 털어먹는 것이 얼마나 매력적인 일이겠는가?

우리는 이틀 동안 골프를 치기로 했다. 첫날 나는 1,500달러를 땄다. 첫날 경기가 끝난 후 바비는 적지 않게 놀랐을 것이 분명하다. 그는 이런 결과가 나오리라고는 조금도 생각하지 않았을 것이다. 둘째 날, 나는 또 1,700달러를 땄다. 그는 패자로서의 매너도 별로 좋지 않았다.

게임이 끝나고 나서 나는 바비가 약속한 돈을 가지고 오기를 기다리며 클럽하우스에서 점심을 먹고 있는데 웨이터가 나에게 종이 한 장을 내밀었다.

나는 그것이 바비가 보낸 수표인 줄 알았는데 그게 아니었다.

웨이터는 "리그스 씨가 보내셨습니다."라며 바비가 먹은 점심값 계산서를 내밀었다.

나는 군소리하지 않고 계산했다.

결국 그는 기어이 내기 돈을 떼어먹고 말았다.

솔직하게 말하건대, 나도 항상 이기기만 한 것은 아니었다. 처음으로 나를 이기고 돈을 꽤 따간 사람은 듀이 톰코였다. 듀이는 전직 유치원 교사이기도 했지만, 당시는 세계 최고의 포커선수 가운데 한 사람이었다. 그는 또한 실수를 거의 하지 않는 골퍼이기도 했다. 나는 처음 그와 골프를 친 날, 2만 5,000달러를 잃었다. 몇 게임 하다 보니 매번 서로 치고받고 싸우는 것에 싫증이 났고, 대신 서로 힘을 합쳐 한 팀을 이뤄 골프를 치기로 했다.

북메이커인 프레디 바네스는 경마에서 특정 경마장에서 성적이 좋은 말이 있는 것과 마찬가지로, 골프에서도 특정한 코스에서 특별히 좋은 성적을 내는 사람들이 있다는 것을 가르쳐준 사람이었다. 프레디는 앨라배마주 모빌에 있는 소박한 아파트에 살면서 오래된 노란색 캐딜락 엘도라도를 몰고 다녔다. 우리가 처음 만난 것은 라스베이거스에서 열리는 프로 겜블러 인비테이셔널 대회에서였다. 그는 1년 동안 골프를 치면서 수십만 달러를 잃어도 조금도 동요하지 않으면서 승리를 위해 최선을 다하는 사람이었다.

그가 사는 모빌에서 그와 골프를 친다는 것은 마치 어머니날에 크래커 배럴Cracker Barrel : 미국의 인기 있는 테마 레스토랑 체인의 자리를 예약하는 것이나 마찬가지였다. 모빌에서 그와 골프를 치면 돈을 따게 될 확률이 높았다. 나는 그와 한 게임을 하고 나서 라스베이거스에서 이것을 알고 있는 사람은 거의 없을 것으로 생각했다.

나는 이것을 나만 알고 있는 비밀이라고 생각했는데, 모빌로 가는 길에 함께 하겠다고 막판에 나선 사람이 하나 있었다.

다름 아닌 내 친구이자, 프로 포커선수이기도 하고, 수준급 골퍼인 월터 클라이드 퍼기 피어슨이었다. 그는 나의 모빌 여행 계획과 그곳에서 프레디와 골프 약속이 있다는 것, 그리고 그의 재정 상태까지 눈치챘다.

사전에서 '방랑자'라는 단어에 대한 설명을 찾아보면 딱 그의 모습이 떠오른다. 그는 RV를 한 대 소유하고 있었는데, 그는 그 차를 '방랑하는 갬블러'라고 불렀고, 그 차의 옆면에는 '나는 갈 수 있는 한 어느 곳에서든, 만날 수 있는 한 누구와도, 할 수 있는 한 어떤 게임이라도 한다. 내가 좋아하는 한….'이라고 적혀 있었다.

퍼그(퍼기 피어슨의 애칭)는 꽤 교육 수준이 높았다. 내 기억이 맞는다면, 5학년 때는 1등을 했다고 한다. 그는 거의 독학으로 골프를 배웠음에도 라스베이거스에서 어울리는 친구들 가운데 최고의 골퍼였다. 그는 자상하고 섬세한 마음의 소유자였고, 쇼트 게임 능력이 탁월했다. 더위가 기승을 부리면 퍼팅은 더욱 정교해졌다.

퍼그는 모빌로 향하는 비행기의 내 옆자리에 앉자마자 백가먼 보드를 꺼내 들었다. 우리는 비행시간 내내 게임을 했지만, 딱히 승패를 가리지는 못했다.

나는 도착하자마자 프레디에게 내가 마음속에서 생각하고 있었던 제안을 했다. 나와 퍼기가 한 팀이 되고, 프레디와 그의 단골 파트너인 토미 마가 한 팀이 되어 그랜드호텔에 있는 두 개의 골프코스에서 게임을 하자는 것이었다. 우리는 2타를 핸디캡으로 안고 게임을 하기로 했다. 퍼그와 나는 그의 실력이 다른 참가자보다 4타 정도 떨어진다는 것을 이미 알고 있었다.

그랜드호텔 골프코스의 페어웨이 양쪽으로는 오래된 떡갈나무와 소나무, 목련 등이 늘어서 있었다. 프레디의 티샷은 220야드 이상 날아가지 않지만, 그의 정교한 드라이브 덕분에 홀마다 공을 페어웨이에 성공적으로 떨어뜨렸다. 나는 대부분 홀에서 드라이버를 쓰지 않고, 3번 아이언으로 티샷을 했다. 그만큼 거리는 덜 나왔지만, 방향을 안정적으로 잡을 수 있었다. 그러나 퍼기의 성적이 의외로 저조하여 우리는 3일 연속하여 졌다. 도살자들이 양에게 잡아먹힌 꼴이 되었다.

나는 당장 수중에 돈이 없었기 때문에 도일에게 전화를 걸어 게임에서 졌다는 이야기와 함께 2만 5,000달러를 빌려달라고 얘기했다. 도일은 마치 나와 퍼기가 제정신이냐는 듯 "그 게임에 돈이 왜 필요해?"라고 물었고, 나는 나와 퍼기가 며칠 동안 연패한 이야기를 해주었다.

"좋아 돈을 빌려줄게. 그런데 나도 마침 켄터키에 있는 녀석한테 받아야 할 돈이 있으니 그 녀석한테 직접 받아."

그렇게라도 해주면 좋지! 나는 어린 시절 켄터키에서 당구를 치고 다니던 시절부터 알고 지냈던 친구에게 전화했다. 그 친구는 조쉬 크랩트리였는데 나를 위해서 존 브라운이라는 사람에게서 돈을 받아오기로 했다. 그런데 바로 그 존 브라운이 다름 아닌 켄터키주 주지사인지는 그때는 몰랐다. 여하튼 조시는 돈을 받아서 차를 몰고 밤새 달려왔고, 나는 다음 날 2만 5,000달러를 받았다.

나는 퍼그에게 다시는 같이 한 팀으로 라운드를 하지는 않을 것이라고 말했다. 그는 계속해서 내기 골프에 끼고 싶어 했지만, 나는 프레디와 토미 마르를 혼자서 상대하고 싶었다. 나는 퍼그를 끈질기게 설득했고, 그는 결국 게임에서 빠지기로 했다.

다행히 나의 전략 변경은 통했다. 퍼그로 인해서 생기는 예상치 못한 불운은 사라졌고, 나는 프레디로부터 5만 달러 이상 거둬들였다.

그렇게 해서 모든 게임이 끝났고, 나와 수잔, 그리고 퍼그는 라스베이거스로 돌아왔다.

지금 돌이켜 보면, 80년대 후반 무렵에 나의 최고의 게임을 몇 게임 꼽으라면, PGA 프로골퍼로 활약했던 짐 콜버트와 했던 라스베이거스의 캐년 게이트 컨트리클럽에서의 라운드를 빼놓을 수 없다. 당시 나는 돈보다도 승패 그 자체를 더 중요하게 생각했던 것 같다. 우리는 한 해 동안 적어도 30번은 함께 게임을 했는데, 내기 방식은 항상 $20 낮소 게임Nassau five ways : 전반 9홀, 후반 9홀, 전체 18홀에 대하여 각각 20달러씩 내기를 걸고, 전반 후반 각각 두 타 이상 차이 나면 금액을 두 배로 올리는 골프 내기 방식 이었다. 보통 진 맥칼리와 내가 한 팀을 이루어 콜버트와 그의 또 다른 탁월한 골퍼들로 구성된 팀을 상대했다.

나는 진 맥칼리와 팀을 이루어 치는 것을 좋아했다. 그는 미시시피 주에서 태어나 라스베이거스로 들어온 친구였다. 우리는 캐년 게이트, 사하라, 스패니시 트레일 등 수많은 골프장에서 기회 있을 때마다 팀을 이루어 내기 골프를 즐겼다. 우리는 상대를 가리지 않고 시합했다. 마땅한 상대가 없으면 우리는 우리끼리 1번 홀로 가서 장난삼아 20달러씩 걸고 누가 더 센지 겨루어 보곤 했다. 기교도 부리지 않고, 봐주지도 않고, 속임수도 쓰지 않고, 있는 그대로 플레이하는 아주 재미없는 방식의 게임이었다.

우리 둘 사이의 가장 인상 깊은 결투가 벌어진 곳은 스패니시 트레일이었다. 당시의 상황을 진 맥칼리를 일인칭 화자로 삼아서 이야기해

보겠다.

레이크 코스의 18번째 홀을 시작할 때까지 내가 빌리에게 100달러를 따고 있었다. 18번 홀은 오른쪽으로 크게 휘어져 있는 파5홀이었다. 주변에는 실개울도 흐르고 연못도 있어 공략하기 까다로운 홀이었다. 나는 페어웨이의 중앙을 겨냥하고 드라이브를 날렸지만, 공은 오리와 거위들이 있는 호수 바로 옆에 떨어졌다. 검은 백조 한 마리가 공이 너무 가까이 떨어지자 놀라는 것이 보였다.

빌리는 카트를 운전하면서 공 가까이에 도착했는데도 속도를 거의 줄이지 않았다. 어제 일이 생각났다. 백조는 공이 자기 옆에 떨어진 데다가 카트까지 다가오자 이중으로 화가 난 것처럼 날개를 크게 펼쳤다.

빌리는 마치 날아가는 전투기에서 조종사가 탈출하는 것처럼 카트에서 뛰어 내려 페어웨이 한가운데를 향해 빠른 걸음으로 이동했다. 이 망할 놈의 백조는 내가 자신의 새끼를 공격한다고 생각하기라도 했는지, 나를 향해 달려들려고 했다.

나도 재빨리 카트를 빠져나왔고, 백조는 내가 마치 맛난 먹이라도되는 줄 아는지, 내 뒤를 쫓고 있었다. 빌리는 마치 검은 백조가 자신의 영역을 침범한 우리에게 어떻게 반응할지 미리 알고 있었다는 듯이 웃음을 참지 못하고 있었다.

마치 신이 조화를 부리기라도 한 것처럼 내 공은 백조의 배설물로 잔뜩 뒤덮여 있었다. 마침 당시는 한여름이어서 공에서는 김까지 피어오르고 있었다.

나는 "빌리. 나는 공을 몇 개 더 가지고 있어. 다른 볼을 드롭해도 될까?"라고 말했다.

"다른 공을 드롭하는 건 안 돼."

"무슨 말을 하는 거야?"

빌리는 내가 반드시 볼이 놓여 있는 곳에서 그 볼을 치지 않으면 벌타를 받아야 한다고 말했다. 규칙은 규칙이라는 것이다.

어쩔 수 없이 3번 아이언을 꺼내서 그 끔찍한 공을 쳤고, 차마 말로 하기 어려운 상황이 벌어졌다. 공에서 새똥이 튀어 내 얼굴에 범벅이 된 것이다. 선글라스를 끼고 있기는 했지만, 똥은 눈가와 머리로 튀었고, 셔츠 여기저기에 얼룩도 생겼다. 나는 지금도 내가 평생 맡아 본 가운데 가장 지독한 냄새는 지금 막 세상에 나온 검은 백조 똥이라고 단언한다. 나는 호숫가로 달려가서 물로 얼굴과 머리를 씻었다.

결국 나는 마지막 홀에서 파를 기록하여 그 홀에서는 비겼다. 전체 경기는 그 망할 놈의 똥 묻은 공을 잘 처리한 결과로 이기기는 했다. 빌리는 내기에서 이기기 위해서라면 어떤 못된 짓이라도 서슴지 않을 녀석이라는 생각이 들었다. 무슨 짓이라도….

1970년대 말부터 80년대 중반까지 나는 엘파소와 댈러스, 녹스빌, 내슈빌, 서던 캘리포니아 그리고 플로리다 여기저기에 있는 여러 골프장까지 미국 전역을 돌면서 큰돈을 걸고 골프시합을 벌였다. 나는 5,000달러 이상 이길 수 있다는 확신이 들 때만 게임에 참여했다. 그렇지 않으면 구경만 하면서 적절한 상대가 나타나기를 기다렸다.

내가 골프 치기에 가장 좋다고 여기는 장소는 플로리다 남부였다. 영화 「오션스 일레븐」에서나 볼 수 있음 직한 북메이커들과 마약상들, 그리고 피라미드 사기꾼들이나 협잡꾼들이 곳곳에서 몰려든 덕에 항상 현금이 넘쳐나는 곳이었다.

대학 시절 글렘슨대학교 풋볼팀에서 러닝백으로 활약했던 머틀비치 출신의 타이슨 레너드도 그런 부류에 속하는 사람이었다. 타이슨은 나이트클럽이나 알루미늄, 캠핑카 커버 등과 관련한 일로 크게 돈을 벌었던 과거의 일을 떠벌이기를 좋아했다. 그렇게 말하는 것을 보면 그가 그러한 일에 종사했던 적이 있었겠지만, 나는 그를 남부에서 가장 규모가 큰 사설 북메이커로 알고 있었다. 그는 작은 것이라도 자신이 내세울 만한 것이 있으면 말하지 않고는 못 배기는 성격이었다. 그가 머틀비치에서는 포식자 노릇을 했는지 모르지만, 웨스트 팜비치에서 언제 제물로 바쳐질지 모르고 기다리는 희생 비둘기 같은 존재였을 뿐이다.

그는 가끔 머틀비치에서 함께 어울리는 친구들을 대동하고, 현금을 두둑하게 가지고, 전용 카트를 타고 웃통을 벗은 채 브레이커스 웨스트 컨트리클럽에 등장하곤 했다. 타이슨의 골프 실력은 100타를 깨지 못하는 수준이었지만, 두어 명의 수준 높은 골퍼들을 대동하여 함께 팀을 이루어 게임을 하곤 했다. 돈을 노리는 노련한 꾼들에게 딱 맞는 먹잇감이었다.

나는 수잔과 함께 턴베리 아이슬 클럽에 머물던 중 타이슨이 이끄는 무리가 도착했다는 이야기를 들었다. 나는 시카고 출신으로 노조 등의 권력 중재인 등으로 활동하고 있는 친구 안젤로 코카스와 전화 통화를 한 후 타이슨과 그의 파트너인 찰리 웹스터와 게임을 하기 위해 팜

비치 카운티에 있는 브레이크 웨스트 클럽으로 차를 몰았다. 나는 과거 타이슨과 함께 온 찰리 웹브터와 1만 달러를 걸고 낫소 게임 벌인 적이 있었다.

안젤로와 나는 타이슨과 찰리를 상대로 첫날 12만 달러를 땄다. 이 틀쯤 후, 우리는 또다시 그들을 이겼다. 세 번째 게임에서는 나는 파트너를 바꿔서 듀이 톰코와 팀을 이루었다. 우리는 게임 전에 한 팀이 100만 달러를 잃을 때까지 경기를 무제한 계속하기로 합의를 보았다.

이기면 듀이가 50만 달러를 가져가고, 내 몫인 50만 달러는 칩 리즈 와 25만 달러씩 나누게 될 것이다. 우리는 1인당 4만 달러를 걸고 낫소 게임을 하기로 했다. 자칫하면 한 팀이 24만 달러를 잃을 수도 있다는 이야기이다.

나는 라스베이거스에 있는 칩에게 다시 전화를 걸어 우리의 새로운 베팅 사실을 알렸다.

그러면서 타이슨 레너드에게 한 홀당 1타씩 핸디캡을 빼주기로 했다는 사실도 알려주었다.

"한 홀에 한 타? 미쳤어?" 수화기 너머로 놀란 칩의 목소리가 들렸다.

"걱정할 것 없어. 그건 미끼야." 내가 대답했다.

"그렇다고 팀 게임을 하면서 한 홀에 한 타씩 빼주는 법이 어디 있어?"

100만 달러가 걸린 골프시합이 벌어진다는 소문이 퍼지자 사람들이 몰려들었다.

보기 드문 구경거리였고, 타이슨은 평정심을 유지할 수 없었다. 그는 마치 대학 풋볼 선수 시절로 돌아간 것처럼 흥분했고, 사람들은 매 홀 마다 티박스를 오가면서 누구는 그의 클럽에 기름을 발라주고, 또 한 명은 공을 티에 얹어 주고, 또 다른 한 명은 그가 공을 정확히 조준 하고 있는지 훈수를 하는 등 호들갑을 떨었다. 홀에서 홀로 이동하는 중에 타이슨은 셔츠를 벗고 속옷 차림으로 머리에 물을 끼얹고 찰리에 게는 로션을 등에 문지르게 했다.

마치 한 편의 부산한 활극이 벌어지는 것 같았다. 7홀까지 마치는 데 무려 4~5시간이나 걸릴 정도로 경기는 느리게 진행되었다. 나는 타 이슨의 무매너와 어처구니없는 행위에 자제력을 잃었다. 게다가 우리 가 1타 뒤지고 있다는 사실도 내 마음을 불편하게 했다.

냉정함을 잃지 않은 듀이는 내게 아직 타이슨의 돈을 빼앗아 올 시 간은 충분하다며 나를 진정시켰다. 나는 냉정을 되찾았지만, 타이슨은 다음 두 홀에서 공을 여러 번 물에 빠뜨리는 실수를 범했다.

결국 우리는 이겼다. 하루도 아니고, 이틀도 아니고, 사흘을 내리 이겼다.

사흘의 경기를 마친 시점에서 듀이와 나는 45만 달러를 따고 있었 다. 그러나 나흘째 되던 날, 타이슨과 그의 파트너는 골프장에 나타나 지 않았다.

찰리가 우리에게 말했다. "타이슨이 심장에 통증이 생겨 사우스캐 롤라이나로 돌아갔어요."

100만 달러를 잃고 싶지 않아서 게임이 끝내지도 않은 채 꾀병을 부리고 도망간 것이다.

결국 게임은 제대로 마무리되지 못했다. 그러나 타이슨은 자신의 신용마저 잃고 싶지는 않았기 때문에 그때까지 잃고 있던 돈은 우리에게 보내주었다.

'헤드업 하지 마라' 이 말은 미국의 모든 골프장에서 들을 수 있는 골프 격언이다. 반면 라스베이거스에서만 통용되는 골프 격언도 있다. '항상 뒤를 조심하라'라는 말이다. 당시 라스베이거스 컨트리클럽이나 던스, 데저트 인 등 주요 골프장에는 골프백을 메고 폴로셔츠를 입고, 온갖 속임수를 이용하여 순진한 골퍼를 등쳐먹으려는 포식자들이 수시로 출몰하고 있었다.

라이가 좋지 않으니 드롭 볼을 하겠다고? 속지 마라. 공을 좀 더 홀 가까이에 붙여줄 수 있는 마그네틱 퍼터가 있다고? 속지 마라.

가방 보관소 직원들에게 돈을 주면 상대 플레이어의 클럽의 헤드를 살짝 망가뜨려 준다고? 속지 마라. 상대방 골퍼의 공에 수은을 약간 주입 시켜 공이 옆으로 새게 해주겠다고? 속지 마라. 상대의 음료에 약물을 몰래 타서 게임을 망치게 해주겠다고? 속지 마라.

친한 친구인 도일 브런슨이 내가 그런 짓을 한다고 나를 맹비난한 적이 있다. 정말 억울하고 마음이 아팠다. 우리는 사하라 컨트리클럽(지금의 라스베이거스 내셔널 골프클럽)에 머무르고 있었다. 그곳은 프랭크 시나트라나 새미 데이비스 주니어, 딘 마틴 등 꽤 나 유명한 사람들이 자주 찾아와 편안하게 놀다 가는 유명한 곳으로, 클럽하우스에서 그들이 애용하던 자리에는 그들의 이름이 새겨진 청동명판이 부착되어 있다.

그날도 도일과 나는 골프를 치기 위해 도착했는데 기온이 섭씨 40도를 오르내리고 있었다. 9홀을 마치고 도일은 지금은 이름이 기억나지 않는 음료수 한잔과 참치 샌드위치를 먹었다. 마침 그때부터 그는 어지러움을 호소했고, 그의 플레이는 마치 핸디캡 20 정도 수준의 골퍼처럼 엉망이 되었다.

"빌리. 내 음료수에 뭘 넣었어? 내 컨디션을 뚝 떨어뜨리려고?"

"그럴 리가 있나? 네 컨디션이 나빠진 건 나하고는 아무 상관 없는 일이야."라고 대답했다.

나를 의심했다고 해서 그를 탓할 생각은 지금도 없다. 라스베이거스에서 골프를 치는 사람들은 상대를 이기기 위해서라면 무슨 짓이라도 하는 사람들이 엄청나게 많았다. 일반적으로 그런 자들을 대하는 데는 두 가지 방법이 있다. 하나는 상대방과 똑같이 나만의 속임수를 사용하여 상대하는 방법이고, 또 하나는 초장부터 상대방을 실력으로 압도하는 방법이다.

내가 골프장에서 만난 상대들은 거의 속임수 따위는 쓰지 않는 사람들이었다. 속임수를 쓰는 자들은 대개 첫눈에 알아볼 수 있었기 때문에, 그런 사람들과 게임을 할 때는 거기에 맞춰서 내기의 조건이나 액수를 적절하게 조절하면 되는 일이었다. 포커게임에서 아주 확실한 경우에만 베팅하는 사람을 가리켜 '땅콩 행상인nut peddler'이라고 부른다. 골프에서도 그런 원칙만 잘 지키면 된다.

내가 알고 있는 사람들 가운데서는 마이클 오코너가 땅콩 행상인 유형으로 분류되는 대표적인 사람이다. 나는 그와 돈을 전혀 걸지 않고 두어 차례 골프를 친 적이 있었다. 그때 우리의 스코어는 둘 다 90타를 넘겼다. 우리는 둘 다 같은 짓을 한 결과였다. 즉, 다른 날에 열릴 다른 경기를 위해 서로 상대에게 함정을 파고 덫을 놓은 것이다.

다음 경기가 열린 당일, 내가 동원할 수 있는 돈은 3만 달러였다. 우리는 1만 달러를 걸고 낮소 게임을 하기로 했다. 즉, 전반 9홀과 후반 9홀 그리고 전체 18홀에 대하여 각각 1만 달러씩, 모두 3만 달러를 걸고 치는 게임이었다. 게임이 열린 던스클럽의 1번 홀은 아주 심한 도그렉 파4홀이었다. 여기서 오코너는 6타를 쳤다. 나는 4타를 쳤는데 오코너는 여기서 1만 달러를 더 올렸다. 나로서는 최대 4만 달러까지 잃을 가능성이 생긴 것이다. 내가 감당할 수 있는 액수보다 많은 금액이었다.

두 번째 홀 파5에서 오코너는 어프로치 샷을 물에 빠뜨려 버렸다. 나는 속으로 그가 속임수를 쓸 정도의 실력은 안 된다고 생각하고 있었다. 세 번째 홀에서 그는 또다시 1만 달러를 올렸다. 이제 전체 규모가 5만 달러로 커졌다.

당시는 찌는듯한 여름이었다. 라스베이거스의 한여름은 그늘 밑에 들어가도 섭씨 40도에 가까운 열기를 느껴지기 때문에, 오코너의 카트 동승자는 아이스박스에 보드카와 오렌지 주스를 가득 채워놓았다. 생각만 해도 부러운 일이었다. 사막의 찌는 더위에서 나와 게임을 하는 사내가 있고, 그는 스크루드라이버를 물처럼 마시고 있다.

정말 대단한 하루였다. 나는 75타를 쳐서 오코너에게 8만 달러를 땄다. 그러나 나는 칩과 도일, 그리고 잭 비니언 등이 모두 나를 비웃고 있다는 사실을 모르고 있었다. 그들은 오코너가 확실히 자신이 있을 때만 돈을 거는 사람이라는 것을 알고 있었다.

알고 보니 오코너가 나를 가지고 놀고 있었다. 두 번째 라운드가 열리기 전날, 열 명쯤 되는 낯선 사람들이 나타났고, 나도 뭔가 이상하다는 눈치를 챘다. 그들은 모두 오코너에게 돈을 걸었다.

그들은 나를 캔터키에서 온 촌놈 정도로 만만하게 봤던 것 같다.

나는 그들에게 멋지게 반격할 준비를 했다. 일단 나는 그들을 상대로 1,000달러에서 5,000달러씩 돈을 더 걸었다. 경기를 시작하기 위해 첫 번째 홀에 들어가면서 나는 오코너에게 그의 볼을 좀 달라고 하면서, 내 볼을 그에게 주었다.

그러면서 이렇게 말했다. "내 공에 당신이 알아볼 수 있도록 표시를 하세요. 나도 당신의 공에 표시해 놓을 겁니다."

혹시라도 그에게 돈을 건 관객들 가운데 누군가가 미리 짜고 나의 공이나 그의 공을 바꿔치기할 심산이었다면, 나는 금방 그 사실을 알아채게 될 것이다.

어쨌든 경기는 시작되었고, 오코너는 나름 만반의 준비를 다 해놓았겠지만, 그 준비는 실패로 돌아갔다. 그날도 그는 90타를 넘겼고, 내가 이겼다. 나는 오코너에게서 6만 달러를 더 땄고, 오코너에게 돈을 걸었던 사내들로부터 1만 5,000달러를 따로 챙겼다.

오코너가 다음날 또다시 도전해 왔을 때도 나는 나름대로 그의 잔꾀를 무너뜨릴 계획을 세웠고, 또다시 이겼다. 3일 만에 전장의 포연이 가시고 나서 계산해 보니 나는 그에게 모두 49만 달러를 땄다. 오코너가 이 돈을 떼먹지 않고, 모두 갚은 것은 칭찬 받을 만한 일이었다.

잭 비니언은 내가 오코너에게 연전연승하고 있다는 소문을 듣고 혹시라도 내가 딴 돈을 누군가에게 빼앗기지 않을까 걱정하여 매일 리무진과 경호원 몇 사람을 던즈클럽으로 보내주었다. 리무진 기사와 경호원의 임무는 매일 경기가 끝난 후, 내가 가지고 있는 현금을 호스슈의 금고까지 안전하게 가지고 올 수 있도록 하는 것이었다.

잭의 배려는 전적으로 나를 위해서만은 아니었다. 그는 자신이 나의 돈을 지켜주면 결국 나는 그의 카지노에서 그 돈을 모두, 혹은 그보다 더 많이 잃게 될 것이라고 확신하고 있었다. 실제로 그랬다.

라스베이거스는 사설 북메이커나, 마약상은 물론 부유한 사업가에 이르기까지 돈만 있으면 도박을 무제한 즐길 수 있는 곳이다. 이곳에 돈을 쏟아부은 사람으로 말하자면 자미엘 지미 차그라를 빼놓을 수 없다.

도박 상대의 신상정보나 전과기록을 미리 확인할 수 있다면 좋겠지만, 라스베이거스에서 만나서 함께 게임을 벌이는 사람들의 정보를 모두 확인하는 것은 불가능하다. 내가 지미에 대해서 나중에나마 알게 된 것은 그의 집이 엘파소에 있다는 것과 그의 도박 자금줄이 콜롬비아와 멕시코에 뿌리를 두고 서방 세계 전역에 엄청난 양의 마리화나와 헤로인 또는 코카인 등을 유통하는 대형 범죄조직과 연결되어 있다는 것뿐이었다. 지미는 자신의 개인 요트나 자가용 비행기 등을 이용해서 불법 마약을 미국으로 들여오는 일을 하고 있었다.

70년대 말, 지미는 라스베이거스에 별장을 얻었다. 그는 자신에게 호의적인 평판과 여론을 조성하기 위해서 지역의 바텐더들과 딜러들, 웨이터들과 웨이트리스 등에게 수시로 100달러짜리 지폐를 팁으로 뿌렸다. 심지어 세 명의 아이를 혼자 키우고 있는 칵테일 바의 웨이트리스의 딱한 이야기를 듣고 그녀의 융자금 5만 달러를 갚아주기도 했다.

지미는 자신을 거물급 도박사라고 생각하고 그렇게 행세했다. 그가 이렇게 허세를 부리면 많은 사람이 그의 돈 냄새를 맡고 포커나 당구, 골프 등에 그를 끌어들이려 했다. 실제로 80년대 초반쯤, 그의 순자산은 1억 달러 이상일 것이라는 소문이 돌았다.

그가 워낙 자주 라스베이거스에 놀러 오다 보니 나도 그의 존재를 알게 되었다. 나는 엘파소의 도박 무대와 당구계를 주름잡고 있는 티미라는 친구를 알고 있었기 때문에, 그에게 전화를 걸어 지미가 어떤 사람인지 물어보았다. 그는 지미가 꽤 실력이 있는 도박사이고, 특히 당구 실력은 상당하지만, 내가 충분히 그를 이길 수 있다고 말했다. 반면 그의 골프 실력은 공략하기 비교적 쉽다고 이름난 코스에서도 100타 아래로 치기 어려운 실력이기 때문에, 나 같은 사람에게는 상대가 되지 않을 것이라고 덧붙여 알려주었다.

나는 유명 당구 큐 브랜드인 조지 발라부시카George Balabushka 제품을 챙겼다. 이것은 당구 큐의 스트라디바리우스라고 불릴 정도의 명성을 지닌 제품이었다. 나는 여러 해 동안 큰돈을 걸고 치열하게 당구를 친 적이 없었지만, 느낌이 전혀 낯설지 않았고, 마치 어릴 적 해리 삼촌과 함께 살던 집에 있는 것 같은 편안함이 느껴졌다.

추측했던 대로 지미도 마침 라스베이거스에 와 있었다. 그러나 그는 소수의 폐쇄적인 그룹에 속해서 그들끼리만 어울리고 있었기 때문에 그와 함께 내기를 걸고 게임 하기가 쉽지 않았다. 그가 포커를 치고 있는 테이블은 이미 자리가 다 차 있었고, 그가 게임을 그만할 때까지 테이블의 다른 사람이 먼저 게임을 그만두고 자리에서 일어나는 일은 없었다.

하지만 그와 게임을 하기 위해 빈틈을 비집고 파고드는 듀이나 톰 코, 그리고 위치타Wichta : 캔자스주에 있는 도시의 유명한 범죄자의 동생인 거스 파울로스, 잭 트리탑 스트라우스 등의 접근을 완벽하게 차단할 수는 없었다. 스트라우스는 북메이커이기도 하지만 마지막 하나 남은 칩을 가지고 전세를 역전시키고 끝내 월드시리즈 오브 포커 대회의 최종전에서 우승해 '칩 하나 의자 하나a chip and a chair'라는 신조어를 탄생시킨 포커계의 전설이기도 했다. 그들은 매일 지미와 골프를 쳤다.

잭과 거스는 지미를 상대로 골프를 치면서 게임이 안 풀려서 가지고 있던 돈이 모두 바닥났다. 잭은 나에게 전화를 걸어 골프시합에 참여해 달라고 요청했다. 대신 내가 돈을 따면 그 절반은 자신에게 주어야 한다는 조건이었다.

나는 지미에 대하여 전혀 알지 못했지만, 조금도 주저하지 않고 그 제안을 받아들였다. 게임은 트로피카나 골프장에서 열렸다. 게임에 열중했을 뿐, 내기를 하자는 따위의 이야기는 하지 않았다. 전반 9홀을 돌면서 나는 내 스코어가 50타 정도 나오도록 적당히 쳤다. 의도적으로 공의 윗부분을 쳐서 어처구니없이 굴러가게 하기도 하고, 방향이 조금 빗나가게 치기도 하는 등, 그가 나를 해볼 만한 상대로 보도록 최선을 다해서 실감 나는 연기를 했다.

한편 듀이도 생크를 범하는 등 고전하고 있었다. 평소 실력대로라면 듀이는 한 손을 주머니에 넣은 채로 쳐도 지미를 이길 수 있었다. 그러나 그날은 생크가 너무 심해서 전반 9홀을 마친 후 18홀 전체에 걸린 돈을 포기하고 나머지 9홀은 아예 치지 않았다.

후반 9홀을 시작하기 위해 티샷을 시작하면서 나는 지미를 달콤한 말로 회유했다.

"돈을 조금만 걸고 장난삼아서 내기해볼까요?"

"좋죠. 무엇을 걸까요?"

"1만 달러 정도로 하지요?"

후반 9홀의 첫 번째 홀에서 내가 이겼다. 지미가 조금 열을 받은 듯 판돈을 올렸다. 두 번째 홀도 내가 이겼다. 그가 또 판돈을 올렸다. 경기가 끝났고, 나는 4만 달러를 땄다.

경기가 끝나자 지미가 중얼거리듯 말했다.

"따로 아홉 홀만 더 칩시다?"

나쁠 것이 뭐가 있겠는가!

"4만 달러를 걸지요." 지미가 이어 말했다.

"좋습니다."라고 나는 대답했다.

그런데 어디선가 마치 모깃소리 같기도 한낮은 진동음 같은 것이 들리는 것 같았다. 경찰 헬리콥터가 하늘에서 우리가 게임을 하는 것을 감시하고 있던 것이다. 나는 뒤늦게 지미를 따라다니는 갤러리 한 사람이 의심스러웠다. 언뜻 보면 잔디를 깎고 벙커의 모래를 고르는 등의 일을 하는 골프장 일꾼 같기도 했다.

'저놈들, FBI 아냐?'

연방 요원이든 아니든 상관없었다. 나는 아무리 지켜보는 군중이 많아도 동요 없이 게임을 할 수 있는 사람이다. 9홀을 모두 마쳤을 때 나는 세 가지 게임을 모두 이겨서 낫소 게임의 규칙에 따라 12만 달러를 땄다. 지미는 모두 16만 달러를 나에게 갚아야 했다. 그는 밤에 돈을 줄 테니 호스슈호텔로 나오라고 말했다.

내가 경기를 마치고 쉬는 동안 그는 다른 장소로 가서 카드게임을 했다. 그는 30분쯤 후에 나에게 16만 달러를 건네주었다. 블랙잭을 해서 돈을 좀 딴 모양이다. 쉽게 들어온 돈은 쉽게 나가기 마련이다.

며칠 후, 내가 지미를 본 것은 그가 실버버드카지노에 있을 때였다. 그때쯤, 나는 지미에게 받은 16만 달러를 다 날려 버렸다. 지미가 그곳에 온 것은 포커를 칠만한 상대를 찾기 위해서였지만, 그는 그날 포커를 치지 못했다. 나는 그에게 혹시 당구를 함께 칠 생각이 없느냐고 물었다. (나는 그때 빈털터리였지만, 도일과 사지가 돈을 대주기로 했다.)

"고수가 아니면 나랑 칠 자격이 없어요." 지미가 말했다.

"아주 고수는 못 되지만, 당신에게 도전할게요."

나는 마치 거미가 파리를 공략하든 집요하게 요청했다.

"좋아! 마침 우리 집에 당구대가 있으니 거기서 칩시다." 짐이 대답했다.

우리는 게임당 1만 달러씩 걸기로 하고, 한 사람이 먼저 20만 달러를 잃으면 내기를 끝내기로 했다. 즉 이 내기에서 완전히 이기려면 상대보다 20판을 먼저 이겨야 하는 방식이다. 누군가가 먼저 크게 앞서가지 않는 한 게임을 먼저 포기할 수 없다. 도일은 내 당구 실력을 잘 몰랐기 때문에 걱정을 했다. 게다가 장소가 지미의 집이기 때문에 더욱 그러했다.

그러나 도일이 모르는 것이 하나 있었다. 앞에서 말했듯이 나는 이미 엘파소에 있는 친구를 통해서 지미에 대해서 충분히 파악하고 있다는 사실이다.

수잔과 도일, 그리고 사지가 관전하겠다며 함께 갔다. 지미의 집에 도착해 보니 집이 마치 견고한 요새처럼 꾸며져 있었다. 수백만 달러는 되어 보이는 화려한 집은 성벽을 연상케 하는 벽으로 둘러싸여 있고, 입구는 견고한 철문이었다. 경비원들은 산탄총으로 무장하고 있었고, 경비원들이 목줄을 끌고 다니는 여러 마리의 개들이 그르렁거리며 노려보고 있었다.

현관에서 보니 집은 육중한 문이 달린 거대한 창고처럼 보였다. 전자자물쇠에서 딸깍 소리가 나더니 문이 미끄러지듯 열렸고, 당구대가 나타났다. 이 시합은 지미의 집에 있는 당구대에서 지미가 정한 규칙에 따라 벌어지는 게임이다. 그러나 조금도 걱정할 필요가 없었다. 이 경기의 주최자이자 나의 대결 상대인 지미는 내가 예전에 해리 삼촌의 당구장에서 갈고닦은 실력이 어느 정도인지 전혀 모르고 있었다. 내가 그에게 18판이나 앞서 나갈 때에야, 지미는 나의 당구 수준을 비로소 실감한 듯했다. 비슷한 순간 나는 지미라는 이름 앞에 붙어 다니는 전설 같은 이야기들에 얼마나 거품이 심하게 끼어 있는지를 실감하고 있었다.

라스베이거스의 한 신문은 그를 가리켜 "타의 추종을 불허하는 서방 세계 마리화나의 거물"이라고 말하기도 했다. 최소한 텍사스 엘파소에서는 그를 잘못 건드렸다가는 시체 신세를 면하기 어렵다는 것은 분명했다. 그의 마약 밀매 행위를 조사하던 검사를 암살하려 했다는 소문도 있었고, 범죄조직의 보스 자리를 놓고 다투던 친형을 직접 살해했다는 소문도 있었다.

이런 섬뜩한 소문에도 불구하고 나는 전혀 흔들리지 않았고, 그와 게임을 하면서 불필요한 잡담도 하지 않았다. 그건 내 스타일이 아니었다. 나는 두 판을 마저 이기고, 나의 승리를 도와준 발라부시카 큐를 분해할 때, 지미가 하는 말을 들었다. "언제 다시 칩시다! 잃은 돈을 찾아야겠어."

"좋습니다. 일단 지금 지셨으니 먼저 20만 달러를 주시면, 바로 이어서 또 게임을 하겠습니다." 내가 대답했다.

레바논계 미국인 특유의 검은 눈동자가 내 이마에 구멍이라도 뚫으려는 듯 강렬하게 나를 쏘아보고 있었다.

그때 시간이 벌써 새벽 2시 반을 넘기고 있었다. 사지는 택시를 타고 떠난 지 오래였고, 수잔과 도일은 소파에서 푹 자고 있었다.

지미는 계속해서 나를 쳐다보고 있었다.

나는 도일을 깨워서 그의 새로운 도전을 받아서 게임을 더하게 되었다고 말하며 양해를 구했다.

"난 아무 문제 없어. 괜찮아." 도일이 말했다.

도일은 다시 코를 골기 시작했고, 지미와 나는 또다시 당구대에 마주 섰다. 시간이 또 흘러 이제 두 판만 더 이기면 지미에게서 또다시 20만 달러를 받아내게 되는 상황이 왔다. 지미가 뭐라고 중얼거렸다. 낮은 중얼거림이었지만, 무슨 소리인지는 충분히 알아들을 수 있었다. "저 망할 놈의 사기꾼 자식! 손가락이라도 부러뜨려야겠어. 저놈한테 벼락 맞은 꼴이 어떤 건지 알려주어야겠어."

내가 초등학교 때 나를 괴롭혔던 싸움꾼 지프 민튼도 지금의 지미만큼 위협적이지는 않았다. 예전에 초등학교 복도에서 맞섰든, 오늘처럼 마약상의 요새에서 맞섰든 불량배는 불량배이다. 이럴 때 나의 원칙은, 꼭 현명한 것인지 아닌지는 모르겠지만, 필요하면 맞싸우고 굴복하지 않는다는 것이었다.

나는 그의 석탄처럼 까만 눈을 정면으로 응시하며 말했다.

"나는 내가 받아야 할 돈을 챙겨 가야겠습니다."

나는 당당하게 그에게 맞섰다.

마지막 경기를 끝냈을 때 시간은 이미 아침 6시 45분이었다. 나는 수잔과 도일을 깨웠다. 우리가 현관을 나서려고 하는 순간까지도 지미는 여전히 뭐라고 중얼거리며 투덜거리고 있었지만, 도일이 그를 진정시켰다.

다음날 내가 수잔과 함께 도일의 집에서 시간을 보내고 있는데 도일의 집으로 전화가 한 통 걸려왔다. 위치타의 악명 높은 범죄자이자 내 친구 거스 푸올로스의 친형인 조지 푸올로스였다. 그는 지미가 나에게 주어야 할 돈 40만 달러 가운데 절반만 주겠다고 한다는 말을 전했다. 몇 마디 말이 오간 후 도일은 전화를 끊었다. 푸올로스는 당시 교도소에서 풀려 난 지 얼마 되지 않았고, 킬러로 소문난 사람이었다. 나도 신변이 걱정되어 루이빌에서 친구 두 명을 불러 내 주변을 지키게 했다. 며칠 후 베니 비니온이 중재에 나섰다. 푸올로스는 더 이상 이번 일에 상관하지 않기로 했다. 도일이 지미의 집으로 가서 20만 달러를 받아왔다. 그러니까 아직도 지미는 나에게 20만 달러의 부채를 진 셈이다.

1979년 봄, 지미가 마약밀수 혐의로 연방법원에 기소되었다는 소식이 들려왔다. 당시 나는 또다시 빈털터리가 되어 있던 상황이었다. 나는 아직 그에게 받지 못한 20만 달러를 받아내고 싶었다. 지미가 마약 관련 혐의로 재판을 받기 위해 엘파소로 돌아가기 전날, 우리는 호스슈호텔에 있는 멕시코 음식점인 솜브레로 룸의 구석 테이블에서 마주 앉았다.

"지미. 아직 못 받은 돈을 받고 싶어요."라고 내가 먼저 말을 꺼냈다.

나는 그다음 순간을 지금도 잊지 못한다. 지미가 나를 바라보았다. 그의 크고 검은 눈에 눈물이 가득 고여 있었다.

"빌리. 나에게는 이제 세상이 다 끝난 것이나 다름 없어요."

이렇게 말하더니 펑펑 울기 시작했다.

"지미, 괜찮아요. 당신도 승부사고, 나도 승부사예요. 어떤 상황에서도 건강 잘 챙기세요. 나는 당신이 재판에서 이길 것이라고 믿고 있어요. 돌아와서 다시 한번 붙어 봅시다."

그러나 나는 그날 이후 다시는 그를 볼 수 없었다.

뒤에 그에게 일어난 일을 간단하게 이야기하고 넘어가자면, 그가 종신형을 선고받을 위기에 처해 있을 무렵, 그의 마약밀수 사건을 맡았던 연방 지방법원 판사 한 사람이 1979년 5월 29일, 그의 자택 주변에서 총에 맞아 사망했다. 자신이 맡은 사건에 대하여 무거운 형량을 가차 없이 선고한다고 하여 '맥시멈 존'이라는 별명으로 불리고 있는 존 우드 주니어 판사가 피살된 사건은 1세기 만에 벌어진 연방법원 판사 살해 사건이었다. 이 사건의 진상을 규명하는 데는 몇 년이나 걸렸고, 수사는 엄청난 인원이 투입되어 수천 시간이나 계속된 끝에, FBI는 이 사건의 미스터리를 완전히 풀어냈다고 밝혔다. FBI는 지미가 25만 달러를 주고 킬러를 고용하여 우드 판사를 살해한 것으로 결론을 내렸다. FBI에 의해서 청부살인범으로 지목된 사람은 영화배우인 우디 해럴슨의 아버지인 찰스 해럴슨이었다. 그는 재판을 거쳐 2차례의 종신형을 선고받았다.

지미는 살인 혐의 등 여러 혐의에 대한 재판을 받았으나 최종적으로는 마약밀수에 관해서만 유죄가 인정되어 일리노이주에서 가장 보안 상태가 삼엄한 곳으로 알려진 마리 온 교도소에서 24년간 복역하다가 가석방되었다고 한다. 그는 2008년에 63세의 나이로 애리조나에서 사망했다.

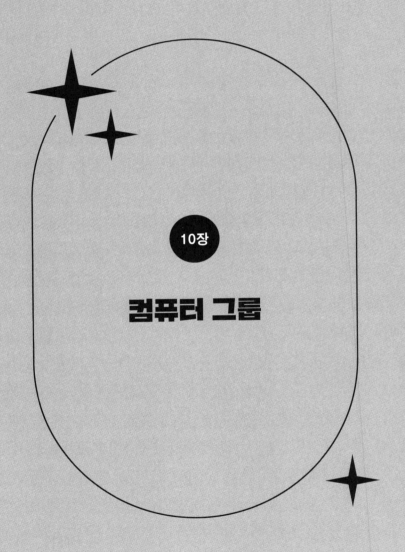

10장

컴퓨터 그룹

1985년 1월 19일 토요일이었다. 샌프란시스코 포티나이너스와 마이애미 돌핀스가 제19회 슈퍼볼에서 맞붙기 전날이었다.

수잔과 나는 그녀의 부모들과 함께 호숫가의 빌라 한 채를 빌려 휴가를 즐기고 있었다. 그런데 갑자기 집의 출입문을 거세게 두드리는 소리가 들렸다.

FBI 요원 10명이 총을 뽑아 든 채 들이닥쳐 자고 있던 수잔과 장모를 위협했다. 장인이 이른 아침에 낚시하러 나간 것은 그나마 다행이었다.

FBI는 년 중 가장 큰 베팅이 열리는 게임을 앞두고 우리가 있던 빌라를 급습한 것이다. 그때까지는 연방정부가 범죄조직과 컴퓨터 그룹과 관련한 불법 베팅을 밝혀내기 위한 대대적인 조사에 우리가 표적이 되었다는 사실을 모르고 있었다.

FBI는 압수수색 영장을 발부받아 전국 23개 도시의 45곳의 사무실과 거주지에 거의 동시에 들이닥친 것이다. 그들은 베팅 기록, 베팅 차트, 텍사스 인스트루먼츠사가 만든 단말기 두 대 등을 압수했고, 콜로라도주 베일에 있는 민들린 박사의 별장에서는 21명에게 지급 예정인 총 20만 달러의 수표도 압수했다.

그들이 급습했을 때, 나는 지하실에서 풋볼과 농구 베팅과 관련한 전화를 주고받고 있었다. FBI 요원들은 전화벨 소리를 듣고는 지하로 난입했다. 내가 불법적으로 북메이커 활동을 했다는 증거를 찾아내기 위한 것이었다.

그러나 그들은 내가 개인 자격으로 베팅을 한 것은 확인했지만, 누군가의 베팅을 접수한 흔적 따위는 확인하지 못했다. 결국 그들도 나름 대로 애는 썼겠지만, 누구도 체포되지는 않았다. FBI는 나름 필요한 자료들을 모아 압수하고는 그곳을 떠났다.

나중에 알게 된 사실이지만, 1984년 12월 3일, 네바다 지방법원의 로이드 D 조지 판사가 나를 포함한 윌리엄 서먼 월터스와 글렌 앤드류 워커스, 도미닉 앤서니 스피네일 그리고 몇몇 다른 사람들의 전화 도청 승인명령에 서명한 것에서부터 그날의 급습이 시작된 것이었다.

그로부터 몇 주 후, 조지 판사는 민들린 박사와 내 아내 수잔 월터스, 나와 가까운 친구인 어니 하헤임을 포함한 몇몇 사람들의 전화번호를 도청 대상으로 추가하는 또 다른 명령에 서명했다. 1985년 1월 2일, 조지 판사는 새로운 명령을 통해 조사 범위를 또 확대했다. 법원이 가지고 있는 기록에 따르면, FBI는 1984년 3월에 컴퓨터 그룹을 불법베팅 사업을 벌인 혐의로 조사했다. 당시 FBI는 내가 컴퓨터 그룹을 위해 합법 및 불법 베팅을 하는 대규모 도박 사업을 운영했으며, 우리 회사 C&B는 조직 범죄를 위한 위장 조직에 불과하다고 주장했다. 우리가 조직적으로 활동한 것은 사실이지만, 범죄행위를 한 것은 아니었다. 우리는 미국 최대의 스포츠 베팅 연합체였다. 우리 조직의 시작은 1972년, 동네 도서관 대출 데스크에서 흔히 볼 수 있는 괴짜 소프트볼 선수 하나가 컴퓨터를 이리저리 만지작거리던 것에서 시작되었다.

마이클 켄트가 컴퓨터 그룹을 탄생시킬 소프트웨어를 프로그래밍

할 당시, 그는 27살의 수학자이자 컴퓨터 도사였고, 피츠버그에 있는 웨스팅하우스의 핵잠수함 기술을 개발하는 부서에서 일하고 있었다.

그 회사의 소프트볼팀의 중견수로도 활동하던 마이크는 언젠가부터 분석적인 사고를 핵물리학에 적용하는 대신에 소프트볼 분석에 푹 빠져 있었다. 그는 자신이 뛰는 팀이 리그에서 몇 차례 우승한 것에 만족하지 않고, 승패 이상의 소프트볼의 모든 부분을 정량화할 수 없을까 하는 생각을 하고 있었다.

마이크는 자신의 가장 믿을 만한 친구, 즉 핵잠수함의 성능을 더 효율적으로 개량하기 위한 소프트웨어 프로그래밍에 늘 애용했던 고성능 고속 컴퓨터에서 답을 찾아보기로 했다. 마이크는 근무시간 이후에도 컴퓨터를 이용해서 각 소프트볼팀의 상대적인 장단점을 분석해 정량화하는 작업에 몰두했다. 결과는 대단했다. 그의 소속팀 사람들도 감탄하며 즐거워했다. 마이크의 분석은 팀의 장점을 수학적으로 분석해 수치화해 주었다. 컴퓨터는 경기에 영향을 주는 다양한 요소와 팀의 전력을 수치화하여 평가해 주었다.

그것으로 끝났다면 마이크의 연구 결과를 실제로 유용하게 적용할 방법이 딱히 없었을 것이다. 그러나 그의 상상은 거기서 끝나지 않았다. 곧 자신의 프로그램을 각종 대학 및 프로 스포츠에 모두 적용할 수 있을 것이라는 데까지 생각이 미쳤다. 이 프로그램을 스포츠팬들이나 광적인 스포츠 베터들이 수많은 대학 풋볼 경기를 분석하고 예측하는 데 사용하면 어떨까 하는 생각을 하기 시작했다.

마이크는 스포츠 베팅의 큰 손은 아니었지만, 스포츠 베팅 시장이 점점 커질 것을 알고 있었다. 그는 우선 지역의 도서관이나 서점을 오가며 필요한 정보를 구했다. 모든 대학 풋볼 경기의 점수와 통계가 망라되어있는 NCAA의 풋볼 가이드북을 분석하고, 전국적인 신문은 물론 지역 신문 등을 뒤지며 마치 미국 제일의 베팅업체인 골드시트처럼 팀들의 전력을 평가하여 실력에 따른 우열을 수치화하는 데 써먹을 만한 자료를 찾았다.

그는 자신이 모은 통계를 바탕으로 상상할 수 있는 다양한 변수를 반영하여 경기 경과를 예측하는 소프트웨어를 프로그래밍했다. 그는 첫 번째 공격과 턴오버의 중요성과 경기 일정, 홈경기일 때와 원정경기일 때의 경기 결과, 이동 거리, 해당 팀이 사용하는 교통수단의 종류, 날씨의 영향, 경기장의 해발고도, 두 팀이 모두 상대한 특정 팀과의 경기 내용 비교 등을 모두 프로그램화했다.

그는 이 모든 일을 일과시간 외의 시간에 해야 했기 때문에 몇 년 동안 하루에 두 시간밖에 자지 못했다고 한다. 그는 그렇게 해서 당시만 해도 오로지 펜과 종이에 의존해서 경기 결과를 예측하곤 했던 라스베이거스의 카지노를 압도할 수 있는, 알고리즘과 확률 이론을 이용해서 각 팀의 전력을 수치화하는 프로그램을 완성했다. 그리고 그는 자신의 창작물이 대학과 프로 스포츠 세계에서 엄청난 돈을 벌어들일 수 있는 획기적인 도구임을 스스로 입증하기 시작했다.

그는 자신의 프로그램 가능성을 테스트할 장소로 불법베팅업자가 많은 피츠버그를 택했다. 마이크는 포인트 스프레드와 자신의 분석치와 3점 이상 나는 경기가 발견되면 바로 베팅에 뛰어들었다. 그는 NFL 풋볼 시즌 동안 매주 2,400달러를 베팅했다. 어느 정도 성공을 거둔 그는 3년째부터는 북메이커들에게 자신을 감추기 위해 친구들을 동원해서 매주 5만 달러씩 베팅하게 했다.

『스펀지밥』 만화책 속에나 나올 법한 사람들이 운영하는 스틸 시티 같은 북메이커는 마이크 조직의 존재를 알게 된 후 영업 자체를 중단하기도 했다. 마이크는 이러한 스틸 시티의 결정을 계기로 직장을 그만두기로 했다. 그는 1979년의 대학 풋볼 시즌 개막에 맞춰 훨씬 더 좋은 베팅환경을 찾아서 라스베이거스로 이주했다.

처음에는 컴퓨터에 관해서는 천재였지만 낯가림이 심했던 마이크는 라스베이거스의 분위기에 크게 주눅이 들었었다. 왜 안 그렇겠는가? 주정뱅이, 깡패, 마피아, 그리고 그들의 조직원들로 가득한 카지노를 현금 뭉치를 들고 드나드는 것이 보통 담력으로는 쉽지 않은 일이었을 것이다.

하지만 마이크는 곧 라스베이거스가 자신의 기발한 아이디어의 위력을 유감없이 발휘하기에 더없이 좋은 환경이라는 것을 깨달았다. 그는 소수의 파트너로 작은 팀을 조직하고, 보통 팀당 10만 달러 내외의 자금을 운용하도록 했다. 이러한 팀을 조직하면서 그는 한 사람 한 사람을 신중하게 선발하고, 각자에게 얼마의 자금을 맡길지를 결정했다.

1979년, 마이크는 자신과 같은 동네에 사는 이웃의 소개로 이반 민들린 박사라는 겉보기에는 날씬하고, 붙임성도 있어 보이는 나름 매력적인 사람을 알게 되었다. 민들린 박사는 부동산 개발업을 하는 몬트리올의 상류 사회의 가정에서 태어나 자랐다. 그 후 그는 정형외과 의사가 되었고, 뉴저지주의 맘모스 메디컬센터에서 교육과 진료를 담당했다.

민들린 박사가 스스로 밝힌 바에 따르면 그는 독학으로 컴퓨터 프로그래밍을 익혔고, 외과 의사로서의 본업 외에도 컴퓨터를 이용하여 상품을 유통하는 사업도 했다고 했다. 그가 '죄악의 도시'인 라스베이거스에 발을 디딘 것은 1971년이었다. 그는 자신의 컴퓨터 기술을 대학 농구와 메이저리그 야구 경기 베팅에 활용해 보고 싶었다.

만일 누군가가 민들린 박사 인생의 밝은 면만 본다면, 지역 사회에서 명성이 높은 유능한 외과의사고, 복잡한 의료 사건에서 신뢰성 있는 증언을 해줄 수 있는 존경 받는 의료 전문가이고, 라스베이거스의 중심가의 여러 호텔에서 인정받는 유명한 의사라고 말할 수 있을 것이다.

그러나 어두운 면도 있다. 수십만 달러의 빚을 지고 있는 도박꾼이었다. 게다가 1981년 플로리다에서 자동차 사고를 당하면서 수술하는 오른손 손목을 다치고, 허리와 목에 심각한 부상을 입어서, 외과의사로서의 경력은 사실상 중단되었다. 1986년 3월에 발간된 「스포츠 일러스트레이티드」는 '라스베이거스에서 주로 활동하는 민들린 박사에게서 마치 지킬 박사와 하이드 같은 양면성을 발견할 수 있다.'라고 보도했다.

몇 년간, 그를 대하며 겪은 바를 바탕으로 말하자면, 나는 민들린 박사가 내가 평생 만난 사람들 가운데 가장 술수와 속임수가 능한 사람이라고 단언할 수 있다. 민들린 박사는 마이크 켄트의 기이할 정도로 뛰어난 능력과 혁신적인 컴퓨터 프로그램을 보는 순간, 도박판에서 황금을 발견했다고 확신했다. 민들린 박사는 마치 자신이 마이크의 아버지라도 되는 듯 그의 뒤를 돌봐주는 한편, 자신이 컴퓨터를 이용하여 스포츠 게임의 스프레드를 계산해 내려고 노력했던 것을 설명하며 마이크의 환심을 사려고 했다. 마이크도 민들린 박사를 좋게 보았던지

1970년대 후반쯤 함께 일하기로 결정했다. 몇 년이 지나지 않아, 민들린 박사는 마이크에게 컴퓨터 그룹의 운영은 자신에게 맡기고 마이크는 핸디캡 연구에만 집중하도록 설득했다. 컴퓨터 그룹이 성장해 감에 따라 민들린 박사의 욕심과 자만도 함께 커갔다. 1986년, 그는 「스포츠 일러스트레이티드」와의 인터뷰에서 자신이 그룹의 두뇌라고 과장하여 홍보하기까지 했다.

앞서서도 이야기했듯이, 나는 1970년대 후반에 컴퓨터 그룹과 인연을 맺었다. 당시 나는 루이빌에서 가장 규모가 큰 사설 북메이커들 가운데 한 명으로 꼽히고 있을 무렵이었다. 나는 피츠버그의 어떤 남자를 통해 이른바 '자금 이동' 방식으로 컴퓨터 그룹과 연계되어 베팅하고 있었고, 그는 뉴욕의 지미 에바트와 스탠리 톰친을 통해서 같은 방식으로 베팅하고 있었다. 이런 관계는 내가 체포될 때까지 계속되었다. 1982년 9월, 라스베이거스로 이사했을 즈음, 컴퓨터 그룹은 크게 성장하고 있었다. 마이크는 자신의 소프트웨어를 계속해서 업그레이드했고, 그의 소프트웨어는 마법의 수정구슬 같은 위력을 발휘하여 60% 이상의 베팅 성공률을 기록하며 수백만 달러를 벌어들였다. 경이로운 성공률이었다. 컴퓨터 그룹의 수입이 많아지자 민들린 박사는 마이크에게 무거운 세금을 피하기 위해 수십만 달러를 해외로 빼내자고 설득했다.

내가 마이크를 개인적으로 만난 마지막 기억은 수잔과 내가 라스베이거스에서 살기 시작한 지 1년쯤 되었을 때였다. 그때 우리의 만남은 간단하게 끝났다. 만났던 장소도 기억이 안 날 정도로 짧은 만남이었지만, 그럼에도 나는 그가 소소한 잡담을 별로 좋아하지 않는 것 같다는 인상을 받았다. 실제로 그는 그런 사람이었다. 그는 소프트볼 선수였지만 학자처럼 보였다. 캐주얼한 옷차림에 반듯한 사각형을 연상케 하는 얼굴이었다. 다소 부끄럼을 타는 듯한 인상에 턱수염이 많고, 약간은 과체중이었다. 한마디로 냉혹한 도박판에서 살아남기에는 다소 유약해 보이는 인상이었지만, 1980년대 초, 스포츠 베팅 세계를 지축까지 뒤흔든 사람이었다.

컴퓨터 그룹에서 내가 맡은 일은 주말마다 수백만 달러를 모아 베팅하는 것이었다. 이런 일을 효과적으로 수행하기 위해 나는 몇몇 협력자와 대리 베터들을 선발하여 우리 대신 그들의 이름으로 베팅하게 했다. 다행스럽게도 라스베이거스에는 몇백 달러를 받는 대가로 장시간 베팅장에 앉아서 우리가 지시한 대로 게임을 수행해 줄 가난한 도박꾼들을 쉽게 구할 수 있었다.

시카고 개리는 나를 위해서 30명 이상의 대리 베터를 관리해주었던 친구였다. 그는 윈디시티Windy City : 바람의 도시. 시카고의 별칭에서 막 도착한 사람처럼 보이는 사람이었다. 헝클어진 듯한 외모에 머리는 벗어지기 시작하고 있는, 대학을 다니지 못한, 마치 1950년대 어느 TV 프로그램에서 코미디언인 필 실버가 연기했던 수시로 침을 뱉어대는 이미지로 유명한 '말뚝상사 빌코'라는 사기꾼을 연상케 하는 외모를 가진 사람이었다.

개리가 이끄는 그룹은 매일, 각자 흩어져 카지노나 스포츠 베팅장에서 넥스텔 무전기나 삐삐가 우리의 지시에 따라 울리거나 윙윙거리기를 기다렸다. 컴퓨터 그룹은 이런 방식으로 운영된다. 마이크는 우리가 베팅할 경기와 베팅할 숫자를 결정한다. 그는 이 내용을 그의 동생인 존에게 넘겨주고, 존은 최종 부상자 현황이나 정보 등을 기반으로 그 내용을 조금 업데이트하여 나와 뉴욕의 거점 책임자들에게 보내준다.

나는 라스베이거스 컨트리클럽의 우리 집에 마련된 별도의 사무실에서 수잔과 함께 일을 했다. 나는 수잔과 함께 양손에 전화 수화기를 들고 나를 위해 C&B 베팅룸을 운영하는 글렌 워커를 통해 최대한 많은 게임에 베팅했다. 글렌은 우리의 지시를 받아서 사무실에 있는 모든 사람에게 알려준다. 그런 다음 나는 시카고 개리와 그가 관리하는 이들에게 베팅할 경기와 숫자를 알려주었다.

마치 거대한 연락망이 작동됨에 따라 저절로 돈을 찍어내는 기계가 돌아가는 느낌이었다. 우리 팀은 양치질을 할 만한 정도의 짧은 시간 동안 전국 각지에서 수백 건의 베팅을 진행했다. 프로 풋볼과 대학 풋볼 그리고 농구가 동시에 열리는 바쁜 주말에는 총 1,000만 달러 이상의 베팅을 하기도 했다.

"앨라배마 마이너스 2와 1/2 10만 달러 넣어!"

"플로리다 플러스 4 최대 4만까지. 지금부터 시작!

"조지아-테네시 45 이하. 최대 5만 달러까지. 질러!"

게임이 진행되는 동안 수잔과 나는 베팅 횟수, 금액, 그리고 누구를 통해서 베팅이 진행되었는지를 일일이 수기로 기록하고 정리하여 그 정보를 마스터 계정에 올렸다. 베팅이 끝나고 나면 매일 밤 11시나 12시까지 계산기를 이용하여 수백 건의 베팅 결과를 집계했다. 그리고 우리는 각각의 베팅 내용을 살피며 잘못된 부분을 찾아내어 1센트 단위까지 수정했다. 그리고 각각의 베팅 내용을 정해진 계정에 입력하고, 전체 집계표를 작성했다. 이런 일을 매일 반복한다는 것은 엄청나게 힘든 일이었다. 어떤 날은 새벽 1시나 1시 30분이 되어서야 잠자리에 들기도 했다. 나는 컴퓨터 그룹의 정확한 매출을 몰랐다. 어느 보도에 따르면 매년 2,500만 달러 정도의 수입을 올리고 있다는 이야기도 있었다. 어쨌든 서서히 소문이 나고 베팅업계에서 우리의 이름이 알려지자 사법 당국은 우리의 성공과 수입 규모에 관심을 갖게 되었다.

나는 컴퓨터 그룹과 협력하는 작업도 베팅에 관해서는 일종의 동업자 관계였던 칩 리즈와 함께했고, 모든 일이 순조롭게 풀려나가고 있었다. 그러던 중 1984년 12월, 칩은 분위기가 좀 심각하다는 정보를 컴퓨터 그룹에 알렸다. 불법 북메이커 활동에 대한 연방정부 차원의 수사가 대규모로 진행 중이라는 소문이 돌고 있다는 것이다.

나는 대수롭지 않게 넘겼다. 나는 켄터키를 떠나온 이후에 한 번도 불법 사설도박업을 한 적이 없고, 내가 아는 한, 컴퓨터 그룹도 그와 관련하여 실정법을 위반한 적이 없었다. 불법 사설도박업? 조직범죄? 우리하고는 상관없는 일이었다.

그러나 칩은 우려를 거두지 않았다. 그는 우리의 파트너 관계를 정리하기로 했다.

결과적으로 보면, 칩이 옳았다. 분위기는 점점 심상치 않게 돌아가고 있었다. 그리고 서서히 우리를 죄어 오고 있었다.

이 책을 쓰면서 참고하기 위해 나는 정보자유법FOIA, Freedom of Information Act을 근거로 법무부 담당자에게 컴퓨터 그룹과 관련된 모든 문서를 복사해 달라고 요청했다. FBI는 우리의 별것도 아닌 작업과 관련하여 무려 22,846쪽의 문서를 작성했지만, 나는 고작 16쪽 분량의 자료만 받을 수 있었고, 그것도 심하게 편집된 채로 받았다. 그 가운데 한 부분이 눈에 띄었다. 1984년 12월 10일 자로 작성된 문서였다.

이 통신문을 수신한 사람들에게 전달된 정보는 '컴퓨터 그룹'으로 알려진 불법도박 그룹과 관련된 사건에 대한 것이다. 이 그룹은 라스베이거스의 베팅조직을 포함하여 미국 전역의 여러 베팅조직을 배후 조종하고 있었다.

컴퓨터 그룹은 라스베가스의 베팅 라인을 조종하고 통제함으로써, 미국 전역의 베팅 라인을 통제하고 있습니다….
컴퓨터 그룹을 인수하기 위해 시카고 마피아가 움직이기 시작했습니다…. 컴퓨터 그룹은 "리틀 푸시"라고 불리는 현 제노비스 패밀리 조직원인 앤서니 루소에게 중재를 해달라고 부탁했고, 루소는 그의 노력으로 약 5만 달러를 받았습니다.

이 내용을 알기 쉽게 설명하자면, FBI가 모종의 '불법도박 혐의'와 관련이 있다고 믿고 있는 컴퓨터 그룹이 미국 전역의 베팅조직을 '조종'하고 '통제'했고, 라스베이거스의 어느 범죄조직이 이 그룹을 접수하고 있었다는 것이다.

모조리 사실과 다르다. 그러나 지금 생각하면 FBI가 목전까지 다가오기 전에 어떤 상황이 벌어지고 있는지 미리 알았더라면 더 효과적으로 대처할 수 있었을 것이라는 아쉬움이 남는다.

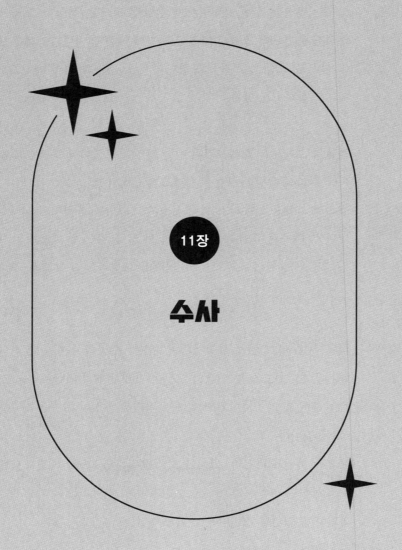

11장

수사

FBI는 토마스 노블이라는 요원이 이끄는 팀을 동원하여 컴퓨터 그룹을 조사했다. 그의 이름을 듣는 순간 나는 긴장했다. 노블 요원은 자신을 알리기 위해 우리를 희생양으로 삼으려는 사람이다. 그는 우리를 표적 삼아서 무모하고 과격하고 저돌적으로 수사를 하고 있었다.

우리가 알아보니, 그는 FBI 요원으로 일한 경력이 1년 반 정도밖에 되지 않았고, 그가 다룬 불법도박 사건은 한 건뿐이었다. 그것도 범죄조직을 배후로 한 대규모 불법도박이 성행하고 있다는 사실을 우연히 (어쩌면 실수로) 알게 되어 그 사건을 다루게 된 것이었다. 그는 FBI 아카데미의 교육과정을 수료하자마자, 라스베이거스 지부로 배치되어 토니 스필로트로의 오른팔로 알려진 도미닉 스피네일과 관련된 사건을 맡았다.

문제는 노블이 스피네일의 뒤를 추적하는 과정에서 그가 나의 베팅 사무실의 관리자인 글렌 워커와 가까운 사이라는 사실을 알게 된 것이다. 당시 글렌 워커는 스피네일과 함께 주변 사람들을 만나서 나 몰래 따로 돈을 챙기고 있었다. 그리고 FBI는 글렌의 뒤를 쫓다가 웨스트 스피링마운틴 로드에 있는 우리 회사인 C&B의 존재도 알게 된 것이다. 그리고 얼마 지나지 않아 C&B가 대규모의 스포츠 베팅을 진행하는 곳이라는 사실도 알게 되었다.

노블은 스피네일이 관련된 조직범죄 사건이 미국에서 가장 잘나가는 스포츠 베팅 그룹에 소속된 워커와 밀접한 관계가 있다는 밑그림을 그려 놓고 그것을 입증해 내기 위해 전력을 다하고 있었던 것이다.

사법 당국에서 일하는 대부분 사람이 그렇듯이 노블도 베터로 구성된 팀이나 그룹이 정상적인 방법으로는 베팅에서 성공할 수 없다고 믿고 있었다. 당연히 우리의 성공의 배후에 무엇이 있다고 의심했을 것이다. 그는 네바다 남부를 총괄하는 자신의 상사를 설득하여 우리 C&B 사무실을 도청했다.

FBI는 아침 점심 저녁 할 것 없이 우리 사무실의 모든 대화를 도청하며 우리의 베팅 상황을 감시했다. 동시에 베일, 피츠버그, 솔트레이크시티, 휴스턴, 뉴올리언스, 모빌, 엘파소, 시카고 등 20여 개 도시에 있는 의심스러운 장소 수십 곳에 대한 수색영장도 발부받았다.

민들린 박사가 없었다면 노블의 수사는 처음부터 없었을 것이다. 민들린 박사의 탐욕과 어리석음이 FBI를 자극했고, FBI는 몇 개의 흩어진 점들을 의심하고, 그 사이를 선으로 이어 보려고 시도했다. 우선 컴퓨터 그룹이 외부로부터 돈을 끌어들이기 위해 노력하는 과정에서, 민들린 박사는 세계 최초로 스포츠 베팅을 시작한 스타더스트호텔에서 스피네일의 이름으로 계좌를 만들었다. 스타더스트호텔의 스포츠 베팅 사업은 1976년, 게임운영면허도 없었던 시카고 폭력조직의 행동대장인 프랭크 레프티 로젠탈에 의해서 시작되었다. 그는 영화 「카지노」에서 로버트 드니로가 연기한 샘 에이스 로드스타인의 실제 인물이다.

민들린 박사가 노블에게 직접 전보를 보내 컴퓨터 그룹과 범죄조직과의 연관성에 대한 의혹을 해명해 주었으면 좋았을 것이다. 당시 노블은 하우스에서 직접 돈은 거는 베터와 베팅을 성립시키고 진행하는 북메이커의 차이도 잘 구별하지 못했을 정도로 이 분야에 대해 깊이 알지 못했다.

민들린 박사와 스피네일 사이에 업무상 모종의 관계가 있다는 것은 그가 컴퓨터 그룹에 의해서 생산되는 각종 데이터의 외부 유출 금지, 이익의 분배, 컴퓨터 그룹과 합의되지 않은 사람의 베팅 참여 유도금지 등 지켜야 할 약속을 어겼다는 사실을 입증하는 증거였다. 실제로 민들린 박사는 약속을 가볍게 여겼다. 그는 구찌 따위의 명품을 두르고 다니는 도시 실력자들의 환심을 사기 위해 우리끼리만 공유해야 할 데이터를 어윈 몰라스키, 머브 아델슨 뿐 아니라 스피네일에게까지 넘겨 우리가 FBI의 의심을 받게 했고, 또한 FBI가 주목하고 있던 시카고에 본거지를 두고 있는 마피아에게도 넘겼다.

거기에 더해서 그는 어리석게도 불법도박 운영 혐의로 연방교도소에서 13개월 동안 복역하고 막 출소한 오즈메이커_{odds maker : 북메이커가 설정한 베팅 라인을 기반으로 베팅 참가자들에게 제공하는 확률을 계산하는 사람} 밥 마틴과도 어울려 함께 베팅했다. 물론 컴퓨터 그룹에 치명타가 된 것은 민들린 박사가 스피네일과 스필로트로 그리고 시카고 마피아 조직과 깊은 관계를 유지하고 있었다는 것이었다.

FBI가 C&B를 급습할 무렵, 지미 에바트와 스탠리 톰친은 재빨리 몸을 숨겼다. 지미는 스페인으로 도망갔고, 체스와 백가먼, 그리고 브리지 부문에서 세계적인 선수로 알려진 스탠리는 서부 태평양 연안의 오지로 몸을 숨겼다. 결국 컴퓨터 그룹을 만든 천재 수학자 마이크 켄트에게 모든 의혹이 집중되었다. 그룹은 어떻게 운영되었는가? 그는 어떤 식으로 분석 작업을 진행하였는가? 분석 작업의 결과는 민들린 박사에게 어떻게 전달되었는가? 그룹은 얼마나 돈을 벌었는가? 무슨 돈으로 민들린 박사는 세 개 주에 집을 한 채씩 마련했는가? 나는 어떻게 해서 라스베이거스에서 살고 있는가?

나도 FBI의 수사에 대비해서 아주 가까운 친구이며, 전미형사변호사협회 회장도 지냈고, 과거에도 내 사건을 맡아서 환상적인 재판 결과를 끌어낸 바 있는 하다드 변호사에게 도움을 청했다. 하다드는 내게 오스카 굿맨을 추천했다.

라스베이거스에서 굿맨을 모르는 사람은 없었다. 그는 탁월하고 훌륭한 형사사건 변호사였고, 그도 역시 전미형사변호사협회 회장을 지냈었다.

그러나 그 대목에서 내가 실수한 것은 오스카의 고객들 가운데는 메이어 란스키, 니키 스카르포, 프랭크 레프티 로젠탈 그리고 스필로트로 같은 거물급 범죄자들이 포함되어 있다는 사실을 간과한 것이었다. 그가 그동안 범죄조직의 두목들을 도맡아 변호했기 때문에, 나도 그들과 긴밀한 관련성이 있다는 의심을 받게 된 것이다. 나는 그동안 지역 사회에서 가급적 몸을 낮추는 등 범죄조직 관계자들과 거리를 두려고 노력해 왔다. 하지만 내가 이 실수를 깨달았을 때는 이미 오스카에게 착수금으로 5만 달러를 지불한 뒤였다.

지금 생각하면, 참 한심한 짓을 한 것이었다.

나는 실질적인 조언이 필요했기 때문에, 당시 그곳에서 가장 탁월한 탐사보도 기자이자 칼럼니스트인 네드 데이에게도 도움을 구했다. 라스베이거스에 사는 사람치고, 「리뷰저널」에 실린 그의 칼럼을 안 읽어 본 사람은 없었을 것이다. 그가 매주 연재하는 칼럼을 보면, 그는 범죄자들, 특히 폭력 관련 범죄자들에 대해서 매우 엄격한 사람인 것이 분명했다. 1986년 7월에 누군가가 그의 차에 불을 지른 것도 아마도 그 때문이었을 것이다. 다행히 그때 그의 차 안에는 골프클럽만 들어 있었다. 지역 정치인들, 폭력조직 보스들, 화려한 여성 스타들의 내면을 들여다보고 분석하는 것을 평생의 사명으로 여기며 살았던 냉철한 칼럼니스트는 자신의 차에서 불길이 타올랐던 그 날을 '내 생의 가장 행복한 순간'이라고 묘사했을 정도로 타협을 모르는 사람이었다.

네드는 어린 시절을 밀워키에서 보냈고, 그의 아버지는 볼링 명예의 전당에 헌액된 볼링 선수였다고 한다. 그도 어린 시절 대부분을 볼링장이나 당구장에서 보냈다. 또 뉴욕 양키즈의 팬이기도 했던 그는 가끔 스포츠 베팅을 즐기기도 했다. 이 때문에 그는 라스베이거스 쪽에 많은 인맥을 형성하고 있었다. 당시 그는 한 여성과 사귀고 있었는데, 그때 그 여성의 룸메이트의 남자친구가 라스베이거스에 있던 법무부 산하의 조직범죄대응 기동타격대의 대장이었다.

나는 네드에게 FBI가 전체적으로 잘못 짚고 있으며, "우리는 불법 베팅을 운영하는 사람들이 아니고, 더구나 FBI는 단순한 베터와 북메이커의 차이조차 제대로 모르고 있습니다."라고 말했다.

네드는 이미 대배심원단에 넘어가 있던 이 사건을 독자적으로 취재했다. 그리고 검사들도 컴퓨터 그룹이 불법도박을 운영하지는 않았다는 것을 알고 있다며, 나에게 직접 노블 요원을 만나서 단순한 베팅과 북메이커가 어떻게 다른지 설명하고, 우리가 범죄를 저지르지는 않았다는 사실을 설득하는 것이 좋겠다고 제안했다. 그렇게 하면, 불필요한 의심과 의혹의 눈초리에서 완전히 자유로워지리라는 것이 그의 생각이었다.

나는 오스카 변호사를 만나서 네드에게 받은 조언에 관하여 이야기해 주었다. 오스카는 네드의 제안에 조금도 동의하지 않았다. 그는 형사기동타격대나 그들과 함께 움직이는 FBI 요원들에 대한 뿌리 깊은 적개심을 수십 년째 품고 있었다.

"FBI 요원들과 대화를 통해 얻을 수 있는 것은 하나도 없어요. 오히려 상황이 악화될 겁니다."라고 그는 말했다.

"그들에게 단순한 베팅 참여와 베팅을 조직적으로 운영하는 것이 어떻게 다른지 설명을 해주겠다는데, 그것이 어떻게 상황을 악화시킨다는 거지요?" 내가 반문했다.

오스카는 "그건 순진한 생각입니다. 그 망할 놈의 FBI와 말을 섞어서 좋을 것이 하나도 없습니다." 그가 다시 답했다.

지금 돌이켜 보면, 나는 오스카의 말을 끝까지 들었어야 했다. 노블이 몇 차례에 걸쳐서 나를 만나려 했지만, 처음에는 내가 피했었다. 그런데 내가 오스카와 바로 위에서 소개한 대화를 나눈 직후 세 번째이자 마지막으로 노블은 나를 찾았다. 내가 임플란트 시술로 잇몸 수술을 받고 막 집에 돌아왔을 때였다. 출입문 초인종이 울렸고, 수잔이 대답과 함께 문을 열어 주었다. 문밖에는 FBI 특수요원인 노블이 서 있었다.

"우리는 이미 코사 노스트라La Cosa Nostra : 시칠리아 마피아를 이르는 또 다른 별칭의 당신 친구들을 충분히 조사했습니다."라고 말했다. 내 주변 조직을 시칠리아 마피아에 빗대어 이야기하면, 거기에 자극을 받아 내가 무슨 말이라도 하기를 기대했던 것 같았다.

나는 그의 면전에서 문을 닫아버리고, 바로 오스카에게 전화를 걸었고, 그도 나와 똑같이 분노했다. 오스카는 노블이 다시 예고 없이 불쑥 나를 찾아오는 일이 없도록 주의해 달라는 내용의 공식 항의 서한을 FBI 기동타격대에 보냈다.

그러나 나는 속으로 내가 노블과 만난다 한들 무슨 손해를 보겠는가 하는 생각을 줄곧 하고 있었다.

1985년 1월 나는 노블에게 전화를 걸어 라스베이거스대로 끝에 있는 화이트 크로스 드러그에서 만나기로 약속을 잡았다. 그러면서 나는 그에게 우리가 만나는 것은 일단 주변에는 비밀로 해 달라고 요청했다. 또 그를 만나는 것은 베팅과 도박의 차이를 좀 더 자세히 설명하기 위해서이며 이를 문서로 확인하고 싶다고 말했다. 내가 그를 만난 것은 누군가 다른 사람을 연루시키려는 것도 아니었다. 그러므로 내가 그를 만나서 베팅과 관련한 그의 이해를 돕기 위해 몇 가지를 가르쳐주었고, 우리가 어떠한 불법도 저지르지 않았다는 사실을 설명했을 뿐이며, 나와 수잔이 그 만남의 대가를 요구하지도 않았다는 사실을 문서로 확인받기를 원했다.

노블은 일단 나에게 전화를 받은 사실을 자신의 상관이자 라스베이거스 조직범죄 기동타격대 담당 검사인 에릭 존슨에게 보고하고 상의를 한 후 다시 내게 전화를 걸어 말했다. "좋습니다. 만납시다."

며칠 후, 우리는 화이트 크로스 드러그에서 만났다. 노블은 미리 내가 전화로 요구한 내용을 그대로 담고, 존슨 검사가 서명한 두 페이지짜리 문서를 준비해 왔다. 나도 그것을 읽어 본 후 서명을 했다. 그때까지만 해도 우리 사이에 뭔가 중요한 합의가 이루어진 것 같은 느낌이

들었다.

우리는 1월 22일 마운트 찰스턴 럿지에서 다시 만났다. 라스베이거스에서 45분 거리에 있는 카일 캐년의 향나무와 폰테로사 소나무 숲속에 있는 잘 알려지지 않은 장소여서 다른 사람들의 눈을 피하기도 좋았다.

몇 년이 지나 다시 생각해 보니 그가 다른 요원과 동행하지 않고 혼자 나타난 것부터 의심했어야 했다. 대화를 녹음할 녹음기도 가져오지 않았고 한 시간 이상 대화를 나누면서도 단 한 건의 메모도 하지 않았다. 그가 이런 식으로 누군가와 대화를 나누는 것은 흔한 일은 아닐 것이다.

그는 그날의 만남과 대화를 위해서 그리 화려하지 않은 방을 한 개 빌렸다. 나는 그와 마주 앉아서 컴퓨터 그룹에 대해서 내가 아는 한 모든 것을 설명해 주었다. 우리에게 성공적인 베팅을 가능하게 하는 기본 전략과 베팅의 원리가 무엇인지도 알려주었고, 우리가 불법도박을 운영하지 않는다는 점도 분명히 말해주었다.

"우리는 조직범죄를 저지를 사람들이 아닙니다. 예를 들어 유타 출신의 데일 콘웨이 같은 사람을 보세요. 콘웨이는 포커선수입니다. 그는 폭력이나 범죄조직과 관련이 있는 사람들과 거의 친분이 없어요. 콘웨이는 내가 라스베이거스에서 열린 포커 토너먼트에 참가했다가 만난 여러 친구 가운데 한 사람일 뿐이에요." 나는 그를 이해시키려고 애를 썼다.

주말에 나는 네드 데이와 함께 권투 경기를 보러 갔다. 그때쯤 나는 네드가 FBI에 있는 사람들로부터 뭔가 새로 들은 이야기가 있을 것으로 생각했다. 실제로 있었다.

네드는 말했다. "빌리. 그 사건은 끝난 것 같아. 더 이상 그 사건으로 신경 쓰지 않아도 돼."

그러나 법무부는 우리가 넘어야 할 법적인 장애물이 아직 남아 있다는 사실을 상기시켜 주었다. 존슨 검사와 함께 기동타격대를 솔트레이크시티로 보내 우리의 친구이자, 베터인 데일 콘웨이를 급습하여, 현금 7만 5,179달러와 몇몇 다른 물건들을 증거물이라며 압수한 것이다.

재판에서 존슨 검사는 브루스 젠킨스 판사 앞에서 컴퓨터 그룹이 "전형적인 불법도박업자들과는 다르다."라고 주장했다.

그는 "여러분들은 들어봐야 할 녹취 테이프가 1,000시간 분량 이상이나 있고, 216,000페이지가 넘는 컴퓨터 출력 기록을 검토해 보아야 한다고 말하고 있습니다. 우리는 태평양에서 대서양까지, 수많은 주에서 활동하는 불법 북메이커들이 이들과 관련이 있다고 생각합니다. 이들은 마치 기업처럼 운영되고 있습니다. 양해해주신다면, 이 복잡한 내용을 정리한 도표를 보여드리고 싶습니다."

젠킨스 판사는 연방정부가 조직범죄 집단과 연계된 대규모 불법도박업자들로 구성된 전국적인 조직을 일망타진했다는 사실을 이해하기 위한 도표를 볼 필요성을 느끼지 않았다. 도표의 내용은 뻔한 것이다. 빌리 월터스도 북메이커이고, 글렌 워커도 북메이커였다. 데일 콘웨이 등 여러 사람도 모두 북메이커였다.

대신 경험이 풍부한 판사는 기동타격대 소속 검사인 존슨을 상대로 날카로운 질문을 몇 개 던졌다. 검사의 답변을 청취한 젠킨스 판사는 콘웨이의 집에서 찾아내 증거품으로 압수하여 정부가 보관하고 있던 현금 전액과 증거품 모두를 콘웨이에게 돌려주라고 명령했다.

결국 기동타격대가 타격을 당한 것이다.

전국의 곳곳을 급습하고도 혐의를 입증하는 데 실패한 특수요원 토머스 노블은 8개월 후, FBI 시카고 지부로 자리를 옮겼다.

그가 퇴장한 무대에 토니 더 안트 스필로트로가 새로운 주인공으로 등장했다. 내가 폭력조직 두목들을 전문적으로 변호해 온 오스카 굿맨에게 변호를 의뢰했다는 소문이 순식간에 퍼졌고, 아울러 나에 대한 소문도 덩달아 퍼졌다. 결국 토니 스필로트로의 레이더도 나를 주목하기 시작했다. 그가 나를 만나고 싶어 한다는 전갈이 내게 전해졌다. 이 바닥에서의 그의 위치를 생각할 때, 그의 요청을 거절할 권리는 나에게 없었다.

우리는 오스카의 변호사 사무실에서 만났다. 간단한 서로에 대한 소개가 끝난 후 우리는 사무실을 나서서 가까운 뒷마당으로 걸어 나갔다. 그의 외모는 개미라는 별칭에 꼭 어울리는 모습이었다. 키는 작았지만, 눈매는 매우 뚜렷했다. 얼음송곳 같지만, 어딘가 텅 비어 보이는 시체 같은 눈빛이었다.

우리가 20여 분 이야기하는 동안 그는 결코 나에게 협박 같은 것은 하지 않았다. 사실 그곳 사람들치고 그를 모르는 사람은 없었기 때문에 굳이 협박할 필요도 없었다. 그는 FBI의 수사를 받기 전, 민들린 박사가 이 컴퓨터 그룹에서 나오는 각종 통계를 자신과 공유해 왔었다고 말했다. 그러나 이제 민들린 박사는 더 이상 컴퓨터 그룹의 일원도 아니고, 그 통계들을 받아볼 수 없는 처지가 되었으므로, 민들린 박사의 역할을 내가 대신해 주기를 원한다는 것이었다.

"조금만 생각을 더 하고 연락을 드리겠습니다." 나는 일단 즉답은 피했다.

그러나 나는 그 후에 그에게 연락하지 않았다. 대신 스필로트로의 촉수를 피하려고 최선을 다했다. 그러나 골든너겟에서 열리는 포커 토너먼트에 참가했던 어느 날의 일이다. 장시간 포커를 하면서 화장실도 안 가고 버틸 수는 없는 일이었다.

그날도 패스트 에디라는 토니의 부하가 나를 감시하며 틈을 노리고 있었다.

"우리 키 작은 양반이 당신을 만나고 싶어 하십니다." 패스트 에디가 말했다.

마치 무슨 말인지 도무지 모르겠다는 듯이 반문했다. "무슨 말을 하는 겁니까? 키 작은 양반이라니?"

"무슨 말인지 잘 알고 계실 것으로 생각합니다."

"에디! 지금 게임을 계속해야 합니다. 끝나고 봅시다." 나는 일단 이렇게 말하고 게임 테이블로 돌아갔다.

포커게임을 계속하면서도 한쪽 눈으로는 카드를 주시하면서도 다른 한쪽 눈으로는 내 주변을 어슬렁거리고 있는 패스트 에디를 신경 써야 했다.

그가 잠시 화장실을 가기 위해서 자리를 비우면서 틈이 났다. 나는 가지고 있던 칩을 모두 테이블에 놔둔 채로 튀었다.

그날 밤, 나는 집에서 전화를 받았다. 토니의 네 명의 남자 형제 가운데 한 명인 존 스필로트로였다. 당시 우리 집 전화번호는 전화번호부에 등록되어 있지 않았다. 어떻게 전화번호를 알아냈을지 나름대로 생각해 보았다. 여러 명의 경찰관이 주기적으로 토니에게 검은돈을 받고 있다면, 그들을 통해서 전화번호부에 수록되지 않은 번호라 하더라도 알아낼 수 있겠다는 생각이 들었다.

그는 나에게 일방적으로 다음 날 아침에 푸드팩토리라는 식당으로 나오라고 통보했다.

"우리, 지금 당장 여기를 떠야 해." 나는 수잔에게 말했다.

그리고 믿을 수 없을 정도로 짧은 시간 안에 짐을 쌌다. 우리는 그 즉시 비행기를 타고 루이빌로 날아가서, 친구 명의로 집을 한 채 빌렸다.

8개월 후, 토니 스필로트로와 그의 동생 마이클이 인디애나주의 어느 옥수수밭 근처에 있는 공동묘지에서 심하게 구타당해 숨진 채 발견되었다는 소식을 듣게 되었다. 미안한 이야기지만 그의 죽음에 대해서 애도하는 마음이 별로 들지 않았다.

스필로트로가 세상을 떠났다는 것은 우리가 라스베이거스로 돌아가도 된다는 말이나 마찬가지였다. 우리는 돌아와서 자축파티를 열었다. 제일 먼저 옆집에 살던 칩 리스가 찾아와서 축하해 주었다. 그도 여러 해 동안 언제 들이닥칠지 모르는 스필로트로 일당으로부터 스스로를 보호하기 위해 집의 창문마다 쇠창살을 설치하고 견뎌 왔다.

스필로트로의 죽음으로 그의 조직도 사실상 해체되었고, 이제 라스베이거스에서의 나의 미래는 밝다고 생각했다. 머지않아 또 다른 검은 폭풍이 밀려오리라는 것을 그때는 모르고 있었다.

12장

스티브 윈,
그리고 룰렛

내가 스티브 윈을 처음 만난 것은 우리가 1982년에 라스베이거스로 이사한 직후였다. 내가 골든너겟호텔에서 포커를 하고 있을 때, 호텔의 소유주인 그가 내게 접근해 왔다.

"여기서 게임을 좀 더 하지 그래요?" 그가 말했다.

나는 나름 그럴듯한 핑계를 댔다.

"내가 여기서 이기면 바비가 열 받을 겁니다." 내가 말했다.

그곳의 매니저가 내 친한 친구인 바비 볼드윈이었던 것이다.

사실 나는 골든너겟에서 포커게임이라면 모르지만, 다른 게임을 하는 것은 별로였다. 블랙잭을 예로 들면, 호스슈호텔은 베팅 상한액이 2만 5,000달러였지만, 골든너겟은 겨우 1만 달러였다. 게다가 호스슈에서는 싱글데크 게임부터 가능했지만, 너겟에서는 식스데크 게임부터 가능했다. 게다가 커미션도 호스슈가 너겟보다 1% 낮았다. 그래서 나는 윈의 요청을 정중하게 거절했다.

내가 거절한 것은 나름대로 이유가 있었고, 생각 없이 한 경솔한 행동은 아니었다. 그 후에 나는 윈과 일주일에 며칠씩 포커를 했고, 그는 거의 매번 나에게 돈을 잃었다. 나도 바비가 그곳에서 일하는 한, 윈과 친하게 지내는 것이 여러모로 좋다고 생각하고 있었다. 그때까지는 윈이 미스터 라스베이거스가 되어 가는 과정을 착실히 밟아가고 있는 것은 분명했다.

세상 사람들이 처음으로 그를 주목한 것은 1967년에 불과 25세의 나이로 프론티어호텔 카지노의 지분 5%를 사들이면서부터이다. 4년 후, 그는 자기의 사회적 지위와 모르몬교 계열 은행과 밀착해서 경영권을 행사할 수 있을 만큼 골든너겟의 지분을 사들였다. 그리고 2년 후인 31살에 명실상부한 대주주가 되었다. 그 후 그는 마치 기업사냥꾼처럼 미라지, 트레저 아일랜드, 벨라지오, 윈 라스베이거스, 윈 마카오 등 여러 개의 카지노의 지분을 골고루 사들였다.

카지노 업계의 거물급 인사들은 윈의 이러한 사업 확장을 매우 비판적으로 바라보면서도, 한편으로는 주법과 연방법 등 수많은 제약에도 불구하고 이렇게 사업을 안정적으로 키워가는 그의 능력에 마지못해 존경심을 표하고 있었다. 수년 동안 윈은 성폭행과 외설적 노출부터 돈세탁, 호텔 내 마약 밀매 묵인까지 모든 혐의를 받아왔습니다. 결국 2018년, 수십 년에 걸친 성추행 혐의로 카지노 회사에서 강제로 사임하게 되면서 운이 다해버렸습니다.

그러나 그가 한창 전성기를 구가하고 있을 때 그의 평판은 극명하게 엇갈려, 그를 아는 사람들은 그를 아주 좋은 친구로 칭송하지만, 그를 잘 모르는 사람들은 그를 아주 나쁜 인간으로 인식하고 있었다. 그는 다혈질에 한 치의 양보도 모르는 냉정한 사업 스타일로 정평이 나 있었다.

결과부터 말하자면 룰렛 게임으로 인해 그와 관계는 벌어지게 된다. 당시 라스베이거스에는 게임에서 반드시 이길 수 있는 필승 전략을 가지고 있다고 스스로 주장하는 수상한 사람들이 넘쳐나고 있었다. 룰렛, 블랙잭, 크랩스, 슬롯, 스포츠 베팅 등 종목별로 수십 명의 수상한 사람들이 게임에서 확률의 한계를 뛰어넘을 수 있는 혁명적인 시스템을 가지고 있다며 호객을 하고 있었다. 일부는 불법이기도 했고, 일부는 합법이기도 했다.

"제게 돈을 맡겨 주시기만 하면 됩니다. 이기면 이익을 나누기로 하지요. 만일 진다면⋯."

어느 날 사기꾼 두 명이 나에게 접근해 왔다. 룰렛을 돌리면 룰렛 휠의 특성을 파악하여 공이 어디에서 멈출지 정확하게 예측할 수 있다는 것이다.

"당신은 돈만 대주시면 우리가 다 알아서 해드립니다." 그들이 나에게 말했다.

나는 "딴 데 가서 알아보쇼."라고 말하며 무시하고 넘어갔다.

도일과 칩 리즈에게 그 이야기를 했더니 그들도 황당하다는 듯 웃었다. 도박을 잘 안다는 사람들은 누구나 미국식 룰렛 휠에는 18개의 빨간색 칸과 18개의 검은색 칸 말고도 0이라는 숫자가 적혀 있는 녹색 칸이 두 개가 더 있어서 승률이 47.27%라는 것을 알고 있다.

미국 카지노 룰렛이 이렇게 바뀌었기 때문에 1달러 베팅에 대한 당첨 확률은 2.56%, 즉 38대 1이지만, 실제 배당금은 35대 1의 배당이 이루어진다는 것을 의미한다. 이렇게 되면 산술적으로 계산해 볼 때 운영자는 5.26%의 수익을 얻게 된다. 유럽 카지노 룰렛의 경우, 휠에 녹색 0번 칸이 하나만 있어 당첨 확률은 2.7%가 된다.

그 사기꾼들의 제안은 냉정하게 거절했지만, 나는 룰렛의 당첨 확률을 플레이어에게 조금 더 유리하게 바꿀 방법이 있을지 모른다는 생각이 들었다. 일단 호기심이 생기면 끝까지 가 봐야 직성이 풀리는 스타일이라 나는 4,000달러를 주고 미국산 목재 룰렛 기계를 하나 샀다.

나는 우리 집 거실에서 그것을 하나하나 정밀하게 분해해 보았다. 겉보기에는 멋져 보이는 기계를 하나하나 분해하고 나니 이것도 세탁기나, 믹서, 잔디깎는기계 등과 마찬가지로 마모와 손상에 민감한 부품들의 조합일 뿐이라는 것을 깨달았다.

예를 들어서, 칸과 칸 사이의 낮은 벽을 의미하는 프렛fret에 부딪힌 공은 모든 방향에 대하여 완벽히 공정하게 튀어야 한다. 그러나 기계를 사용한 지 25년쯤 되었고, 그동안 기계를 정밀하게 점검하고 관리하지 않았다면, 프렛에 부딪혀 튄 공의 방향이나 거리가 이론적으로 기대치와는 다를 것이다. 휠의 손잡이와 원활한 회전을 책임지는 베어링이 조금 마모되었거나 느슨해진다면, 그것도 편차를 발생시키는 원인이 되고, 공이 특정 방향으로 좀 더 많이 튈 수 있다.

나는 좀 더 오랫동안 연구하고 고민한 후, 골든너겟에 있는 룰렛 기계 두 개를 따로 주목하고 그것들을 돌릴 때마다 어떤 결과가 나오는지 기록하기 시작했다. 특별히 그 두 개를 선택한 것은 어떤 과학적인 이유는 없었다. 내가 골든너겟의 포커테이블로 가는 길에 자연스럽게 지나게 되는 기계 두 개를 고른 것일 뿐이었다. 나는 신뢰할 만한 통계를 확보하려면 최소한 3천 회 정도의 결과를 기록해야 한다고 생각했고, 그곳에 갈 때마다 12달러 정도를 투자해서 한 시간 정도 게임을 했는데 이는 그곳에서 룰렛에 베팅할 수 있는 최소 단위에 해당하는 금액이었다. 나중에는 다른 룰렛 기계에 대해서도 똑같은 실험을 했다.

우리는 이렇게 모은 데이터를 특별히 따로 만든 소프트웨어 프로그램에 입력했다. 그 결과 우리는 골든너겟뿐 아니라 인근의 다른 카지노의 여러 룰렛 기계에 대해서 각각 어떤 편향성을 가졌는지 파악할 수 있게 되었지만, 그 편향성은 플레이어의 수익을 보장하기는 어려울 정도로 미미하다는 것도 함께 파악하게 되었다.

그럼에도 불구하고 나는 연구를 계속했다. 라스베이거스의 카지노들은 확률상 자신들이 룰렛 게임에서 손해 볼 가능성은 없다는 것을 알면서도 큰손들에게는 두 개의 '0' 가운데 하나에 베팅하는 것을 금지하는 것이 일반적이었다. 나는 플레이어에게 10% 정도의 수익이 나올 정도로 편향성이 강한 룰렛 기계가 눈에 띈다면 게임에 참여해 볼만 하다고 생각하고 있었다.

어느 날, 우리가 골든너겟의 룰렛 기계에 대한 데이터를 충분히 확보했다는 확신이 생겼다. 그리고 드디어 내가 직접 게임에 참여했고, 결과는 대단했다. 나는 45만 달러를 가지고 게임을 시작하면서 내가 가지고 있는 컴퓨터 프로그램에서 가장 확률이 높다는 결론이 난 7, 10, 20, 27, 36번에 집중적으로 베팅을 했다.

6시간 만에 내가 가진 돈은 5만 달러로 쪼그라들었고, 나는 스스로 한심하다고 느끼고 있었다. 그런데 마지막 가진 돈마저 거덜 나려고 하는 순간, 이번에는 베팅한 대로 숫자가 맞아 가기 시작했다. 그리고 게임을 시작한 지 12시간이 될 무렵 5만 달러를 벌고 있었다. 그동안의 땀과 스트레스를 이겨낸 보람이 느껴졌다.

일단 승리를 즐기기 위해 칩을 돈으로 바꿔서 그곳을 빠져나갔다. 그러나 내가 다시 룰렛판으로 돌아오리라는 사실을 나는 누구보다도 잘 알고 있었다.

한 가지 분명히 해 둘 것이 있다. 나는 룰렛을 돌리기 전에 미리 베팅을 했다. 1970년대 당시만 해도 라스베이거스에서 룰렛을 하는 사람들 가운데는 일단 휠이 돌아가기 시작하고 나서 어느 정도 휠이 돌아가는 것을 관찰하면서 공이 어디로 떨어질지 짐작하거나 자신만의 컴퓨터를 이용해 판단하는 사람들이 많았다. 플레이어들은 자신의 신발이나 부츠에 전자 장치를 부착하고, 그것과 연결된 이어폰을 귀에 꽂고 거기서 나는 소리를 들으며 어떻게 베팅할지를 결정하곤 했다. 그러나 일단 그들이 꽤 큰 돈을 따게 되면 카지노 측은 그들에게 정중하게, 그러나 단호하게 기계가 돌기 전에 베팅을 끝내라고 요구했다. 그렇게 되면 그들의 무기는 무용지물이 된다. 그들의 전략은 휠이 돌아가기 시작한 후에 베팅해도 아무도 시비를 걸지 않는 게임장에서만 효과를 발휘할 수 있었다.

1986년 2월, 나는 레이크 타호의 시저스에서 내가 공략할 만한 룰렛 기계를 발견했다. 그때 마침 나는 아마릴로 슬림 슈퍼볼 오브 포커

Amarillo Slim's Super Bowl of Poker : 월드시리즈 오브 포커의 성공에 착안하여 포커의 전설인 아마릴로 슬림이 주도하여 창설한 대회에서 홀덤 게임을 하느라 정신없었다. 나는 거기서 최종전에 올라가 도일 브룬손, 칩 리즈, 그리고 로드아일랜드주 브리스톨의 자존심인 알 제이 에디어 등을 상대로 승리해 175만 달러 조금 넘는 돈을 손에 넣었다. 대회를 마치고 몇 주 후, 나는 베팅해야 할 숫자 몇 개를 마음속에 담고 레이크 타호 시저스로 향했다. 나는 그곳의 룰렛에서 200만 달러를 땄다. 놀랍지 아니한가? 나는 딴 돈을 라스베이거스의 시저스 계열 호텔의 내 계좌로 송금하라고 호텔에 요청하고, 수잔과 다른 친구 부부와 식사를 한 후 다시 룰렛을 했다. 이번에는 기계에 대한 특별한 편향성을 모른 채 한 게임이었지만, 또 60만 달

러를 땄다!

　이런 대성공 뒤에는 몇 가지 좋지 않은 일이 따라왔다. 첫째로 나는 이후의 게임에서 타호에서의 대성공을 조금 누그러뜨릴 만큼 의도적으로 져주어야 했다. 사람들이 내가 카지노의 모든 기계의 특성과 편향성을 손바닥 들여다보듯 파악하고 있다는 사실을 눈치채게 하고 싶지 않았기 때문이다. 두 번째로 컴퓨터 그룹에 대한 당국의 조사가 치열하게 진행되고 있었고, 국세청 요원들이 라스베이거스 전역을 돌며 나의 재정 상황에 대한 단서와 혐의점을 찾으려고 혈안이 되어 있었다는 것이다. 나로서는 숨길 것도 거리낄 것도 없었다. 문제는 그들의 조사방식이었다. 그들은 일단 누군가가 의심스러우면, 일단 그들의 돈을 압수해 놓고 그다음에 조사도 하고 시시비비를 따진다는 것이었다.

　예전에도 우리의 베팅 자료를 압수했던 국세청 요원들이 이번에도 나의 주변을 철저하게 뒤졌다. 그들은 다소 억지로 끼워 맞춘 느낌이 다분하기는 하지만, 어쨌든 내가 미납된 세금과 그 세금의 이자, 그리고 벌금까지 합쳐서 700만 달러를 내야 한다고 결론을 내렸다. 말도 안 되는 소리였다. 그러나 그들은 그 돈을 압수했고, 억울하면 법정 다툼을 통해 찾아가라고 말했다.

　어느 날 아침, 켄터키에서 온 국세청 직원이 라스베이거스 컨트리클럽에 있는 우리 집 문을 두드렸다. 밖에는 거대한 트럭이 한 대 주차되어 있었다. 이것은 단순한 협박이 아니었다. 나는 첫눈에 그를 알아보자마자, 문을 열어 주기 전에 급히 100달러짜리 지폐 다발 3만 5,000달러를 당구대 옆 물통에 숨겼다.

　한참 만에 문을 열어 주었을 때 이미 그는 잔뜩 열 받아 있었다.

"지금 당장 3만 달러를 내지 않으면 집 안에 있는 모든 가재도구를 모조리 실어 갈 거요."

그들이 우리 집 안의 가구들을 모두 실어 가도록 하고 싶지도 않았지만, 주변 어딘가에 현금을 숨겨두었다고 말해주고 싶지도 않았다. 그래서 나는 내게 돈을 빌려줄 사람이 하나 있다고 말했다.

"그게 누구요."

"호스슈호텔의 잭 비니언이라는 사람입니다."

"갑시다."

수금하러 왔던 국세청 직원과 함께 가서 잭과 예정에 없던 만남을 갖게 되었다.

나는 잭에게 그를 소개하고 말했다. "이 사람이 당장 내가 3만 달러를 내지 않으면, 우리 집의 가구를 모조리 내가겠답니다. 혹시 돈 좀 빌려주실 수 있습니까?"

그는 재미있다는 듯 바라보는 표정이 '빌리, 네 주변에는 지루할 날이 없군?'이라고 말하는 것 같았다.

"좋아, 빌리. 그 정도는 빌려줄 수 있을 것 같네."

나는 잭에게 차용증을 써준 후, 국세청 직원에게 3만 달러를 건네주었다. 우리는 다시 집으로 돌아왔지만, 나는 그에게 맥주 한잔 대접할 생각도 없었기 때문에, 그는 빈 트럭을 몰고 돌아갔다.

문제는 해결되었다. 나는 당구대로 가서 병에 숨겨두었던 3만 5,000달러를 꺼냈다. 다만, 수잔이 물에 젖은 지폐를 일일이 드라이어로 말려야 했다. 내 평생 돈세탁은 이때가 처음이자 마지막이었다.

이 일이 있고 난 뒤, 나는 룰렛 게임을 하기 위해 당시 만해도 친구였던 스티브 윈이 소유한 애틀랜틱시티의 골든너겟호텔로 향했다. 당시 그는 나와 라스베이거스 컨트리클럽 등지에서 자주 골프를 함께 하던 사이였다. 그날도 한 차례 라운드를 마치고 룰렛 게임에 대해 이야기하며 게임 규칙에 관한 대화를 나누었다. 그가 내건 규칙은 이러했다. 나는 그의 애틀랜틱시티 카지노에서 한번 휠을 돌릴 때마다 1,000달러씩 베팅할 수 있다. 대신 카지노 측은 룰렛 휠에서 0을 하나 제거한다. 나는 상호 간의 신뢰를 확인하는 의미로 게임 전에 최소 100만 달러 이상을 미리 예치한다.

이 정도의 조건이라면 못 받아들일 것이 없다고 생각했기 때문에 나는 선뜻 동의했다. 이미 나는 나를 돕는 친구들을 통해서 그곳의 그 카지노에 있는 룰렛 휠의 편향성을 충분히 파악하였고 그 결과 어떤 룰렛이 승산이 확실한지도 알아 놓은 상태였다.

확신에 찬 나는 리어젯 항공기를 전세 내어 수잔과 함께 애틀랜틱시티로 향했다. 활주로에는 골든너겟에서 보낸 리무진이 기다리고 있었다. 호텔에 도착하니 호텔의 임원과 카지노의 책임자 등 두 사람이 정중하게 나를 맞았다. 나는 약속대로 100만 달러를 그 호텔의 금고에 보관하고, 미리 점 찍어둔 룰렛 기계를 찾아보았다.

그리고는 딜러에게 두 개의 '0'번 가운데 어떤 것을 무시할 것인지 물었다.

그러나 딜러는 "그렇게 할 수는 없습니다."라고 대답했다.

내가 약속과 다르다며 문제를 제기하자, 딜러는 자신의 상사에게, 그 상사는 카지노 책임자에게, 카지노 책임자는 카지노 회장인 다니엘 분 웨이슨에게 보고했다.

"빌리. 미안합니다. '0'을 하나 빼는 것은 애틀랜틱시티의 법률을 위반하는 것입니다." 다니엘이 말했다.

"말도 안 됩니다. 나는 라스베이거스에서 스티브 윈과 그렇게 게임을 하기로 합의를 보았습니다. 게다가 스티브 윈은 이곳의 소유주 아닙니까? '0'이 두 칸인 룰렛 기계로 게임을 하는 줄 알았다면 애초에 100만 달러씩 들고 여기까지 날아오지도 않았을 것입니다."

다니엘은 아마도 스티브가 이곳의 법률을 잘 모르고 실수를 한 것 같다고 다시 한번 양해를 구하고, 게임을 감독하는 기구에 전화를 걸어 예외 적용이 가능한지를 문의했다.

통화를 해본 결과 예외를 허용할 만한 법적 근거가 없다는 답변이 돌아왔다.

만일 내가 '0'이 두 개 있는 기계에서 베팅해서 이긴다면, 내가 나름 유명한 프로 겜블러라는 점 때문에 더 많은 의심을 받았을 것이다. 그래서 나는 바로 술집에 가서 코로나 맥주를 잔뜩 마시고 술에 취해 블랙잭 테이블에서 100만 달러를 잃었다.

수잔과 나는 다음날 비행기로 라스베이거스로 돌아와 버렸다. 나는 너무 화가 나서 무슨 말도 할 수 없었다. 집으로 들어서자마자 전화벨이 울렸다. 누구의 전화인지 알만했다. 스티브 윈의 전화이기는 했지만, 전날의 룰렛 관련 사건에 대한 사과 전화는 아니었다. 그는 나를 골프 라운드에 초대했다. 나는 그의 초대를 받아들였고, 2~3일쯤 후에 함께 골프를 했다. 그 자리에서 우리는 애틀랜틱시티에서 일어난 일을 이야기했고, 나는 이미 우리가 합의했기 때문에 '0'이 두 칸인 기계에서는 게임을 할 수 없었고, 앞으로 다시 거기서 룰렛을 하는 일도 없을 것이라고 말했다.

　몇 주 후, 우리는 골든너겟호텔에서 함께 포커를 하고 있었다. 그 자리에서 스티브는 우리 부부와 자신, 그리고 그의 아내 일레인과 함께 롱아일랜드에서 열리는 US 오픈 골프대회를 함께 보러 가자고 제안했다.

　"헬기를 한 대 빌릴 겁니다."라고 말했다.

　나는 그가 나를 초대하는 이유를 알 수 있었다.

　"스티브, 나는 '0'이 두 칸인 룰렛 기계로는 게임을 안 할 겁니다."

　그는 "이제 그건 걱정 안 해도 됩니다. 방법이 있어요. 일단 매번 룰렛을 돌릴 때마다 같은 금액의 돈을 베팅하기로 하지요. 한 시간 단위로 베팅 금액과 횟수를 파악하고, 얼마를 주고받아야 할지 정산을 하면 편할 것입니다. '0'이 두 번 나오면, 한번은 무효로 하고, 그때 카지노가 가져간 돈에 대해서는 나중에 라스베이거스에 있는 골든너겟에서 돌려드리면 되지요."

　수학적으로 생각해 보면 그럴듯한 제안이었다.

　"그렇다면 좋습니다." 나도 동의했다.

　새로 규칙을 정했다. 미리 200만 달러를 예치해 놓고, 한 번 돌릴 때마다 2,000달러를 숫자 다섯 개에 베팅하기로 했다.

　애틀랜틱시티의 골든너겟호텔에 가서 미리 마음속으로 점찍어둔 기계 앞에 앉아서 시작된 게임에서 나는 영업이 끝나는 새벽 네시까지 7, 10, 20, 27, 36 등 다섯 개의 숫자에만 줄기차게 베팅했다. 게임이 다 끝나고 확인해 보니 나는 320만 달러를 땄다.

　몇 시간쯤 자고 다시 카지노로 돌아가서 내가 한 일이 무엇이겠는가? 바로 몇 시간 전에 내가 앉았던 바로 그 기계 앞에 다시 앉아서 또 다시 게임을 시작했고, 전날 밤과 똑같은 번호에 계속해서 베팅했다. 엄청난 승리를 거둔 것은 말할 나위가 없었다. 그러나 이로 인해 나로 서는 원치 않았던 관심을 받게 되었다.

게임을 하는 내내 그 구역의 책임자와 층별 담당자는 긴장하고 나를 주시하고 있었다. 4~5시간쯤 지나서 내가 한 참 따고 있을 무렵, 처음 보는 사람이 내 옆에 앉더니 이야기를 시작했다.

과연 이 사람은 누구일까? 그는 뉴저지주 게임집행부 소속의 직원이었고, 새로 떠오른 낯선 괴물 빌리 월터스를 감시하는 임무를 맡은 사람이었다. 그는 혹시 내가 무슨 불법이나 부적절한 행위를 저지르는 것이 아닌지 살피고 있었다. 과연 무엇이라도 찾아낼 수 있을지는 모르지만!

그가 내 머리에 45구경 권총을 들이밀어도 나는 그에게 그 기계에 어떤 문제가 있는지 아는 것이 없으니 말해 줄 것이 없었다. 베어링 탓인지, 프렛 탓인지, 아니면 무엇 때문인지 나로서는 도무지 이유를 알 수 없다. 분명한 것은 그 기계가 어떤 편향성을 가지고 있다는 것이고, 나는 내가 원하는 숫자에 베팅했을 뿐이다. 불법은 하나도 없다.

나는 그날 저녁 6시까지 60만 달러를 더 땄다. 게임집행부에서 온 직원은 동료를 몇 사람 더 데리고 왔다. 그들 가운데는 정장을 입은 인상이 고약하고 몸집이 비대한 사람도 있었다.

이쯤 되면 조용히 그곳을 떠나야 한다. 나는 창구로 가서 내가 맡겨 두었던 200만 달러를 포함해서 580만 달러를 찾았다. 물론 스티브 윈은 자신의 골프 친구에게 40시간도 안 돼서 380만 달러를 털리고 나니 기분이 좋을 리는 없었다. 나중에 윈이 내가 게임을 했던 룰렛 기계를 제조사에 보내서 혹시 문제가 있는 부분이 있는지 살펴보았다는 말이 들려왔다. 물론 아무것도 찾아내지 못했다. 스티브는 그래도 의심이 안 풀렸던지 룰렛 기계를 인간이 달에 착륙하는 데에도 기여를 했다는 NASA 과학자들에게도 보냈다고 한다. 그들도 기계를 정밀하게 분해하여 이리저리 살펴보았지만, 아무것도 찾아내지 못했다.

이 사건은 지금까지 이어지는 스티브와의 불편한 관계의 시작이었다. 그리고 내게는 새로운 각성의 계기가 되었다. 카지노에서 돈을 잃는 사람의 98%는 술에 잔뜩 취한 상태에서 카지노 측에 유리한 확률과 맞서서 승산 없는 싸움을 벌이다 패한 사람들이다. 하지만 내가 수천 달러와 수백 시간을 투자해서 분석한 데이터를 가지고 승률을 높이니, 당연히 자신들이 우위에 있다고 생각했던 카지노 측이 크게 분노하게 되었다는 것이다.

따지고 보면, 내가 처음 애틀랜틱시티에 갔을 때 블랙잭을 하다가 100만 달러를 잃었을 때 스티브는 전혀 개의치 않았다. 골든너겟에서 바카라와 블랙잭을 하면서 50만 달러를 잃었을 때도 마찬가지이다.

그러나 룰렛에서 내가 그의 돈을 따자, 그는 마치 내가 그의 저택에 들어가 피카소의 작품 같은 고가의 골동품 그림을 팔꿈치로 문질러 큰 흠집이라도 낸 듯이 반응했다.

골든너겟호텔에서 380만 달러를 따고도 한동안 애틀랜틱시티와 라스베이거스의 몇몇 카지노에서 비슷한 방식으로 룰렛을 즐겼지만, 바로 나에 관한 소문이 퍼졌고, 카지노의 담당자들은 나의 룰렛 테이블 출입을 거절했다. 그렇다고 해도 방법이 없는 것은 아니었다. 나는 나를 대신해서 룰렛 테이블에 앉아줄 파트너를 모집했다.

그들 가운데는 모리스 무어맨이라는 루이빌 시절부터 알고 지내던 친구도 있었다. 원래 그는 NFL 신인 드래프트 때 캔사스시티 칩스로부터 1라운드에서 지명을 받았고, 1969년 슈퍼볼 대회에서 선발 라인맨으로 출장한 적도 있는 풋볼 선수 출신이었다. 은퇴 후에는 루이빌을 무대로 맥주 도매상으로 성공한 사업가이기도 했다.

나는 그에게 나를 대신해서 애틀랜틱시티에서 룰렛 게임을 해줄 수 있겠느냐고 부탁했다. 그는 자신에게 대가로 무엇을 주겠느냐고 물었다. 나는 돈을 땄을 경우, 이익금의 25%를 주겠다고 말했다. 이야기는 끝났다. 나는 그에게 자세한 행동 요령을 알려주었다. 루이빌의 어느 은행으로 가서 메리라는 은행원 아가씨를 찾아서 40만 달러짜리 자기앞 수표를 받아라. 필라델피아행 비행기를 타면 애틀랜틱시티에서 너를 마중 나온 리무진이 있을 것이다. 그 돈을 카지노에 예치하고 크랩스 게임을 해라.

"좀 빠른 속도로 게임을 해야 해. 그들에게 네가 뜨내기 도박꾼이 아니라 나름 수준 높은 겜블러라는 인상을 주어야 해."

운도 따랐는지, 그는 2만 달러를 땄다. 나는 그날 밤 그의 전화 보고를 받고 2단계 작전을 지시했다.

"아침에 하라호텔로 가서 엉클 잭이라는 사람을 만나라. 그 사람은 호텔 로비의 공중전화가 여러 대 늘어서 있는 곳에서 너를 기다리고 있을 거야. 그 사람이 너를 스탠이라는 사람에게 데려다줄 것이고, 스탠이 칩을 어떻게 베팅해야 할지, 그리고 어떤 방식으로 룰렛을 해야 할지 알려줄 거야."

모리스는 하라호텔에서 룰렛 게임에 정해진 방식대로 임했다. 나중에 그의 이야기를 들으니 처음 2~3시간 동안 그는 6만 달러를 잃고 있었는데, 갑자기 세 번이나 연달아 맞으면서 큰돈을 따기 시작했다고 한다. 물론 딜러의 표정은 매우 굳어 있었다고 한다.

딜러는 결국 모리스에게 "이 기계는 여기서 중단하겠습니다."라고 정중하게 말했다고 한다.

모리스가 천연덕스럽게 반문했다. "여기서 그만한다고요? 내가 계속 잃다가 모처럼 땄는데요? 혹시 이 기계에 무슨 문제라도 있다고 생각하세요?"

"어쨌든 이 기계는 그만 돌리겠습니다."

딜러는 자신의 뒤에 있는 사람을 가리키며, "더 하시고 싶은 말씀이 있으면 저분들하고 하세요."라고 말했다고 한다.

그가 뒤를 돌아보니, 마치 맹견 도베르만을 연상케 하는 거구의 무표정하고 험상궂게 생긴 남자 둘이 버티고 서 있었다고 말했다.

모리스는 말했다. "이것 보시오. 지금 이 기계를 폐쇄하는 이유가 뭐요? 잃은 돈은 만회할 기회는 주어야 할 것 아니요?"

"그냥 조용히 넘어가는 게 좋을 거요."

모리스는 사내들의 얼굴과 몸집을 한 번 더 살펴보고는 더 이상 따지지 못했다. 결국 모리스를 나의 대타로 내세운 작전은 실패했다.

이번에는 나는 겸손한 인상의 아이비 옹을 끌어들였다. 그는 비록 도박으로 재산을 모두 날리기는 했지만, 그전까지 건설업으로 큰 성공을 거두었던 사람이었다. 나는 그와 그의 가족을 애틀랜틱시티의 한 고급호텔에 투숙시키고, 50만 달러의 자금을 쥐여주었다. 그는 첫날 미리 정해둔 룰렛 기계 앞에 앉아 게임을 했고, 결과는 좋았다. 그는 60만 달러를 땄고 호텔 방을 펜트하우스 급으로 옮길 수 있는 혜택도 받았다. 호텔은 그를 VIP급으로 분류했고, 그의 아내와 아이들을 보트에 태워주기도 했다. 가족들이 요트를 즐기는 동안 아이비는 다시 정해진 룰렛 기계 앞에 앉았다. 그리고 또 수십만 달러를 벌었다.

그러자 현장 책임자는 뭔가 심상치 않다고 여기고 룰렛을 멈추고, 그를 카지노에서 내보냈다. 그의 아내와 아이들도 요트에서 강제로 쫓겨났다.

아이비는 내게 전화를 걸어 눈물을 흘리며 일어난 일을 이야기했다. 인생의 모든 것을 카지노에서 잃었던 사내가 마침내 승리했다 싶었는데 자신과 아내, 그리고 아이들까지 쫓겨났다는 것이다.

나의 도박 인생을 되돌아보면, 몇 번의 결정적인 순간이 있었다. 이 사건도 그 가운데 하나였다. 내가 카지노의 불법적인 불문율을 깨닫는 계기가 되었다.

"우리에게 손해를 끼치는 자는 내쫓고, 못 들어오게 하라."

그 순간부터 나는 그들의 연기 자욱한 방에 들어가서 동전 하나도 잃지 않겠다고 결심했다. 스포츠 베팅과 포커를 제외한 모든 게임을 중단했고, 카지노 출입도 하지 않기로 했다.

그때 나는 마흔 살이었고, 새롭고 풍요로운 인생의 새장이 열리고 있었다.

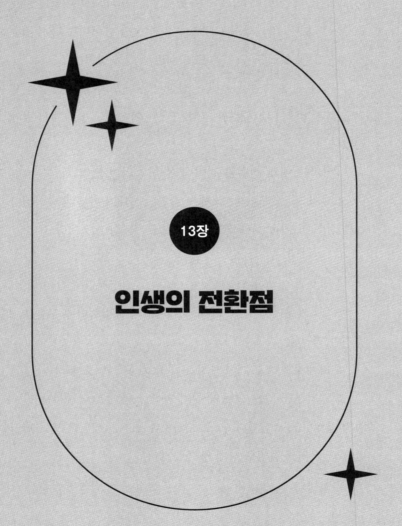

13장

인생의 전환점

나와 듀이 톰코가 월드시리즈 포커대회 테이블에 앉아 있는데 어떤 키 큰 남자가 우리 게임을 주시하고 있는 것이 보였다.

"저 사람 누군지 알아요?"

"알지. 데이비드 리드베터David Leadbetter아냐?

듀이는 그가 수많은 최고의 프로골퍼를 지도한 유명 골프강사라고 말했다. 그는 얼마 전까지 영국에서 살다가 미국으로 이주해서 플로리다주 하이네시티의 그렌레프 골프앤테니스 리조트에서 일하고 있었다.

그의 지도를 받은 유명 골퍼들 가운데는 닉 팔도, 그렉 노먼, 어니 엘스, 닉 프라이스 찰스 호웰 3세, 미셸 위 등 쟁쟁한 선수들이 대거 포함되어 있었다. 그는 골프에 관한 여러 권의 베스트셀러를 쓴 작가이기도 했다.

나는 내 골프 실력을 한 단계 향상할 수 있을지도 모른다는 기대감에 듀이에게 그와의 점심 식사 자리를 마련해 달라고 부탁했다. 그의 지도를 받았던 프로골퍼들의 면면을 볼 때 나는 그와의 첫 만남에서 조금 긴장할 수밖에 없었다. 나는 그가 조금은 헷갈리게 만들 수 있는 고백으로 대화의 문을 열었다.

"나는 한 번도 클럽 헤드에 기름칠하지 않고 제대로 골프를 쳐 본 적이 없습니다." 내가 말했다.

데이비드는 드라이버나 롱 아이언 헤드의 볼과 접촉하는 면에 기름을 칠하면 스핀이 감소한다는 사실을 확실히 알고 있었다. 그렇게 되면 슬라이스나 훅을 줄일 수 있다. 당시 미국과 유럽의 프로골퍼들은 라운드에 들어가기 전에 클럽 헤드를 자신의 머리카락에 "살짝 두드리면 된다"라는 생각을 하고 있다고 의심을 받아왔다. 나는 데이비드가 우리가 골프를 하면서 기름을 이용하는 것을 일상적이고 당연하게 생각한다는 사실에 놀라고 있다고 생각했다.

그전에도 나는 PGA에서 다섯 차례나 우승한 인디애나주의 전설 밥 해밀턴Bob Hamilton에게 몇 차례 교습을 받은 적이 있었다. 밥은 숏게임의 대가였지만, 나는 전반적인 게임 능력을 모두 향상하고 싶었다.

데이비드와 처음으로 경기를 하면서, 나는 핑 브랜드의 우드 드라이버로 티샷을 했고, 골프클럽 표면에 기름을 바르지 않고 제대로 쳤을 때 어떤 일이 벌어지는지 제대로 확인했다. 슬라이스가 나서 공이 15야드나 오른쪽에 떨어진 것이다.

나는 데이비드가 나에게 바셀린을 한 통 건네주고 영국으로 돌아가 버리지 않을까 걱정했었다. 다행히도 데이비드는 끝까지 라운드를 함께해 주었고, 그와의 우정은 지금까지도 계속되고 있다. 그와 그의 조수 격인 사이먼 홈즈 덕분에 나는 헤드에 기름을 바르지 않고도 충분히 수준급 골프를 칠 수 있게 되었다.

뭔가를 시작하면 끝을 보는 성격이었던 나는 라스베이거스로 이사하면서부터 골프에 집착했다. 나는 할 수 있는 한 능숙한 골퍼가 되어서 나면서부터 골프에 타고난 재능이 없는 대부분의 사람에게 어떤 표본이 되고 싶었다.

지난 40년 동안 리드베터는 물론 지미 발라드, 짐 하디, 데이브 펠츠, 피터 코스티스, 피트 코웬 랜디 피터슨, 데니스 쉬히, 존 레드먼, 빌리 하먼과 버치 하먼 형제 등 세계 최고의 골프강사와 친구로 어울리거나 정식으로 지도를 받았던 것은 아무나 누릴 수 없는 특권이었다.

골프의 전설이라고 불리는 여러 사람과 가깝게 지내는 것만으로도 배운 것이 많았다. 예를 들자면, 플로리다에서 리드베터에게 여러 가지를 배운 후 나는 베이힐 클럽앤로지에 가끔 갔다. 그곳의 소유주는 아놀드 파머였고, 세계적인 프로골퍼들을 쉽게 만날 수 있는 곳이었다. 나와 듀이는 그곳에서 여섯 명쯤 되는 프로선수들과 두 팀으로 나뉘어 돈을 걸고 골프를 쳤다. 아놀드 파머도 그곳에 있을 때면 가끔 우리와 함께하곤 했다. 라운드를 마치고 우리는 테이블에 둘러앉아 카드게임을 했는데, 그때는 아놀드 파머도 더 이상 전설이 아닌 한 사람의 게임 플레이어에 불과했다.

그들에게 교습을 받는 것과는 별개로 손바닥이 붉게 부어오르기까지 몇 시간씩 공을 때리고, 수없이 퍼팅과 칩샷을 연습했다. 이처럼 지독하게 연습하는 한편 나는 라스베이거스만 아니라 남부 플로리다, 남부 캘리포니아 등 이곳저곳을 돌며 돈을 걸고 골프를 쳤다.

내가 가장 좋아했던 대회는 도일 브런슨의 아이디어로 시작된 프로페셔널 겜블러 인비테이션 대회였다. 이 대회는 내가 가장 사랑하는 두 가지 놀이인 베팅과 골프를 모두 즐길 수 있는 대회였다.

도일은 젊은 시절 텍사스와 오클라호마 등 남서부 곳곳에서 열리는 비밀 포커대회인 블러드서티 하이웨이 대회에서 이름을 떨쳤었다. 그는 브라이언 세일러 로버츠와 토머스 아마릴로 슬림 프레스 등 두 명의 탁월한 포커꾼과 함께 돌아다니며 대회에 참가했다. 그는 라스베이거스에 터를 잡고 정착하기까지 불량배나 강도에게 여러 번 폭행을 당하고 돈을 털렸다고 한다. 도일은 1974년 월드 시리즈 오브 포커대회가 끝날 무렵, 자신들의 친구들을 한곳에 다 모으기 위한 아이디어로 프로 겜블러 인비테이션 골프대회를 생각해 냈다.

그와 호스슈호텔의 소유자인 잭 비니언은 장소를 펠트 천이 가지런히 깔린 테이블에서 잔디가 깔린 페어웨이와 그린으로 바꾸면 된다고 생각했다. 처음에는 던스 골프장에서 라운드당 200달러를 걸고 소박하게 시작했지만, 얼마 지나지 않아 시내 이곳저곳의 여러 개의 골프장을 돌면서 1주일 내내 진행되는 연례 행사로 발전했다. 잭 비니언이 엄선한 64명만 초대되었고, 두 사람씩 팀을 이루고 핸디캡도 정했다.

내가 처음 이 대회에 초대받은 것은 1970년대 후반이었는데 당시 참가비는 5,000달러였다. (게임당 500달러 낫소 게임을 사흘간 할 수 있는 금액인 4,500달러에 500달러의 부대비용을 포함한 금액이었다.)

잭은 이 대회에 참가하려고 열심히 돈을 모아야 하는 피라미 같은 하수들을 유치하는 데는 관심이 없었다. 그는 한 게임에 10만 달러 이상을 걸 수 있는 프로 겜블러나 큰손들을 원했다. 당연히 참가자들 대부분은 진정한 실력자들이고 큰손들이었고, 당연히 어떻게든 자신의 핸디캡을 유리하게 조작하려고 했다. 그래서 잭은 나름 유명한 골프 도박꾼들이 어느 정도의 실력을 발휘할지 미리 알아보기 위해 정보원까지 고용했다.

잭은 초대받은 선수들이 나름 능수능란한 사기꾼들임을 감안하여, 일단 가능한 한도 안에서 적절하게 핸디캡을 설정한 후에는 미국골프

협회가 정한 규칙에 크게 얽매이지 않고 대회를 운영했다.

"골프 가방 하나에 14개 이상의 골프클럽을 휴대하면 안 된다고? 넣고 싶은 만큼 넣어도 된다."

심지어 퍼팅을 당구 치듯이 한다 해도 문제가 될 것이 없었다.

다만 잭이 엄격히 적용하는 규칙이 하나 있었다. 공이 어디에 떨어졌든, 떨어진 그 장소에서 스윙을 해야 한다는 것이다. 드롭도 안 되고, 릴리프 규정도 없다. 카트를 위해 만들어진 도로 위든, 스프링클러에서 물이 뿜어져 나오는 수도꼭지 위든, 공사 중인 땅이든, 어디든 상관없었다. 공이 떨어진 바로 그 지점에서 다음 스윙을 해야 한다는 것이다. 잭은 이 규칙에 관해서는 절대로 양보하지 않았다.

처음 이 대회에 출전했을 때 나는 평소의 성적을 기록했다. 그러나 대회가 거듭될수록 좀 더 좋은 성적을 내고 싶었기 때문에 다른 참가자들처럼 대회 시작 전 여름 동안 라스베이거스에서 여러 차례 연습 라운드를 했다.

그즈음 몇 년 동안, 나의 현금 사정은 좋게 표현하면, 그때그때 달랐다. 돈이 없지만 수십만 달러 규모의 큰 게임에 나가려면 따로 물주를 구해야 했다. 사지라는 별명으로 불렸던 프레드 페리스는 그럴 때 나를 위해 돈을 걸어준 사람 가운데 한 명이다. 사지는 1928년 메인주 워터빌에서 태어났고, 그의 아버지는 레바논계 철도 노동자였다. 비참하게 가난했던 어린 시절을 보낸 그는 1980년에 열린 월드시리즈 오브 포커에서 도일과 바비 볼드윈을 상대로 7차례의 무승부 끝에 승리해 15만 달러를 따는 등 탁월한 겜블러가 되었다.

키가 작은 그는 바싹 마른 체형에 갈고리 모양의 코까지, 누가 봐도 잘생긴 것과는 거리가 먼 외모였다. 그러나 우리는 그를 '미남'이라고 불렀다. 비록 외모는 엉망이었지만, 사지의 카드 기술은 아름답기까지 했기 때문이다. 그는 매사에 100% 최선을 다하는 성격이었지만, 특히 포커에 대한 열정과 집중력은 아무나 흉내 낼 수 없는 경지였다.

사지의 지독함에 관해서 이야기하자면, 그와 샘 엔젤이 끝까지 남아서 게임을 계속했던 골든너겟호텔의 밤을 지금도 잊을 수 없다.

샘 엔젤은 155cm의 작은 체구 탓에 '땅딸이'라고 불렀다. 그러나 가끔은 '지저분한 놈'이라고 불릴 때도 있었다. 그는 술을 많이 마시거나 포커를 치지 않을 때는 여기저기 돌아다니며 가짜 보석을 파는 독특한 인물로 라스베이거스에서 꽤 유명했다.

그는 가끔은 코메디언을 연상케 하는 촌철살인의 유머 감각을 보여줄 때도 있었지만, 대개는 술에 취해 주변 사람들을 불쾌하게 하고, 아침 점심 저녁을 가리지 않고 소금에 절인 땅콩을 안주 삼아 맥주를 들이마시며 딜러들에게 욕설을 퍼붓기도 했다. 그리고 그로 인해 나까지 '지저분한' 일에 말려들게 되었다.

당시 그는 인공항문을 달고 다녔는데, 그는 지저분하게도 포커판에서 이것을 무기처럼 사용하기도 했다. 그날 밤, 그는 게임에서 크게 졌고, 빈털터리가 되었다. 그를 상대하는 도박꾼 대부분은 그가 큰돈을 잃으면, 인공항문을 열어서 더 이상 게임을 계속할 수 없을 정도로 심한 악취를 발산시킨다는 것을 알고 있었기 때문에, 그가 돈을 좀 잃으면 되도록 빨리 게임을 그만두고 나가려고 한다. 그가 진짜로 인공항문을 열기라도 하면, 맥주와 땅콩 그리고 다른 음식들이 위와 장을 통과하면서 만들어진 배설물의 진한 악취가 진동할 것이 분명했다.

그런데도 그가 가진 돈을 다 털어내겠다며 끝까지 남아서 버틴 사람이 사지였다. 사지는 전에도 샘과 게임을 했던 적이 있었기 때문에, 그날도 그가 인공항문 주머니를 열 것에 충분한 대비를 하고 있었다. 그는 샘이 인공항문을 열어 악취를 풍길 때마다 성냥에 불을 붙여 코 가까이에 가져가는 방식으로 악취를 피했다. 그날 사지는 성냥 한 통을 다 썼고, 샘은 마지막 동전 한 개까지 털려버렸다.

사지와 나는 내기 골프에 관해서는 상대방이 어떠한지 서로 잘 아는 사이였다. 사지는 골프를 한 번도 쳐본 적이 없지만, 내가 골프에서 다른 도박사들을 충분히 압도할 수 있고, 특히 중요한 고비에서 흔들리지 않는 집중력을 발휘한다는 것을 알고 있었다. 그래서 그는 하루에 20~30만 달러에 이르는 큰돈이 오가는 골프시합에 내가 참가할 수 있도록 흔쾌히 돈을 빌려주었다. 사지는 내가 누구와 상대하게 되는지, 이길 자신이 있는지 따위의 질문조차 하지 않았다. 그러나 그는 내가 골프시합에서 절대로 흔들리지 않을 것이고, 승산이 매우 크다고 확신하고 있었다. 사지는 나를 늘 그런 식으로 대해주었고, 우리는 평생 멋진 우정을 나누는 친구가 되었다.

안타깝게도 그는 1989년 초에 폐암과 뇌종양 말기라는 진단을 받고 자신의 주변을 정리해 달라고 내게 부탁했다. "의사 선생이 그러더군, 나에게 남은 시간이 몇 개월은 고사하고 잘해야 몇 주라 하네." 그는 이렇게 말했다.

누구나 가까운 사람들과 그런 식으로 헤어지기 마련이지만, 그와의 헤어짐은 나를 너무 힘들게 했다.

나는 그의 요청으로 변호사를 만났다. 변호사 사무실로 들어가자마

자

자 나는 놀라 발을 헛디뎌 넘어질 뻔했다. 예상과는 달리 머리가 허리까지 치렁치렁한 남성이 우리를 맞이한 것이다. 보통 변호사를 상상할 때 단추가 양쪽으로 달린 정장 양복을 입은 단정한 용모의 남성을 떠올리기 마련이다. 그 변호사는 리처드 라이트였는데, 나는 라이트 변호사가 사지의 생명이 얼마 남지 않았다는 사실을 진정 안타까워하며 눈물을 흘리는 것을 보고, 언젠가 나도 변호사가 필요하면 저 변호사에게 의뢰해야겠다고 생각했다. 그리고 실제로 그 후 그 변호사에게 여러 가지 도움을 받았다.

사지는 1989년 3월 12일, 큰돈이 걸린 포커게임을 끝내고 몇 시간 만에 세상을 떠났다. 나는 그의 딸 켈리를 도와서 사지의 유산을 정리하고, 그녀가 상속받아야 할 유산을 차질 없이 받도록 도와주면서 각별했던 친구로서의 마지막 도리를 다하며 우리의 우정을 기념했다.

사지의 죽음은 슬픈 일이었지만, 그것을 계기로 내가 술과 담배를 끊기로 결심했다는 것은 좋은 일이었다. 나는 그의 죽음을 통해서 나의 죽음에 관해서도 진지하게 생각하게 되었다. 그러나 처음에는 이 결심을 실천하기가 무척 힘들었다.

사지의 죽음으로 슬픔에 잠겨 폭음도 하고 카지노를 드나들던 어느 날, 호스슈호텔에서 새벽 두 시까지 술에 만취해 게임을 하면서 나는 지금까지 있었던 그 어떤 일과도 비교할 수 없는 부끄러운 짓을 하고 말았다.

5년 전, 베니 비니언의 80회 생일 파티에 참석했다가 그의 카지노에서 잔뜩 술에 취해 한 번에 100만 달러를 잃었던 일이 있었다. 그 후 스포츠 베팅에서 200만 달러를 따서, 그 돈을 가지고 다시 호스슈호텔

238

로 가서 또다시 만취한 채 게임을 하다가 모두 잃고 말았다.

이번에는 바카라에서 한 판에 5만 달러씩 베팅하여 55만 달러를 따자, 마침 카지노의 책임자이자 베니 비니언의 막내아들인 테드 비니언이 베팅 상한선을 낮춰버렸다. 나는 상한선을 낮춘 것에 대해 분을 참지 못했고, 내 젊은 시절의 별명이었던 '루이빌에서 온 악동'의 기질이 되살아났다.

나는 금전 출납 책임자, 바카라 책임자, 그리고 테드 비니언을 포함한 비니언 사람들 모두에게 욕설을 퍼부었다. 그곳은 달리 말로 표현하기 어려울 정도로 엉망이 되었다. 제정신이었다면 절대로 하지 않았을 일이었다. 그들이 할 수 있는 일은 나를 카지노에서 내쫓는 것밖에 없었다.

당시 나는 잭 비니언의 오른팔이고 그날 밤의 현장 관리 책임자였던 진 맥칼리와 친한 친구로 지내고 있었다. 그는 나를 프리몬트 거리까지 직접 끌어냈는데, 나는 그에게도 내가 알고 있는 온갖 저주의 말을 퍼부었다. 나는 거기서 길을 건너 골든너겟호텔로 비틀거리며 걸어가서 블랙잭 테이블에 털썩 주저앉았다.

그때 전화벨이 울렸다. 테드 비니언이었고, 그가 무슨 말을 했는지는 기억나지 않지만, 나는 폭발했다.

"더 이상 그따위 헛소리하지 말라고!" 나는 찢어지듯 소리를 질렀다.

그는 지금 당장 나를 찾아오겠다고 했다.

"그래? 올 테면 와봐!" 나는 말했다.

뒤늦게 골든너겟호텔로 날 찾아온 테드는 그날 밤의 그곳 근무 책임자였던 더그 달톤과 마주쳤다.

"빌리 월터스, 이 새끼 어디 있어?" 테드도 잔뜩 독이 올라 있었다.

더그는 테드의 눈빛을 보고 심상치 않다고 느꼈고, 나를 보호해 주어야겠다고 생각했다.

"잘 모르겠는데요? 오늘 밤 내내 한 번도 못 봤어요." 그가 둘러댔다.

테디가 카지노를 구석구석 뒤져서라도 나를 찾겠다며 안으로 들어가는데, 허리춤에 권총을 차고 있었다.

전화기가 또 울렸다. 이번에는 더그였다.

"테드가 당신을 찾고 있어요. 그런데 총을 가지고 있어요." 그는 다급했다.

그때 나는 술에 많이 취한 것은 사실이지만, 죽음의 위기조차 분간 못 할 정도는 아니었다. 나는 급히 그곳에서 벗어났다.

다음 날 아침, 잠에서 깨어보니 속이 무척 쓰렸다. 전날 밤, 죽을 고비를 넘겼다는 사실이 새삼 떠올랐다.

후회스러운 마음으로 나는 잭 비니언에게 전화를 걸었다.

"잭. 정말 미안해요. 내가 무슨 생각으로 그랬는지 모르겠어요. 테디와 가족들을 모욕한 것을 사과드리겠습니다."

"글쎄. 빌리, 자네가 생각하는 것만큼 심각한 일은 아닌 것 같아. 내 말 믿어. 나는 살면서 더한 일도 많이 봤어. 우린 괜찮아."

사지의 죽음으로 일어난 호스슈호텔의 굴욕적인 사건은 내 인생의 중요한 전환점이 되었다. 아니 내 인생의 완전한 전환점이 되었다. 한 번 굳게 결심하고도 몇 년 동안 이런저런 이유로 지키지 못했던 나는 드디어 "이제 끝이야. 내 인생에서 다시는 술을 마시거나 담배를 피우는 일은 없을 거야."라고 자신 있게 세상을 향해 말할 수 있게 되었다.

실제로 그날 이후 음주와 흡연은 다시는 없었다. 완전히 끊었다.

나는 스스로 나 자신을 속여 왔다. 나는 나의 음주 습관에 문제가 있다는 사실을 애써 부인해 왔다. 알코올 중독자란 매일 술을 마시거나, 하루 중 상당히 많은 시간을 술에 취해 사는 사람이다. 나처럼 일주일에 70~80시간씩 일을 하는 사람이 알코올 중독자일 수는 없다고 생각했다. 게다가 어떤 경우에는 3주 또는 그 이상 술을 입에 대지 않고 지낸 적도 있었다. 그러나 일단 마시기 시작하면, 끝이 없었다. 술은 내 성격을 바꾸었고, 의사 결정에도 영향을 미쳤다. 담배도 확실히 끊었다. 그동안 담배를 많이 피다 보니 기침도 많았고, 흡연은 어머니와 넬이모를 포함해서 내가 사랑하는 주변 사람들까지 서서히 죽이는 일이기도 했다. 안타까운 것은 담배라는 나쁜 버릇을 없애는 과정에서 또 다른 나쁜 버릇이 생긴 것이다. 나는 담배 생각이 간절할 때마다 이것저것 먹어댔다. 얼마 지나지 않아서 체중은 13kg쯤 불어났고, 허리 사이즈도 34인치에서 40인치로 마치 풍선처럼 부풀어 올랐다. 지금까지 입던 바지를 입을 수가 없게 되었다. 어느 날 저녁, 수잔과 나는 잭 비니언과 그의 부인인 필리스와 저녁 식사를 함께하고 있었다. 잭이 내 배를 물끄러미 바라보더니 웃기 시작했다. 그것이 계기가 되어서 나는 틈나는 대로 냉장고를 뒤지는 나쁜 버릇을 버려야겠다는 생각을 진지하게 하기 시작했다.

잭은 나에게 라켓볼을 해보라고 권했다. 잭과 처음으로 라켓볼을 쳤을 때, 그는 나에게 10점을 잡아 주었다. 잭의 실력도 그리 대단치는 않은데도 말이다. 그날 모처럼 엄청나게 뛰다 보니 거대한 배를 지탱하는 척추에 무리가 와서 게임을 하다 말고 누워버렸다.

여러 번 이야기했지만, 나는 타고난 승부사 근성을 가지고 있다 보니, 한번 시작한 이상 반드시 뱃살을 날려버려야 했다. 나는 다이어트 전문가를 개인적으로 고용하고, 열심히 라켓볼을 쳐서 체중을 13kg 정도 줄였다. 그리고 잭을 확실하게 이기기 시작했고, 점수를 오히려 10점 잡아 주고 칠 수 있게 되었다. 체중 감량에 열중하는 동안에도 골프도 평소와 마찬가지로 열심히 쳤다.

지금까지 겪은 골프 파트너들 가운데, 내가 가장 좋아하는 사람은 앞에서 방랑자이자 겜블러라고 소개했던 퍼기 피어슨이었다. 나는 2006년 4월, 벨라지오에서 열린 그의 장례식에서 그와의 평생의 인연을 회고하는 추도사를 했었다. 우리는 함께 팀을 이루어서 캐넌 게이트 컨트리클럽에서 토미 피셔와 마이크 색스턴팀과 게임을 했다. 두 사람은 10만 달러 단위의 큰 내기에는 익숙하지 않은 사람들이었다. 여기서 내가 그의 장례식 때 그의 가족들과 친구들 앞에서 했던 추모의 말을 소개하고 싶다.

우리는 그때 캐넌 게이트 컨트리클럽의 18번째 홀에 있었습니다. 퍼기의 드라이빙 샷이 오른쪽으로 흐르는 것 같았습니다. 퍼기가 사용하는 공은 라 코스타 로고가 찍혀 있는 타이틀리스트 볼이었습니다. 우리는 그가 친 공이 물에 빠졌을 것으로 생각했습니다. 나머지 세 사람의 티샷은 모두 페어웨이의 약간 오른쪽으로 안착했지요. 갑자기 퍼기가 소리쳤어요. "내 공이 벙커에 있어!" 그는 다음 샷으로 공을 그린 위에 안착시켰습니다.

상대방에서 뭔가 이상한 냄새가 난다고 느꼈나 봐요. 그들은 퍼기가 자신의 공을 집어 들기 전에 확인해 보겠다며 그린을 향해서 급히 달려갔지요. 마이크가 공을 집어 들더니 따졌어요. "퍼기. 이게 타이틀리스트 공이 맞기는 맞아? 그런데 라 코스타 로고가 찍혀 있지 않잖아."

퍼기가 순간적으로 고개를 푹 숙였어요. 사람들은 그가 당황했다고 생각했지요. 부정행위를 하다가 들켰으니 당황하는 게 당연하다고 생각했어요. 한참 그렇게 있더니 고개를 들고 말했어요. "친구들 오늘 중요한 걸 배웠어요."

"배웠겠지. 다시는 친구들을 속여서는 안 된다는 걸 배웠을 거야." 마이크가 말했다.

퍼기는 말했어요. "아. 이제야 교훈을 얻었어요. 로고가 여러개 있는 공은 다시는 치치 않겠다는 것이지요!

내가 골퍼로서 최고의 순간을 맞이한 것은 2년 후인 2008년 2월, 몬테레이 반도에 있는 환상적인 페블비치 골프 링크스에서였다. AT&T 페블비치 프로암대회에 초청받았다는 것은 아마추어 골퍼가 누릴 수 있는 최고의 영예였다. 나는 다른 아마추어 골퍼처럼 그 대회를 단지 유명 인사나 프로골퍼와의 사교의 장으로 생각하지 않았다. 나는 최선을 다해 골프계에서 가장 멋진 무대 중 하나에서 경쟁하고 싶었다.

AT&T 대회를 앞두고 나의 핸디캡은 11까지 올라갔다. 나는 그 전년도 가을 풋볼 시즌이 시작된 후로 한 번도 골프를 치지 못했다. 그동안 빡빡한 일정으로 너무 바빴고, 내가 늘 애용하는 퍼터조차도 잘 맞지 않았다. 나는 5개의 플랫스틱 퍼터flatstick putter : 샤프트가 비교적 평평하거나 곧은 퍼터를 가져왔는데, 연습 라운드의 초반까지도 제대로 퍼팅 감각을 찾지 못했다.

대회가 시작되기 전 나는 그린 연습장에 갔다가 그 골프장의 영업 담당자를 만났는데, 그는 최경주 선수가 1년 전, AT&T 대회에서 우승할 때 썼던 것과 똑같은 퍼터라며 그립 부위가 유난히 두꺼운 퍼터를 보여주었다. 나는 반신반의하며 퍼팅을 해보았는데, 유난이 잘 맞았다. 두터운 그립으로 인해 꽉 찬 그립감이 느껴져서 자연스럽게 어깨를 이용한 퍼팅을 할 수 있었다. 나는 이 퍼터가 참 매력적이라고 느껴 급히 하나 사려고 했으나 영업 담당자는 난색을 표했다. 최근에 나온 모델이어서 앞으로 몇 달간은 일반인에게 팔 수 없다는 것이었다. 나는 100달러 지폐 몇 장을 그에게 몰래 건네서 그 퍼터를 얻었다.

일반적인 퍼터에 비해 그립이 두꺼운 퍼터야말로 나에게 딱 맞는 것이었다. 나를 담당한 프로 캐디인 자크 윌리엄슨이 그린을 정확히 읽어내면, 나는 정확하게 퍼팅을 성공시켰다. 게다가 운 좋게도 나와 파트너가 된 선수는 평소 내가 좋아했던 스웨덴 출신 프로골퍼인 프레드릭 제이콥슨이었다. 프레디와 나는 1라운드에서는 그리 좋은 성적을 거두지 못했지만, 스파이글라스 코스에서는 7언더파 65타를 기록했다.

다음 날 페블에서 프레디는 다섯 개의 버디와 한 개의 이글을 기록하는 현란한 골프쇼를 보여주었다. 우리는 내가 기록한 버디 1개와 합쳐서 2라운드 합계 17언더파 62타를 기록했다.

토요일 포피힐스 코스에서, 프레디는 후반 9홀에서만 31타를 치고 눈물을 흘렸다. 나도 갑자기 향상된 퍼팅 실력 덕분에 꾸준히 파를 기록하고 몇몇 홀에서는 버디를 기록했다. 우리는 또다시 62타를 기록하여 5타 차이로 선두를 기록하며 일요일의 마지막 라운드에 들어갔다.

프로암대회의 리더보드 맨 위에 내 이름이 새겨진 것을 보니 흥분도 되고 긴장도 되었다. 마지막 4라운드 경기는 다시 페블에서 열렸고, 행운의 여신마저 우리 편이었던지, 우리는 찰떡궁합 골프의 정수를 보여주었다.

145야드의 파3의 5번 홀부터 새로운 쇼가 시작되었다. 나는 8번 아이언으로 그린의 왼쪽을 공략했다. 내가 친 공은 핀에 접근시킬만한 공간이 거의 없는 좁은 벙커 뒤쪽 관중석 근처 러프에 떨어졌다. 반면 프레디의 공은 그린 엣지에 있었다.

나는 도저히 공을 쳐내기 어렵다고 생각하여 드롭을 하겠다고 자크에게 말했다.

이때 베테랑 캐디인 자크가 나를 부추겼다. "어떻게든 한번 해보세요. 할 수 있어요. 당신 자신을 놀라게 해보세요!" 샌드웨지로 공 아래로 완벽하게 들어가는 강한 스윙을 한 나는, 나 자신에 놀라버렸다. 공이 거짓말처럼 튀어 올라서 곧바로 홀로 빨려 들어갔다. 관중석의 팬들 사이에서 탄성이 터져 나왔다. 가히 페블비치의 마법이라 할 만했다!

2위와의 점수 차이는 8타로 벌어졌다. 어쩌면 내가 후반 9홀에서 실수를 했을지도 모를 일이었다. 그러나 걱정했던 것과는 반대로 후반 9홀에서 40타를 기록했고, 우리는 기록적인 스코어 차이로 우승할 수 있었다. 승리에 들떠 흥분하고 있는데, 몇몇 사람들이 분위기를 깨는 듯한 태도를 보였다. 경기에서 우승하지 못한 몇몇 선수들과 의심하기 좋아하는 사람들이 핸디캡 11의 '라스베이거스의 갬블러'가 우승했다는 것을 믿을 수 없다며 투덜거린 것이다. 노골적인 불만도 여기저기서 몇 차례 튀어나왔다.

내 스코어카드를 홀 단위로 분석한 결과 지금까지 나의 18홀 최고 기록은 83타로, 내 핸디캡의 범위 안에 있었던 것이 확인되면서 불만 소리는 좀 잦아들었다. 그러나 여전히 말하기 좋아하는 사람들은 내가 어떻게 심리적 중압감 속에서도 그렇게 훌륭하게 게임을 할 수 있었는지 도무지 믿지 못하겠다는 표정이었다.

거기에 대해서 나는 나만의 확실한 답변이 있다. 나는 오랫동안 다른 어느 아마추어 골퍼들보다도 심리적 압박이 큰 경기를 많이 치렀다. 게다가 내 파트너인 프레디는 그 주간에 무려 16개의 버디와 2개의 이글을 기록했다. 이 역시 기록적인 성적이다. 이왕 말이 나온 김에 한 마디 더하자면, 나는 2012년에도 프로암대회에 초청을 받았다. 그때 나는 또 다른 어느 프로선수와 팀을 이루어 게임을 했지만, 성적은 아주 좋지 않았다. 그때는 아무도 못 믿겠다며 투덜대는 사람들이 없었다. 지금도 나는 골프를 치지만, 큰돈을 걸고 치지는 않는다. 그저 소액을 걸고 재미로 치면서 열심히 실력 발휘를 하면 만족하는 정도이다. 나는 앞으로도 어디서 어떤 경기를 하든, 그때 그 몬테레이 반도에서의 한 주간의 추억을 절대 잊지 못할 것이다.

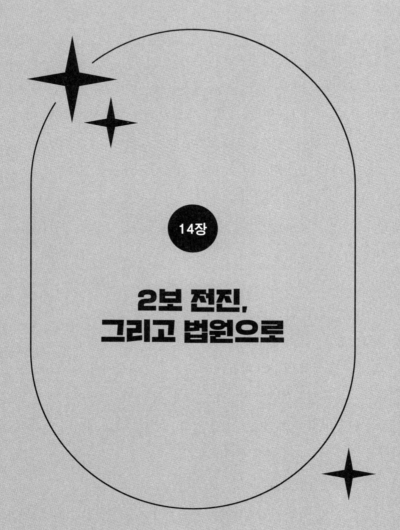

14장

2보 전진, 그리고 법원으로

음주와 흡연 그리고 카지노를 끊고 나니, 내 삶의 질이 놀라울 정도로 향상되었다. 적어도 한동안은 그랬다. 그전까지는 돈을 좀 벌었다 싶으면 카지노에서 날려 버리는 경우가 많았지만, 난생처음 돈이 꾸준히 모이기 시작했다. 예금 잔고는 몇백만 달러 수준까지 불어났다.

1987년, 나는 버클리 엔터프라이즈라는 투자회사를 창업했다. 버클리는 수잔의 가운데 이름이었다. 나는 정통 사업가로 변신하겠다고 생각하고 있었고, 1980년대 후반은 부동산에 투자하기 좋은 시기였다.

비슷한 시기에 금융 위기가 허리케인처럼 미국을 강타하여, 약 1,300개 이상의 크고 작은 금융기관이 파산했고, 이로 인한 피해는 6,000억 달러에 달했다. 대공황 이후 최악의 금융 붕괴로 당시 납세자들이 입은 손실은 5조 달러에 달했다.

내 친구인 에릭 넬슨은 이러한 금융 위기의 와중에서 시장으로 쏟아져 나온 부동산을 헐값에 처리하는 경매 전문가였다. 에릭은 내가 상당한 현금을 보유하고 있다는 것을 알고 있었다. 그는 나에게 헐값에 시장에 나온 부실 자산들을 신속하게 사들이고 조금 기다렸다가 적절한 가격에 팔아서 큰돈을 벌어들이는 방법을 가르쳐 주었다.

나는 에릭이 추천하는 부동산을 거의 모두 사들였다가 팔았다. 나의 전략은 간단했다. 저평가된 매물을 산 다음 가능한 한 빠르게 현금화하여 또 다른 매물을 사들인다.

예를 들자면, 나는 피닉스의 벨 로드에 있는 쇼핑센터를 m^2당 약 270달러에 매입했고, 아파트 건물도 한 채 당 1만 달러를 주고 매입했다. 또 모기지 대출을 받아서 애리조나주 챈들러에 있는 콘도를 단돈 1달러에, 투손에 있는 1,200채 규모의 주택단지를 한 채당 1만 달러에 사들였다.

사업이 내 적성에 꽤 맞는 것으로 보였다. 그동안의 거친 생활방식에서 벗어나면서 나의 자금 사정은 매우 안정되어 있었다. 수잔과도 그전보다 많은 시간을 함께 보냈고, 지역 자선활동에도 참여하는 등 지역 활동도 활발하게 참여했다. 마침 주변 상황도 나의 변신에 딱 맞아떨어졌다. 라스베이거스는 5성급 리조트와 컨벤션 기능의 호텔을 갖춘 불빛의 오아시스로, 진정한 대도시로 변모하고 있었다.

그보다 2년쯤 전인 1985년, 나의 막내아들인 데린이 라스베이거스로 와서 우리와 함께 살게 되었다. 전처인 캐롤은 자신을 돌보기에도 벅찬 상황이어서 데린은 루이빌에서 힘든 생활을 이어가고 있었다. 186cm의 덩치 큰 아이로 성장한 데린은 풋볼과 농구 선수로 활동하는 데 재미를 붙였다. 이는 학업에도 영향을 끼쳤다. 선수 생활을 이어가려면 C 학점 이상의 평점을 유지해야 해서, 공부도 어느 정도 열심히 할 수밖에 없었다.

그러나 그가 2학년 10월쯤 주니어 대학농구팀에서 테스트를 받던 중 십자인대가 끊어지는 부상을 입었다. 부상으로 운동선수로서의 그의 기량은 하향곡선을 뚜렷하게 그리기 시작했다. 운동으로 인한 동기부여가 사라지고 나니 학교 수업도 빠지고, 담배를 피우고, 밤에 몰래 빠져나가서 불량한 친구들과 어울리기 시작했다. 그리고 친모인 캐롤을 심하게 비난하고 폭행하기까지 했다. 변화가 필요한 시점이었다.

데린이 우리와 함께 살기 시작할 때, 나이는 15세였다. 나는 나름대로 규칙을 정하고 그것을 잘 지키느냐 여부에 따라서 당근과 채찍을 동시에 구사하는 방법을 택했다. 우리는 매주 그에게 75달러의 용돈을 주었고, 토요일에는 몇 가지 일을 시키고 그 노동의 대가로 100달러를 주었다. 용돈만 보면, 그는 별로 부족한 것이 없었다.

이처럼 용돈을 충분하게 지급하는 대신에 나는 규칙을 정했다.

"자. 이제 네가 꼭 지켜야 할 규칙을 이야기하겠어. 절대 또래의 여자아이를 임신시켜서는 안 된다. 또 구속되거나 감옥에 갈 만한 죄를 지어서도 안 된다. 그리고 전체 학점은 최소한 B 학점 이상은 받아야 해. 그러면 너는 여기서 편하게 지낼 수 있어.

나는 데린을 명문학교로 소문난 비숍고먼고등학교에 등록을 시켰다. 이 학교에 많은 돈을 기부했던 마이클 고언이 내 친구여서 힘을 써 주었다. 데린도 내가 정한 규칙을 받아들였고, 학교에 잘 적응했다. 그는 첫해에 전 과목에서 A 학점을 받았다. 나는 상으로 토요타 수프라 자동차를 사주었다. 그는 졸업할 때까지 물리학에서 C+를 받은 것을 제외하고는 전 과목에서 A 또는 B 학점을 받았다.

그 무렵 나는 그동안 연락이 끊겼던 마이클 켄트와 다시 연락을 주고받기 시작했다. 얘기를 들어보니, 그동안 민들린 박사가 중간에서 이중 거래를 하는 바람에 컴퓨터 그룹이 사실상 해체되었다고 했다. 그는 1986년의 대학 풋볼 시즌의 개막을 앞두고 새로운 조직을 만들어 재기할 준비를 하고 있었다.

마이클 켄트에게 당장 필요한 것은 합법적으로 베팅할 장소가 필요했고, 나는 내 친구를 연결해 주었다. 진 마데이는 라스베이거스의 고전적인 명소인 리틀시저스 스포츠 베팅장의 소유주였다. 디트로이트 출신인 진은 1970년 리틀 시저스 카지노와 스포츠 베팅장을 열기 전에는 택시 관련 사업을 했다고 한다. 진이 꾸미는데 워낙 관심이 없었기 때문에, 그의 영업장의 바닥은 카펫보다도 훼손된 부분을 가리고 덮은 테이프가 더 많이 눈에 띌 정도였다. 뭉쳐진 담배 연기는 공중에 구름처럼 떠 있었다. 경기 관련 서류나 입장권 그리고 베팅 카드가 곳곳에 흩어져 있었다.

한눈에 봐도 허름한 차림을 한 사람들이 24온스짜리 올드 밀워키 맥주를 들고 베팅을 하려고 서성거리고 있었다. 게임의 예상 배당률이 흰색 칠판에 검은색 마커로 게시되자 그들은 공중전화로 일제히 달려갔다. 라스베이거스의 전통적인 원래의 모습을 아직도 이렇게 간직하고 있다니! 리틀시저스는 순식간에 독보적인 스포츠 베팅장으로 명성을 떨치게 되었다. 진과 그의 밑에서 일하는 전문 핸디캐퍼인 밥 블랙이 운영하는 이곳은 미국에서 가장 큰 규모의 스포츠 베팅이 이루어지는 곳이었다.

리틀시저스는 MGM그랜드호텔의 설립자이고, 라스베이거스의 전설로 통하는 커크 커코리언같은 유력인사를 끌어들이는 등 큰손들을 적극적으로 받아들이고 있었다. 보통 사람들은 커크의 심장은 10만 달러 단위의 베팅을 해야 비로소 뛰기 시작한다고 말한다. 나는 그것을 직접 목격했다. 그가 던스호텔의 주차장에 차를 세우고 창문을 내리더니, 현금이 가득 든 자루를 진과 내가 기다리고 있던 자동차 안으로 던졌다.

　나는 이 돈을 마이클이 베팅할 수 있도록 옮기면서, 진에게 우리 둘만 따로 베팅을 해보자고 제안했다. 진도 찬성했다. 그는 마이클이 만들어내는 자료를 활용하여 훨씬 유리하게 베팅을 할 수 있는 기회를 즐겼다. 자신뿐 아니라, 자신 주변의 사람들에게도 유리한 베팅을 할 수 있는 기회를 만들어줄 수 있었던 것이다. 이것은 진 같은 거물급 북메이커만 누릴 수 있는 최고의 행복이고 기회였다.

　적어도 1989년 8월, 『간섭』이라는 제목의 탐사보도 서적으로 우리의 베팅 사업이 큰 충격을 받기 전까지는 인생이 이보다 더 달콤할 수는 없었다.

　이 책의 저자이자, 탐사보도 기자인 댄 몰데아는 과거의 컴퓨터 그룹에 대한 수사를 다시 파헤치면서, 당시 아무도 기소되지 않은 것은 로리마르 텔레픽처스의 창업자인 머브 아델슨이 연루되어 있었기 때문이라고 주장했다. 당시 아델슨의 부인은 유명 TV 방송인이자 언론인인 바바라 월터스였고, 바바라는 당시 로널드 레이건 미국 대통령의 부인인 낸시 레이건과 각별한 사이였다. 몰데아는 컴퓨터 그룹 사건과 낸시 레이건과의 커넥션을 의심하기는 했지만, 확실한 증거를 가지고 있지는 않았기 때문에, 적극적으로 거기까지 문제를 제기하지는 않았다.

　몰데아의 책을 보면, 몰데아는 한 법무부 소식통과의 인터뷰에서 "문제는 법무부가 이 사건이 스포츠, 정치, 연예계의 거물급 인사들과 연결고리를 활용한 조직적인 범죄라는 것을 파악하고 있었다는 것이다. 그러나 이 모든 수사는 정치적인 이유로 중단되었다."라는 답변을 끌어냈다.

법무부나 법무부 산하의 기동타격대 관계자들로서는 이런 주장이 달가울 리가 없었다.

6개월 후인 1990년 1월 5일 아침, FBI가 움직였다. 컴퓨터 그룹 사건 5년의 공소시효가 만료되기 불과 2주일을 남겨 놓은 시점이었다.

그때 나는 밤새 잠도 자지 않고 포커를 하고 있었는데, 아침 8시쯤 갑자기 조사 요원들이 들이닥친 것이다. 수잔도 잠자리에서 일어나 반려견과 함께 시간을 보내고 있었지만, 잠옷에 가운 차림이었다. 그녀는 옷도 갈아입지 못한 채 몸수색을 당하는 모욕을 견뎌야 했다.

기동타격대 요원 두 명이 내 침실을 뒤졌다. 나는 갑작스러운 상황에 어리둥절해 처음에는 눈만 깜빡였지만 그들의 겉옷에 커다랗게 새겨진 FBI라는 세 글자를 보고서야 상황을 대충 눈치챌 수 있었다.

"옷을 입어야 할 겁니다." 그들 가운데 한 사람이 말했다.

당시 내가 입고 있던 복싱 선수의 상의 같은 옷에 권총이라도 숨길 것으로 생각했는지, 그들은 자신들이 보는 앞에서 옷을 입으라고 명령했다. 면도와 샤워도 못 하고, 대충이라도 차림새를 다듬을 틈도 주지 않았다. 이 정도의 분노를 일으키고 모욕감을 주는 것도 모자랐던지, 그들은 수잔에게까지 수갑과 족쇄를 채우고 끌어내서 도보로 호송 차량까지 이동하게 했다.

이렇게까지 하는 이유는 딱 하나였다. 이 장면을 지켜보고 있는 동네 사람들과 친구들 앞에서 망신을 주려는 것이었다.

우리는 몇 주 전부터 기소가 임박했다는 눈치는 채고 있었다. 오스카는 이미 우리가 자수 형식으로 출두할 수 있도록 기동타격대 측과 협상을 하고 있었다. 그러나 연방정부는 우리에게 굴욕감을 안겨주면서까지 자신들을 홍보하기로 한 것이다.

나는 그들에 이끌려 대기하고 있던 차량으로 오르는데 마침 길가의 우리 집 우편함에 꽂혀 있는 「리뷰 저널」 조간판이 눈에 들어왔다. 1면 톱기사의 지목은 "라스베이거스의 베팅 그룹, 기소될 듯"이었다.

수잔이 그런 꼴을 당하는 것을 보면서 내가 얼마나 화가 났는지는 무슨 말로도 설명할 수 없을 것 같다. 그날 아침의 사건으로 인해 FBI나 법무부에 대한 나의 반감은 열 배쯤은 늘어난 것 같았다.

수잔과 나는 수갑에 채워진 채 연방법원으로 연행되었다. 컴퓨터 그룹과 관련된 17명이 정식 기소되었다. 황당한 것은 마이클 켄트와 도미닉 스피네일, 머브 아델슨, 어윈 몰라스키 등은 기소되지 않았다는 것이다. 우리는 주 경계 밖으로 베팅 정보를 전송하고 불법으로 주의 통신 시설을 이용하는 것을 금지한 법률을 120차례에 걸쳐 위반했다는 혐의로 기소되었다.

불법적인 도박 혐의나 조직범죄와 관련된 혐의는 한 건도 없었다. 다시 한번 이야기하지만, 단 한 건도 없었다. 이번에는 정부가 전술을 바꿔서 새로운 범죄 장르를 창조하여 우리를 기소한 것이다. 그들은 '조직적 베팅'이라는 죄목을 새로 만든 것이다.

그들은 불법적인 하우스를 운영하는 것을 금지한 조항을 근거로 이러한 죄목으로 우리를 기소했다. 그들은 이 조항을 기업적인 규모로 베팅하는 조직에도 확대 적용할 수 있다고 판단했다. 이러한 논리로 그들은 컴퓨터 그룹의 조직원들이 네바다주의 바깥으로 베팅과 관련된 정보를 불법 또는 합법 북메이커들에게 전달하는데 유선 통신 설비, 즉 전화를 사용한 것이 연방법 위반이라고 주장했다.

일이 굉장히 커졌다. 정부의 논리대로 북메이커들이나 베터들에게 정보를 제공한 것으로 기소한다면, 스포츠 베팅 업계 전체가 완전히 바뀔 것이고, 멀리서 주 경계를 넘어서 베팅한 모든 사람이 연방법을 위반한 범죄자가 될 것이다.

수잔과 나는 지문 채취를 마친 후 분리된 감방에 갇혀서 점심식사로 똑같이 받은 도무지 맛없어 보이는 볼로냐 샌드위치를 물끄러미 바라보았다. 다행히 우리의 유능한 변호사 덕분에 우리는 맛없어 보이는 그 음식에서도 벗어날 수 있었다. 오스카가 도착해서 우리는 석방되었다.

우리가 풀려나 오스카의 사무실에서 마주 앉기도 전에 검사도 기민하게 움직였다. 그들은 거래를 제안했다. 내가 나의 혐의를 인정하면, 수잔에게 적용된 모든 혐의를 취하하겠다는 것이다. 잘하네! 연방정부가 손에 '부인 석방' 카드를 쥐고 게임을 벌이고 있군.

수잔은 아연실색했다.

"만일 그 제안을 무시하고 재판을 받으면 내가 감옥에 갈 가능성이 큰가요?" 수잔이 물었다.

오스카는 폭탄주 및 봄베이 사파이어 진 애호가 등 다양한 면모를 보여주는 사람이었지만, 어떤 경우에도 고객에게 소홀하지 않은 사람이었다.

"수잔. 당신은 어떤 죄도 없어요. 그러나 판사와 배심원 앞에서 몇 차례 재판을 받아야 합니다. 그리고 법정에서 무슨 일이 일어날지는 아무도 모르는 것이고요. 그러니, 당신이 감옥에 갈 가능성은 있다고 말할 수밖에 없어요."

수잔이 울기 시작했다.

나는 내가 무엇을 해야 할지 알고 있었다.

나는 오스카에게 말했다. "간단해. 내가 내 혐의를 모두 인정할 거야. 그리고 수잔은 완전히 혐의를 벗게 되는 거지."

수잔이 울음을 그쳤다.

"빌. 우리 자리를 좀 옮겨서 얘기해요."

우리는 오스카의 사무실에서 조금 떨어진 한 패스트푸드 식당에서 마주 앉았다. 그녀는 우리가 모두 자리에 앉을 때까지 기다렸다가 말을 꺼냈다.

수잔이 말을 시작했다. "우리는 잘못한 게 하나도 없어요. 미국에서 스포츠 경기에 베팅했다고 이런 일을 당한다는 게 말이 안 돼요. 절대로 유죄를 인정하지 말아요."

수잔과 나를 포함한 12명이 1992년 라스베이거스 배심원단 앞에서 피고로 앉았다. 언론은 마치 세기의 재판이라도 되는 듯 한순간도 놓치지 않고 중계 방송했다.

나도 상황의 중요도를 인식하고 오스카 대신 릭 라이트를 변호사로 기용했다. 오스카는 유죄를 인정하고 노블 요원을 만나서 협상을 하자는 자신의 충고를 내가 거절한 것에 대해서 다소 불쾌해하고 있었다. 돌이켜 보면, 그때의 내 판단은 옳았다. 릭 라이트는 게임의 흐름을 완전히 바꿔 버렸다.

상황의 중대함을 느낀 것은 검사 측도 마찬가지여서 원래 이 사건의 담당 검사고 여전히 조직범죄대응 기동타격대의 일원인 에릭 존슨 검사가 이 사건에서 한발 물러나기로 했다. 대신 2년 차 검사보인 제인 호킨스 슈메이커에게 우리 사건을 맡겼다. 우리로서는 꽤 재미있는 일이 벌어진 것이다. 슈메이커는 6년 전, 로이드 조지라는 판사가 우리와 관련하여 FBI의 도청과 여러 주에서 벌어진 동시 수색을 승인했을 때, 바로 조지 판사 밑에서 일하던 사람이었다. 그러니까 조지 판사가 보기엔 슈메이커는 우리를 잘 알고 있는 탁월한 사냥개였다. 우리는 조지 판사가 재판을 진행하고 슈메이커가 검사로 등장했다면 재판에서 이기기 어려울 것으로 생각했다. 이에 오스카는 1991년 6월, 조지 판사가 나와 노블 요원 사이의 사적 만남이 어떤 법적 결과를 초래하는지를 논의하기 위한 비밀 청문회에 변호사인 오스카 없이 출석하도록 명령한 것이 위법하다며 조지 판사에 대한 기피 신청을 제출했다. 대개 이런 신청이 받아질 가능성은 거의 없다. 게다가 조지 판사는 훗날 라스베이거스연방법원이 그를 기리기 위해 법원의 이름을 바꿀 정도로 명망 있는 판사였음을 감안 하면 이 신청이 받아들여질 가능성은 별로 없어 보였다.

조지 판사는 '법원의 재판 진행에 어떤 편견이나 부당함 또는 편향성 있다는 증거는 없다.'라는 글을 자신의 판결문에 남겼음에도 불구하고, 우리의 기피 신청은 효력을 발휘했다. 대신 클라렌스 뉴커머라는 나이 든 판사가 우리의 사건을 맡았다. 그는 필라델피아의 거리에서 벌어지는 도박 관련 사건이나 폭력조직 관련 사건을 여러 번 맡았던 경험이 있었던 사람이었다.

우리에겐 뜻하지 않던 호재가 생긴 것이다.

그래도 여전히 두려웠다. 나와 수잔이 연방법원 안에서 나의 자유를 위해 원치 않는 싸움을 강요당하고 있었고, 유죄와 무죄 사이는 종이 한 장의 두께만큼 얇고 가벼웠다.

겉으로 보기엔 상황은 좀 더 나빠진 것 같았다. 마이크 켄트가 역외 계좌를 이용한 탈세와 세금 사기를 포함한 형사적 혐의에 대한 책임을 면하게 해주는 대가로 정부 입장에서 증언을 하기로 합의를 보았기 때문이다. 만일 그가 자신만 살기 위해서 없는 사실까지 마치 사실인 것처럼 증언한다면 그만큼 나머지 사람들의 불이익은 커질 것이다.

슈메이커 검사는 법정에서 공소 사실을 밝히면서 컴퓨터 그룹이 13개 주에 흩어져 있는 베터와 하우스를 연결해서 수백만 달러의 이익을 창출해 내는 어마어마한 죄를 저질렀다는 사실을 강조하기 위해 많은 애를 썼다. 간단하게 말하자면, 남녀 배심원들 앞에서 우리를 거대한 기업형 범죄조직의 조직원이라는 사실을 철저하게 강조한 것이다.

우리 쪽에서는 전직 검사이자 도박 관련 법률 전문가인 케니 헨스가 변호인단의 일원으로 나서서 컴퓨터 그룹이 전해주는 정보와 지휘에 따라 엄청난 돈이 움직인 것은 사실이라고 인정하면서도 그것이 기업형 범죄는 될 수 없다고 주장했다. 그는 또 이 사건이 FBI 정예 요원들을 동원하여 줄잡아 수십만 시간 동안 수백만 달러의 세금을 들여서 수사할 만한 사건이 맞는지에 대한 의문도 제기했다.

예상했던 대로 마이크 켄트가 정부 측 증인으로 처음 등장했다. 그는 몇 시간에 걸쳐서 컴퓨터 공학자로서의 자신의 천재성과 과거의 베팅이력, 그리고 컴퓨터 그룹 내부에서 진행되는 작업 등에 관해서 진술했지만, 결국 그의 진술은 우리에게는 오히려 도움이 되는 내용이었다. 마이크 켄트의 말을 그대로 사실로 인정하자면, 우리는 게임에 베팅한 베터일 뿐이고 그 이상도 그 이하도 아니라는 것이었다.

다음 날, FBI의 특수요원인 토머스 노블이 검사 측의 심문과 변호인의 반대 심문에서 어물어물한 태도를 보이면서 재판의 흐름은 확연히 달라졌다. 케니 헨스는 노블이 1985년 1월에 작성한 수색 영장에 대한 진술서를 근거로 그의 신뢰성과 컴퓨터 그룹을 기소하려는 그의 집요한 추진력을 공격했다..

케니 헨스는 거기서 그치지 않았다. 그는 노블 요원에게서 그가 6년 전, 수색영장을 청구할 당시 컴퓨터 그룹이 무엇을 하는 집단인지 잘 몰랐다는 진술을 끌어내는 데 성공했다. 노블은 불법도박과 관련이 있다고 "믿고 싶었다"라고 실토하고 말았다.

커니 헨스가 노블의 도박에 관한 지식을 검증하기 위한 질문을 이어가자 노블 요원은 결국 두 손 들고 말았다.

"한 가지 밝혀 둘 것이 있습니다. 나는 도박 전문가는 아니라는 사실입니다." 그는 자신이 도박에 대해 깊이 알고 있지 않다는 사실을 인정했다.

그는 자신의 도박 관련 경험은 지극히 제한적이라고 말하며 "나는 이 법정에 계신 모든 분께 내가 도박 전문가는 아니라는 사실을 얘기하고 싶습니다."라고 말했다.

그런데도 우리 변호사 케니 헨스는 도베르만처럼 질기게 물고 늘어졌다.

헨스: 이것을 한번 물어보고 싶습니다. 이 사건을 맡기 전에, 녹음 테이프에 등장한 사람이든 다른 사람이든 누군가가 위험분

산베팅을 했다는 말을 들어본 적이 있습니까? 그리고 위험분
산투자라는 것이 무엇인지 알고 있습니까?

노블: 들어본 적은 없습니다.

헨스: 그런데도 당신은 수색영장을 청구하면서 당신이 청취한 녹
음테이프에 의하면 이들이 위험분산베팅을 했다면서 이 사
실을 확인하기 위해서 수색영장이 필요하다고 영장청구서에
서 밝히고 있습니다. 맞죠?

노블: 그렇습니다.

헨스: 좋습니다. 그렇다면 당신이 영장청구서에 적은 내용은 사실
과 다르다고 생각할 수 있습니다. 당신이 들은 녹음테이프 안
에 위험분산베팅에 대한 내용은 없었습니다. 그렇죠?

노블: 그들이 위험분산베팅을 한 것은 분명하다는 것을 알고 있었
습니다. 그러나 내가 들어본 테이프 안에 그런 내용이 있었는
지는 모르겠습니다.

헨스: 그렇다면 청구서에 적어 넣었을 정도로 확신하게 된 근거는
무엇입니까?

노블: 내 마음속의 상태나 신념에 근거한 것 같습니다. 나는 그렇게
믿었습니다.

헨스: 그렇다면 그것은 당신이 그렇게 믿고 싶었다는 말이 아닌가
요?

노블: 사실 그렇습니다.

그날 힘겹게 증언대에서 내려오는 그의 모습을 보니 애처로움이 느껴질 지경이었다.

그는 자신이 전국적인 동시 수색 작전을 허가받는 과정에서 국세청의 불법도박 색출작업에 관해 자신이 알고 있는 바를 고의로 허위 진술했으며, 자신이 확보한 일부 증거를 피고에게 숨긴 사실을 인정했다.

판사가 실제 북메이커인 제임스 프록터 호킨스에 대한 혐의를 기각하면서 재판은 더욱 기괴하게 흘러갔다. 판사는 그가 불법적인 북메이커 활동을 공모했다는 혐의로 기소된 것은 잘못이라고 판단했다. 「리뷰 저널」은 사건이 『이상한 나라의 앨리스』에 나오는 해프닝처럼 황당한 국면으로 흘러가고 있다고 보도했다. 실제 도박을 주선한 북메이커는 풀어주고 합법적인 베팅을 한 사람들만 형사 소추하고 있었다.

정부 측은 변호인이 신청한 마지막 증인인 로이 우프터의 증언으로 치명상을 입었다. 그는 라스베이거스에서는 명망 있는 인사 가운데 한 명이었고, 사려 깊고 좋은 평판을 받는 법률가였으며, 과거에는 클라크 카운티 지방 검사를 지냈고, 당시에는 라스베이거스시 검사였다.

우프터 검사는 증언대에서 지난 1984년에 베니 비니언의 주선으로 나를 호스슈호텔에서 만난 적이 있고, 그 자리에서 내가 자신에게 법률적 조언을 구했었다고 증언했다. 내가 그 자리에서 여러 주에 흩어져 있는 사람들이 집단으로 베팅하는 게 법적인지 우려된다고 말했는데 우프터는 자신의 법률적 지식에 비추어 판단할 때 불법은 아니라고 생각한다고 말해주었다고 배심원 앞에서 증언했다.

우프터는 또 1985년 1월에 연방 검찰에 의해서 내가 급습받은 후 내가 자신에게 전화를 걸어서 "로이, 지난번에 내게 여러 주에 흩어져 있는 사람들이 협력하여 베팅하는 것이 합법적이라고 조언했었는데, 그 생각에 여전히 변함이 없나요?"라고 물었었다고도 증언했다.

그리고 그때, "물론 변함없어요. 그런데 왜요?"라고 반문했고, 내가 "그 일 때문에 연방검찰이 우리를 급습하여 수색하고 있거든요."라고 답했다고 덧붙였다.

이를 계기로 재판은 아주 흥미진진해졌다. 검찰이 1990년 7월 다른 대배심에 이 사건을 다시 기소하는 것을 검토했지만, 그들은 이미 불법도박 혐의로는 승산이 없다는 것을 알고 있었다. 재판이 시작된 지 얼마 지나지 않은 시점부터 자신들이 확신했던 것과는 달리 컴퓨터 그룹이 베터들의 모임에 지나지 않는다는 사실을 알고 있었다. 그래서 그들은 신속하면서도 느슨하게 대응했다. 1985년에 이미 단순히 베팅에 참여한 사람은 연방법을 위반한 것이 아니라는 판결을 대배심으로부터 받았음에도 불구하고, 1990년에 관련 법 담당 대배심에 기소하지 않기로 한 것이다.

릭 라이트의 최후변론은 노블의 상상 속에만 존재했던 불법도박에 대한 확신을 지적하는 데서부터 시작해서 정부에 대한 거센 비판으로 이어졌다.

이 사건 수사는 FBI가 시민의 전화를 도청하는 데서 시작했습니다. 그리고 노블 씨는 자신이 귀로 들은 내용만을 가지고 충분한 전문지식도 없이 여러 주에 걸쳐서 거대한 불법도박 음모가 펼쳐지고 있다고 생각했습니다. 그의 상상은 여기서부터 확장되고, 확장되고, 또 확장되었습니다. 그는 자신의 확신만으로 기동타격대를 동원했고, 그들도 전례 없이 열심히 이 사건에 뛰어들었습니다. 그들이 대대적인 수색을 벌인지 벌써 7년이 지났습니다. 돌아오는 일요일은 공교롭게도 슈퍼볼 게임을 앞두고 그들이 벌였던 수색이 있은 지 7년이 되는 날입니다. 이 사람들이 오늘날 법정에 서기까지 이렇게 오랜 시간이 필요했던 이유가 뭘까요….

릭은 이어서 배심원 앞에서 FBI가 나와 수잔의 휴대전화를 감청한 것을 맹비난했다. 그들은 50일간의 통화를 도청하여 약 1만 문장의 녹취록을 만들었다는 것이다. 그는 이 녹취에서 사설 도박 행위를 시사해주는 단어는 하나도 없었다고 강조했다.

피고인들이 기동타격대의 십자포화의 표적인 된 것은 순전히 우연이었습니다. 이들이 표적이 된 것은 뭔가를 잘못해서가 아니라, 노블 씨가 증거를 잘못 해석한 탓일 뿐입니다. 한번 표적이 되면 포화를 면할 길이 없습니다. 그들은 마치 개처럼 한번 문 것을 놓지 않았습니다. 그것을 푸는 유일한 방법은 배심원들의 판결뿐 입니다. 저들은 핏불^{Pitbull : 한번 물면 좀처럼 놓지 않는다는 투견종의 하나}입니다.

그로부터 열흘 후 우리 사건은 배심원단으로 완전히 넘어갔다. 우리는 심의에서 제외되어 언론과 자유롭게 대화할 수 있는 두 명의 예비배심원들을 통해서 배심원단의 분위기를 미리 파악할 수 있었다.

"이 사건과 관련한 음모가 있다면, 정부가 피고들에게 한 의도적인 음모가 있을 뿐이다. 이 사건을 통해 지금까지 내가 보지 못했던 정부의 새로운 모습을 볼 수 있었다. 이번 사건을 통해 혈세가 어떻게 낭비가 되는지를 똑똑히 알게 되고 화가 났다." 예비 배심원인 린다 맥코니코가 「리뷰 저널」과의 인터뷰에서 말했다.

또 다른 예비 배심원인 리처드 모건도 비슷한 이야기를 했다. "어디까지나 내 개인의 의견이기는 하지만, 나는 피고인들이 무려 7년 동안이나 총구를 마주하고 있었다고 생각한다. 만일 같은 일이 나에게 일어난다면, 나는 심한 학대나 부당한 박해를 받았다고 생각할 것이다."

3일 후, 배심원단은 우리에게 가해진 64개의 혐의에 대해서 전원일치의 무죄 평결을 내렸다. 나는 기쁨에 겨워 울고 소리 지르고 싶을 정도였다.

나머지 54개의 혐의에 대해서는 배심원들의 의견이 일치하지는 않았지만, 11-1로 무죄 의견이 우세했다고 했다. (유일하게 반대표를 던진 사람은 배심원 질문서에는 자신의 직업을 밝히지 않았지만, 전직 경찰관이었다고 한다.)

우리는 완승을 했지만, FBI나 연방검사에게는 재앙이나 마찬가지였다. 대표배심원인 드보라 팔라디노는 「리뷰 저널」과의 인터뷰에서 "이건 최악의 세금 낭비였다. 피고인들은 아무도 겪어서는 안 될 고통을 겪었다."라고 말했다.

후에 나는 이 사건을 처음부터 끝까지 취재한 「리뷰 저널」과의 인터뷰에서 내 생각을 가감 없이 말했다. "나는 최악의 적들 때문에 하고 싶지 않은 경험을 했다. 그러나 이 일을 겪은 덕분에 나는 훨씬 성숙해졌다. 그래도 결과적으로만 말하자면, 내가 미국에 살고 있어서 다행이다. 만일 다른 나라에서 이런 일을 겪었다면, 제대로 된 재판도 받지 못했을 것이고, 잘못된 것을 바로잡을 기회도 얻지 못했을 것이다."

며칠 후, 연방정부는 남은 모든 혐의에 대한 기소를 취하하겠다고 발표했다.

판결이 내려진 지 약 한 달 후, 나는 라스베이거스 시내에 있는 뱅크 오브 아메리카 건물로 걸어 들어가던 중, 법무부 조직범죄 및 공갈전담 기동타격대의 책임자로 새로 임명된 커트 슐케와 우연히 마주쳤다.

나는 걸음을 멈추고, 그에게 내가 누군지 말했다. 슐케도 내 재판 전 과정을 참관했고, 나는 기동타격대가 나의 사건을 영원히 잊지 못할 것으로 생각했다. 연방정부가 우리에게 얼마나 칼을 갈고 있는지도 들어서 알고 있었다.

나는 슐케에게 정부 측이 나의 사건으로 얼마나 화가 나 있는지 단도직입적으로 물었다. 나는 그때 슐케의 대답을 잊지 못한다.

"빌리, 우리는 당신 같은 사람을 그렇게 많이 만나지는 않아요. 걱정하지 마세요."

그러나 불행하게도 법무부의 어느 어두운 구석에는 나에게 큰 원한을 품은 비상한 두뇌를 소유한 사람들이 자리 잡고 있었다.

그러나 그 순간 중요한 것은 수잔과 내가 자유롭다는 것뿐이었다.

15장

고양이와 쥐

1992년 늦은 겨울, 나는 또다시 연방정부 사람들에게 시달리는 일이 없도록 몇 가지 전략적인 조치를 취했다.

우선 세계에서 가장 큰 로펌 가운데 하나인 그린버그 트라우리그에서 게임 분야 전문가의 상담을 받았다. 그의 충고에 따라 나는 시에라 스포츠 컨설팅이라는 회사를 설립했다. 내 명의의 사업자 등록증을 발급받아 산업단지에 사무공간을 임대하고, 근무시간 중에는 출입문을 잠그지 않도록 했으며, 현관에는 '시에라 스포츠'라는 간판을 설치했다.

나는 전직 경찰관인 제임스 아키 핸들리와 바비 히트를 채용해서 회사의 보안과 내부 질서를 책임지게 했다. 두 사람은 모두 총기 소지 허가를 받은 사람들이었다. 스포츠 베팅은 오직 현금으로만 가능했기 때문에 이것은 매우 중요한 사항이다. 실제로 시에라 스포츠에는 라스베이거스 주변의 돈이 매주 수백만 달러씩 들어오고 나가곤 했다.

나는 여러 해 동안 컴퓨터 그룹과 일을 하면서 중요한 수학적 우위를 점하기 위해서는 규모와 범위가 중요하다는 것을 알고 있었다. 이 문제를 해결하기 위해 나는 마치 JP 모건이나 골드만 삭스의 실전투자룸을 방불케 하는 워룸을 설치했다. 다른 것은 주식 거래가 아닌 스포츠 베팅을 위한 상황을 분석하고 행동에 옮기는 장소라는 것이다.

나는 샌디에이고 출신의 독실한 모르몬교 신자이고, 탁월한 소프트웨어 프로그래머인 다니엘 프레이를 고용하여 30명 정도의 직원들이 전국에 흩어져 있는 주요 북메이커들의 영업장에서 일어나는 상황을 몇 초 안에 확인하여 즉시 입력할 수 있는 컴퓨터 네트워크를 구축했다. 이것이 바로 지금은 온라인 확률 베팅의 표준으로 인정받고 있는 돈베스트 스포츠DonBest Sports의 초기 사내 버전이었다.

다니엘의 컴퓨터 프로그램 덕분에 우리는 배당률을 거의 실시간에 가깝게 파악할 수 있었다. 우리 직원들은 주요 북메이커들에게 전화를 걸어 그들의 베팅 한도와 배당률 등을 수시로 확인했다. 이러한 전화 통화는 온종일 진행되면서 배당률과 한도가 변경될 때마다 즉시 확인되었다. 이를 토대로 내가 관심 있는 경기의 예상 승패 확률과 베팅 규모를 즉시 계산할 수 있었다.

나와 함께 베팅하는 개인들에게도 질문은 똑같았다. 6포인트에 몇 %입니까? 6과 1/2에는? 10명의 직원이 동시에 대리 베터 10명과 통화하면서 수집되는 데이터를 취합하여 나는 각 게임당 그들을 통해서 간접적으로 베팅 되는 규모를 정확하게 파악했다. 이렇게 해서 드디어 행동에 나설 때가 되면 마치 단거리 육상선수가 블록을 박차고 나가듯 다 함께 순식간에 움직인다. 직원들은 단축 다이얼로 전화를 걸어 러시아위에 칙필레Chick-fil-A : 미국의 닭고기 전문 패스트푸드점에서 바쁘게 주문하듯 급하게 베팅 주문을 넣었다. 우리가 신뢰할 만한 대리 베터에게는 두 개의 번호를 모두 주었다. 그리고 그렇지 못한 사람에게는 하나만 전달해 주었다. 진짜로 규모가 큰 게임에 대해서는 모든 대리 베터에게 두 개의 번호를 모두 주고 우리는 기회를 잡았다.

모든 베팅은 철저하게 정보를 기반으로 했다. 당시는 지금처럼 인터넷이 발달하여 일주일 내내 매일 24시간 언제든지 스포츠 정보를 바로 접할 수 있는 시대가 아니었다. 그렇다면 그런 시대에 나는 어떻게 각 선수와 팀에 대한 정보를 얻고 분석할 수 있었을까? 간단하다. 내가 일일이 알아보고 정리했다.

나는 하루 16시간 동안 쉬지 않고 비행기가 뜨고 내리는 맥카랜 국제공항에서 여객기 기내 청소원들과 거래를 했다. 왜 하필 여객기인가? 승객들이 내리고 나면 기내에는 승객들이 놔두고 내린 신문들이 가득하다. 그 신문의 지역 스포츠 섹션에는 내가 필요로 하는 정보가 풍성하게 담겨 있다. 나와 거래하는 직원들은 하루에도 몇 차례씩 착륙한 여객기에 올라가 청소를 하면서 모든 신문을 수거해서, 나에게 전국 곳곳에서 발행되는 다양한 신문들을 매일 볼 수 있도록 제공한다. 뉴욕 타임스, 보스턴 글로브, 시카고 트리뷴 등 다양한 신문이 매일 내 손에 들어온다. 그리고 나는 하루 종일 이들 신문의 스포츠 섹션만 읽으면서 각 팀과 선수들 그리고 코치들에 대한 정보만 수집하고 정리하는 팀을 따로 운영했다. 그들은 각 경기에 대한 보도기사, 스포츠 칼럼, 구단주나 코치 선수들의 인터뷰 등 팀이나 선수와 관련된 모든 정보를 샅샅이 훑었다. 또 다음 게임에 임하는 그들의 계획, 선수들의 부상과 관련된 기사, 선수들의 사생활과 훈련 상황, 심지어 그들의 주변 사람들과 관련된 기사까지 살폈다.

시에라 스포츠의 원활한 업무 진행을 위해 당시 널리 이용되었던 넥스텔사의 쌍방향 무선 통신 장비와 삐삐를 휴대하고 라스베이거스 내에서 활동하는 조직을 별도로 구성했다. 그들의 임무는 합법적인 베팅장에서 조용히 술을 마시면서 베팅 시간을 기다리는 것이었다. 우리

조직의 규정 준수 책임자인 아키는 1만 달러 이상의 모든 베팅에 대해 팀원들이 통화 거래 보고서를 작성해야 한다고 분명히 했다. 이는 미국에서 고객이 1만 달러 이상의 통화 거래를 할 때 사용하는 은행 양식이었다.

또 우리가 특정 북메이커들을 밀어주거나 그들과 결탁하고 있다는 의심을 받지 않도록 누구도 자신의 개인적인 의견을 제시하지 않도록 했다. 이렇게 정해진 엄격한 규칙과 틀 안에서 시에라 스포츠는 오전 6시부터 저녁 8시까지 마치 소방 훈련을 하듯 쉬지 않고 달렸다. 그리고 대학 풋볼 시즌이 시작되는 8월 말부터, 한 시즌을 결산하는 4강전이 벌어지는 다음 해 4월 초까지 수천 건의 베팅을 진행했다.

대학 풋볼 외에도 NFL, NBA, MLB, PGA, NHL 등 다양한 스포츠 경기에도 베팅했다. 이렇게 해서 우리는 매년 수억 달러 규모의 베팅을 진행했다.

이 정도 수준의 베팅을 1년 365일, 매주 7일, 하루 24시간 동안 진행한다는 것은 매일 매일 생존 경쟁을 벌이는 것이나 마찬가지이다. 또 우리는 북메이커들이 우리 베팅의 출처를 알지 못하도록 엄청난 노력을 기울였다.

나는 내가 정한 원칙과 베팅 방식을 철저하게 지켰다. 그 결과 모든 게임에 대해서 가장 적절한 승패 확률과 베팅 규모를 산출해 낼 수 있었다. 수많은 장애물과 시행착오가 있었지만, 적절한 베팅 규모와 확률을 찾아내고, 그러한 데이터의 출처를 숨기는데 세계 최고가 되었다.

일반대중의 눈에는 스포츠 베팅 비즈니스가 마치 양자물리학처럼 보일 수도 있다. 그리고 가장 높은 수준에서는 베팅에 참여하는 사람과 북메이커들 간의 심리전, 즉 쥐와 고양이의 싸움, 또는 포식자와 사냥감 간의 고도의 수 싸움이기도 했다. 초기에 게시되는 정보들은 게임의 시작을 알리는 총성일 뿐이다.

우리에게 냉소적인 일부 사람들은 나의 목표가 마치 모든 북메이커를 파산시키는 데 있다고 비난할지 모르지만, 이는 제대로 알지 못하고 하는 말이다. 북메이커는 본질적으로 균형을 추구하는 사람들이다. 그들은 승부의 방향이 어느 한쪽으로 지나치게 치우치는 것을 좋아하지 않는다. 그들은 승자 패자 모두에게서 베팅 금액의 10%를 수수료로 받아먹고 사는 사람들이다.

북메이커가 타격을 입으면 아예 영업장의 문을 닫거나 베팅 한도를 낮춰야 한다. 나로서는 그 어떤 것도 좋은 것이 없다. 내 목표는 북메이커들이 계속해서 자신의 사업을 이어나가고 서서히 번창하여 그만큼 베팅 한도를 높이도록 하는 것이다. 그렇게 해서 시장 전체의 규모가 커지면 나의 베팅 규모와 이익도 그만큼 늘어나게 된다.

제법 똑똑한 북메이커들은 이 문제를 해결하기 위해 나와 직접 제휴하기를 원했다. 그들은 각 게임에 대해 내가 어떻게 판단하고 베팅하는지 직접 나를 통해 전달받고 싶어 했다. 머리가 돌아가는 사람이라면, 내가 가지고 있는 정보를 직접 내게서 받고 그것을 자신들을 통해 베팅하는 고객들에게는 숨기고, 베팅 한도를 크게 늘린 후 오히려 반대로 베팅하게 유도하여 자신의 이익을 크게 늘릴 수 있을 것이다.

생각이 있는 북메이커라면 자신의 고객 가운데 누군가는 승자가 되고 누군가는 패자가 된다는 것을 알고 있다. 아무도 승자가 될 수 없다면 그들의 비즈니스 자체가 성립될 수 없다는 점을 알고 있을 것이다.

좀 더 쉽게 말하면 가장 현명한 사람이라면 모든 고객에게 공정하게 정보를 공개한다는 것이다. 바카라나 블랙잭 또는 크랩스처럼 말이다. 가장 현명한 업자는 자신의 이익을 극대화하기 위해 자신이 가진 돈을 활용하는 사람이다.

내 사업 초창기에 나와 함께 했던 북메이커들을 꼽으라면 밥 마틴, 조니 퀸, 진 마데이, 스코티 셰틀러 등을 들 수 있다. 그리고 닉 보그다노비치, 지미 바카로, 리치 바셀리니, 매트 메칼프, 크리스 앤드류스 등이 그 뒤를 이었다. 북메이커로서 그들은 예술적 경지에 이른 사람들이었다. 그들은 어떻게 이 사업을 운영해야 하는지 제대로 알고 있는 사람들이었다.

그들의 경력을 보면 그들이 얼마나 대단한 인물인지 알 수 있다. 닉 보그다노비치는 윌리엄 힐 US라는 스포츠 베팅장을 운영했고, 후에는 시저스 스포츠의 베팅 책임자로 일하다가 시르카의 스포츠 베팅 매니저로 10년간 일했다. 지미 바카로는 스포츠 베팅 네트워크인 VSiN의 선임 라인메이커linemaker : 베팅 라인을 설정하는 사람로, 사우스포인트호텔 카지노앤스파의 스포츠 베팅 담당 부사장을 지냈다. 리치 바셀리니는 MGM, 시저스, 팜 등에서 카운터 책임자로 일했고, 지금은 닉을 도와서 시르카에서 상품 개발 책임자로 일하고 있다. 크리스 앤드류스는 전설적인 오즈메이커인 잭 프랜지의 조카이기도 하다. 그는 사우스포인트호텔에서 지미 바카로를 도와 스포츠 베팅 책임자로 일하고 있다. 사우스포인트호텔은 또 다른 라스베이거스의 전설인 마이클 고언이 소유하고 있는 호텔이다.

1992년 당시에는 닉 보그다노비치가 호스슈호텔에서 잭 비니언의 부하직원으로 일하고 있을 때였다. 나는 월요일 아침 8시가 되면 대학 풋볼 한 경기 당 2만 5,000달러씩 베팅할 수 있었고, 프로 풋볼 경기에는 5만 달러씩 베팅할 수 있었다. 잭은 본인 하우스의 명성에 금이 가는 것을 싫어했기 때문에, 내가 닉과 함께 베팅하는 첫 번째 사람이어야 한다고 고집했고, 그러한 상징성에 걸맞게 나의 회원 번호를 101번으로 정해 주었다. 잭은 말했다.

"나는 자네가 나와 함께 일찍, 직접 베팅해주기를 바라네. 내가 자네는 물론 자네를 따르는 사람들과 계속해서 사업을 함께 하고 싶거든."이라고 잭은 말했다.

잭은 닉이 나에게서 직접 베팅을 받으면, 예를 들어서 9번을 걸고 승리 가능성이 큰 팀에게 베팅한다면, 호스슈호텔 측에게도 유리하리라는 것을 알고 있었다. 내 베팅을 기반으로 닉은 즉시 자신의 베팅 라인을 10점으로 올리고 시장 상황을 계속 모니터링하여 다른 베터보다 0.5포인트 앞서도록 유지할 수 있다. 유능하지 않은 북메이커들은 어느 한쪽으로 돈이 쏠린 상태에서 쉽게 끝낸다. 그러나 일단 경기가 시작되면 더 이상 베팅을 할 수도 없고, 베팅한 것을 변경할 수도 없다. 결국 하우스 입장에서 보면 돈이 전체적으로 한쪽으로 쏠리는 것은 바람직하지 않다.

내가 돈을 일찍 걸면 잭은 스포츠 베팅 책임자를 통해 나의 베팅 내용과 규모에 맞춰서 전체 한도와 라인을 조정할 수 있다.

나는 프론티어의 토미 에랄디나 밥 그레고리아 등과도 비슷한 방식으로 협업을 했다. 그들과도 꽤 여러 해 함께 일하는 동안 별다른 갈등이나 견해 차이는 없었다.

미라지호텔 카지노의 사실상의 운영자였던 지미 바카로는 지금까지 이야기했던 사람들과는 또 다른 실력자였다. 당시 미라지호텔의 카지노는 마치 가짜 화산처럼 활활 타오르고 있었다. 그래서 지미는 실제로 무엇이 어떻게 진행되는지 알고 싶었기 때문에, 나의 제안을 기꺼이 받아들였다.

그는 나와의 첫 만남에서 이렇게 말했다. "좋아요. 이렇게 합시다. NFL은 한 경기당 한쪽 팀에 3만 달러. 대학 풋볼은 한 경기당 한쪽 팀에 2만 달러까지 걸 수 있도록 한계를 정하지요. 총액에 대한 제한은 없습니다."

우리는 그렇게 간단하게 합의를 보고 악수를 했다. 그 후 나도 약속을 어긴 적이 없고, 지미도 약속을 어긴 적이 없다. 한 번도 조건을 변경한 적도 없고, 나의 베팅을 거부한 적도 없다. 그 이유를 솔직히 말하자면, 내가 알고 있는 것을 그도 알고 싶었기 때문이다. 나는 한 번도 그를 상대로 기만행위를 한 적이 없었다. 또 그가 모르는 베터를 따로 보낸 적도 없다. 우리는 상대를 그만큼 존중했다.

확률의 마법사로서의 나의 명성이 굳어질 무렵 나는 베팅 기술을 제대로 이해하지 못하는 몇몇 북메이커에는 따로 대리 베터를 파견하기도 했다. 내가 나의 뜻에 따라서 베팅해 줄 사람들을 따로 조직한 이유는 한도를 더 높이고, 전 세계적으로 규모를 키우기 위해서였다. 그 결과 나는 나의 사업 규모를 계속 확대해 나갈 수 있었다. 예를 들자면, 윌리엄 힐은 영국에서 나와 함께 일하는 파트너였다. 그가 만일 2주 연속해서 크게 이겼더니, 북메이커는 그의 베팅 한도를 1만 달러에서 50달러로 크게 줄였다. 그가 승리하는 과정에서 어떤 부정이나 속임수가

274

있었는지 확인되지 않았는데도 말이다. 약간 견제하는 의미에서 손가락 하나 정도 묶어 버린다면 이해해줄 수 있지만, 아예 팔을 잘라버린 것이나 마찬가지였다. 그들의 사고방식이 그랬다. 그들이 자신의 돈을 크게 빼앗겼다고 생각하면 이런 식으로 응징하는 것이 그들의 방식이었다.

아일랜드의 수도 더블린에서 우리와 함께 작업했던 패디 파워는 더 황당한 일을 겪었다. 그들은 그의 베팅 한도를 500달러로 제한한 것이다. 그리고 어느 한 계정에서 세 번 연속 승리하면 계정 자체를 폐쇄해 버렸다. 그 때문에 내가 패디 파워의 이름으로 개설한 계정은 나흘을 넘기지 못하고 폐쇄되기가 일쑤였고 그때마다 새로운 계정을 개설하다 보니 무려 200개의 계정을 개설해야 했다. 이는 합법적으로 운영되고 있는 베팅장에서 지금도 벌어지고 있는 슬픈 현실이다.

이런 식으로 운영하는 베팅장은 결국 많은 비용을 지출할 수밖에 없다. 베팅에 참여하는 사람들이 베팅에서 한두 번 이길 수도 있고, 일정 기간 계속해서 승리를 거둘 수도 있다. 그러나 베팅을 계속하다 보면, 결국 손실을 보게 되어 있는 것이 베팅의 이치이다.

모든 카지노의 슬롯머신에서 돈을 딴 사람을 쫓아내고 출입을 금지한다고 가정해 보자. 시간이 흐르면 카지노는 텅 비게 될 것이고 공동묘지처럼 을씨년스럽게 변할 것이다. 그래서 카지노를 운영하는 노련한 전문가들은 누군가 승자는 존재할 수밖에 없다는 것을 알고 있다.

어쨌든 나를 통해서 베팅이 이루어지고 있다는 사실을 숨기고 위장할 수만 있다면, 부를 축적해주는 정보에 관한 우위를 계속 점할 수 있을 것이 분명했다. 나는 대리 베터들이 베팅을 차단당할 것에 대비해서 또 다른 누군가를 늘 준비해 두어야 한다는 것을 깨달았다.

만일 스포츠 베팅을 소재로 한 영화에 캐스팅된다면 나를 대신해 베팅하는 조연 배우들은 대리 베터들이 될 것이다. 이들은 하이 롤러High roller : 고액을 걸고 베팅하는 사람 역할을 하며, 북메이커와 마찬가지로 다양한 형태로 존재한다.

나와 함께 일하기 가장 좋은 파트너들은 스포츠 베팅 분야에서 실패한 사람으로 알려져 있으면서도 거액의 돈을 걸 수 있는 사람이다. 그들은 카지노 측이 콤프로 제공하는 무료 숙박, 무료 음식, 무료 술 서비스를 받아본 이른바 RFBRoom, Food, Beverage 생활을 해온 큰손이다. 초창기에는 나와 인연이 있는 켄터키 출신 사람들을 투입하여 역할을 수행하게 했다. 그러나 좀 더 시간이 지나자 업자들 사이에서 캔터키주가 발급한 운전면허증을 소지한 손님에 대한 주의보가 내려졌다.

이 때문에 나도 나의 협력자들의 출신성분을 최대한 다양하게 구성할 수밖에 없었고, 그들 모두에게 공정한 보상이 주어질 수 있는 수익 보상 체계를 구성했다. 그들은 자신의 베팅 결과로 발생한 수익에 비례해서 보상을 받았다. 대개 내가 그들의 거의 모든 게임 자금을 제공했기 때문에, 결국은 승리로 끝날 때까지 빈번하게 발생하는 모든 위험 부담도 나의 몫이었다. 그러나 그들의 능력이 된다면 전체 베팅 금액의 50% 한도 안에서 그들이 자신들의 자금을 투입할 수 있도록 허락했고, 그들은 이 돈을 자신의 한 개 혹은 여러 개의 계정으로 분산해서 베팅할 수 있었다. 그리고 이 경우에는 이익과 손실도 함께 나누었다.

과거 프로권투 세계 챔피언이었던 무패의 복서 플로이드 메이웨더도 내 파트너로 하루 종일 베팅한 적이 있었다. 그와는 약간의 문제가 있었다. 그가 우리와 합의된 범위의 경계를 자꾸 넘어가려고 했다는 것이다. 그는 두 곳의 카지노에서 하이 롤러 가운데 하나였고, 각 카지노에서 그의 베팅 한계는 50만 달러였다. 우리는 그가 이 두 곳에서만 내가 제공하는 정보에 따라 베팅하는 데 합의했다. 그러나 그는 욕심이 지나쳤고, 이미 다른 사람을 통해서 내가 베팅하는 다른 4~5곳의 카지노에서도 베팅했다. 그 결과 나의 전체적인 전략이 흔들릴 수 있었기 때문에 나는 그와의 협력관계를 청산해야 했다.

내가 오랫동안 많은 사람을 상대해 본 결과 탐욕과 유혹의 영원한 매력에 어떻게든 굴복하는 것은 인간의 본성이었다. 대부분의 사람은 나 몰래 따로 베팅하기도 하고, 내게 받은 정보를 주변 사람들에게 팔기도 하고, 나와 많은 돈을 주고받는 과정에서 일부를 슬쩍하기도 하면서딴 주머니를 만들어 관리했다. 그러나 그들의 바람과는 달리 나는 그것을 거의 파악하고 있었다. 그런 사람들에게는 철저하게 책임을 물어야 한다. 만일 그들이 나를 충분히 속일 수 있다고 착각한다면, 그들은 틈이 날 때마다 내 돈을 빼돌릴 것이다.

실제 사례를 하나 들어보겠다. '조니'(가명)는 내게 지불할 돈 20만 달러를 가지고 일등석 비행기에서 내리려다가 연방 요원들에게 제지를 당했다. 그들이 그 돈의 출처를 의심한 것이다. 조니는 자신이 프로 겜블러라고 설명했고, 그들은 몇 시간 만에 그를 풀어주었다.

다음 날 아침 조니는 나에게 돈을 주면서 자신이 겪은 일을 이야기해 주었고, 나는 중요한 사실을 그에게 다시 한번 상기시켜 주었다. 그 돈은 분명히 나의 돈이다. 만일 네가 그 돈을 잃어버리거나 압수당하면, 전적으로 네가 책임져야 한다.

그들과 나 사이에 이런 확고한 불문율이 세워져 있지 않았다면, 정직하지 않은 베터들로 인해 내가 얼마나 피해를 보았을지 상상하기 어렵다. 아마도 셀 수 없을 정도로 많았을 것이다.

우리 팀이 어떤 게임에 대해서 위장 베팅을 해보면 대리 베터들의 수상한 움직임을 포착할 수 있다. 그러면 많은 대리 베터들 가운데 의심스러운 짓을 하는 사람이 구체적으로 누구인지 확인하기 위한 일련의 조사 활동을 벌인다. 그 결과 범인을 발견하면 나는 항상 그렇듯이 그에게만 잘못된 정보를 알려주어서 그만이 거액의 돈을 잘못된 방향으로 걸고 나머지 우리 일행은 제대로 돈을 걸도록 한다. 그렇게 하면 나는 두 가지의 목표를 달성하게 된다. 누군가 나쁜 짓을 한 사람에게는 철저한 응징을 가하는 것과 동시에 큰 교훈을 주고, 나와 함께 베팅한 나머지 사람들에게는 더 큰 이익을 선물한 것이다.

우리는 베팅 결과를 일 단위로 집계했다. 바비 워드는 나를 위해서 오랫동안 매일 매일의 베팅 결과를 집계하는 업무를 수행한 사람이다. 그는 매일 모든 베팅의 성공과 실패 여부, 그리고 그 결과에 따른 손실과 이익을 모두 집계해서 정리했다. 파트너 중 누군가 선을 넘는 행위를 하면 대개 다음 두 가지 가운데 한 가지 현상이 발생한다. 하나는 1차 경고와 함께 다시 기회를 주는 것이다. 대신 한 번 더 약속과 어긋나는 일을 하면 더 이상 함께 할 수 없다는 점을 분명하게 주지시킨다. 또 하나는 경고 없이 협력관계를 즉시 청산할 수도 있다.

한 가지 특별하게 기억나는 일은 이체켈 루발카다라는 자를 내 돈을 도둑질한 혐의로 경찰에 신고했던 사건이다. 나는 처음에는 그가 정직한 사람이라고 생각했다. 그는 라스베이거스에서 건설 현장의 감독자로 일하던 사람이었으나 2008년의 금융 위기로 큰 어려움을 겪고 있었다. 내 회사에서 인터넷 골프 마케팅 부문을 책임지고 있던 죠쉬 힐이 부양가족이 딸린 실직자였던 그를 추천했다. 그와 죠쉬는 한 동네에서 알고 지내는 사이였다. 나는 처음 그를 만나서 해야 할 일을 알려주는 자리에서 이렇게 말했다. "당신이 나를 만나는 것은 오늘이 처음이자 마지막일 것입니다. 북메이커나 하우스 직원들이 당신과 내가 아는 사이라는 것을 눈치챈다면 우리는 더 이상 당신과 일할 수 없습니다."

나는 그에게 M 리조트 스파 카지노에 베팅 계좌를 개설하도록 하고, 그 계좌에 50만 달러를 넣어 주었다. 그리하여 카지노에서 받은 태블릿을 이용해 베팅하도록 했다. 시즌이 끝나고 나는 바비 워드를 그가 있는 리조트로 보내 최종 정산을 하도록 했다. 그런데 카지노에 도착한 바비가 목격한 것은 한 남성이 그의 자동차 유리창을 두드리고 이어서 차창을 통해 돈가방으로 의심되는 가방이 그 남성에게 건네지는 장면이었다.

나중에 상황을 알아보니, RFB 생활에 익숙해진 그가 돈 욕심에 눈이 어두워져 자동차를 이용한 현금 빼돌리기를 시도했다는 것이었다. 게다가 그가 현금 절도의 공범으로 추정되는 자에게 현금 가방을 넘기고, 공범이 받은 현금 가방을 들고 고속도로로 달아나는 것을 바비만 본 것이 아니었다. 호텔 보안 카메라가 이 장면을 모두 포착한 것이다.

나는 그를 고발했고, 그는 5개월 동안 33회에 걸쳐 48만 2,883달러를 훔쳤다는 절도 및 강도 혐의로 2011년 8월에 기소되었다. 루발카다는 징역형과 함께 3년간의 집행 유예를 선고받았다. 법원은 이와 함께 나에게 36만 4,634달러를 배상하라고 명령했지만, 나는 한 푼도 받지 못했다.

독자들이 내가 일하는 방식을 정확하게 이해하려면, 노련한 북메이커들은 어떤 특정한 베팅 참여자에게 유리한 방향으로 움직이는 어떤 라인이 있는지 찾아내기 위해 늘 감시망을 가동하고 있다는 사실을 알아야 한다. 만일 당신이 단순히 오락 목적으로 베팅에 참여하는 사람이라고 치자. 당신과 비슷한 방향으로 베터도 있을 것이고, 딱히 당신에게 유리하지도 불리하지도 않은 베터도 있을 것이고, 또 당신을 불리하게 하는 베터도 있을 것이다. 그리고 이론적으로는 시간 경과에 따라서 이들의 영향력은 서로 상쇄되어 없는 것이나 마찬가지가 된다. 그리고 베팅에 참여하는 대다수의 보통 참여자들은 다수가 베팅하는 방향을 따라서 베팅하는 경향이 있다. 그런데 만일 특정한 베터의 베팅을 계속해서 따라 하는 그룹이 눈에 띈다면 몇몇 북메이커는 이들의 베팅 참여를 거부하고 싶어 하는 경향이 있다. 그런 사람이 있다면 그는 매우 똑똑하게 베팅하는 것이다. 그러나 정말 노련한 북메이커들은 이런 사람들이 있어도 별로 신경 쓰지 않는다. 대신 그들의 베팅을 허용하고, 라인을 적절하게 옮기면서 가능한 한 비즈니스 기회를 많이 넓힌다.

그렇다면 나는 수상스러운 북메이커를 어떻게 가려냈을까? 그런 곳을 가려내는 나름의 방법을 터득했다. 다른 사람들도 많이 그렇게 하지만, 나도 특정한 북메이커에 하나의 계정만 만들지 않고 20개 정도의 계정을 만들었다. 독자들 입장에서는 20개나 계정을 만들어야 하는 이유가 궁금할지도 모르겠다. 만일 내가 딱 한 개의 계정만 가지고 매주 50~100차례의 베팅을 한다면, 그 계좌의 방향이 상당히 비슷하다는 사실을 숨길 수 없을 것이다. 20개의 계좌를 운영함으로써 그 결과는 베팅이 특정한 방향성이 없이 무작위로 행해진 것처럼 보이게 된다.

나만의 소중한 자산을 더 철저하게 보호하기 위해 나는 마치 흔히 보는 신호등처럼 녹색과 노란색, 그리고 빨간색을 기반으로 한 코드화된 시스템을 고안해 냈다.

*신호등 시스템
- 녹색 : 승률이 좋고 의심받지 않는 계정 (좋은 베팅 기록, 라인 변동 없음)
- 노란색 : 의심 여지가 있는 계정 (승패 상관없이 라인 변동 있음)
- 빨간색 : 의심스러운 계정 (승률 나쁨, 라인 변동 자주)

당신을 나의 대리 베터라고 가정해보자. 첫 주에는 마치 교육 기간으로 생각하여 나의 계정과 연계하여 세 번 정도 베팅을 한다. 그러면 당신은 세 번 중 두 번은 이길 것이다. 그런데 혹시라도 당신은 베팅업계에서 전혀 알려지지 않은 사람임에도 세 게임이 모두 당신이 베팅한 대로 결과가 나왔다면 북메이커의 주목을 피할 수 없다. 그렇게 되면 내 사무실에서는 당신의 계정에 빨간색 표시를 한다. 그리고 다음 주에는 내가 의도적으로 세 번 가운데 두 번 정도는 게임의 결과가 당신이 베팅한 것과는 다르게 나오도록 조정할 것이다.

이게 어떻게 가능한가?

예를 들어보자. 나는 상대적으로 언더독에 베팅을 하고 싶어 한다. 그리고 현재 게시된 배당률은 +6½이다. 물론 내 입장에서는 이 배당률이 +7로 올라가면 훨씬 유리해진다. 이 상황에서 나는 두 가지의 목적을 다 달성할 수 있다. 먼저 나는 대리 베터(빨간색)을 통해서 역베팅lay betting을 한다. 즉 페이버릿favorite : 강팀, 승리 확률이 높은 팀 또는 개인에게 베팅을 하는 것이다. 그 결과 배당률은 +7로 상승하는 것을 확인한 후 모든 사람들이 누구나 빌리 월터스가 승리 가능성이 낮아 보이는 팀에 베팅했다는 사실을 알도록 공개적으로 언더독 팀에게 +7로 베팅 주문을 낸다.

이러한 작업을 통해 나는 두 가지의 목적을 달성했다. 첫째로 이번에 +6½로 베팅한 대리 베터(빨간색)들은 이번 베팅에서 패배함으로써 더 이상 의심을 받지 않게 될 것이다. 북메이커들은 빌리 월터스가 +7에 베팅했다는 사실을 알고 있기 때문이다. 둘째로 나는 원하는 배당률에 더 적은 금액을 사용하여 베팅할 수 있었다.

이번에는 첫째 주에서 내가 대리 베터를 통해서 세 차례 베팅을 하여 그 가운데 두 번 패했다고 가정해보자. 한번은 배당률이 우리에게 유리하게 변했고, 한번은 별로 변화가 없었고, 한번은 우리에게 불리하게 변했다. 나는 이런 대리 베터를 녹색으로 분류하고 다음 주에도 다시 활용할 수 있다고 판단한다. 노란색 계정의 경우 대리 베터는 세 차례의 베팅을 해서 두 번은 배당률이 유리하게 변했다고 가정해 보자. 이 계정은 한 경기에서 승리하고 두 경기에서는 패했지만 승리한 경기에서 패배한 경기보다 두 배 더 많은 금액을 배팅했기 때문에 합계 손익은 0이다. 따라서 이런 식으로 꾸준히 수익을 쌓아나가지만, 누구도 그를 요주의 인물로 보지 않는다.

매주 나는 직원들과 함께 1,600개나 되는 모든 계정을 평가하여 녹색, 노란색, 빨간색으로 분류했다. 사실 엉덩이에 쥐가 날 지경이었다. 그런데도 믿거나 말거나 그러한 작업을 매주 해야 했다. 적지 않은 북메이커가 나를 스포츠 베팅 시장에서 퇴출하는 것을 지상 목표라고 생각하고 있었고, 나는 이러한 위협적인 북메이커들을 반드시 압도해야 한다는 투지를 불태우고 있었기 때문이다.

마치 쥐와 고양이처럼, 그야말로 전무후무한 쫓고 쫓기는 게임이었다. 그리고 지금도 나는 그 게임을 계속하고 있다.

16장

사업가로 변신

나는 세계 곳곳의 수많은 골프장에서 라운드를 하면서 관리상태가 엉망인 골프장이 의외로 많다는 사실을 알게 되었다. 1980년대 후반으로 거슬러 올라가 보면, 퍼블릭 골프장은 대부분 지방자치단체가 운영했기 때문에 코스의 상태도 시원치 않은 경우가 많았고, 고객서비스도 그랬다. 식음료라고 해 봐야 핫도그 정도를 사서 먹을 수 있는 정도였다. 골프장에 전속된 프로들이 하는 일은 고객을 상대로 지도를 해주거나 자기들끼리 어울려 라운드를 하는 것뿐이었다.

　상업적인 골프클럽도 그리 크게 다르지 않았다. 대개의 상업적인 골프클럽은 회원들을 중심으로 운영되었지만, 사업을 한다기보다는 파티나 이벤트를 여는데 관심이 더 많았다. 식음료를 공급하고, 코스를 유지·보수하고, 골프 관련 소매업까지 운영한다는 것은 굉장히 복잡한 일이다. 그러므로 고도의 전문성이 없는 사람들이 골프장을 관리하면 커다란 잠재 수익원을 놓쳐 흘려보내게 된다.

　점차 레크리에이션으로서 골프의 수요가 많이 늘어나 공급을 앞지르기 시작했다. 누군가에게는 사업의 기회가 열리고 있었다.

　그때쯤, 나는 스포츠 베팅에서 꾸준하고 큰 수익을 낼 수 있는 체계적인 접근 방식을 거의 완성해 놓은 단계였고, 다른 투자를 위해 동원할 수 있는 자금도 축적해 놓은 상태였다. 나는 내가 좋아하는 것에 투자하는 것이 좋다고 생각했고, 골프 관련 사업은 확실히 한번 도전해

볼 수 있는 분야라고 생각되었다. 나는 뉴멕시코주의 앨버커키에 있는 파라다이스 힐스 골프장이 채무 불이행 상태에 빠져 있다는 것을 알고, 그동안 생각해 왔던 것을 행동으로 옮기기로 했다.

오랜 포커 친구인 마크 테너가 이 프로젝트의 장단점을 설명해 주며 적극적으로 나섰다. 그는 골프장을 인수하고 싶었지만, 채권을 매입하고, 부동산이 압류당하는 것을 막으려면 적지 않은 자금이 필요했다. 그는 나에게 거래를 해보자고 제안했다. 내가 돈을 투자하는 대신 우선 수익 배당과 과반의 지분을 주겠다는 것이다.

나는 나대로 인근 지역의 시장성과 골프 관련 현황을 분석해 줄 것을 전문분석가에게 의뢰했다. 나는 그 사업이 장기적인 사업으로는 생각 안 했다. 거의 죽어 가는 골프장을 되살려 놓고, 적절한 이익을 붙여 팔고 빠져나올 생각이었다.

나는 여러 난관을 극복하고 끝내 뭔가를 이뤄내는 과정에서 큰 희열을 느끼는 사람이다. 파라다이스 힐스의 입지를 보니 미국에서 골프가 가장 활발한 지역에 있었고, 주변에는 잘 정비된 고급주택들이 몰려 있는 꽤 괜찮은 환경이었다. 어떤 면에서 저평가되어 있어서 큰 상승 여력이 있다고 생각되었다.

문제점도 있었다. 골프장 회원들의 만족도가 크게 떨어지고 부실한 관리로 클럽하우스는 허름하고 지저분했다. 페어웨이는 좀 심하게 말하면 소를 키우는 목장의 목초지 같았다.

나는 이미 모기지론 위기의 여파로 나온 상업용 부동산을 매입하여 개조하고, 팔아넘기는 일을 몇 차례 해보았던 경험이 있었고, 1991년에는 처음으로 나의 골프장을 갖게 되었다. 물론 이 역시 개보수를 해

286

서 되팔아 버릴 생각이었다. 나는 아주 소중한 친구이자 오래된 친구 가운데 한 명인 프로골퍼 짐 콜퍼트를 찾아갔다. 짐은 과거 여러 차례 나를 자신이 가장 신뢰하는 친구라고 말했고, 그를 향한 나의 마음도 마찬가지였다. 그는 23년에 걸쳐 PGA 무대에서 성공적인 선수 생활을 하다가 무릎과 척추가 좋지 않아 은퇴했다.

그는 라스베이거스로 돌아와 짐 콜버트 골프라는 회사를 세웠는데, 이 회사는 한때 전국에 걸쳐 24개의 퍼블릭 골프장을 소유하거나 운영했다. 수백 명의 직원을 거느리고 연간 매출은 5,000만 달러에 이르는 큰 기업이었다.

그와 만남은 80년대 초반, 라스베이거스에서 처음으로 프로골프 대회가 열리고, 그 대회에 그와 내가 한 팀으로 라운드를 하면서 시작되었다. 그 대회는 1983년에 처음으로 열리는 대회였고, 총상금으로 당시로서는 사상 최고액인 75만 달러가 걸린 대회였다. 나는 그와 함께 청소년들에게 골프를 소개하고, 가르치고, 골프에 담긴 훌륭한 정신을 함양시키는 '퍼스트 티' 행사를 열었다. 그 행사는 미국에서 열린 같은 행사들 가운데 가장 규모가 크고 성공적인 행사로 기록되었다.

1991년, 짐과 그의 동업자들은 자신들의 회사를 팔기로 했다. 당시 그의 무릎과 척추가 상당히 호전되었고, 자신을 위해 특별히 맞춤 제작된 캘러웨이 클럽을 들고 시니어 투어에 출전하고 싶어 했다. 짐은 PGA 첫해에만 3승을 거두는 등 통산 20승을 거두었다. 또한 22년간 시니어 투어에서 활동하면서 세 번이나 올해의 선수로 선정되었다.

짐이 회사를 매각하고 나니 그의 회사에서 일하던 고위급 매니저

몇 사람들도 함께 회사를 그만두게 되었다. 나는 그 가운데서도 가장 일 잘하는 직원인 딕 캠벨을 내가 새로 설립한 사우스웨스트 골프회사에 채용하여 개발과 자본 관리, 직원관리 및 마케팅 등 운영 전반을 책임지게 했다.

나는 우리가 파라다이스 힐스에서 환영받았다고 말하고 싶지만, 이는 마치 시카고 베어스가 경쟁팀 홈구장인 램보 필드에서 환영받았다고 말하는 것과 다를 바 없었다. 회원권은 휴짓조각으로 취급받았고, 회원들은 이전 소유주를 고소하여 재판하고 있었다.

나와 회원 대표와의 첫 만남은 험악했다. 당시 회원 대표는 짐 나이트였는데, 그의 아들인 드웨인 나이트는 후에 나와 개인적으로 아주 가까운 친구가 되기도 하고, 라스베이거스에 있는 네바다대학교 골프팀의 감독으로 일하면서 전설적인 성적을 거두게 된다.

첫 만남에서 나는 이렇게 말했다. "나이트 씨. 우리는 서로 좋은 파트너가 되고 싶습니다. 이전 소유주에 대한 불만은 충분히 이해합니다. 그러나 우리는 클럽하우스를 완전히 개조하고, 심각한 자금 문제를 해결할 것입니다. 우리에게 기회를 주세요."

그러나 그에게서 나의 진정성을 받아들이는 기색을 발견할 수 없었다. 내 말에 맞장구쳐주지도 않았고, 희미한 미소조차 없었다. 나를 환영할 것으로 생각하진 않았지만, 예상보다 훨씬 심했다. 우리는 막 코스 전체를 정비하는 작업을 시작했지만, 어떤 이는 건설 장비가 골프장에 들어오는 것조차 방해하기도 했다.

그날 이후, 다시 한번 그들을 만났다. 이번에는 나도 태도를 분명히 밝혀야 한다는 생각이 들었다.

그래서 내가 준비한 이야기를 했다. "지금 진행되고 있는 상황에 대한 우리의 생각을 말씀드리겠습니다. 또다시 우리가 진행하는 일을 방해한다면 골프코스 전체를 빙 둘러서 2m 정도 높이의 담장을 설치할 것입니다. 우리가 계획한 모든 일이 끝날 때까지 담장을 철거하지 않을 것입니다."

그날 이후, 우리 사이의 갈등이 거의 모두 해소되었다. 짐 나이트와 그의 부인은 나의 가장 열렬한 지원 세력이 되었다. 그들이 전 소유자를 상대로 제기했던 소송도 취하했다. 우리는 코스를 다시 만들었고, 클럽하우스도 새롭게 바꾸었고, 고객서비스 수준도 크게 높였으며, 고객들에게 제공되는 음식과 음료도 최고의 수준으로 올렸다. 한 달쯤 지나고 나니 현금의 흐름이 원활해졌다. 2년 후에는 파라다이스 힐스 클럽의 연간 순이익이 100만 달러를 넘겼다. 「골프 다이제스트」는 파라다이스 힐스 클럽을 앨버커키 지역의 준회원제 골프장 가운데 최고의 골프장으로 꼽았다.

나는 1996년에 이 골프장을 아메리칸 골프라는 회사에 450만 달러를 받고 매각했다. 이 거래를 통해 나는 200만 달러의 이익을 얻었다. 모두가 만족할 수 있는 투자 결과가 나온 것이다. 이러한 투자와 거래를 통해 나는 두 가지 생각을 하게 되었다. 이런 식의 투자와 거래 방식이 매우 효과적이라는 것과 나는 내가 가장 좋아하고 잘 아는 분야인 골프에 집중하여 사업을 벌이는 것이 좋겠다는 생각이었다.

나는 내가 설립했고 운영한 사우스웨스트 골프라는 회사를 통해 확실한 성공을 경험했기 때문에, 여기에 자신을 얻어 애리조나주의 유마에 있는 메사 델 솔 컨트리클럽이라고 하는 또 다른 몰락해 가는 골프장에 손을 뻗었다. 파라다이스 힐스를 통해서 이미 검증된 경영 방식을 그대로 적용했고, 역시 좋은 결과를 얻었다.

그즈음, 우리의 사업 전략은 한 단계 진화했다. 우리의 목표는 종일 이용료를 내면 하루 골프를 포함한 다양한 서비스를 경험할 수 있는 테마 코스를 건설하는 것이었다. 그러려면 우선 우리 회사의 임원진을 확대 개편해야 했다.

나는 하고많은 장소를 놔두고 피자 가게에서 적임자를 발견했다. 나는 수잔과 함께 여러 해 동안 샌디에이고 인근의 솔라나 비치에 있는 캘리포니아 피자 키친이라는 피자 가게를 단골로 삼아 드나들었다. 이 피자집의 매니저인 미치 엡스타인이 내 눈에 들어왔다. 그는 식당의 아주 세부적인 사항과 고객서비스에 매우 신경을 쓰는 직원이었다.

우리는 그를 '미첼 리'라고 불렀는데 우리가 1991년에 처음 그를 만났을 당시 그는 겨우 서른 살이었다.

그로부터 몇 년 후, 나는 그에게 이렇게 물었다. "혹시 뭔가 다른 일을 하고 싶은 생각은 없는가?"

그는 이렇게 대답했다. "월터스 씨. 저는 할 줄 아는 게 이것밖에 없어요."

나는 내 마음속에 있던 구상을 그에게 털어놓았다. 골프장을 완전히 새롭게 바꾸는 데 미첼이 가지고 있는 능력을 피자집에서와 똑같이 발휘할 수 있다는 것이었다.

우리가 가지고 있는 전국의 골프장의 음식과 음료를 담당하는 책임자로 일해 볼 생각이 없나?"

미첼은 고객에게 음식을 서비스하는 일을 해 왔지만, 캘리포니아

남부 지역 이외에서는 일해 본 적이 없었다. 1994년, 그는 자신을 한 단계 성장시키기 위한 현장인 시카고로 가는 비행기에 몸을 실었다. 나는 그의 능력을 시험하기 위해 일리노이주의 윈디시티에서 북서쪽으로 한 시간쯤 떨어진 알곤킨에 있는 또 다른 골프장에 그를 보냈다.

나는 그와 함께 골프장을 둘러본 후, 이틀 후에 열릴 골프장의 새로운 출발을 기념하는 파티에 짐 콜버트를 주빈으로 하여 150명이 참석할 예정이니 준비하라고 지시했다. 그는 행사가 열릴 장소가 어디냐고 물었다.

"그런 세부적인 것을 알아서 하라고 내가 자네를 채용한 거야. 모든 것은 자네가 준비하고 계획해 봐." 나는 대답했다.

미첼은 급히 주차장에 텐트를 치고 거의 하룻밤을 보냈다. 그는 파격적으로 일을 진행했다. 다른 직원들과 함께 식음료를 담당하던 직원들 가운데 힘들다고 불평하는 부부 직원을 해고했다. 우리는 짧은 시간 동안 코스 전체를 대대적으로 손보고 직원들을 교체하고, 서비스의 질을 크게 높였다. 얼마 후에는 수잔이 직접 나서서 클럽하우스를 리모델링 했다. 그리 긴 시간이 지나지 않아 우리는 그 골프장에서 매년 100만 달러의 순이익을 달성했다.

일리노이주 제네바 교외의 이글 브룩도 우리가 손을 대서 살려 놓은 골프장의 또 다른 사례이다. 이 골프장의 회원들도 이전 소유자가 클럽하우스를 새로 짓는 것을 포함해서 여러 가지 약속을 해놓고 지키지 않은 것에 크게 분노하고 있었다.

우리는 그 클럽을 인수하는 대신 몇 가지 조건을 내걸었다. 심하게 분노하고 있는 회원들이 우리가 클럽을 인수하는 것에 동의해야 한다는 것이었다. 나는 2주일에 걸쳐 회원들을 20명씩 묶어서 아침에 한 번, 저녁에 한 번씩 면담했다. 전적으로 앞으로의 사업의 방향을 논의하는 모임이었기 때문에 술은 허용되지 않는 만남이었다.

모든 면담이 끝났을 무렵, 대부분의 회원은 우리의 구상에 큰 기대감을 나타냈다. 우리는 3,800m² 규모의 클럽하우스를 짓고, 수영장 두 개와 테니스 코트까지 새로 갖추는 등, 이글 부룩을 최고의 골프클럽으로 탈바꿈시켰다.

일종의 스타 마케팅의 일환으로 나는 시카고 화이트 삭스에서 오랫동안 중계방송을 담당하며 팬이 많았던 켄 호크 하렐슨을 영입했다. 나는 그를 이사회 의장으로 지명하고, 당연히 골프장의 회원권을 증정했다. 그는 화이트 삭스의 경기를 중계하면서 틈틈이 표나지 않게 이글 부룩을 낭만적인 곳으로 묘사하고 언급해 주었고, 이는 이글 부룩에 대한 대중들의 관심 증가와 더불어 회원 수가 폭등하는 결과로 이어졌다.

다음으로 우리가 공략한 곳은 일리노이주의 세인트 찰스에 있는 버 힐이라는 문 닫기 직전의 시립 골프장이었다. 우리는 이 골프장의 이름을 블랙호크 골프클럽으로 변경했다. 이 이름은 시카고를 연고로 한 아이스하키팀의 이름이기도 하고, 미국 초기 역사에서 언급된 위대한 미국 원주민 종족의 이름이기도 했다.

이렇게 사업이 계속 확장되면서 나는 많은 일정을 소화하기 위해 기동성을 강화할 필요를 느꼈다. 나는 1회 급유로 최대 4,800km까지 비행이 가능한 리어젯35를 구입하여 자가용 비행기로 사용했다. 이 비행기 덕분에 나는 라스베이거스에 살면서도 시카고 등 내가 경영하는 골프장이 있는 여러 도시로 신속하게 이동할 수 있게 되었다.

1995년 당시 우리 회사는 최고급 퍼블릭 클럽인 골프클럽 오브 일리노이, 회원제 클럽인 이글 부룩 그리고 매일 탄탄한 매출을 올려주는 시립 골프장인 블랙호크 등을 거느리게 되었다. 우리는 후에 이 골프장을 모두 매각하여 500만 달러를 남겼다.

그러나 삶의 굴곡은 여전히 존재했다. 1995년 가을, 나는 50세가 되었다. 그때까지 나는 7년 동안이나 술을 전혀 입에 대지 않고 있었고, 카지노 출입도 전혀 하지 않았다. 무엇보다 중요한 것은 내가 최고로 여기는 여인의 파트너이자 든든한 남편의 역할을 훌륭하게 감당하고 있었다는 것이다.

나는 또 세계에서 가장 규모가 크고 훌륭한 스포츠 베팅 회사를 경영하고 있었다. 이렇게 해서 확보된 안정적인 재무구조를 바탕으로 좀 더 사업을 다양하게 전개하고 싶어졌다. 뉴멕시코, 애리조나, 일리노이 등지에서 다섯 군데의 골프장을 매입하여 대대적인 개선작업을 거쳐 매각하는 것 말고도 애리조나와 캘리포니아 등지에서 주거용 부동산과 상업용 부동산을 개발하여 매각하는 데 성공했다.

1980년대 사우스웨스트 골프와 몇몇 다른 부동산을 기반으로 시작한 버클리 엔터프라이즈는 이제 모기지금융과 창업투자, 바이오테크 투자, 골프장 운영, 부동산 개발 등의 영역까지 담당하는 월터스 그룹의 지주회사로서의 면모를 갖추게 되었다. 내 나이에 사업을 이 정도로 일구었다면, 마치 인생의 승자가 된 듯 거드름을 피우며 매일 매일 골프장을 바꿔서 라운드를 하고, 아내나 친구들과 함께 세계를 여행하며 인생을 만끽할 만도 했다. 그러나 나는 그렇게 하지 않았다. 대신 나는 사업을 하면서 만날 수 있는 위험을 절반으로 줄이기 위한 일련의 작업

293

을 시작했다.

나는 본래 정치에는 큰 관심이 없었다. 그러나 싫든 좋든 정치는 우리의 일상에 큰 영향을 미친다. 특히 미국에서 가장 빠르게 성장하는 지역인 네바다주에서 90년대에 부동산 개발 사업을 벌이고 있다면 특히 그렇다. 인구는 나날이 늘어났고, 스트립쇼를 하며 술을 팔던 저급한 술집이 사라진 자리에는 가족친화적인 호텔과 테마파크가 들어섰다. 해마다 라스베이거스를 드나드는 외지에서 오는 관광객의 수는 4,000만 명에 달했다.

나는 미국 사회의 중요한 결정을 내리는 정치인과 가까이해야 할 필요성을 느꼈다. 공화당이든 민주당이든, 그들의 소속 정당이 무엇을 지향하는지는 내게 크게 중요하지 않았다.

그들에 대한 접근 권한이 곧 돈이 된다는 것은 절대 변하지 않는 철칙이라고 나는 생각했다. 사회를 위해 더 많이 기부할수록, 힘 있는 위치에 있는 사람들과의 접촉면이 넓어진다. 그렇다고 해서 내가 공직자의 득표를 돕겠다는 것은 전혀 아니었다. 나에게 특정 정치인의 선거 캠프에 돈을 기부하는 것은 그저 나의 주장을 그들을 통해 펼칠 기회를 찾기 위함이었다.

나는 오래지 않아서 라스베이거스에서는 정치와 골프는 뗄 수 없는 관계라는 사실을 터득하게 되었다. 화려함과 어두움이 공존하는 이곳을 찾는 사람들은 카지노로부터 최고의 영접을 받고 경호 서비스까지 받는다. 그런데 그들이 골프를 즐기고 싶다면? 이렇게 되면 얘기가 좀 달라진다. 급증하는 수요를 충족시키기에는 골프장이 턱없이 부족해서 자신이 원하는 시간에 라운드하는 것이 의외로 힘들었다. 그 결과 고급호텔 카지노에서 머무는 사람들조차도 그 호텔이 운영하는 골프장에서 자신이 원하는 시간에 라운드를 할 수 있다면 자신이 최고의 대접을 받았다고 여길 정도였다. 상황이 이렇다 보니 그린피도 나날이 상승하고 있었다.

나는 이 상황을 또 하나의 기회로 보았다. 라스베이거스의 번화가 가까운 곳에 새로 개발할 만한 부동산을 찾던 중 비어 있는 용지의 공급이 부족하다는 것을 발견했다. 규모가 큰 용지는 대부분 연방국토관리국이 소유하고 있었다. 나는 마치 숨겨진 보물을 찾아낸 인디애나 존스라도 된 기분으로 지도를 샅샅이 훑던 중 아직 미개발인 작은 규모의 용지를 발견했다. 100에이커가 조금 안 되는 면적이었는데 그 용지의 소유자는 라스베이거스시였다.

그 용지가 개발되지 않은 데는 그럴만한 이유가 있었다. 그곳은 이 도시에서 범죄율이 가장 높은 지역에 들어가 있었다. 지도상의 지명은 네이처파크였지만, 경찰들은 그곳을 니들파크Needle Park : 마약 상습 거래자들과 중독자들이 모이는 장소라는 의미라고 부르고 있을 정도였다. 그곳은 항상 마약을 팔려는 사람들과 중독자들로 우글거렸고, 툭하면 살인이 일어나는 무법지대였다.

그 지역을 개발하는 것은 마음만 먹으면 크게 어려운 것은 없었지만 문제는 땅이 좀 좁다는 것이었다. 건축 전문가들은 18홀의 골프장과 주차장, 연습 공간, 클럽하우스, 그리고 관리 시설까지 지으려면 최소한 160에이커 이상의 땅이 필요하다고 말했다. 60에이커가 부족한 것이다. 타당성 조사 결과 조금 작게 지을 수도 있다는 결론이 나왔다. 그런 일에 특별한 능력이 있는 사람이 필요했다. 유명한 골프장 설계자인 피트 다이의 장남인 페리 다이는 일본에서 좁은 면적의 땅에 골프장을 지어본 경험이 여러 번 있는 사람이었다. 나는 그와 그의 디자인 팀을 영입했다. 여러 건의 마법 같은 일을 가능하게 했던 그의 팀은 신시아 다이 맥가레이와 매트 다이 등 그의 가족들도 함께하고 있었다.

그다음으로 내가 공략해야 할 사람은 얀 존스였다. 그녀는 사상 최초의 여성 시장이었고, 시장이 되기 전에는 스탠포드대학교를 졸업한 후 다양하고 풍부한 사업 경험을 쌓았던 사람이었다. 나는 존스 시장에게 데저트 파인스 골프클럽 건설 계획을 소개하면서 마약과 범죄의 소굴을 품격 있는 골프장으로 바꾸는 사업이라고 설득했다. 나는 그 골프장이 '종일 즐기는 컨트리클럽'이라는 나만의 골프장 경영 철학에 따라, 골퍼들에게 최상급 골프클럽들 못지않은 수준의 고급 서비스와 골프 환경을 제공하게 될 것이라고 설명했다.

이러한 일련의 설득작업을 통해 범죄 소굴이었던 장소를 멋진 장소로 변모시키고, 지역 주민들의 일자리도 늘리는 민관협력 체계를 돈 한 푼 안 들이고 구축하는 성과를 거두었다.

존스 시장은 내가 모든 위험을 자신이 감수하기로 하고, 개발사업을 벌이겠다는데, 거절할 이유가 없다고 생각했을 것이다. 그녀는 내가 개발사업을 진행하려면 몇 단계의 관문을 통과해야 한다고 말해주었다. 우선, 시 당국이 해당 지역에 대한 재개발 계획을 발표하고 참여 업체를 공모한다는 것이다. 즉 경쟁 과정을 거쳐야 한다는 것이다.

도시에 골프코스를 개발하는 계획이 발표되면 보통 아메리칸 골프, 내셔널 골프 프로 포티스, 패밀리 골프 등 대표적인 업체들이 모두 경쟁에 뛰어들기 마련이다. 그러나 니들파크 지역은 달랐다. 입찰에 참여한 업체는 우리 회사뿐이었다. 시 당국은 나에게 개발계획을 맡겼다. 그들이 '행운을 빈다. 이 멍청아!'라고 나를 비웃는다고 해도 나는 크게 기분 나빠하지 않을 것이다.

나는 이미 뉴멕시코, 애리조나, 일리노이 등에서 골프코스를 개발하고 운영해 본 경험이 있었기 때문에, 데저트 파인스 골프장도 골프 애호가들의 이목을 끄는 골프장으로 만들고, 사업적으로도 성공을 거둘 자신이 있었다. 개발계획에 착수하면서 나는 우리 직원들에게 '홈런 따위에 만족해서는 안 된다. 반드시 만루 홈런을 쳐야 한다'라고 말했다. 우리는 많은 사람이 최고의 골프장으로 꼽는 피닉스의 레이븐 골프클럽을 본떠서 데저트 파인스 클럽을 만드는데 1,900만 달러를 투입했다.

우리는 지역 사회의 이목을 우리에게 집중시키기 위해서 대대적인 홍보 계획을 세웠다. 시장은 물론 시 위원회 위원들, 보안관, 언론, 그리고 내 친구들 가운데 유명 인사로 분류될 만한 사람들을 초대했다. 나는 그들 앞에서 우리 골프장이 이름 그대로 페어웨이를 따라 4천 그루의 소나무가 늘어서고 페어웨이 주변 바닥에는 솔잎들이 깔린 진정한 소나무 테마 휴양지가 될 것이라고 설명했다.

나는 뭔가를 팔겠다는데 아무도 사겠다고 나서지 않는 것과 같은 답답함이 분위기로 느껴졌다. 나는 갬블러의 직감으로 아무도 내 말을 믿지 않고 있다는 것을 느낄 수 있었다. 우리는 큰일을 앞두고 있었고, 앞으로 몇 달간, 여러 건의 난관에 부딪힐 것 같다는 느낌이 들었다.

개발에 본격적으로 착수한 지 6주일쯤 후, 우리 공사장에서 길 건너편에 있는 세븐 일레븐 매장에서 임신한 여성이 살해당하는 사건이 일어났다. 그로부터 6개월 뒤에는 반대쪽 모퉁이에서 어린 소녀가 성폭행을 당했다.

그즈음에 나는 내가 추진하는 계획을 곰곰이 다시 생각해 보고 있었다. 카지노를 여는 것이 더 수익성이 높을 것이라는 생각이 들었다.

시 당국에서 승인을 얻기 위해 나는 많은 약속을 내걸었고, 실제로 그 약속을 대부분 이행했다. 공개 취업 절차를 통해 주민들 65명을 채용하여 유지 보수와 식음료 업무를 맡겼다. 일종의 검정고시 프로그램을 운영하고, 영어를 못하는 이민자들을 위한 1대 1 영어 수업 프로그램도 운영하여 주민들의 학력과 영어 능력 향상을 도왔다. 또 어린이들을 위한 골프 교습 프로그램을 개설하여 테스트에 합격한 어린아이들에게 무료로 골프를 가르치고 즐기게 했다.

우리는 나름 좋은 의도를 가지고 최선을 다했지만, 우리의 프로젝트와는 직접적인 관련이 없는 예상치 못한 끔찍한 일로 인해 우여곡절을 겪어야 했다. 우리가 성대한 개장 행사를 한 지 사흘 후였던 1996년 12월의 어느 날, 신입 경찰관 한 명이 자신의 생일을 자축한다며 비번이었던 다른 경찰관과 함께 새벽 시간에 라스베이거스 동부의 도로 위에서 광란의 질주를 벌인 사건이 있었다. 론 모텐슨이라는 경관이 네이처 파크에서 불과 몇 블록 떨어진 곳에서 한 무리의 사람들을 향해 총을 여러 발 쏘는 바람에 21세였던 다니엘 멘도자라는 청년이 사망한 사건이었다. 이 사건으로 두 명의 경관 모두 해고되었다. 모텐슨은 가석방 없는 종신형을 선고받았고, 다른 1명의 경관도 9년의 징역형을 선고받았다.

멘도자의 가족들은 엄청난 충격을 받았다. 그들은 다니엘을 멕시코에 있는 그의 어머니 묘 옆에 묻어주고 싶어 했지만, 시신을 멕시코까지 보낼 돈이 없었다. 그래서 그들은 시신 운구에 필요한 돈 3,000달러를 모금하기 위해 세차 행사를 열기로 했다고 한다. 나는 이 이야기를 「라스베이거스 선」이 보도한 기사를 통해 알게 되었고, 다니엘의 유족들을 만나 필요한 자금을 지원해주기로 약속했다.

다니엘의 유족들을 도운 것을 비롯해 내가 데저트 파인스의 이름으로 벌인 각종 봉사활동은 골프장에 생명력을 불어넣는 데 도움이 되었다. 한때 마약 중독자들과 갱단 조직원들, 그리고 그래피티 아티스트들로 어지러웠던 곳에 들어선 골프장이 서서히 시민들의 자랑거리로 자리 잡기 시작했다. 결국 범죄는 사라졌고, 지역의 지도자들은 우리 골프장에 대해 전폭적인 지지를 보내게 되었다. 그 지역의 개발을 위한 예산이 2억 달러 이상 책정되었고, 2년 후에는 고등학교를 새로 짓는 계획이 발표되었다.

1997년, 골프 다이제스트는 데저트 파인스 골프장을 '새롭게 등장한 미국 최고의 고급 골프장'으로 선정했고, 6년 후에는 저명한 '관광개발상'을 수상했다. 오로지 재정적인 성공 여부라는 관점에서만 판단하자면 데저트 파인스에 대한 나의 투자는 가장 저조한 성과를 거둔 사례라고 할 수 있다. 그럼에도 불구하고 나는 데저트 파인스 사업을 내 평생 가장 자랑스러운 성공사례로 꼽고 있다.

여러 가지 난관에도 불구하고 니들파크를 새롭게 탄생시킨 성공을 거둔 후, 나는 더 큰 도전을 꿈꾸기 시작했다. 나는 라스베이거스의 여러 카지노에 제출하기 위해 나의 사업 구상을 담은 제안서를 만들기

16장 사업가로 변신

시작했다. 내가 제일 먼저 전화로 접촉한 사람은 MGM그랜드호텔의 CEO이자 업계의 진정한 거인이었던 J 테렌스 라니였다. 테리는 처음에는 나를 만나는 것을 꺼렸고, 그 이유를 솔직하게 말해주었다.

테리는 1986년에 내가 당시 그가 회장 겸 CEO로 있던 시저스 타호 카지노에서 룰렛 게임을 하면서 200만 달러를 땄던 사실을 잊지 않고 있었다.

나는 그에게 내가 아주 오랜 시간을 들여 각각의 룰렛 기계의 미세한 편차와 편향성을 분석한 결과를 바탕으로 베팅했으므로, 정당한 통계와 노력의 결과였음을 설명해 주었다. 그도 내 설명을 듣고 내가 속임수나 사기로 돈을 따지 않았다는 사실을 인정했고, 그때부터는 모든 대화가 우호적인 분위기 속에서 진행되었다. 그렇게 시작된 우리의 우정은 2011년 7월, 그가 68세에 암으로 세상을 떠날 때까지 계속되었다.

나는 월터스 그룹의 회장인 마이크 루스와 함께 긴 시간을 들여 준비한 사업 구상을 그의 앞에서 정식으로 설명했다. 나는 '월터스 골프'가 어떤 분야에서도 MGM과 경쟁할 생각이 없음을 분명히 밝혔다. 대신 나는 우리와 MGM이 협력하여 호텔 투숙과 골프를 하나로 묶은 골프 패키지 상품을 개발하고, 고객들에게 지금까지 어디에서도 존재하지 않았던 훌륭한 서비스를 제공하여 비수기에도 MGM호텔에는 빈방이 없도록 만들어 보고 싶다고 강조했다. 여기에 더하여 고객이 이 연계상품을 통해 골프장을 부킹하면 우리는 MGM에 적정액의 수수료를 지불할 것이라고 말했다.

나는 그에게 단도직입적으로 물었다. "트래블로시티나 익스피디아를 통해서 투숙객을 모집하는 것과 카지노와 골프를 좋아하는 돈 많은 사람을 유치하는 것, 어떤 것이 더 나을 것 같습니까?"

그가 답을 하기도 전에 내가 먼저 말했다. "당연히 골프 손님을 찾아야 합니다. 그런 손님이 훨씬 나은 고객입니다."

나는 골프를 좋아하는 사람들의 평균 소득과 가처분 소득을 분석해 놓은 도표를 그의 앞에 펼쳤다. 나는 그의 호텔 투숙객들이 골프는 경쟁 카지노호텔이 운영하는 골프장에서 라운드하는 현실도 강조했다. 또 골프를 즐기는 대부분 투숙객이 카지노도 즐긴다는 사실을 입증하는 자료도 내놓았다. 나는 그의 호텔에 숙박하는 단체나 개인들이 우리 골프장을 이용하면 할인 서비스를 해주고, 1년에 한 번씩 그의 회사 직원들을 위한 무료 골프대회를 열어 주겠다는 약속도 했다.

나는 라스베이거스를 애리조나주의 스코츠데일이나 사우스캘로라이나주의 힐튼 헤드처럼 골프 애호가들이 가장 가보고 싶어 하는 도시로 만들고 싶었다. 라스베이거스만의 골프 경험이라는 것을 만들어 보고 싶었고, 똑똑한 사람들과 함께, 더 많이 일함으로써 그 꿈을 이루어 보고 싶었다. 테리가 결정을 하는 데는 긴 시간이 필요하지 않았다. 우리는 악수를 했고 나는 MGM 그룹의 골프 사업 부문의 독점 파트너가 된다는 계약서를 손에 들고 그의 호텔 문을 나섰다.

17장

야심찬 베팅

경영난으로 위기에 몰린 골프장을 되살려내는 일은 즐거운 일이었지만, 나는 내가 정말 좋아하는 분야인 베팅에 관련된 일에 조금 더 많은 열정과 시간을 할애해야 하는 것이 아닌가 하는 생각을 하게 되었다.

1996년, 나는 좀 색다른 스포츠 스타트업에 도전하기로 했다. 내가 스스로 라스베이거스 카지노에서 스포츠 북메이커가 되어 보고 싶었던 것이다. 당시 스포츠 베팅은 한창 성장하고 있는 산업이었지만, 대부분 카지노는 이 새롭게 떠오르는 분야의 중요성을 잘 모르는 것 같았다. 그들은 원하는 손님이 있으므로 별도로 스포츠 베팅장을 운영했지만, 이를 귀찮게 여기면서 이런 손님들이 카지노 측에 더 큰 수익을 안겨줄 다른 테이블로 이동하기를 은근히 바라고 있었다.

내가 그런 분위기를 모를 리 없었다.

나는 이미 골프라는 분야에 좀 더 전문성을 강화한 비즈니스 전개 방식을 도입하는 데 성공한 경험이 있었기 때문에, 아직은 다소 체계적이지도 못하고 전문성도 좀 떨어지는 듯 보이는 카지노 운영에도 똑같이 접근하기로 했다.

나는 야심찬 계획을 세웠다. 나는 MGM 제국의 테리 라니와 만달레이 리조트 그룹의 CEO이자 이사회 의장인 마이크 엔사인 같은 사람들을 만나보았다. 나는 그들에게 스포츠 베팅 분야에서 미국에서 가장 베팅 한도가 높은 카지노를 만들고, ESPN과 함께 스포츠 베팅을 전문적으로 다루는 고정 프로그램을 제작하여 그 카지노와 도시를 함께 홍보하고 싶다고 말했다. 간단히 말하자면, 스포츠 베팅의 수도라는 라스베이거스의 새로운 이미지를 강조하는 마케팅과 홍보활동을 전개해 보자는 것이다.

그들은 나의 제안을 흔쾌히 받아들였다. 몇 주 후에 우리는 내가 MGM과 만달레이 그룹의 카지노 안에 스포츠 베팅만을 위한 공간을 임차하고, 운영하기로 구두로 합의했다.

그 시점에서 내가 먼저 해결해야 할 일이 딱 하나 있었는데, 그것은 게임 운영 면허를 따는 일이었다. 나는 과거 도박과 관련된 법에 저촉되는 일을 했던 것이 기록으로 남아 있고, 프로 갬블러로 워낙 널리 알려져 있었기 때문에, 면허 받기가 쉽지는 않을 것으로 생각했다. 그래서 나는 일단 면허를 취득하기 위한 준비를 하는 한편, 네바다주에서 게임 전문 변호사로 널리 알려져 있던 밥 파이스를 고용했다.

당시 밥은 당시 네바다주에서 가장 큰 규모의 로펌으로 알려져 있던 리오넬 소이어 앤 콜린스의 대표 변호사로 일하고 있었다. 그는 나에게 개인적, 직업적, 재정적 배경을 '방어적'으로 작성해 놓으면 나의 게임 운영 면허 취득에 도움이 될 것이라고 제안했다. 즉, 네바다 게임 통제국이 나의 과거의 오점을 들춰내기 전에 미리 자진해서 드러내자는 것이었다.

밥은 이 업무를 돕기 위해 자신의 아내인 린다와 그녀의 동료인 헬렌 폴리를 투입했다. 헬렌은 당시 영향력 있는 광고홍보 회사를 운영하고 있었다. 그들은 수잔과 내가 당시 여러 해 동안 펼쳐 온 지역 자선활동을 강조하면 나의 대중적 이미지가 크게 강화될 것이고, 면허 취득에도 도움이 될 것이라고 조언했다. 우리는 그동안 유나이티드 웨이, 소년소녀클럽, 보이스카웃, 걸스카웃 등에 꾸준히 기부했고, 핸더슨시의 복지 담당 부서와 협력하여 명절이면 도움이 필요한 가정에 칠면조 고기나 장난감, 의류 등을 지원해 왔지만 그러한 활동을 공격적으로 홍보하는 데는 소극적이었다.

우리는 고심 끝에 린다가 우리의 대중적인 인지도를 높이기 위한 정교한 홍보활동을 펼치는 데 동의했다. 한편 밥은 내가 게임통제국의 빌 바이블 위원장을 비롯한 위원들과의 일대일 미팅을 마련하는 등 법률적인 장벽을 해소하기 위한 노력을 전개했다. 나는 그들을 만날 때마다 내게 면허를 발급해 준다면, 스포츠 베팅을 완전히 그만두고 오로지 스포츠 베팅사업을 운영하는 데만 집중할 것이라고 약속했다. 그들을 설득하기가 쉽지는 않았지만, 결국 그들로부터 면허를 발급할 것이라는 비공식적인 구두 약속을 받아내는 데 성공했다.

1996년이 끝나갈 즈음, 상황은 MGM그랜드와 만달레이베이, 엑스칼리버, 서커스서커스, 룩소르 그리고 신축 중인 몬테카를로 등 몇 개의 호텔에서 스포츠 베팅 부분을 운영할 수 있는 면허를 우리에게 발급해 주는 쪽으로 거의 확정되어 가고 있었다. 우리는 지금의 화폐가치로 환산하면 수십억 달러의 가치가 있는 대담하고 거대한 무대를 연 것이다.

그런데 의외의 상황이 벌어졌다. 1996년 12월 7일, 라스베이거스 경찰국이 내가 운영하는 시에라 스포츠의 본사를 급습한 것이다. 경찰은 매월 1만 2천 건이나 되는 장거리 전화 통화를 하고, 전국에 흩어진 지역 은행들에 개설된 내 명의의 계좌로 87만 달러를 송금한 기록 등이 담겨 있는 컴퓨터 기록과 문서를 압수했다. 또 여덟 곳의 카지노의 금고에 내 돈이 500만 달러 정도 보관되어 있다는 사실에도 주목했다. 당시 규칙에 따르면 라스베이거스에서는 스포츠 베팅에 오로지 현금과 칩으로만 베팅을 할 수 있었다.

언론들은 경찰의 이번에 내 회사를 급습한 것이 뉴욕 경찰국이 보노보나 게노베스 등의 범죄조직이 연계된 연간 4억 달러 상당의 불법도박을 운영한 것을 1년 넘게 추적해 온 것과 관련이 있다고 대대적으로 보도했다.

또다시 이런 일이 일어나리라고는 상상도 못 했다. 컴퓨터 그룹 관련 재판에서 벗어난 것으로 모든 것이 마무리되었다고 생각했는데 그게 아니었다. 시에라 스포츠를 합법적으로 설립하는 과정에서 'i'라는 글자에 점을 찍고, 이제 선을 하나 그어 't'라는 글자를 완성하려는 시점이었다. 카지노에서 스포츠 베팅을 책임지고 운영하기 위해 모든 노력을 쏟아부으려는 시점에서 벌어진 사건이었다.

우리는 또다시 주 경계를 넘어 베팅 정보를 전송하고, '불법적인 게임 이득'을 취하고, 범죄조직과 협력하여 일했다는 과거에도 받았던 말도 안 되는 혐의를 받게 되었다. 게다가 나를 위해 컴퓨터 프로그램 작업을 진두지휘했던 다니엘 프레이와 보안책임자이자 전직 경찰관인 아키 핸들리까지 조사받았다.

급습이 끝난 직후, 아키가 호스슈호텔에 우리의 돈 280만 달러가 있다는 사실을 상기시켜 주었다.

"그 돈을 어떻게 하실 건가요?" 아키가 물었다.

만일 우리가 그 돈을 지금 꺼낸다면, 경찰은 또다시 우리가 뭔가 나쁜 일을 꾸미고 있다고 의심할 것이다. 나는 아키에게 일단 그 돈은 건드리지 말고 놔두라고 말했다.

왜 아직도 당국이 우리에 대한 의심을 거두지 못하고 있는지 궁금했지만, 그 수수께끼를 푸는 데는 시간이 좀 걸렸다.

내가 파악한 바는 이렇다. 경찰이 뉴욕의 한 북메이커가 라스베이거스의 북메이커와의 통화를 도청한 내용을 우연히 듣게 되었다. 그런데 그 뉴욕의 북메이커는 우리와도 베팅의 규모와 방향 등을 결정하기 위해 자주 통화를 하는 사람이었다. 그래서 뉴욕 경찰은 우리가 북메이커로 활동하고 있다고 잘못 판단한 것이다.

순진한 법률 전문가들은 과거 그들이 컴퓨터 그룹을 기소했다가 실패했던 잘못된 공식, 마치 '1 + 1 = 3'이라는 공식만큼이나 잘못된 공식을 또다시 적용했다. 그때와 다른 것은 우리의 상대가 FBI가 아니라 라스베이거스 경찰국의 정보팀이라는 것이었다.

다행히도 지역 검사인 스튜어트 벨은 불법도박 운영과 관련하여 압수한 문서의 내용과 나의 활동의 적법성 여부를 신중하게 검토한 끝에 나와 우리 회사에 부과된 모든 혐의를 기각했다. (그는 후에 네바다주 수석 판사가 되었다.)

반면 당시 네바다주의 검찰총장이었던 프랭키 수 델 파파에 대해서는 쓴소리를 하지 않을 수 없다. 그녀는 네바다주 최초의 여성 검찰총장이었고 결코 초보 정치인은 아니었다. 그녀는 자신과 인연이 있는 사람들과의 사이에서 있었던 일을 잊을 사람은 절대로 아니었다. 나는 직전 주 검찰총장 선거에서 그녀의 상대 후보를 지지하고 1만 달러의 후

원금도 냈었다. 이 때문에 그녀가 한번은 손봐주어야 할 인물 명단에 내 이름이 올라가 있었던 것 같다.

당시 주 검찰은 사법 당국이 범죄행위 혐의가 있는 사람의 재산을 압류할 수 있도록 한 민사 몰수 조치 규정을 남용하면서까지 수사의 동력을 어떻게든 이어가려고 애쓰고 있었다. 라스베이거스 경찰 정보팀 소속 요원들 가운데 어떤 사람들은 범죄자를 감옥에 가두는 것보다 자산을 압류하는데 더 큰 관심이 있는 것처럼 보일 정도로 우리의 자산 압류에 집착했다. 경찰청 차장을 지낸 바 있는 한 전직 경찰관은 충분한 예산 지원을 바탕으로 '지나치게 적극적인' 업무 스타일로 이러한 일을 추진하고 있다고 말했다.

우리는 후에 경찰청 정보팀이 한 해 동안 무려 500명이나 되는 사람들을 체포, 구금했다는 사실을 확인했다. 그들 가운데는 공항에 막 도착한 관광객들이 단지 '수상한 사람처럼' 보였다는 이유만으로 운 나쁘게 당한 경우도 꽤 많았다. 경찰은 보석이나 현금을 지닌 사람이 출처나 소지하고 있는 이유를 설명하면서 약간 더듬기라도 하면 그들은 일단 문제의 돈과 보석을 압수해 버렸다. 일단 압수당한 돈과 귀중품을 찾으려면 상당한 협상 능력이 필요했다. 마치 하나님께서 사람들이 세계 도박의 수도인 라스베이거스 공항에서 현금을 지니고 다니는 것을 금하시기라도 한 듯 말이다.

우리도 우리 나름대로 알아본 결과 정보팀의 고위급 인사들 두 명은 따로 회사를 차려놓고 그 회사를 통해서 자신이 일하고 있는 정보국을 상대로 감시 장비 등을 판매해 왔다는 사실을 알게 되었다. 이런 것은 조직범죄가 아닌가?

「마이애미 바이스」를 너무 많이 시청한 것이 틀림없어 보이는 이 불량 경찰들은 내 회사를 습격하여 280만 달러나 압수해 놓고서는 어떤 구실을 붙여서라도 전액을 돌려줄 생각은 없어 보였다. 즉 일부라도 챙겨 보겠다는 것이다.

경찰의 급습이 있은 지 며칠 후, 우리의 변호사인 릭 라이트는 이 지저분한 경찰 간부 한 사람의 전화를 받았다.

"우리는 이 돈이 불법적인 도박 사업 운영을 통해서 얻은 돈이고, 그냥 놔두면 돈세탁을 거치게 될 것으로 생각합니다. 당장 우리하고 합의를 하시지요?"라고 그는 말했다.

이건 노골적인 억지였다. 그는 최소한 50만 달러 정도는 달라는 것이었다. 그들의 생각은 간단했다. '돈을 좀 쓰든지, 기소를 당하든지 선택하라.'라는 것이다.

릭이 대답했다. "당신은 상대방이 어떤 사람인지 잘 모르시는 것 같습니다. 빌 월터스는 어떤 잘못도 하지 않았습니다. 빌은 당신 같은 사람한테 동전 한 개도 줄 생각이 없습니다."

실제로 나는 한 푼도 주지 않았다. 나는 이러한 저질 수법에 대한 혐오감을 크게 느꼈고, 후에 카슨시티에서 열린 네바다주 상원 사법위원회에서 당시 경찰 정보팀에서 받았던 부당한 압력에 대해서 증언했다.

그 결과 주의회는 경찰이 누군가의 금품을 몰수하는 요건을 강화하는 방향으로 관련 법을 개정했다.

어쨌든 나는 다시 한번 대배심 앞에서 평결을 받아야 할지도 모르는 위기에 몰려 있었지만, 골프코스를 개발하고 운영하는 데 머리를 쓰고 돈을 투자하는 일을 게을리하지 않았다. 나는 1997년 6월, 짐 콜버트와 그의 동업자에게 3,400만 달러를 주고 라스베이거스에 있는 선라이즈 컨트리클럽을 사들였다.

우리는 그 골프장의 세 개의 코스와 클럽하우스를 대대적으로 개조하고 이름도 스탤리온 마운틴 골프클럽으로 바꾸었다. 그 후 우리는 원래의 클럽하우스와는 별도로 스카이어라는 두 번째 회원전용 클럽하우스를 지었다. 그 클럽하우스는 출입구도 따로 있었고, 아주 세심하고 특별한 서비스를 받을 수 있었다. 후에 우리는 원래 1층이었던 스카이어에 한 층을 더 올려 월터스 골프의 본사로 사용하게 되었다.

우리의 전략은 카지노호텔과의 협업 관계를 활용하여 수만 명의 호텔 방문자들과 골퍼들을 끌어드리는 것이었다. 새로 정비한 54홀의 골프장과 원래 가지고 있던 데저트 파인스 골프장을 통해 우리는 풍부한 잠재력을 보유하게 되었다.

방법은 간단했다. 호텔의 고위급 임원부터 안내데스크 근무자나, 벨맨, 발렛 주차원, 영업 담당자 등 일선에서 일하는 직원들에게까지 일단 골프 가방을 들고 로비에 들어서는 손님이 있으면, 반드시 우리 골프장으로 모셔야 한다고 강조했다.

대신 직원들에게 실적에 따라 10% 정도의 성과급이나 골프장 무료이용권으로 보상해 주었다. 또 우리는 세계에서 가장 큰 호텔인 MGM을 비롯한 주요 호텔과 공항에 출장영업소를 개설했다.

나는 인맥을 확장하고, 영향력 있는 사람을 친구로 만들어야 한다는 데일 카네기스쿨 같은 프로그램의 주장에는 관심이 없었다. 우리는 같은 도시 안의 다른 골프장을 운영하는 운영자들과 더도 덜도 아닌 문자 그대로 전쟁을 벌이고 있었다. 누군가를 필요 이상으로 우대하지 않았다. 모든 사람에게 적절한 임무를 부과하고 책임을 물었다.

우리는 카지노 안에서 일하는 직원들이 자신들에게 주어진 역할을 충실하게 수행하는지 끊임없이 확인하기 위해 고객을 가장한 현장 점검 팀을 따로 운영했다. 거의 매일 본사의 영업 담당 직원들이 손님을 가장하고 협력관계에 있는 호텔에 가서 안내데스크의 직원들과 벨맨들, 그리고 발렛 주차직원들에 이르기까지 모든 직원이 일하는 모습을 살폈다.

"이봐요. 나는 며칠 동안 이곳에 머무를 겁니다. 골프도 쳤으면 좋겠는데, 골프장 하나 추천해 줘요?"

만일 호텔 직원의 입에서 우리 골프장과 전화번호가 나오지 않으면, 즉시 그 호텔의 회장에게 보고되었다.

또 우리는 매주 호텔별로 골프장 사용 예약 실적과 구체적으로 어느 부문에서 올린 실적인지도 점검했다. 예를 들어서 트로피카나호텔의 발렛주차팀에 의해서 만들어진 실적이 일주일 동안 한 건에 불과했다면 우리는 즉시 그 원인 조사에 착수했다. 이렇게 철저하게 현장을 관리하다 보니 우리와 호텔들 사이의 약속을 위반한 사례가 발견되지 않는 날은 하루도 없었다.

현장의 저항도 만만치 않았지만, 우리도 정면 대응했다. 예를 들면, 벨라지오호텔의 고객 안내 책임자 테드가 언젠가부터 골프를 치고 싶어 하는 고객들을 우리 골프장으로 보내지 않고 있었다. 나는 테드와 그의 가족들에게 골프를 지도한 적이 있는 우리 회사의 골프 사업 책임자인 조 달스트롬에게 이유를 확인해 보라고 지시했다.

조의 보고에 따르면 그가 테드와 나눈 대화는 대충 다음과 같다.

조 : "테드. 솔직히 얘기해주면 좋겠어. 나는 개인적으로 당신을 좋아해. 그리고 오랫동안 좋은 친구로 지내왔잖아. 우리 회사는 다른 어느 골프장보다 더 높은 성과 사례금을 지급하고 있어. 그런데도 당신은 당신의 호텔을 찾는 고객들에게 다른 골프장을 소개해 주고 있더군. 이유가 뭔가? 혹시 뭐 섭섭한 거라도 있어?"

테드 : "글쎄? 빌리 월터스에게 전해줘. 나는 고객을 안내하는 책임자로서 내가 추천해 주고 싶은 골프장을 추천해 준 것뿐이야."

조: "무슨 말인지는 알겠네. 그러나 문제가 될 수 있지 않나? 월터스 개인과는 아무 상관이 없는 문제야. 우리는 당신이 근무하는 호텔과 협약을 맺었어. 나는 지금 업무에 관한 이야기를 하는 거야. 지금 내가 당신과 헤어져 이곳을 나설 때쯤이면 내 넥스텔 단말기휴대전화가 본격적으로 등장하기 전에 사용되던 초보적인 무선 통신 장비를 통해서 빌리 월터스가 물어볼 거야? '도대체 왜 그러는지 알아봤나? 계속 우리와 일할 생각은 있다는 거야?'"

실제로 조가 벨라지오호텔을 나서는 순간 넥스텔 단말기가 울렸다. 그는 내게 테드가 우리와 함께 일할 생각이 없다고 보고 했다.

나는 물었다. "그 친구가 정확하게 뭐라고 말했어?"

"나하고 빌리 월터스, 둘 다 엿이나 먹어.'라고 하더군요."

나는 말했다. "수고했어. 상황을 정확히 파악했으니 됐어."

나는 테드가 근무하는 호텔의 사장에게 전화를 걸어 그가 우리와 그의 호텔 사이에 체결된 협약을 위반했다고 통보했다. 호텔 측도 신속하게 조치했다. 한 시간 후, 호텔 측이 테드를 해고했다는 통보를 받았다.

1998년, 월터스 골프가 한참 성장세를 구가하고 있을 때 클라크 카운티 당국이 만달레이베이에서 남쪽으로 한 블록 떨어진 155에이커의 땅을 임차할 사업자를 찾고 있었다. 당시 라스베이거스의 인구는 빠르게 늘어나고 있었고, 그곳을 찾는 관광객 수도 급증하고 있었다. 그러나 수요에 비해 골프장은 턱없이 부족했다. 카운티 소유의 퍼블릭 골프장은 하나밖에 없었고, 시 소유의 골프장도 다섯 개뿐이었다. 카운티 정부에서 임대하겠다는 번화가 남쪽의 땅이 개발되지 않은 채 남아 있었던 데는 이유가 있었다. 우선 바로 인접한 곳에 맥캐런 국제공항의 이착륙 활주로가 있었다. 그리고 그 땅을 전력선이 관통하고 있었다. 그 땅의 북쪽 끝에 인접한 땅은 연방토지관리국이 소유하고 있었고, 카운티 정부가 개발권을 가지고 있었다.

이 땅을 임차하기 위한 경쟁은 치열했다. 라스베이거스 출신 테니스 스타인 안드레 애거시와 그의 매니저로 오랫동안 함께 했던 페리 로저스가 힘을 합쳐서 유력한 후보로 부상하고 있었다. 당시 미국에서 정치 홍보 전문가로 가장 유명한 사람이었던 시그 로지치도 경쟁에 뛰어들었다.

시그는 1973년 R&R 애드버타이징이라는 홍보 업체를 설립하고, 그 업체를 네바다주에서 가장 큰 홍보 및 컨설팅업체로 성장시켰다. 이

업체는 지금은 R&R 파트너스로 이름을 바꿨다. 그는 1984년부터 1992년 사이에 로널드 레이건과 조지 H. W. 부시 등 두 명의 대통령과 존 맥케인 상원의원의 선거 캠페인과 홍보를 도왔었다.

정치를 오렌지 주스에 비유하자면, 그는 미국에 있는 모든 질 좋은 오렌지를 손에 쥐고 있을 뿐 아니라, 그것을 어느 정도의 힘으로 쥐어 짜야 할지도 정확하게 알고 있었다. 나는 원래 이 땅을 임차하여 개발하는 일에 그와 동업을 할 생각이었지만, 여러모로 의견이 맞지 않아서 각기 따로 경쟁에 뛰어들게 되었다.

우리는 원래 브릭야드 크로싱이라는 4개의 홀을 자동차 경주 코스 안에 자리 잡도록 설계한 인디애나폴리스 모터 스피드웨이를 본뜬 F-1 자동차 경주 코스를 짓자는데 의견을 일치를 보았지만, 결국 결별하고 말았다. 우리가 결별한 것은 그가 어느 캐나다인 사업자도 함께 이 사업을 추진하고 싶어 했지만, 내가 반대했기 때문이다.

임차인을 선정하기 위한 표결은 원래 예정되었던 날짜에 진행되지 않고 연기되었다. 이는 시그가 투표가 정상적으로 진행되면 자신이 불리하다는 것을 알고 연기를 주장했기 때문이었다. 그 후 카운티 커미셔너 위원회는 다시 투표 일정을 잡았지만, 두 번이나 또 연기되었다. 나는 이 역시 시그의 전략이라고 생각했다. 그리고 마침내 9월로 투표 일정이 정해졌다.

시그도 싸워보지도 않고 기권하는 것은 자존심이 허락하지 않았던 모양이다. 그는 투표에 앞서 위원회 위원들 앞에서 상당히 감동적인 어조로 연설을 했다. 내 기억에 의하면 그의 연설의 마지막 문장은 이렇다. "우리가 이 사업을 통해서 버는 돈이 얼마가 될지는 모르지만, 전액 지역의 자선단체에 기부할 것입니다."

방청객들이 웃음을 멈춘 뒤 진행된 투표에서 7명의 위원 중 4명이 이해충돌을 이유로 기권을 했다. 이 위원회 역사상 4명이나 되는 위원들이 투표에서 기권한 것은 이번이 처음이었다. 이 일이 있고 난 뒤, 어떤 일이 있더라도 5명 이상의 위원들이 투표에 참여해야만 투표 결과를 인정받을 수 있도록 규정이 개정되었다.

우리는 2표를 얻었고, 다른 두 경쟁자가 각각 1표씩 얻어 우리가 승리했다. 결국 인근의 만달레이베이 리조트와 조화를 이룬 '라스베이거스 스트립의 열대 낙원'으로 불리는 발리하이 골프클럽 건설 프로젝트가 정식으로 출범한 것이다.

발리하이는 윌터스 골프의 상징과도 같은 골프장이 되었다. 그리고 지금도 미국에서 가장 훌륭한 퍼블릭 골프장 가운데 하나로 남아 있다.

그러나 발리하이의 전성기는 오래 가지 못했다. 발리하이가 정식 개장한 지 한 달 후인 1998년 10월 6일, 그로부터 거의 2년 전에 내가 압수당한 280만 달러 가운데 50만 달러를 포기하라는 압력을 거부한 것에 대해 라스베이거스 경찰 정보팀과 주 검찰총장실이 보복 조치를 한 것이다. 나는 화폐 수단의 돈세탁과 관련하여 두 건의 중범죄와 한 건의 가볍기는 하지만 무시할 수 없는 범죄 혐의로 기소되었다. 검찰총장실은 내가 뉴욕에 있는 북메이커와 불법적인 베팅을 하고 그 수입금을 네바다로 불법 반입했다고 주장했다.

내가 기소되자 정보팀 조직원들은 웨스트 사하라의 필립스 슈퍼 하우스에서 자축파티를 벌였다고 한다. 그 후 그들은 내 사건이 아주 엄격하기로 유명한 도널드 모슬리 판사에게 배당되었다는 소식을 듣고 또 한 번 쾌재를 불렀다고 한다. 그런데 그들이 자축파티를 연 사실을 내가 어떻게 알게 되었을까? 파티가 열린 장소의 주인인 필 다이엘이 전화를 걸어 파티에 대해 아주 자세히 설명해 주었다.

상황이 이렇게 되자, 사람들은 내가 네바다주에서 게임 운영 면허를 받는 것은 더 이상 기대할 수 없게 되었다고 생각했다. 그러나 모슬리 판사는 자신의 명성에 걸맞게 냉정한 판결을 내렸다. 그는 같은 해 12월, 정황상 말이 되지 않는다는 이유로 기소를 기각했다.

모슬리 판사가 불법도박을 운영했다는 나의 혐의를 기각한 지 1년 후, 네바다주 검찰총장실과 정보팀은 다시 이 사건을 조사하기 시작했다. 그들은 1999년 11월, 다시 나를 돈세탁 혐의로 또 기소했지만, 이듬해 기각되었다. 그들은 번번이 기각을 당하면서도 나를 세 번이나 기소한 것이다.

2002년 10월 1일, 당시 수석 지방법원 판사인 마크 기븐스가 더 이상 재론의 여지가 없는 판결문과 함께 나에 대한 기소를 기각함으로써 검찰과 경찰에 의한 6년간의 모함과 괴롭힘이 끝났다. 기븐스 판사가 직접 쓴 표현에 의하면, 그는 검찰총장실과 라스베이거스시 경찰이 '편파적인 판단과 엉뚱한 증거'를 이용하여 말도 안 되는 기소를 했다고 판결문에 적시했다.

기븐스 판사의 판결로 검찰 측이 완패한 후, 새로운 보안관이 선출되었다. 그 공식 직함은 클라크 카운티 보안관이었지만, 라스베이거스시를 포함한 카운티 전체를 책임지는 유일한 선출직 법집행관으로,

3,500명에 달하는 법집행관을 감독하는 일로도 바빴기 때문에 라스베이거스시 안에서 벌어지는 사건에 일일이 신경을 쓸 여유가 없는 자리였다.

등 뒤에서 칼을 휘둘러댔던 전임자 제리 켈러의 뒤를 이어서 새로 취임한 보안관은 빌 영이었다. 켈러 보안관은 시 경찰이 나를 악의적으로 난도질하는 것을 허용하고 방조했던 장본인이었다.

영 보안관은 취임 일성으로 치안 유지 업무를 수행하면서 정치에 휘둘리지 않겠다고 밝혔다. 빌 영은 범죄가 걷잡을 수 없이 일어나는 도시를 책임지기에 적합해 보이는 전형적인 범죄 사냥꾼이었고, 경찰 중의 경찰이었다. 그는 업무를 수행하면서 정치적 사안에 결코 흔들리지 않았다.

기븐스 판사의 판결 이후, 나는 이제 내가 반격할 차례라고 생각했고, 경찰과 시를 상대로 악의적 기소에 대한 책임을 묻는 소송을 제기하는 것을 고려하고 있었다. 그런데 영 보안관의 생각은 나보다 더 나았다.

"빌리. 나는 당신이 무엇을 생각하고 있는지 알아요. 일단 우리는 당신에게 압수한 280만 달러를 이자까지 붙여서 돌려드리겠습니다. 그리고 앞으로는 당신이 법을 위반하지 않는 한, 누구도 당신을 괴롭히지 않겠다고 약속하겠습니다."라고 그는 말했다.

나는 공정하고 이치에 맞게 처리해 달라는 말 말고는 할 말이 없었다. 싸움은 그렇게 끝났다. 나는 이 건으로 소송을 제기하지 않겠다고 약속했고 180만 달러의 이자를 포함하여 460만 달러를 돌려받았다.

6년간의 고통스러운 세월을 감안하자면 나는 수준 높은 스포츠 베팅 사업을 구축하는데 상당한 비용을 들인 셈이다. 그러나 나는 스스로 당당하다고 느꼈고, 드디어 나의 새로운 프로젝트를 시작할 준비가 되어 있었다.

18장

흡혈귀 피하기

네바다주로부터 당한 네 차례의 기소에서 벗어나는 데는 성공했지만, 과도하게 의욕에 넘치는 검사와 흥분한 경찰에 시달리다 보니 나는 무척 지쳐 있었다.

그들의 근거 없는 비난을 극복해 내는데 너무 많은 비용을 써야 했고, 나의 사업의 확장세는 그만큼 늦춰질 수밖에 없었다. 나의 성공의 비결은 음주, 흡연, 카지노 등 아주 오랫동안 몸에 배어 있던 나쁜 습관을 단번에 끊어내고, 대신 치열한 기업가 정신을 장착한 덕분이었다. 그러나 내가 기업가로서 크게 성공하면 할수록, 누군가의 공격의 표적이 되는 것을 피하기도 그만큼 어렵다는 점을 크게 느끼고 있었다.

실제 사례를 하나 소개하고자 한다. 1997년, 네바다주 게임통제국은 이른바 '메신저' 베팅에 대한 규제를 강화하는 조치를 했다. 즉 금전적 보상을 받기로 하고, 누군가에게 휴대전화나 문서로 정보나 지시를 받아서 베팅하면 베팅액수를 1만 달러 이하로 제한하는 것이다. 이런 새로운 규칙은 생각이 짧은 북메이커들이 나 같은 전문적이고 실력 있는 핸디캡퍼의 활동을 견제하려는 분위기에서 나온 것이었다.

어쩔 수 없었다. 나는 우리가 하는 베팅을 이 새로운 규정이 허용하는 한도 안에서 진행되고 있는지 확인해야 했다. 이를 위해서 나는 프랭크 쉬렉과 밥 파이스 등 네바다주에서 가장 유능하다고 손꼽히는 게임 전문 변호사 두 명을 고용했다. 이들 두 명의 변호사들은 네바다주의 여러 주요 게임회사들과 일하고 있는 사람들이었다.

그들은 대리 베터를 관리하는 일을 기업화하라고 조언했다. 그때부터 나는 별도의 법인을 따로 설립하고, 나의 베팅 파트너들에게 그 기업의 지분을 나누어 주었다. 이렇게 해서 우리 회사와 새로 설립된 회사 사이에 문서로 만들어진 합의 내용에 맞춰서 그들은 자기 자신과 나 모두의 이익을 위해 베팅을 했다. 그 결과 새로 만들어진 규제 조항으로 인해 발생하는 문제도 해결되었고, 그들은 회사의 이익을 배당받는 형태로 자신의 노력을 보상받게 되었다. 그리고 그해 연말에 그들은 자신과 법인의 수입에 대한 정식 세금 신고도 했다.

변호사들은 또 스포츠 베팅을 담당하는 내 회사를 네바다주 안에서 베팅을 담당하는 회사와 미국 내의 다른 지역과 해외에서 이루어지는 베팅을 담당하는 회사로 나누는 것이 좋겠다고 조언했다. 주의 경계선 밖에서 이루어지는 모든 베팅은 아예 외국에서 상주하는 직원들을 통해서 진행하도록 하면 많은 문제를 미리 피할 수 있다는 것이었다. 그들의 조언을 염두에 두고 멕시코의 티후아나에 갔다. 나는 그곳의 어느 고급 주택가의 집을 한 채 빌리고, 그 집에 칼 보블리트가 이끄는 베팅 전문팀이 근무하도록 했다. 그러나 얼마 지나지 않아서 우리는 멕시코 경찰의 전화를 받았다.

라스베이거스의 경찰처럼 멕시코의 경찰도 많은 현금을 가지고 있는 미국인들을 보며 뭔가 있다는 근거 없는 의심을 한 것 같았다. 자동차에 비유하자면 본격적으로 달려보기도 전에 경찰이 차를 정지시키고 속도위반 딱지를 끊어버린 격이었다. 그들의 요구는 현재의 장소에서 계속 회사를 운영하려면 소정의 벌금을 멕시코 페소화로 납부하거나 아니면, 시내의 다른 장소로 옮기라는 것이었다.

우리는 벌금을 내고 끝내려 했다.

그러자 이번에는 지역의 자경단 비슷한 조직이 경비를 해주겠다며 돈을 요구했다. 우리는 그것도 받아들였다. 당시에는 다른 대안을 떠올리기 어려웠다. 나는 그 이상 우리를 귀찮게 하는 일이 벌어지지 않기를 바랐다. 그러나 2001년 4월, NBA의 정규시즌이 거의 끝나갈 무렵 더 짜증스러운 일이 발생했다.

부패한 경찰들이 우리 사무실을 급습하여 3만 8,000달러의 현금을 강탈하고, 우리 핵심 직원 두 명을 납치해간 것이다. 그들이 협상 초기에 몸값으로 요구한 금액은 30만 달러였다.

나는 일단 좀 세게 나가보기로 했다.

"그냥 인질들 데리고 살아. 그들이 돌아오지 않아도 괜찮아."

나는 납치범들에게 이렇게 말하고 전화를 끊었다. 그 후 서너 시간 동안 전화 협상이 진행되었다. 그 사이에 이 부패한 경찰관들은 경찰 마크가 없는 경찰차에 우리 직원을 감금하여 경찰서 뒤쪽에 주차 시켜 놓고 있었다. 협상이 진행되면서 몸값은 3만 달러까지 내려갔다.

이미 우리 사무실에서 3만 8,000달러를 강탈해 간 것을 고려하면 이 몸값은 받아들일 수 없는 액수였다. 나는 여전히 그들의 요구에 분노했지만, 더 이상 협상을 끌고 싶지도 않았고, 자칫 억류되어있는 우리 직원들에게 무슨 일이 벌어질지도 몰라 걱정되었다. 나는 몸값을 지불하고 동시에 멕시코 사무실을 폐쇄할 것을 지시했다.

티후아나를 떠나가면서 나는 좀 더 안전한 작업 환경을 가진 곳을 찾아보기로 했다. 유럽의 경우 스포츠 경기의 결과로 내기를 하는 것은 오래된 문화였다. 게다가 유럽 대부분의 나라에서는 도박으로 얻은 수입에 세금이 부과되지 않는다. 나는 취리히와 암스테르담으로 가서 현지의 은행 관계자들을 만나고, 수십 개의 은행 계좌를 개설하여 역외 스포츠 베팅 활동을 합법적으로 전개할 수 있는 준비를 마쳤다.

여기서 당시의 상황을 몇 가지 생각해 볼 필요가 있다. 그때는 9.11 테러 때문에 의회가 테러 자금과 관련이 있을지도 모른다고 의심할 만한 계좌나 사업체의 기록을 언제든지 들여다볼 수 있고, 의심스러운 전화를 도청할 수 있도록 허용하는 이른바 '애국법'이 통과된 직후였다.

나의 개인적인 경험으로 볼 때, 유럽의 은행들 특히 스위스나 네덜란드의 은행들은 미국의 은행들보다 이 애국법을 훨씬 심각하게 받아들였다. 그들은 미국 시민권자들, 특히 기소를 당한 기록이 많고, 수백만 달러를 역외로 송금하기를 원하는 프로 겜블러들과 거래하는 것을 피했다. 은행들은 나에게 계좌를 개설해 주기 전에, 나 개인과 내가 경영하는 회사와 관련된 자세한 재무와 금융 관련 기록을 요구했다. 회사의 입출금 내역, 은행 계좌 잔고 내역, 세금 관련 기록, 그리고 개인적인 금융기록과 업무와 관련된 금융기록 등 내 이름이 들어가 있는 것이라면 무엇이든지 다 제출해 달라고 요구했다. 그리고 유머 감각이나 융통성이라고는 털끝만큼도 없는 스위스와 네덜란드의 은행가들은 제출받은 서류를 샅샅이 살폈다. 하지만 결국 우리는 그 복잡한 사전 심사의 관문을 통과했고, 영국령 버진 아일랜드나 지브롤터, 키프러스 등지에 루시 월드와이드 LLC, 액션맨 LCC등의 명의로 역외 페이퍼 컴퍼니의 계좌를 만들었다. 어느 지역에 어떤 이름으로 이러한 계좌를 열 것인가를 결정하는 과정에서 나는 철저하게 변호사들의 조언을 따랐다.

이것은 이후 국경을 넘나드는 16년간의 대서사의 시작이었다. 우리는 법무팀 사무실을 취리히로 옮겼고, 역외 베팅을 총괄하는 본부 사무실은 티후아나에서 런던 외곽의 캠벌리로 옮긴 뒤, 바하마의 프리포트를 거쳐 마지막에는 파나마의 파나마시티로 옮겼다. 나는 칼 보블리트를 다시 한번 영국 사무실의 책임자로 임명했다. 우리는 또 사무실마다 인터넷을 통해 전화 통화를 가능하게 해주는 장치인 '보네이지 박스'를 설치했다. 보네이지 박스는 지역 번호의 구애를 받지 않고 기계 하나당 두 대의 전화를 연결할 수 있었다. 우리의 전략은 북메이커와의 통화가 발신지와 관계없이 현지 통화처럼 보이도록 하는 것이었다. 어떠한 북메이커도 베터가 거주하는 지역과 다른 지역 번호에서 걸려오는 착신 통화를 원하지 않았을 것이다. 만일 실제로 그런 전화가 걸려온다면, 발신자가 대리 베팅을 한다고 의심할 수밖에 없을 것이다. 작업을 좀 더 완벽하게 위장하기 위해서 우리는 또 직접 베팅에 투입하기 위해 적절한 억양을 가진 영국인 몇 사람을 고용해서 베팅을 했다. 우리는 아일랜드에 있는 친구의 도움을 받아 약 12명의 파트너를 새로 뽑아서 아일랜드에도 진출했다.

한 가지 문제가 있다면 라스베이거스와 캠버리와는 8시간의 시차가 있다는 것이었다. 어쩔 수 없이 우리는 매일 저녁 7시 반부터 다음 날 새벽 5시까지 일해야 했다. 이렇게 오랜 시간 동안 초긴장 상태에서 업무를 하고, 시차 또한 감당하기가 너무 벅차다고 생각되어 나는 1년 만에 역외 베팅 본부를 시차도 거의 없고 따뜻한 바하마로 옮기기로 했다.

우리는 프리포트에 방 3개짜리 콘도 세 채를 빌리고 바하마의 기술 자들이 섬의 절반을 가로질러 설치한 T1 초고속 인터넷 통신망을 연결 하여 새로운 베팅 본부를 갖췄다. 9개의 방마다 직원들이 근무하며 베 팅 관련 작업을 했고, 그 가운데 하나의 콘도의 가장 큰 방은 작전 본부 로 사용했다. 우리는 간혹 허리케인이 바하마를 쑥대밭으로 만들어 정 전 사태가 발생하더라도 베팅에 지장을 받지 않도록 긴급할 때 사용할 수 있도록 발전기도 따로 설치했다.

나는 여기서 잠시 이야기를 멈추고 개인적인 어려움 속에서도 나를 지지해주고 힘이 되어준 한 사람을 기리며 감사의 뜻을 전하고 싶다.

케네스 헨세는 자신의 아내와 아이들 외에는 어떤 것에도 관심을 기울일 수 없을 것 같은 힘든 시기에도 나에 대한 우정과 법에 대한 헌 신을 진정으로 이타적인 방식으로 보여주었던 사람이다.

당시 국토안보부와 법무부는 테러와의 전쟁을 위해 특히 샌디에이 고 같은 국경도시에 수십억 달러를 투입하고 있었다. 나는 2000년대 초, 라스베이거스와 유럽, 바하마 등지에 베팅을 수행하기 위한 사무실 을 차린 것 말고도 샌디에이고에도 우리가 관리하는 베팅 사무실을 차 려놓고 있었다. 그 사무실은 바비 워드에게 책임을 맡겼고, 그의 밑에 는 대여섯 명의 베팅 파트너들이 라스베이거스의 이곳저곳에서 베팅 을 하고 있었다. 어느 날 바비는 내게 전화를 걸어 정체를 알 수 없는 사람들이 주변의 쓰레기통을 뒤지고 있다고 보고했다.

또 한 번, 공권력을 가지고 있는 자들의 괴롭힘이 시작된 것이다.

연방정부 요원들이 한 트럭분의 문서를 압수했고, 연방정부의 법무부가 돈세탁 혐의를 의심하여 조사하기 시작했다.

나는 릭 라이트 변호사에게 전화를 걸었고, 그는 급히 페리 검사에게 전화를 걸어 우리가 어떠한 불법행위도 하지 않았다고 설명했다. 우리는 스포츠 게임에 베팅하면서 거액의 돈을 옮길 필요가 있을 때는 도박 관련 법률에 정통한 전문가이자 뉴저지주 변호사인 케네스 헨스에게 법률 검토를 받은 후 그의 의견을 서면으로 받고 나서 옮겼다. 그런데도 당국의 조사 활동은 한동안 계속되었기 때문에, 나는 이와 관련해서 그와 여러 차례 통화했다. 그런데 이상한 것은 그의 목소리나 호흡이 정상적인 것 같이 느껴지지 않았다는 것이다. 그는 자신이 결장암 진단을 받고 있다고 말했다.

그는 말했다. "지금 나는 병원에 있고 밖에 나갈 수 없어요. 지금이 내가 당신과 릭에게 도움이 되어 줄 수 있는 마지막 기회인 것 같아요."

릭과 나는 다음날 바로 비행기에 올랐다. 우리가 뉴저저주 톰스 리버 공항에 도착했을 때, 정말 날씨가 추웠다. 우리가 브릭에 있는 오션 메디컬센터의 입원실에 들어섰을 때, 그는 거의 혼수상태였다. 얼굴은 수척했고, 병색이 완연했다. 살도 평소보다 많이 빠져 있었다. 그의 아내이자 마를레나와 카일라의 엄마인 클레어가 밤을 새우며 남편 곁을 지키고 있었다.

우리가 도착하기 직전 케니는 릭이 작성한 법률 검토 의견서를 읽고 서명을 한 뒤, 그때까지 자신의 통증을 완화해주고, 의견서를 읽을 수 있을 만큼 정신을 차리는 데 도움을 받기 위해 주사하던 모르핀 주사선을 제거했다. 케네스는 건강이 너무 악화되어 혼자 힘으로 서명을 하는데도 힘겨워했었다고 한다. 릭은 페리 검사에게 연락했다. 그는 이 사건의 법률을 책임지고 있던 케네스가 죽어 가고 있으니 그에게 물어볼 것이 있으면 지금 빨리 병원으로 와보라고 말했다.

페리 검사가 자신의 팀원들을 이끌고 다음 날 도착했다. 케네스도 최대한 협조하기 위해 모르핀 주사를 다시 연결했다. 녹화 카메라 앞에서 나눈 대화에서 케네스는 자신은 릭의 의견서를 읽고, 자발적 의사에 따라 서명한 것이라고 말한 후, 검사의 여러 질문에 답변해 주었다.

케네스 헨스는 바로 다음 날인 2004년 2월 20일에 68세의 나이로 세상을 떠났다.

페리 검사는 죽음을 앞둔 케네스의 병상 진술을 들은 후 나에 대한 돈세탁 혐의를 취하했다.

2000년대 중반쯤 되어서 우리는 3년 만에 바하마 사무실을 폐쇄하고 파나마시티로 다시 한번 옮겼다. 이때쯤 해서 나는 우리의 베팅 작업을 책임지는 사령탑을 교체해야 할 필요성을 느끼고 있었다. 여러 해 동안 그 일을 맡았던 칼 보블리트는 너무 지쳐 있었고, 여러 사람과 갈등하고 있었다. 나는 더 이상 늦춰서는 안 된다고 생각했고, 제이버드라는 별명으로 통하는 친구에게 그 일을 맡겼다.

아일랜드계 미국인인 제이버드는 롱아일랜드 출신의 직설적이고 말이 빠른 전형적인 뉴요커였다. 그는 늘 약자였고, 거친 삶을 살아온 것이 꼭 과거의 나를 보는 것 같았다. 그는 고등학교를 졸업하고 공군에서 잠시 복무한 후 우리 회사에 들어왔다가 단계를 밟아 승진하여 그 자리에까지 올라간 것이다.

그가 처음으로 맡았던 임무는 대학 풋볼 시즌에 골드코스트 카지노에서 세 차례에 걸쳐서 7만 5,000달러를 베팅하는 것이었다. 그렇게 해서 그에 대한 테스트를 마친 후, 우리는 그에게 60만 달러를 맡겨 시카고에 있는 중요한 베팅장에 보내 베팅하게 했다.

그러나 그가 지금까지 현장에서 직접 베팅을 하기는 했지만, 이제 세계 전역에서 벌어지는 베팅 작업을 지휘하는 것은 또 다른 차원의 일이었다. 그는 의욕적으로 일하기는 했지만, 순진했다. 그가 파나마에서 일하기 시작한 후 얼마 지나지 않아 그에게 어떻게 일을 진행하고 있는지 물었더니, 답변이 영 시원치 않았다. "우리들의 계획은요…."

나는 그의 말을 끊었다.

나는 그에게 말했다. "우리라니? 나라고 했어야지?"

어찌 보면 별것 아닌 것 같지만, '우리' 혹은 '이 친구들' 같은 복수형 명사를 습관적으로 사용하는 것은 그냥 넘어갈 수 없는 문제였다. '우리'가 누군가? 자네 뒤에 또 누가 있나? 지금 자네한테 물어본 사람이 북메이커라면 어떻게 할 거야?

나는 그에게 자신이 책임져야 할 사람들을 다루는 방법을 가르치고 있었다. 다행히 그도 내 의도를 바로 알아챘다.

그는 심지어 다른 나라에서 일하는 영어를 잘 못하는 파트너들에게도 "디트로이트에 플러스 7. '우리'가 아니라 '나'입니다. 앨라배마는 마이너스 10. '우리'가 아니라 '나'입니다."라고 말하기도 했다.

사실 한 단어만 잘못 써도 덴버, 디트로이트, 마이애미, 뉴요크 등지에서 활동하는 베팅 파트너들의 배후가 드러날지도 모를 일이다.

파나마 사무실에서 하는 일은 마치 CIA 작전을 방불케 했다. 파나마인, 아일랜드인, 그리고 미주의 다양한 인종들이 함께했고, 미국의 남부 출신, 뉴욕 출신, 네바다 출신도 있었기 때문에 다양한 영어 악센트가 여기저기서 들렸다. 그들은 자신들의 위치와 우리의 조직적인 작전을 은폐하기 위해 20개 이상의 보네이지 박스 단말기를 사용했다. 우리 모든 직원은 신원미상의 국제적인 인물로 위장하고 있었다. 목적은 하나였다. 우리의 신분을 완전히 감추고, 시장에서 지속 가능한 수익을 꾸준히 축적하는 것이었다.

우리의 목적을 완전하게 달성하기 위해 특정 베팅장에 20개의 서로 다른 계정을 열었다면, 실제로 20명의 서로 다른 사람들이 계정을 하나씩 관리하도록 했다. 우리는 필요하다고 생각되면 지나치게 튀는 계좌로 쏠리는 이목을 분산시키거나, 누군가에게 치명적인 교훈을 주고 싶을 때, 아니면 좀 더 수익을 극대화하기 위해 실제와는 반대 방향으로 베팅을 하기도 했다.

나도 라스베이거스에 있으면서 매 주말이면 오전 5시에 일어나 헤드셋을 끼고 출근했다. 나는 내 앞에 있는 컴퓨터를 통해 배당률의 변화를 실시간으로 확인하면서 인터넷과 전화를 이용해서 전체 합계, 사이드, 전반, 후반까지 베팅을 조정했다.

어떤 날에는 대학 농구와 대학 풋볼, NFL, NBA, NHL에 PGA 투어까지 시간별로 벌어지는 각종 경기를 300게임까지 베팅을 하기도 했다. 마치 45초 간격으로 쉬지 않고 소방대피 훈련을 하는 것 같은 긴장감의 연속이었다.

1년이면 270일을 이 같은 긴장감 속에서 보내다 보니, 요란하고 시끌벅적한 뉴욕증권거래소도 영안실이나 공동묘지 같은 고요함이 느껴질 정도였다. 만일 당신이 우리의 광란의 작전 현장 한복판에 들어오면, 우리를 미친 사람들이라고 착각할지도 모른다.

우리는 매일 그런 식으로 일했다. 믿거나 말거나.

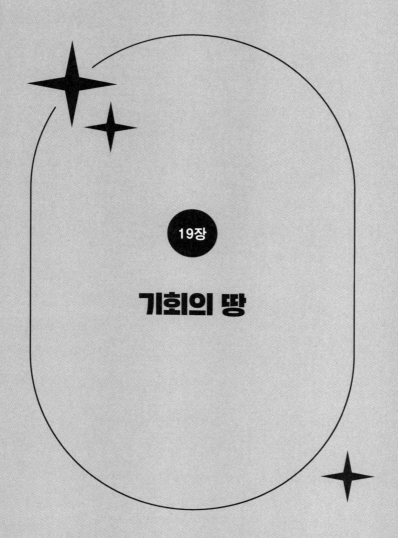

19장

기회의 땅

내 큰아들인 스콧은 마음이 넓은 아이이다. 걸음마를 시작하면서부터 천성이 부드럽고 사랑스럽고, 무언가를 베풀 줄 아는 사람으로 자라났다. 나는 뇌 손상이 왜 나에게 오지 않고, 이 아이에게 왔는지 수백 번도 더 생각해 보았다. 그러나 이번에는 아이의 장애가 나에게 가져다 준 또 다른 영향을 이야기해 보려고 한다. 내가 장애가 있는 아들을 데리고 있다는 사실을 받아들이고 나니, 나와 수잔이 그와 같은 수천 명의 다른 아이들과 어른들을 돕는데 나서는 계기가 되었다는 이야기이다. 직접적인 계기가 된 것은 지적 장애와 발달 장애가 있는 사람들의 삶과 그들의 가족의 삶을 지원해주기 위해 애를 쓰는 라스베이거스의 한 비영리 단체를 만나면서부터이다.

　　그 단체의 이름은 '기회의 마을'이었고, 흔히 OV Opportunity Village라고 불렸다. 스콧이 7살 때 치명적인 진단을 받기 전에도 나는 가끔 장애인들과 마주칠 일이 없지는 않았지만, 관심을 가져본 적은 없었다. 당시 나의 관심은 돈을 벌고 성공하는데 온통 쏠려 있었다. 내 마음속에는 장애인 문제가 차지할 만한 공간은 없었고, 그들이 살아가면서 항상 어떠한 도전에 직면하고 있는지 인식할 기회조차 없었다.

　　스콧은 20세 초반 무렵, 라스베이거스로 와서 우리와 함께 살게 되었다. 전처인 캐롤이 나름대로 스콧을 돌보려고 최선을 다했지만, 당시에는 너무 지쳐 있었다. 비슷한 또래의 다른 아이들처럼 스콧은 18

살쯤 되어도 대학에 가거나 직장을 구할 수도 없었고, 누군가에게 어떤 사업 같은 것을 배울 수도 없는 처지였다. 라스베이거스로 이사 오기 전까지는 그의 하루는 보통 오전 10시나 11시쯤에 시작되었다고 한다. 또 그의 식단은 보통 탄산음료와 사탕 등으로 가득했었다. 목욕은 보통 일주일에 두 번쯤 하는 게 다였다. 그의 지적 수준은 초등학교 6학년 정도 수준이었다.

캐롤에게는 휴식이 필요했고, 스콧에게는 삶의 변화가 필요했다. 수잔과 나는 그를 기쁜 마음으로 받아들이기로 했다. 우리가 제일 먼저 한 일은 그에게 어떤 규칙적인 일상 같은 것을 만들어주는 것이었다. 여섯 시쯤 일어나서, 아침 식사를 하고, 샤워하고, 무엇이 되었든 몸을 써서 하는 일을 수행하게 하고, 집에서 함께 저녁을 먹고, 9시쯤 잠자리에 들게 하는 정도의 일과였다.

우리는 스콧이 스스로 누군가의 사랑을 받고 있고, 나름 보람있게 살고 있고, 충분히 가족에게서 돌봄을 받고 있다는 사실을 느끼게 하고 싶었다. 정상인과 같을 수는 없겠지만, 나름대로 삶의 목표를 가지고 살게 하고 싶었다.

어느 정도 그가 라스베이거스의 생활에 익숙해지자 나는 스포티한 분위기의 빨간 닛산 승용차를 사주고, 도시 여기저기를 마치 할머니가 운전하듯이 조심스럽게 운전하며 돌아다니도록 했다. 예를 들어서 제한속도가 시속 70km인 도로라면 그는 40km 정도의 속도로 주행할 것이고, 그로 인해 어쩔 수 없이 도로에 교통체증이 생기기도 할 것이다. 어느 날 그는 샌드위치를 사 먹겠다며 칼스 주니어Carl's Jr : 미국의 패스트푸드 체인에 간다며 나갔다. 드라이브 스루 창구에서 음식을 받아 나오면서 그는 방향을 바꾼다며 핸들을 좀 일찍 꺾었다가 전신주를 들이받는 사고를 냈고, 차가 조금 손상되었다.

스콧이 우리 집 앞에 도착한 후 물었다. "스콧 무슨 일이 있었니?"

스콧의 눈에서 눈물이 뚝뚝 떨어졌다.

"자칫 잘못하면 네가 다칠 수도 있었고, 어쩌면 다른 사람이 크게 다칠 뻔했어." 그리고 이어서 결정적인 이야기를 했다. "이제 어떻게 할 생각이냐?"

이때 스콧의 입에서 의외의 대답이 나왔다.

"아빠. 나에게 좋은 일이 일어나는 날도 있고, 나쁜 일이 일어나는 날도 있는 거예요."

대박! 바로 그거야!

그렇다고 해서 스콧에 대한 걱정을 놓을 수는 없는 것이었다. 내가 영원히 그의 곁에 머무르며 그를 도울 수 없다는 것도 알고 있었다. 그래서 스콧 스스로 나름대로 삶의 목적을 찾도록 해야 했다.

80년대 말쯤에 이르러서는 나는 크게 소문을 내지는 않았지만, 6개의 자선단체의 이사회에 이사로 봉사를 할 정도로 자선활동을 크게 늘리고 있었다. 그런데 이러한 자선단체들의 운영상황을 들여다보면 볼수록, 지나칠 정도로 많은 비용이 관리비로 사용되는 반면, 정작 해야할 본연의 일, 즉 약자들을 돕는데 사용되는 금액이 상대적으로 크게 적다는 사실에 분노와 좌절감을 느꼈다. 그리고 왜 라스베이거스에서는 스콧과 같은 사람들을 돕는 일에 사람들이 별로 관심이 없는지도 궁금했다. 그때 키티 로드먼이라는 사람의 존재를 알게 되었다.

클라린 키티 로드먼은 윌리엄 포크너의 소설에도 등장하는 사람이다. 그녀는 자선에 대한 사명감과 강철 같은 의지를 가진 남부에 거주하는 키 작은 여성 자산가였다. 키티는 버지니아에서 네바다주로 이주했고, 서부에서 가장 영향력 있는 여성이 되었다. 그녀는 50년 동안 시에라 건설회사의 지분을 일부 소유하며, 이사회의 이사로 일하는 '건설업계의 대모'였고, 골든너겟, 비니언이 소유하고 있는 호스슈, 포 퀸스, 산타페, 미라지 등 라스베이거스의 큰 건물이나 호텔 대부분은 그녀가 관여했다. 그녀의 회사는 또 던스, 프리몬트, 민트, 사하라, 샌즈, 하시엔다, 플라밍고, 라스베이거스 힐튼, 골드 코스트, 트로피카나, 스타더스트, 프론티어 밸리스 라스베이거스 비지터스 앤 컨벤션센터 등의 건설에도 일부 참여했다.

한마디로 말하자면, 라스베이거스에서 벌어지는 중요한 일들 가운데 그녀와 관계없는 일은 없었다.

그러나 키티가 하는 일은 라스베이거스의 스카이라인을 바꾸는 일에만 머무르지 않았다. 그녀는 40여 년 동안 장애인 지원 단체인 이스터 실스 네바다, 네바다 주립대학교뿐 아니라, 여러 여성 인권 단체나 특수 교육 프로그램에 진심으로 도왔을 뿐 아니라 수백만 달러의 자금을 쏟아부었고, 특히 OV를 지원하는 등 수천 명의 삶을 새롭게 바꾸는 데 큰 역할을 했다.

OV는 1954년, 다운증후군을 앓는 딸을 둔 부모들과 지적 장애 및 기타 장애가 있는 아이들을 둔 개인과 부모들이 모여 설립한 단체이다. 이 단체는 비영리단체로서 직업 훈련, 지역 사회 고용, 주간 돌봄 서비스, 인권 옹호, 예술, 사회적인 레크리에이션 등의 활동을 펼쳤다. 이 단체의 목표는 간단했다. 필요한 사람들에게 자부심을 심어주고, 목표를 갖게 도와주고, 때로는 경제적인 지원도 해주는 것이었다.

1980년대 말쯤, 키티가 최선을 다해 돕고 있기는 했지만, OV는 운영에 어려움을 겪고 있었다. 더 유명하고, 규모가 큰 다른 자선단체들에 의해 대중의 관심을 많이 받지 못했고, 사우스 4번가의 어둡고 작은 창고 같은 장소에서 업무를 봐야 할 정도로 힘들었다. 그때 키티가 수잔과 나에게 OV를 위한 모금행사에 참여해서 기부해 주지 않겠느냐는 제안을 했다.

평생을 살다 보면, 크게 무언가를 깨달을 때가 서너 번쯤은 온다고 나는 생각한다. 나에게는 키티의 제안이 바로 그러한 사건에 해당했다. 수잔과 나는 처음 모금행사에 참여해서 많은 것을 알게 되었다. OV의 본부 사무실을 둘러보고 직원들과 걸으며 이야기를 나누면서 지적 장애나 발달 장애가 있는 사람들의 70%가 평생을 막 태어난 아기 같은 취급을 받으며 살아간다는 사실을 알게 되었다. 나머지 30%는 단순한 사고나 질병, 또는 스콧의 경우처럼 생명을 좌우하는 뇌종양 같은 운명의 광풍에 시달리며 살아가고 있었다.

그러나 그때도 내 마음을 움직였고, 지금도 여전히 내 마음을 움직이는 사실은 어른이고 아이고, 장애를 안고 사는 그 누구도 자신들이 그런 식으로 대우받는 것에 불평하지 않는다는 사실이다. 자신도 누군가에게 작은 것이라도 도움을 주는 생산적인 삶을 살고 싶다는 것이 그들의 소박한 바람이었다.

수잔과 나는 처음 방문한 모금행사를 계기로 OV를 적극적으로 돕기 시작했다. 그리고 기회를 봐서 스콧을 그곳에 데리고 가보았다. 불과 몇 분 만에 스콧은 마치 자기 집을 발견한 것처럼 느끼고 있다는 사실을 눈치챘다. 도움이 가장 절실한 사람들끼리 모여서 서로에게 관심을 두고 보호자도 되고, 돕는 자도 될 수 있는 그곳이 스콧의 마음을 강하게 잡아당기고 있었다. 스콧은 휠체어를 밀어주고, 누군가를 다독여 주고, 도와주는 등의 간단한 임무를 수행하며 이곳저곳을 바쁘게 다녔다.

그리고 말했다. "여기가 참 좋아요."

얼마 후부터 스콧은 OV에 상주했다. 그곳에서의 그의 공식직함은 월터스 패밀리 '대표'였다. 그는 자원봉사자 개념으로 그곳에서 자신보다 훨씬 장애가 많은 사람을 도우며 살겠다고 결심했다. 하나님의 축복이 아닐 수 없다고 생각했다.

키티는 우리가 OV를 위해 적극적으로 나서고 스콧이 자원봉사자로 일하는 모습을 보고 큰 감동을 받았고, 1993년에는 사막의 테레사 수녀라고 여겨질 만한 사람과의 만남을 주선해주었다.

언뜻 보면 라스베이거스는 카지노와 겜블러, 그리고 이들의 흥을 돋우는 연예인들밖에 안 보이는 도시처럼 보인다. 그러나 내 생각으로는 그곳에는 수많은 자선가, 비영리 단체 그리고 그들을 돕는 자원봉사자들이 제대로 인정받지 못하면서도 큰마음을 품고 일하고 있는 곳이기도 하다. 이들 모두가 다 훌륭한 사람들이지만, 딱 한 사람만 꼽으라면 린다 스미스를 따라갈 사람은 없어 보였다.

우리가 린다를 만났을 때 그녀는 OV의 자선 사업 담당 부원장이었는데, 1985년부터 2016년 사이에 여러 다른 중요한 직책을 거쳤다. 나는 그녀의 인생 이야기를 들으면서 나하고 비슷한 면이 꽤 많다는 사실을 알게 되었다.

그녀는 영국에서 태어나서 가난과 무시, 그리고 학대 속에서 어린 시절을 보냈다. 이후 캐나다에서 성장한 린다는 춤을 독학으로 배우는 등의 노력 끝에 배우이자 모델로 활동하다가 캐나다 최고의 연예인인 글렌 스미스와 결혼했다. 그녀는 미국과의 국경 부근에 살면서 첫 아이인 크리스토퍼를 낳았는데, 이 아이가 다운증후군을 안고 태어났다.

이들 젊은 부부는 결국 라스베이거스로 이주했다. 여기서 그녀의 남편 글렌은 가수 겸 피아노 연주자로서 이곳에서 오랫동안 최고의 가수로 군림하던 웨인 뉴턴과 함께 공연했다. 이들은 미국 시민권을 얻은 뒤에도 아들의 법률적인 지위를 확보하기까지 길고 힘든 법정 다툼을 벌여야 했다. 미국의 이민 및 귀화법 「212조 a항」에 따르면 미국은 범죄 경력자나 지체자의 이민이나 귀화를 거부할 수 있게 되어 있었다.

읽은 그대로이다. 법률 조항에는 '지체자'라는 단어가 분명하게 적혀 있었다. (훗날 이 용어는 다른 말로 바뀌었다.)

린다는 이렇게 말했다. "크리스토퍼의 법적 지위를 확보하는 데 18년이나 걸렸어요."

나는 그녀의 이야기를 듣고 눈물을 흘리지 않을 수 없었다.

나는 말했다. "무엇이든 좋습니다. 당신에게 어떻게든 도와드리고 싶습니다."

그때의 대화를 계기로 나는 돈을 기부하는 것보다 더 중요한 것은 나의 시간을 기부하는 것이라는 사실을 깨닫게 되었다. 린다와 나는 OV에 대한 지역 사회의 인지도를 높이기 위한 전략을 마련하기 시작했다. 그녀는 모금을 위한 다양한 아이디어를 가지고 있었고, 불타오르는 열정이 있었고, 나를 포함한 다른 여러 사람에게 기부를 요청하는데 두려움이 없었다.

그녀가 기금을 모금하는 데 있어서 두려움이 없다는 것은 전혀 과장이 아니다. 나는 유명 가수인 셀린 디옹과 그녀의 남편이자 매니저인 르네 앙젤릴에게 그녀를 소개해 주었다.

나는 2003년 봄부터 친한 친구를 통해 열렬한 포커꾼인 르네를 소개받아 알고 지내고 있었다. 그를 처음 만났을 당시는 셀린 디옹이 시저스 팰리스 안에 화려하고 멋진 주거 공간을 마련하고 라스베이거스에서 살기 시작한 직후였다. 당시 셀린 디옹은 일찍이 라스베이거스에서는 접할 수 없었던 가창력과 최절정기의 기량을 뽐내고 있었다.

나는 르네를 통해 호텔에서 수익금의 100%를 OV에 기부하는 셀린 디옹의 콘서트를 열 수 있는지 물어보았다. 그는 2004년 초 린다와 만나기로 합의했다. 당시 린다도 자신만의 공연 활동을 하던 때였다.

린다가 셀린 디옹 부부와 처음 만난 것은 호텔 측에서 셀린 디옹을 위해 맞춤 제작한 4,100석 규모의 공연장 무대 뒤에서였다. 그 자리에는 호텔 측 책임자와 셀린 디옹의 공연을 전담하던 업체인 AEG 라이브 관계자가 함께했다.

그 자리에서 린다는 다운증후군을 가지고 태어난 아이의 엄마로 살아가는 일과 장애를 안고 태어난 아이들이 자신에게 얼마나 큰 가르침을 주는 선생 역할을 해주었는지를 호소력 있게 이야기했다.

그녀의 이야기가 모두 끝난 후 테이블의 끝에 앉아 있던 르네가 말했다. "좋습니다. 공연 날짜를 잡고, 거기에 맞춰서 티켓을 팔기로 하지요."

린다는 여기서 한 걸음 더 나갔다. 좌석 중 앞줄의 좋은 좌석 몇 개를 OV에서 책임지고 판매하고 싶다는 제안을 한 것이다. 호텔 측에서 나온 인사는 공연 자체에 난색을 표하는 듯한 분위기였지만, 공연에 관해서는 르네가 동의한 것으로 해결되었다. 린다는 왜 티켓 문제를 이렇게 강력하게 밀어붙였을까? 분명한 것은 그녀가 강력하게 주장한 것이다.

그녀는 말했다. "우리가 공연장의 앞자리를 채워줄 만한 기부자를 좀 알고 있어요."

르네는 "아니요. 그렇게 해본 적이 없어요. 그렇게 하지 않은 게 좋을 것 같아요."

그러나 린다도 물러서지 않았다.

그녀는 말했다. "글쎄요. 나는 10만 달러쯤 기부하고 앞자리에 앉아서 공연을 관람할 만한 기부자를 여러 명 알고 있어요."

"공연 하나 보겠다고 10만 달러를 낼 사람이 있다고요?" 르네가 반문했다.

"몇 사람 있어요. 아마 한나절이면 100만 달러 정도는 모을 수 있을 거예요."

훗날 린다가 나에게 이야기한 바에 따르면, 그 순간 한동안 정적이 흘렀다고 한다. 린다는 누구도 숨조차 쉬지 않고 있다고 생각했다.

르네는 말했다. "좋습니다. 그렇다면 공연 비용은 OV에서 부담하세요. 공연 비용은 14만 달러 정도입니다. 일단 나와 셀린이 수표를 끊어서 충당하겠습니다.

셀린 디옹은 두 차례에 걸쳐서 믿을 수 없을 정도로 환상적인 공연을 펼쳐주었고, 우리는 린다가 장담한 대로 100만 달러 이상의 돈을 모을 수 있었다. 그 일을 계기로 셀린과 르네는 OV에 깊은 관심을 갖게 되었고, OV와 장애인을 돕는 문제 등에 관해서 열렬한 대변자가 되었다. 그들은 해마다 자신들의 장남과 그 뒤에 태어난 쌍둥이 자녀들을 데리고 마법의 숲 행사에 참석했다. 그리고 그때의 일을 계기로 린다와 셀린-르네 부부는 매우 친밀한 우정을 나누는 사이가 되었다.

안타깝게도 르네는 2016년에 암으로 세상을 떠났다.

우리의 초창기 모금 활동의 목표는 OV가 1964년에 세워진 이후 줄곧 벗어나지 못하고 있는 도시 한 복판의 어둡고 음습한 공간에서 벗어나 좀 더 넓고 쾌적한 공간으로 이사하는데 맞춰졌다. 그 꿈은 결국 이루어졌고, 우리는 1990년 웨스트 오키 캠퍼스를 새로 열게 되었다.

새로운 장소를 얻게 되자 린다의 상상력은 또 한 번 발휘되어, 매년 연말연시의 휴가철마다 '마법의 숲'이라는 행사를 열게 되었다. 그녀의 구상은 휴가철마다 옥외에 크리스마스 조명 장식과 음식과 음료가 어우러진 산타클로스 이야기를 테마로 한 축제의 장을 마련한다는 것이었다. 우리는 1992년 처음 이 행사를 열어 3,000달러를 모금했다. 30년이 지난 지금 마법의 숲 행사는 네바다주 남부의 대표적인 겨울 축제로 자리매김하여 수천 명의 아이와 가족 방문객들을 맞이하고 있다. 거의 매년 200만 달러 이상의 모금을 달성했다.

이 축제를 치르려면 매일 100명 이상의 자원봉사자가 필요하다. 나는 이 축제가 시작되는 첫해부터 축제 기간 중 가장 바쁘고 분주하게 운영되는 날인 성탄절 전날 밤의 봉사를 월터스 그룹이 책임지겠다고 약속했고, 그 약속을 지켰다. 수잔과 내가 직접 매표창구에 앉아서 구겨진 지폐를 일일이 헤아리고, 다른 100명 가까운 우리 직원들이 자원봉사자로 투입되어 필요한 일이라면 무슨 일이라도 마다하지 않고 했다.

독자 여러분들도 충분히 짐작하겠지만, 나는 소극적이거나 부끄럼을 타는 성격이 아니어서, 네바다주의 크고 영향력 있는 인물들에게 OV에 대한 지원을 적극적으로 호소했다. 나는 1999년에 주지사로 당선된 케니 그원을 비롯해서 그 후에 당선된 모든 주지사에게 거액의 정치후원금을 기부한 사람이었다. 그들에게 기부금을 낼 때마다 OV야말로 그 어느 자선단체들보다도 시민들의 세금으로 받은 주정부의 지원금을 충실하게 시민의 이익을 위해 돌려주는 단체라는 것을 빼놓지 않고 강조했다. 나는 역대 주지사들과 상원의원들, 카지노호텔의 운영자들, 유명 인사들, 연예인들, 그리고 최근에는 NFL의 라스베이거스 레이더스의 구단주이자 총괄 매니저이고, WNBA의 라스베이거스 에이시스 구단의 소유자인 마크 데이비스에 이르기까지 거의 모든 유명 인사들을 만나 그들의 어깨를 두드리며 지갑을 열도록 설득했다. 또 잠재적으로 기부자가 될 가능성이 있는 사람들을 모아서 OV가 장애인들을 위해 얼마나 혁신적인 서비스를 제공하면서 기적 같은 일을 이루어가는지 직접 볼 수 있는 견학 프로그램도 운영했다.

때로는 예상치 못했던 사람들이 갑자기 나타나 재정적인 필요가 채워지기도 한다. 어느 해 인가는 내가 지역 신문에 OV를 위한 기부를 호소하는 광고를 내기 위해 바쁠 때, 알칸사스주의 리틀록에 사는 친구인 크레그 캠벨과 그의 아내 엘리자베스가 성탄절 휴가를 보내겠다며 갑자기 나타났다.

내가 일부러 보여주거나 이야기를 꺼낸 것도 아닌데, 엘리자베스는 마침 그녀의 가족들이 들고 있던 지역 일간지인 「리뷰 저널」을 집어 들어 이리 저리 넘기다가 어느 광고에 눈길을 멈추었다. 그들은 휴가를 마치고 돌아가는 길에 기부를 서약하는 서약서를 작성하고 떠났다. 그들은 이 서약서를 제출하면서 담당자에게 나를 놀라게 해주어야 하니까 나에게는 알리지 말라고 말했다고 한다.

아니나 다를까, 한번은 친구이기도 한 MGM리조트의 CEO 테리라에게 전화를 받았다. "빌. 내가 지금 OV에 와 있는데, 자네도 좀 이리로 올 수 없겠나?" 다른 사람도 아닌 테리의 전화인지라, 나는 이유도 묻지 않고, 바로 OV의 행정실로 갔다.

행정실 관계자에게 라니가 지금 OV의 현장을 둘러보고 있다는 이야기를 들었다.

문을 열고 들어가 보니 100명 정도의 OV 관계자들과 장애인 친구들이 환호하고 있었다. 그리고 테리와 린다 스미스가 거액의 액수가 적힌 수표를 들고 있었다. 나는 그 수표를 들여다보며 눈물이 핑 돌았다. 캠벨과 그 가족의 이름으로 100만 달러의 기부금이 도착한 것이다.

2020년, 네바다주 핸더슨에 있는 OV의 월터 패밀리 캠퍼스가 20주년을 맞았다. 수잔과 나는 이를 기념하여 800만 달러를 더 모금하기 위한 캠페인을 벌이기로 했다.

지금도 이스트 레이크 미드 파크웨이에 있는 붉은 벽돌 건물 안에서는 다양한 활동이 분주하게 진행되고 있다. 그곳에서 일하는 고객들은 네바다주에서 가장 큰 미디어 관리 업체 가운데 하나인 페이퍼 프로스를 위한 문서 정렬 작업부터 이미지 작업까지 다양한 작업을 진행하고 있다. 그들의 작업실로 들어가는 출입문에는 '스콧 월터스를 기리며'라고 적힌 멋진 명패가 붙어 있다.

안으로 들어가면 장애 정도가 각기 다른 십여 명의 남녀 청년들이 네바다주의 교통복지부 같은 정부 기관이나 공공기관에서 의뢰를 받아 수십만 장의 서류를 분리하고 분류하고 스캔하는 등의 일을 하고 있다. 또 시저스 엔터테인먼트 등의 의뢰를 받아 게임과 관련된 영수증을 제외한 다른 다양한 영수증을 매달 약 100만 장가량 정리하는 업무도 맡고 있다.

인근 지역에서는 25만 달러짜리 초대형 분쇄기가 매일 8시간 가동되면서 지역의 카지노와 법률 및 의료 관련 시설에서 발생하는 8톤의 종이를 재활용하는 일을 돕고 있다. 이 역시 OV가 네바다주 전역에서 벌이는 600개 이상의 사업장 가운데 하나이다. 이것 말고도 주방 업무, 인쇄, 우편발송, 포장, 청소, 판촉, 중고품 매장 등 영리사업체와도 협력하여 일하고 있다.

내가 여러 해 동안 OV가 운영하는 프로그램들을 돕는 일을 하면서 내가 웨스크 오키 캠퍼스의 직업훈련센터에 방문했던 첫날 만난 한 젊은이만큼 나의 마음을 흔든 사람은 없을 것 같다. 그의 이름은 알론조 올레드였다.

알론조는 태어났을 때는 몸에 아무런 문제가 없었다고 한다. 그러나 그가 12살이 되던 해에 계단에서 넘어지는 사고를 당했다. 그 사고로 그의 하반신이 마비되고 뇌에 받은 충격으로 한쪽 눈의 시력도 잃었다. 그는 평생을 휠체어에서 보내야 할 운명이었지만, 낙관적이고 긍정적인 마음을 잃지 않았다. 나는 그를 만날 때마다 그의 안부를 묻곤 했다. 그러면 그는 항상 똑같이 대답한다. 그는 자기의 변함없는 동반자인 보라색 티라노사우루스 인형을 내밀며 "나는 슈퍼 디 두퍼입니다."라고 말하는 것이다.

내가 알론조를 처음 만났을 때 그의 부모는 70대의 고령이었다. 알론조는 자신 때문에 부모님이 잠에서 깨는 것을 원하지 않았기 때문에 세 시간이나 걸려서 혼자 조용히 옷을 입었다. 그분들의 걱정은 머지않아 자신들이 세상을 떠나면 아들 혼자 어떻게 살아갈까 하는 것이었다. 그들을 만난 것을 계기로 나는 부모가 세상을 떠난 후의 장애인들의 삶에 대해서 진지하게 생각하기 시작했다.

그것을 계기로 우리는 OV의 후원자들과 함께 적절한 주거지가 없는 중증 장애인들을 위한 장기 거주 시설을 짓기 위해 3,500만 달러를 모금하는 캠페인에 착수했다. 그 결과로 우리는 2021년 6월, 이 시설을 건립하기 위해 거액의 금액을 기부한 랄프 엥겔스타드와 그의 부인인 베티의 이름을 딴 베티 빌리지의 개소식을 성대하게 열 수 있었다.

OV는 네바다주에서 가장 많은 장애인을 고용하고 있는 기관이었고, 실제로 약 800명 이상의 장애인들에게 일자리를 만들어주었다. 그들이 2022년 한 해 동안 받은 급여를 모두 합치면 400만 달러 이상이라는 점, 그리고 자기 수입의 일부를 세금으로 내고 있다는 점 등으로 큰 자긍심을 품고 있었다. 현재 이 단체는 네 곳의 캠퍼스를 운영하며 1천 명 이상의 성인 장애인과 2천 명 이상의 장애 어린이들을 돕고 있다.

다른 수많은 비영리 단체나 기업들도 마찬가지겠지만, 내가 진심으로 사랑하는 이 자선기관도 코로나 팬데믹의 영향을 피할 수는 없었다. 사상 처음으로 계획했던 모금행사들이 줄줄이 취소되었고, 수백 명의 직원을 해고해야 할 위기가 닥쳤다. 나도 출옥한 직후 이러한 위기 상황을 알아차렸다. 수잔과 내가 우선 100만 달러를 내놓은 것을 시작으로 직원들의 해고를 막기 위한 모금을 전개하기 시작했고, 마크 데이비스 같은 친구가 25만 달러를 기부해 주는 등 여러 사람의 참여로 목표를 곱절이나 초과 달성할 수 있었다.

나는 교도소에 있으면서 울적해질 때마다 매일 힘든 삶을 살아가면서도 크게 불평하지 않았던 OV의 장애인 친구들을 생각하며 극복했다. 나는 이 멋진 기관을 위해 힘닿는 데까지 노력할 생각이다.

그곳과 관계를 통해 아들에 대한 내 생각도 크게 바뀌었다. 그는 나의 영웅이 되었고, 내가 아는 한 가장 동정심 많고 용감한 사람이라는 것을 알게 되었다.

스콧과 관련하여 간단한 이야기를 하나 하고 넘어가고자 한다. 바비 존스라는 의류 회사에서 일하던 비온 윌콕스와 그의 아내 주디를 통해서 아이다호주의 렉스버그에 있는 릭스 칼리지라는 학교를 알게 되었다. 그들 부부의 딸 제니가 그 학교에 다니고 있었다. 스콧은 오랫동안 요리사가 되고 싶어 했고, 우리는 릭스 칼리지에 요리 과정을 포함하여 여러 가지 다양한 지적 장애를 가진 학생들을 위한 교육 프로그램을 운영한다는 사실을 알게 되었다. 게다가 데이브 리처드라는 사람과 그의 부인인 낸시가 스콧이 그 학교에 다니는 동안 후견인 역할을 해주겠다고 흔쾌히 나섰다.

그 학교는 모르몬교가 운영했는데, 그들 부부는 스콧의 학비와 숙식에 필요한 경비 말고는, 어느 누구도 내게 별도의 기부금이나 대가 같은 것을 요구하지 않았다.

나는 스콧이 거기서 공부할 수 있게 된 것에 너무 깊은 감동을 받았기 때문에, 낸시 리처드에게 전화를 걸어 내가 뭔가 도움이 될 수 있는 일이 없는지 물어보았다. 공교롭고 놀랍게도 낸시는 자신의 남편인 데이브가 그 학교의 기부금 모금 책임자라고 대답했다. 데이브와 그 학교의 학장인 스티브 베니온이 비행기 편으로 라스베이거스로 날아왔고, 호스슈호텔에 머무르면서 우리 부부와 함께 저녁 식사를 했다. 우리는 그 학교의 실습용 주방을 새로 짓는 데 필요한 비용을 맡아서 지원했고, 지금 그 학교는 브리검 영대학교의 일부로 통합되었다.

1995년, 스콧은 렉스버그에서 공부한 지 2년 만에 졸업장을 받았다. 우리도 물론 졸업식에 참석해서 그가 단상에 걸어 올라가 졸업장을 받는 것을 지켜보았다. 그날 스콧은 내게 기쁨에 겨워 말했다. "내가 우리 집안에서 처음으로 대학을 졸업한 사람이네요!" 그날은 내 일생에서 가장 뿌듯한 날이었다.

스콧이 릭스대학을 졸업할 수 있었던 것은 그가 학업을 마칠 때까지 받았던 여러 사람의 도움이 없었다면 불가능했을 일이었다. OV는 스콧의 삶을 바꿔 주었고, 그 과정에서 나를 더욱 성숙한 사람으로 만들어주었다. 이 특별한 장소를 방문할 때마다 나의 삶은 점점 풍요로워졌다. OV에 아무리 많은 기부금을 내도 갚을 수 없는 빚을 진 것이다.

20장

필 미켈슨

세계에서 가장 유명한 왼손잡이 골퍼가 있다. 그는 내게 믿을 수 없는 이야기를 했다. 2017년 4월의 어느 화사한 봄날, 필 미켈슨은 캘리포니아주 칼스배드에 있는 내 별장 테라스에 앉아서 태평양의 반짝이는 푸른 바다 위의 서퍼들을 보고 있었다.

당시 이미 필은 PGA 대회를 43번이나 우승하고, 그의 이름이 명예의 전당에 헌액된 스타 골퍼였다. 우리는 자주 골프를 치고, 고액의 스포츠 베팅도 함께 하며 8년째 우정을 나누고 있던 사이였다.

필은 내가 그를 대신해서 했던 베팅에서 패하여 250만 달러의 빚을 내게 지고 있었다. 3년이 넘는 기간 동안 부채는 계속 늘어났고, 나는 이것을 방치했었다. 솔직히 말하자면, 당시 나는 10건의 통신 및 주식 사기와 관련된 내부자 거래 사건을 해결하는 것이 더 시급한 문제였기 때문에 그의 문제는 신경 쓸 겨를도 없었다. 3주간의 형사 재판이 4월 7일에 끝났고, 재판 결과는 아주 나빴다.

나는 12명의 배심원이 정부와 관련된 형사사건을 제대로 판단해 주리라고 믿었지만, 결과적으로 내 인생의 가장 큰 베팅에서 패한 것이다. 배심원단은 판사의 잘못된 재판 진행으로 정부 측 공무원들이 범한 불법행위에 대한 충분한 증언을 듣지 못한 상황에서 모든 혐의에 대해서 유죄라는 판결을 내렸다.

필이 멋지게 꾸민 검은색의 SUV를 타고 내 별장에 도착했을 때, 가택 연금된 상태인 나는 오른쪽 발목에 전자추적팔찌를 찬 70살 노인의 몸으로 내 사업을 비롯한 주변 정리를 하고 있었다.

당시 나는 7월에 있을 재판심리를 기다리고 있었는데, 그 공판에서 판사는 나에게 1년 1일의 징역을 선고하라는 배심원단의 권고를 무시하고 내게 큰 충격을 주는 결정을 내리게 된다. 나에게 5년의 징역형을 때린 것이다.

필도 내 재판에서 내가 그에게 추천한 두 주식 중 한 주식에 관한 내부 정보를 받았는지에 대한 진실을 말할 기회가 있었다. 하지만 그는 증언하지 않기로 했다. 이유가 무엇인지는 짐작이 가는 바이지만, 뒤에서 이야기하기로 하겠다. 그때 내 느낌이 어떠했겠는가? 모든 것이 무너져 내리는 것 같은 참담함을 느꼈다.

그가 우리 집에 찾아왔을 때, 나는 그가 잘못을 뉘우치고 사과하려고 왔다고 생각했으나 그게 아니었다. 그가 찾아 온 이유는 내게 진 빚을 청산하기 위해서였다. 필이 KPMG를 거래하여 25%의 손실을 보았고, 엑손모빌과 바클레이에서 받던 거액의 스폰서가 끊긴 것에 대해 푸념하는 것을 들으며 나는 할 말을 잃었다. 그뿐 아니라 그는 자신이 무척 아끼는 걸프스트림V제트기의 감가상각비가 3,200만 달러나 된다며 투덜거렸다.

이제 곧 감옥에 들어가야 하는 데다, 변호사 비용과 벌금 그리고 손해배상금까지 합쳐서 1억 달러나 손해를 본 내 앞에서 말이다.

나는 마음속으로 생각했다. 수천 명의 사람이 필의 자서전을 사기 위해 줄을 서겠지만, 만일 과거로 돌아가 그와의 관계를 다시 설정할 기회가 주어진다면, 나는 아무리 비싼 대가라도 치르겠다는 생각이 들었다.

그날의 이상한 만남을 끝내고 돌아가면서 필은 또 한 번 이해가 가지 않은 말을 했다.

"나는 앞으로 2주일 반쯤 이곳에 머무를 텐데, 같이 골프라도 몇 게임 칠래요?"

그로부터 4년이 흘렀다.

2021년 5월 23일이었다. 교도소 생활을 마치고 나온 지 1년이 지난 시점이었고, 나는 수잔과 거실에 함께 앉아 있었다. 우리는 TV를 통해 수천 명의 갤러리가 삼엄한 보안관리자들의 경계를 뚫고 사우스캐롤라이나에 있는 그림 같은 키아와섬의 바람 부는 오션 코스의 18번 홀의 페어웨이를 비명을 지르고 뛰어가는 것을 보고 있었다. 51세의 생일을 불과 3주 남겨둔 그들의 영웅이 프로 골프 역사상 최고령 우승자로 등극하는 장면을 보려고 몰려든 것이다.

거실 TV의 평면 화면에서 펼쳐지는 장면은 마치 현실이 아닌 듯 느껴졌다. 수많은 팬의 환호 속에 퍼터를 들고 등장한 필이 대서사시 같은 승리를 거두는 것으로 장면은 마무리되었다. 눈 앞에 펼쳐지는 잔인한 현실을 목도하면서 나는 머리를 감싸 쥐고 힘들어했다. 필이 누리는 영광의 순간 때문이 아니다. 내가 정말 사랑했던 골프와 골퍼 때문에 온몸으로 고통을 느끼고 있었던 것이다.

나는 우리의 갈라진 우정을 되돌아보고 있다. 우리 사이에 일어났던 많은 일을 떠올리며 내 감정을 하나씩 정리하고 있는 것이다. 내가 필의 입장이었다면 어떻게 했을까? 내가 좋아하는 친구의 무죄를 입증하기 위해 돕는 것과 법정에서 한 진술을 거부하는 것, 어떤 것을 선택했을까? 그 친구가 간절히 나를 필요로 하는 결정적인 순간에 그 친구를 버렸을까? 내 이익을 지키기 위해 친구가 유죄 판결을 받는 것을 방치했을까?

마지막 퍼팅이 성공해서 공이 홀컵에 빨려 들어가고 필이 수많은 사람에 둘러싸여 기쁨을 만끽하는 동안, 나는 저 갤러리들이 필이 어떤 사람인지 내가 아는 만큼 알고 있다면, 저렇게 환호해 줄까 하는 생각을 해보았다.

또 다시 9개월이 지났다.

2022년 2월, 필은 2억 달러를 받고 사우디아라비아가 PGA에 맞서서 새로 창설한 LIV 골프 리그에 합류한 후, 골프의 왕자에서 공공의 적으로 전락하고 말았다.

그러나 필은 자신만 LIV로 이적하는 수준을 넘어서 PGA서 활동하는 다른 선수들을 LIV로 영입하기 위한 노력을 적극적으로 펼쳤었다. 그는 작가인 앨런 쉬프녁과의 인터뷰에서 사우디아라비아를 가리켜 "상종하기 무서운 개자식들"이라고 표현했었다. 거기서 멈추지 않았다.

"우리는 사우디아라비아가 미국에 거주하는 워싱턴 포스트의 기자인 자말 카슈끄지를 살해했을 뿐 아니라, 끔찍한 인권탄압을 아무렇지도 않게 저지르는 나라라는 사실을 알고 있습니다. 동성애 행위를 했다는 이유로 사형에 처하기도 합니다. 이런 현실을 잘 알면서도 내가 왜 LIV로 이적했는지 아십니까? 지금이 PGA 투어의 운영방식을 바꿀 수 있는 처음이자 마지막 기회이기 때문입니다."

그는 또 PGA의 강압적인 전략을 '기만적'이고 '고압적'이라고 비난했다. 그는 전에도 골프 다이제스트와의 인터뷰에서 PGA가 혐오스럽고 탐욕스럽다고 불만을 토로했다. 그런데 PGA투어로 말할 것 같으면, 그에게 2022년까지 상금으로만 무려 9,640만 달러를 벌어준 단체이다. PGA에서 그보다 더 많은 상금을 받은 사람은 타이거 우즈밖에 없다. 그는 이와는 별도로 PGA에서 활동하면서 후원금과 스폰서 금액, 그리고 그 밖에 상금 외의 수입으로 8억 달러의 수입을 올렸다.

지금까지 오랫동안 PGA 안의 경쟁자들이나 다른 관계자들 등 소수의 사람만 알고 있던 필 미켈슨의 감춰진 모습을 대중들도 눈치채기 시작했다.

필은 어쩔 수 없이 몇 개월 동안 자의 반 타의 반으로 골프 무대에서 사라졌다. 그가 골프 무대로 다시 돌아온 것은 2022년 6월, 런던 외곽에서 벌어진 첫 번째 LIV 대회가 열리기 전날이었다. 두 달 뒤, 필은 자신이 PGA투어로부터 2024년 3월까지 출장 정지 처분을 받았다고 밝히며, 이를 뒷받침할 법률적인 문서를 공개했다. (충격적인 것은 2023년 6월, PGA는 LIV와 합병 계획을 발표했다.)

출장 정지와 합병으로 입장이 난처해진 필이 상황을 수습하기 위해 제일 먼저 한 일은 「스포츠 일러스트레이티드」의 밥 해리그와의 전화 인터뷰였다. 그 회견에서 그는 자신이 '일생일대의 실수'를 저지른 것에 대해 유감을 표명하면서, "뭔가에 중독되어서 정상적인 코스로 볼을 보내지 못하고, 코스에서 이탈했다"라고 고백했다.

그는 또 "나는 여러 사람에게 큰 상처를 주었던 것을 고백하고, 진심으로 사과하고 싶다. 나의 무모하고 황당한 베팅으로 인해 난처한 지경에 빠졌다. 나 스스로 그것을 인정할 수밖에 없다. 사실은 이 문제를 해결하기 위해 여러 해 동안 노력해 왔다. 수백 시간에 달하는 치료도 받았었다."라고 덧붙였다. 그러나 필은 그가 말한 '무모하고 황당한 베팅'이 무엇을 이야기하는지는 구체적으로 밝히지 않았기 때문에, 내가 여기서 하나의 사례를 들어보고 싶다.

2012년 9월, 필은 시카고 외곽의 메디나 컨트리클럽에 있었다. 당시 그곳에서는 미국과 유럽 간의 골프대회인 39회 라이더 컵 대회가 열리고 있었다. 거기서 그는 나에게 전화를 걸어 타이거 우즈와 자신이 주축이 된 미국팀이 유럽팀을 꺾고 라이더컵을 되찾아 올 것이 분명하다고 자신만만해했다. 그는 너무나 자신 있어 하면서 자기 대신 미국팀이 이기는 쪽에 40만 달러를 걸어 달라고 요청했다. 나는 그의 말을 곧이곧대로 믿을 수는 없었다.

내가 대답했다. "지금 제정신인가? 피트 로즈 꼴을 당하려고?" 피트 로즈는 프로야구팀인 신시내티 레즈의 감독 시절 자신의 팀 경기에 베팅했다가 야구계에서 퇴출당한 사람이었다.

"꼭 아놀드 파머를 다시 보는 것 같군. 뒷일을 어떻게 감당하려고? 나는 이런 일에 끼고 싶지 않아."

"좋아요. 알았어요." 이렇게 말하고 그는 전화를 끊었다.

나는 그가 나를 통하지 않고 다른 방법으로 베팅했는지는 알 수 없다. 지금도 그가 뒤늦게 정신을 차렸기를 바란다. '메디나의 기적'이라고 부르는 경기 결과를 생각할 때 더욱 그렇다. 10대 6으로 뒤지고 있는 상황에서 벌어진 마지막 날 경기에서 유럽팀은 라이더컵 역사상 가장 극적인 역전승을 거두었다. 유럽팀은 8게임에서 이기고 1게임에서 비겼고 3게임 패하여 14½대 13½로 한 포인트 차이로 우승을 차지한 것이다. 필도 저스틴 로즈에게 한 홀 차이로 패해서 일요일의 충격적 패배에 일조했다.

이제 독자들도 느끼고 있겠지만, 골프와 베팅에 얽힌 나와 필과의 관계는 매우 복잡하다. 나는 그에게 멘토였고, 민감한 이야기도 터놓고 이야기할 수 있는 진실한 친구였고, 골프 동료였고, 베팅 파트너였다. 나이를 따지자면 내가 21년하고도 한 달이나 먼저 태어났지만, 골프를 치고, 베팅하고, 인생을 이야기할 때는 아무런 격의 없이 마치 동년배처럼 그를 대했다.

내가 책을 쓴다고 하니까 필에 대해서 과연 무슨 이야기가 나올지에 대해서 언론이나, 골프계, 그리고 트위터 등 곳곳에서 추측이 난무하고 있다. 내가 오래 마음속에 쌓인 앙금을 여과 없이 쏟아낼 것이고, 필은 내가 무슨 말을 쓸지 몰라 전전긍긍하고 있을 것이라는 추측이 대세이다.

많은 고민 끝에 나는 진실이 무엇인지 바로 잡고, 사실을 있는 그대로 이야기하기로 했다. 나는 베팅과 관련하여 필을 폄하할 생각이 없다. 나의 유일한 목적은 우리 둘 사이에 있었던 일, 특히 베팅 파트너로서 그리고 나를 감옥 까지 가게 한 주식 거래와 관련하여 그와 나 사이에 무슨 일이 있었는지에 대한 진실을 드러내고자 하는 것이다. 지금까지 나는 누구에게도 그와 관련하여 모든 진실을 털어놓은 적이 없었다. 독자들이 필에 대해서 어떻게 생각하든 그건 자유이다. 그렇다고 해서 나는 그의 사생활에 대해서는 어떤 사소한 이야기도 하지 않을 것이다.

그건 그런 이야기를 하고 싶어 하는 다른 누군가에게 맡기면 된다.

2006년에 노던 캘리포니아에서 열린 AT&T 페블비치 프로암대회에서 우리는 처음 만났다. 나는 스웨덴의 프로선수인 프레디 제이콥슨과 한 팀을 이루었고, 공교롭게도 필과 그의 아마추어 파트너인 스티브 라이언스와 함께 라운드하게 되었다. 당시 스티브 라이언스는 필의 여러 스폰서기업 가운데 하나인 포드 자동차의 북미주 마케팅 담당 부사장이었다.

필과 프레디는 모두 77타로 공동 38위를 기록 중이었다. 경기 내내 필과 나는 스포츠 이외의 다른 주제에 관해서는 한마디도 이야기를 나누지 않았다. 내가 가장 좋아하는 골프코스인 그 곳과 몬태레이 반도의 매혹적인 경치조차도 이야기를 나누지 않았다. 하지만 그는 나의 스포츠 베팅 분야에서의 엄청난 성공을 알고 있었고 나와 가까이 지내면, 자신도 나와 비슷한 정도의 성공을 거둘 수 있다고 생각했던 것 같다.

그날의 성적은 저조했지만, 필의 골퍼로서의 재능은 대단했다. 나는 여러 해 동안 많은 PGA 프로들과 골프를 함께 했지만, 솔직히 말하자면 필은 다른 골퍼에게는 볼 수 없는 특별한 무언가를 가지고 있었다. 그는 패배의 위험을 감수하면서도 기적 같은 샷 한 방을 날리기 위해 모든 것을 걸 줄 아는 담대함이 있는 사람이었다. 한 마디로 어떤 눈치도 보지 않고 마음먹은 대로 플레이를 전개하는 골퍼였다!

여러 해 동안 그와 가까이 지내면서 우리는 수십 차례나 함께 라운드를 했다. 라호이아 컨트리클럽이나 그랜드 델마, 델마 컨트리클럽, 란초 산타페, 팜스, 브릿지스, 플랜테이션 메디슨 클럽 등 남부 캘리포니아의 골프장에서 자주 어울렸다.

한번은 투어의 전설인 짐 콜버트도 우리와 합류한 적이 있었다. 우리는 필이 형제처럼 여긴다는 팀과 프로골퍼 더스틴 존슨이나 벤 크레인과도 간혹 라운드를 했었지만, 대개는 둘이서만 했다. 우리는 많은 시간을 함께 어울리면서 스포츠, 비즈니스, 베팅 그리고 삶에 관한 이런저런 주제에 이르기까지 많은 이야기를 나눴다.

우리는 라운드를 할 때마다 내기를 했지만, 그저 재미있게 노는 수준이었을 뿐, 거액을 걸지는 않았다. 전체 경기를 놓고 하는 내기가 아니라 대개 18홀의 매치 플레이 방식의 내기였고, 보통 1만 달러 정도의 내기였다. 경기가 일찍 끝나면 우리는 9홀을 더 돌면서 내기를 조금 더 즐겼다. 대개는 같은 티에서 플레이했고, 우리는 이런 식으로 많은 시간을 함께 보냈다.

정확히 집계는 해보지 않았지만, 전반적으로 볼 때 나는 필에게 골프로 돈을 잃지는 않았다고 확신한다. 오랫동안 딴 돈과 잃은 돈을 합치면 대체로 비긴 셈이 될 것으로 보이지만, 중요한 것은 돈이 아니었다. 중요한 것은 승부욕이 유난히 강한 두 사내가 수시로 경기를 벌였다는 것이다. 돈이 걸리지 않았다고 해도 우리는 분명히 양보 없는 혈투를 벌였을 것이 틀림없었다. 이렇게 오랜 기간 골프를 치면서 우리는 그야말로 문자 그대로 '친구'가 되었다.

2008년 5월, 나는 노스캐롤라이나주 샬럿에서 열리는 와쵸비아 챔피언십대회의 일환으로 열리는 프로암대회에 은행 측의 초청을 받아 참가했다. 나는 라커룸에서 필과 마주쳤다. 이번에는 그가 더 직설적이었다.

"대리 베터들과 함께 작업을 하신다면서요?" 그가 말했다.

"그렇지. 내가 베팅할 수 없는 곳에서 베팅하려면 누군가를 대신 투입 시켜야 해. 게다가 누군가를 대신 투입 시키면 내가 직접 베팅하는 것보다 많은 돈을 베팅할 수 있는 경우도 있지."

필은 두 가지 모두 가능했다. 와쵸비아 대회가 끝난 후부터 필은 우리의 베팅 파트너로 5년간이나 함께 했다. 그 기간 필의 모습은 도박에 푹 파묻혀서 중고자동차 사업으로 번 돈 대부분을 하우스에서 탕진했던 내 젊은 시절을 보는 것 같았다. 그의 에너지 넘치는 모습과 성격에 큰 애착을 느꼈다.

베팅 파트너로 함께 하면서 나는 그에게 과거 젊은 시절에 나를 괴롭혔던 문제들을 피할 수 있도록 조용히 조언해줄 수밖에 없다는 것을 깨닫게 되었다. 그가 베팅 파트너로 함께 하게 되면서 우리는 모든 성과를 50:50으로 나누자고 구두로 합의했다. 그의 베팅 자금의 절반은 내가 대고, 나머지 절반은 그가 대는 방식으로 모든 위험과 성과를 똑같이 나누기로 한 것이다.

필은 자신이 큰돈을 베팅할 수 있는 역외 계정을 두 개 가지고 있다고 말했다. 수십 년 동안 파트너나 대리 베터들과 일을 해 봤지만, 이렇게 큰 계정을 가지고 있는 사람은 처음이었다. 그가 오랫동안 수백만 달러씩 베팅하는 하이 롤러가 아니었다면 그런 계정을 가지고 있을 수 없었다.

내가 필을 파트너로 받아들인 이유는 간단했다. 내가 스포츠 베팅 세계에서 워낙 이름이 알려져 있었기 때문에 필의 계정이 있는 두 곳의 베팅장에서, 나의 베팅 한도는 대학 경기는 2만 달러, 프로 경기는 5만 달러였다. 그러나 필은 그 두 곳에서 대학 경기에 40만 달러, NFL 경기에도 40만 달러까지 베팅할 수 있는 한도를 가지고 있었기 때문에 50 대 50으로 나누는 것을 감안해도 나는 최소한 두 배 이상의 새로운 계정을 갖게 된 것이나 마찬가지였다. 게다가 필은 게임별로 내 경우보다 20배나 많은 10만 달러까지 높이거나 낮춰서 베팅을 할 수 있었다.

필도 직접 인정한 바에 따르면 우리가 함께 베팅하는 동안 필의 베팅액수는 도합 2억 5,000만 달러에 달했고, 5,000만 달러를 벌어들였다. 우리는 당초 손익이 300만 달러에 도달할 때마다 정산하기로 합의했다. 사실 나는 다른 사람들이 나에게 수천 달러의 채무를 진다면 그것을 받아낼 걱정은 했을지언정, 필이 나에게 300만 달러의 채무를 가지고 있다 해도 별로 걱정을 하지 않았다.

초창기에는 내가 그의 베팅 습관이나 그만의 속사정을 알 수 없었기 때문에, 그의 베팅을 자세히 살폈다. 그가 갑자기 베팅 패턴을 바꾸면 하우스를 운영하는 측에서 뭔가 이상한 점을 느낄 것이고, 그의 뒤에 빌리 월터스가 있다는 사실을 알아차릴 수 있었기 때문에, 그들이 필 미켈슨이 베팅을 하고 있다는 사실을 의심하지 않도록 하는 것은 중요했다. 그래서 나는 그의 과거의 베팅 패턴에 맞춰서 게임을 진행했다. 액수나 베팅하는 시간, 선호하는 언더독과 페이버릿의 유형 등 우리가 할 수 있는 한 그의 베팅 패턴에 최대한 맞춰서 베팅했다.

처음 6개월 동안 베팅은 정해진 원칙에 따라 철저하고 기계적으로 진행되었다. 역외의 북메이커들도 그의 승률이 과거보다 높아졌다는 것 말고는 어떤 이상한 점도 감지하지 못했다. 우리는 두 개의 역외 계정을 최대한 조심스럽게 운영했지만, 얼마 지나지 않아 북메이커 측은 높아진 승률에 의심하고 계정들을 폐쇄하고 말았다. 그들은 계정을 폐쇄하면서 필에게 과거보다 훨씬 베팅이 정교해졌기 때문에, 확실한 증거는 없지만, 필이 혼자 베팅하는 것 같지 않다고 폐쇄의 이유를 밝혔다. 그들은 또 확실히 그가 혼자만의 힘으로 베팅을 한다는 확신이 들 때만 새로 계정을 열 수 있게 해주겠다고 덧붙였다. 이에 대응하여 필은 과거에 개설만 해놓고 사용하지 않던 휴면 계정을 사용하기로 했다.

나는 처음부터 우리의 베팅은 항상 합법의 테두리 안에서 진행되어야 하고 비밀이 철저히 지켜져야 하고, 그가 나에게서 얻은 정보를 이용해서 별도로 딴 주머니를 만들어 운영해서는 안 된다는 점을 분명하게 못 박아 둔 바 있었다.

과거 그는 혼자서 스포츠 베팅을 하면서 법이 허용하는 한도를 벗어나는 행위를 여러 번 했지만, 나는 그런 일에 개입하거나 함께할 생각이 조금도 없었다. 나는 스포츠 베팅 분야의 최고의 법률가들을 고용해서 베팅 작업을 운영했기 때문에, 나의 모든 일은 철저하게 법이 허용하는 한도 안에서 진행되고 있었다. 나는 필에게도 합법의 범위를 조금이라도 벗어나는 행위를 하게 되면, 그와 나의 파트너 관계는 지속될 수 없다는 점은 처음부터 분명히 밝혀 두었다.

그러나 필은 자신이 좀 더 많은 재량권을 갖기를 원했다. 그래서 우리는 내가 관심이 없거나 관여하지 않는 게임에는 그가 독자적으로 베팅하는 것을 있도록 허용하는 데 동의했다. 나는 필이 독자적으로 베팅하는 것이 우리가 서로 협력하고 있다는 사실을 감추고, 나의 활동 영역을 확장하는 데 도움이 될 것으로 생각했다.

그러나 한 달도 안 지나서 나는 필이 몰래 먼데이 나이트 풋볼

Monday night football : 미국 NFL은 주말에 경기를 벌이는 것이 원칙이지만, 한 경기는 월요일 저녁 경기로 편성하고 ESPN 채널이 중계방송을 한다. 경기에 베팅하면서 파트너십 계약을 위반하는 것을 발견했다. 필은 내가 모르는 사이에 나의 베팅 지침을 확인하고, 나의 허락 없이, 나와 그가 함께 운영하는 계좌를 폐쇄했던 두 명의 북메이커와 따로 베팅하고 있었던 것이다.

그가 베팅하는 것을 보고 해당 북메이커들은 즉시 라인을 움직였고, 다른 북메이커들도 이를 그대로 따라 했다. 이렇게 라인이 전혀 예상하지 못한 정도로 심하게 움직이면 나의 베팅의 결과도 원래 예상했던 것에서 크게 벗어나는 결과가 나올 수밖에 없었다.

딱 전화 한 통화만으로 나는 이 모든 소동이 필 때문에 벌어진 것이라는 것을 알 수 있었다. 나는 필을 만나서 그의 행위가 합법적인 범위를 넘어선 행위라는 것을 이야기하며 경고했다. 계속해서 이와 같은 일이 일어난다면 베팅의 파트너 관계를 청산할 수밖에 없다고 분명하게 이야기했다. 선택은 그의 몫이었다. 그는 내게 사과했고, 그러한 잘못을 다시 범하는 일은 없을 것이라고 다짐했다.

필과 내가 스포츠 베팅에서 파트너로 협력하던 관계는 2014년 봄쯤에 끝났다. 그때는 정부 측에서 나의 주식 거래에 대해 모종의 의심스러운 점을 포착하고 조사를 할 때였다. 이 문제에 대해서는 뒤에서 자세하게 이야기할 것이다.

그와 나 사이의 스포츠 베팅 파트너 관계가 끝난 후, 이 분야의 믿을 만한 두 사람을 통해서 그의 베팅에 대해서 더 많은 것을 알게 되었다. 그들은 필이 2만 달러 정도의 돈을 다섯 경기에 연달아서 거는 모험을 하는 것은 아무것도 아니었다고 말했다. 또 풋볼이나 농구, 야구 등의

경기에 10만 달러나 20만 달러를 거는 경우도 흔했다고 말했다. 2010
년부터 2014년 사이에 필의 베팅 내역을 나의 베팅 기록과 출처가 분
명한 베팅 내역을 통해서 정리해 보면 다음과 같았다.

- 11만 달러를 가지고 10만 달러를 따는 베팅을 1,115회나 했다.
- 858차례에 걸쳐 22만 달러를 베팅하여 20만 달러를 땄다. (이 두
  가지의 베팅을 합치면 1,973회에 걸쳐 3억 1,100만 달러를 배팅 했다는
  이야기가 된다.)
- 2011년 한 해 동안만, 3,154회의 베팅을 했다. 하루 평균 8차례
  가까이 베팅을 한 꼴이다.
- 2011년에는 하루에만 (6월 22일) 메이저리그 야구 경기에 무려 43
  차례나 베팅해서 14만 3,500달러를 잃었다.
- 풋볼, 농구, 야구 등에 무려 7,065회의 베팅을 했다.

필은 자신이 직접 참가하는 PGA 대회 중에도 베팅을 했다.
2010~2014년 사이의 베팅 기록을 종합해 보면, 그는 29개의 대회 중에
1,734건의 베팅을 했다. 예를 들어서 2011년 8월에 열린 바클레이스
토너먼트대회 기간에는 야구와 프로 풋볼의 프리시즌 경기에 합쳐서
27번의 베팅을 했다. 그는 이 대회에서 8언더 파를 기록해 43위에 머물
렀다.

필이 별도로 베팅한 내역을 잘 아는 사람들에 따르면, 전국적으로
수많은 대학 농구 경기가 동시에 열리는 2012년 2월 11일 하루 동안 무
려 400만 달러를 잃었다고 한다. 그러면서도 자신의 본업에는 상당히

충실했던지, 같은 시기에 페블비치에서 열렸던 AT&T 프로암대회에서 64타를 기록하여 타이거 우즈를 무려 11타 차이로 따돌리고 우승을 차지했다.

같은 소식통이 전해준 바에 따르면 필은 빚을 너무 늦게 갚은 경향이 있어서 몇몇 하우스에서는 필의 입장을 거부했다고 한다. 뒤에 드러난 자금 세탁과 관련된 문서에 따르면 그는 빚을 갚을 때, 그가 관리하는 회사로부터 어느 부동산 회사로 '초기투자금' 혹은 '추가자금' 등의 명목으로 최소한 두 차례에 걸쳐서 송금되었는데, 이는 그의 베팅 손실을 감추기 위한 시도였다.

그와의 각별한 친분을 나눈 믿을 만한 사람들에게 받은 정보를 종합해 보면 필은 지난 30년 동안 최소한 10억 달러 이상의 베팅을 했던 것 같다. 내가 아는 사람들 가운데 이보다 더 큰 규모의 베팅을 한 사람은 나 한 사람밖에 없다. 90년대 초부터 시작된 이 30년 가운데 앞의 20년 동안 필은 모두 1억 달러의 손실을 보았다. 알란 쉬프닉이 저술해서 베스트셀러가 되었던 필 미켈슨의 일생을 다룬 책에서는 그가 같은 기간 동안 4,000만 달러의 손해를 보았다고 말했지만, 실제로는 그보다 2.5배나 더 큰 손실을 본 셈이다.

솔직히 말하자면, 필이 골프선수로서 벌어들이는 수입과 그의 재산 규모를 생각할 때 그의 베팅 규모와 손실은 크게 문제 될 것이 없고, 나도 문제 삼지 않았다. 오랫동안 큰 규모의 베팅을 계속해 온 것을 감안하면, 평생 베팅한 금액의 총합계가 그 정도로 큰 것도 이해해 줄 만한 일이었다. 게다가 자기가 번 돈을 자기가 쓰겠다는데 누가 시비를 걸 수 있겠는가?

20장 필 미켈슨

2014년 2월 11일 화요일에 나는 필을 만났다. 그가 개인적으로 베팅을 하다가 입은 손실로 나에게 빌린 220만 달러의 채무를 갚기 위해서였다. 우리는 그가 사는 샌디에이고 카운티의 유명 골프장 가운데 하나인 브릿지 클럽에서 함께 점심을 먹었다.

식사하고 대화를 나누던 중 그는 내게 내 휴대전화를 식탁에 놓아둔 채로 자신과 함께 라커룸으로 들어가자고 했다. 대화는 우스꽝스러운 첩보영화처럼 되어 버렸다.

나는 속으로 생각했다. '이건 또 무슨 꿍꿍이지?'

이미 여러 해 동안 친하게 지내왔는데, 갑자기 내 앞에서 토니 소프라노Tony Soprano : 전설적인 마피아 보스의 이름같은 행동을 하는 것이다.

나는 최근 국세청이 필과 또 다른 2명의 베터에 대해 돈세탁 관련 혐의로 조사를 벌이고 있다는 사실을 알고 있었기 때문에, 필이 휴대전화 도청을 걱정한다고 생각했다.

라커룸에서 필은 몇 개월 전, 보스턴에서 열린 페덱스컵 대회를 막 마쳤을 즈음 FBI 요원 두 명이 갑자기 찾아왔다고 털어놓았다. 그 요원들이 그를 따라 그의 전용기에 탑승했을 때까지도 필은 동료 프로골퍼들이 자신에게 장난하고 있다고 생각했었다고 말했다.

"그런데 그 사람들이 내게 당신과 또 다른 몇몇 사람들에 대해서 캐묻더군요."라고 필은 말했다. 그는 그들이 말하는 '또 다른 몇몇 사람들'이 구체적으로 누군지는 이야기하지 않았지만, 아마도 필의 돈세탁과 연루된 두 사람일 것으로 추측했다. 그는 FBI 요원들에게 절대 나에게 이야기해서는 안 된다는 경고를 받았다며, 자신이 FBI 요원들의 추궁을 받았다는 사실을 절대 다른 사람에게 발설하지 말라고 나에게 당부

했다. 그는 또 FBI가 주식 거래와 송금에 대해서 캐물었다고 했다. 그는 자신이 나름 성실하게 대답했지만, 그들이 자금 세탁의 가능성을 염두에 두고 자신을 조사하는 것은 아닌지 걱정했다고도 말했다. 필이 나에게 갚아야 할 돈 220만 달러에 관해 이야기하면서 필은 "당신 말고 다른 사람의 명의로 개설된 계좌에 지불하면 안 되나요?"라고 물었다.

나는 강력하게 반대했다. "무슨 소리 하는 거야? 나에게 주어야 할 돈을 다른 사람 명의로 된 계좌에 송금하면 그게 돈세탁이야. 자네도 나도 지금까지 어떤 불법도 저지르지 않았어. 그 돈은 반드시 자네가 갚아야 할 바로 내 이름으로 개설된 계좌로 보내야 해. 그것 말고는 다른 방법은 절대 용납할 수 없어."

그렇게 대화를 마치고 나는 식탁으로 돌아와 휴대전화를 가지고 클럽을 나왔다. 나는 주차장에 가서 내 변호사인 릭 라이트에게 전화를 걸어서 방금 들은 이야기를 전해주었다. 릭은 그 내용을 전화를 받으면서 메모했다고 한다.

그로부터 11일 후, 필은 나와 라운드를 하면서 FBI와 나눴던 이야기를 좀 더 자세하게 이야기해 주었다. 그는 자신이 FBI 요원들에게 내가 자신을 곤경에 빠뜨릴 만한 이야기를 한 번도 한 적이 없었으며, 경제적 유불리가 발생할 수 있는 '비공개 정보'를 한 번도 자신에게 제공한 적도 없고, 자신이 내게 진 빚을 갚는데 필요한 돈을 마련하기 위한 주식 정보 같은 것도 받은 적도 없다고 말했다는 것이다.

그 요원들은 필에게 다음과 같은 내용의 질문을 했다고 말했다. 만약 빌리 월터스가 일련의 주식 거래로 2,500만 달러를 벌어들인 것을 안다면 당신은 무슨 생각이 들었을 것 같은가? 이 질문에 필은 이렇게 대답했다고 한다. "빌에게 잘된 일이죠. 빌은 정직하고, 명예를 중시하는 사람입니다. 내가 아는 한 그는 분명히 그런 사람입니다." 나는 그 자리에서 내가 했던 모든 베팅, 그리고 그와 내가 함께 진행했던 베팅은 완전히 합법적인 활동이었음을 분명히 못 박았다. 나는 또 필요하다면 나와 우리의 모든 베팅이 합법적임을 입증할 수 있는 법률적인 의견을 서면으로 제출할 수 있다고도 말했다. 그리고 마지막으로 말했다. "그들이 나에 관해서 묻거든 아는 대로 사실만 말해. 자네와 나는 숨겨야 할 만한 일을 한 적이 없어."

그러나 만일 내가 필이 특정 기업을 통해서 역외 계좌에 거액을 송금해 온 사실을 사전에 알고 있었다면, 나는 필과 어떤 베팅도 함께 하지 않았을 것이다.

나는 프라이팬에 튀겨진 음식 재료처럼 정부로부터 이미 시달릴 대로 시달렸던 사람이었다. 나는 필을 만나기 전에도 다섯 차례나 기소당한 바 있었다. 이미 앞에서 이야기한 바 있지만, 나는 스포츠 베팅 분야에 정통한 변호사를 고용하여 그들에게 이미 수백만 달러를 지불했고, 스포츠 베팅 자체를 미국의 국경 바깥에서 진행하는 등 미국의 법률에 저촉되지 않으려고 최대한 노력을 해왔다.

나를 정말 괴롭게 만든 것은 필이 나와의 베팅 협력관계를 암시하는 발언을 한 것이다. 내가 뉴욕에서 내부자 거래 혐의로 기소된 지 2주쯤 후, 필은 잭 니클라우스가 주인인 오하이오주 더블린의 뮤리필드 빌리지 골프클럽에서 매년 열리는 메모리얼 토너먼트 대회 시작 하루 전에 이야기를 한 것이다. 그는 2016년 6월 1일에 기자회견을 하고, 자신이 그 모든 일에 참여한 것을 후회한다고 말하면서 "이제 모두 지난 일이다. 모두 끝난 일이라는 사실로 인해 기쁘다."라고 말한 것이다.

스포츠 베터들 (결국은 나를 가리키는 것이지만) 과의 연관성에 관한 질문에 대해서 필은 언론을 상대로 이렇게 답했다.

"글쎄요. 나에게는 책임져야 할 사람들이 있어요. 앞으로 나는 내가 원하고, 그들이 받아들일 만한 방식으로 나 자신과 가족, 그리고 내 회사를 위해 최선을 다할 것입니다."

그런 발언을 해놓고도 6년 후인 2022년 6월, 그는 언론인인 자말 카슈끄지를 제거한 오일달러로 무장한 '무도한 악당들'인 LIV에서 2억 달러를 받고 대형 사고를 친 것이다.

이러한 그의 발언과 행동을 비교해보면 노골적인 위선이 드러난다. 사실 그는 과거에도 정체가 불분명한 사람들과 어울린 전력이 있었다.

필은 사우디아라비아와 공모하여 LIV로 이적하기 1년 전, 댄디 돈 드세라노와 모종의 관계를 맺고 있었다. 그들 사이에 뭔가가 있다는 사실은 2021년 6월 21일, 「디트로이트 뉴스」가 공개된 법원 기록을 인용하여 보도한 '수상한 댄디 돈; 디트로이트의 도박사가 필 미켈슨을 기만한 방법'이라는 기사를 보면 알 수 있다.

그 기사는 드세라노를 "디트로이트 역사상 가장 규모가 큰 도박꾼이며 1994년부터 2002년 동안 라스베이거스의 카지노 경영자이자 하우스 운영자로서 활동했던 사람"이라고 묘사하고 있다. 법원의 기록에 따르면 "그가 갱단과 손을 잡고 필의 돈 50만 달러를 빼돌린 혐의로 기소되었다."

실제로 2007년에 있었던 잭 재키 더 키드 지아칼론의 공갈 혐의에 대한 연방법원의 재판 기록을 보면 댄디 돈 드세라노와 필 미켈슨의 이름이 등장한다. 재키 더 키드는 1975년에 실종된 노동운동가인 지미 호파와 실종된 당일에 만나기로 약속이 잡혀 있었던 디트로이트의 갱단 두목인 앤소니 토니 잭 지아칼론의 조카이다. 필은 쇼타임 채널의 히트 드라마인 「레이 도노반」의 프로듀서인 브라이언 쥬리프와도 가깝게 지냈다. 그는 쥬리프가 톰 브래디나 아론 로저스, 찰스 바클리, 그리고 페이튼 매닝 등 유명 인사들과 프로골퍼들이 함께 겨루는 터너 스포츠의 TV골프 프로그램인 「더 매치」를 제작하는 데 도움을 주었다. 필은 라스베이거스의 새도우 크릭 골프코스에서 열린 22홀 경기에서 타이거 우즈를 꺾고 900만 달러의 상금을 거머쥐며 첫 번째 이벤트의 주인공이 되기도 했다. 그런데 쥬리프는 더 매치의 제작을 계획하기도 전인 2013년 7월에, 러시아계 미국인 마피아와 연계된 미국 동부 및 서부 해안에서의 고액의 불법 하우스 운영과 관련하여 중범죄를 저지른 혐의에 대해서 유죄 평결을 받은 사람이었다. 그는 공갈, 자금 세탁, 갈취, 도박 등과 관련된 범죄로 연방법원에 기소된 두 개의 범죄조직과 관련이 있는 34명의 피고인 가운데 한 명이었다. 그는 유죄 인정을 통한 형량 교섭의 조건으로 "로스앤젤레스에서 자신이 불법도박 회사를 운영하고 불법 인터넷 도박 사이트의 계정을 통해 수백만 달러 규모의 베팅을 하고, 뉴욕에서 백만장자들과 억만장자들을 위한 고액의 불법 스포츠 베팅을 연 혐의"를 인정했다. 쥬리프는 이 사건으로 6개월간의 가택 연금, 2년의 보호관찰, 300시간의 사회봉사, 그리고 2만 달러의 벌금을 선고받았다.

2022년 6월, 란초 산타페에 있는 한 골프장에서의 일이다. 골프 연습장에서 공을 치고 카트를 향하여 걸어가는 중이었는데 필이 다가오는 것이 보였다. 당시 나는 그와 5년 동안 한 번도 대화를 나눈 적이 없었다. 내가 감옥에 있는 동안 그는 간단한 편지 한 장도 보낸 일이 없었다,

"그동안 잘 지냈어요?" 필이 먼저 인사를 했다. "여기서 다시 만나다니. 정말 반가워요."

십여 명의 골프장 내방자들이 우리 주변에 서서 필과 내가 마주친 순간을 무슨 일이 벌어질지 궁금하다는 듯이 흥미롭게 지켜보고 있었다. 우리가 있는 자리에 악취가 잔뜩 나는 냄새 폭탄이라도 떨어뜨리기라도 한 듯 아무도 우리 가까이로는 다가오지 못하고 있었다. 우리 대화는 10분도 안 되어 끝났다. 가벼운 이야기로 시작한 우리 대화는 그가 법정에서 증언하지 않기로 한 이유를 애써 변명하려고 하는 대목에서 끝났다. 그의 말로는 자신의 변호사가 증언하지 말라고 조언했기 때문에 따를 수밖에 없었다고 한다.

나는 그의 말을 거기서 끊었다. 그 비슷한 변명은 5년 전인 2017년에 칼스배드에 있는 우리 집에서 늘어놓았던 변명과 별로 다른 것이 없었다.

내가 말했다. "말도 안 되는 소리, 그만해. 나를 바보로 아나? 당시 나와 자네 사이에 무슨 일이 있었는가 하는 것은 매우 중요한 문제였어. 그리고 내가 바랐던 것은 자네가 있는 그대로의 진실을 말해 달라는 것이었어."

필은 난처하고 당황한 듯, 말을 제대로 잇지 못하다가 이렇게 말했다. "미안합니다."

너무 때늦기는 했지만, 그는 내게 사과를 하기는 했다. 그러나 필은 그동안 나와 애써 거리를 두기 위해 두 차례나 언론 인터뷰를 했었다. 가장 최근인 2021년 1월에는 나의 형량을 감해준 백악관의 결정을 지지하지 않는다는 생각을 정확하게, 그리고 공개적으로 표명한 바도 있었다.

나는 필이 그날 내게 뒤늦게 사과를 한 것은 그가 LIV와 관련하여 저지른 대형 사고로 국제적인 왕따가 되어버렸기 때문이라고 생각한다. 물론 나와의 우정을 배신한 것은 잘못이라는 것을 그 자신도 알고 있으니까 사과한 것도 어느 정도 사실일 것이다. 그리고 무엇보다도 그는 내가 자신과의 이야기를 나의 책에 어떻게 쓸지 두려웠을 것이다.

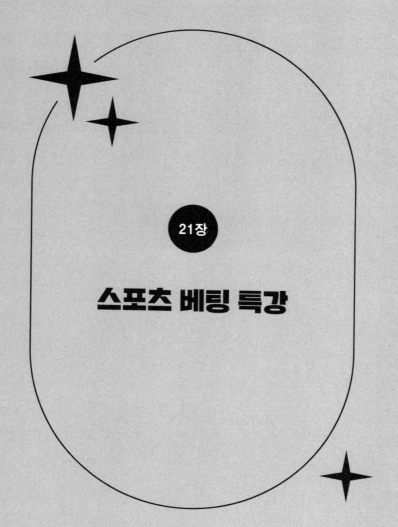

21장

스포츠 베팅 특강

나는 9살 때인 1955년, 먼포드빌의 한 식료품점에서 그해의 월드시리즈에 베팅했다가 처음으로 파산했었다. 그때는 몰랐지만, 이 책의 이번 장을 쓸 준비를 시작했던 것 같다. 이제부터는 스포츠 베팅을 위한 특별 강좌를 시작하려고 한다.

　9살의 그 순간부터 시작하여 지금까지 나는 그 누구도 상상하지 못할 시련과 고비를 넘겼다. 60년 이상 내가 베팅한 총액을 모두 합치면 아마 수십억 달러에 이를 것이다. 오타가 아니다. 적혀 있는 그대로 수십억 달러이다.

　또 내가 경쟁력을 유지하려고 베팅 시스템에 투자한 돈도 수백만 달러에 이른다. 만약 우리가 사용하고 있는 컴퓨터 모델을 기술의 진보에 맞춰서 교체하지 않았다면, 또 스포츠 베팅에 관한 나의 원칙과 논리 구조를 50번 이상 순차적으로 개선하지 않았다면, 아마 레이건 행정부 시절쯤에 파산하고 끝났을 것이다.

　만일 이 책을 쓸 생각이 없었다면, 나는 2,000만 달러를 받더라도 나의 베팅원칙을 공개하는 일은 절대로 없었을 것이다.

　주변 사람들은 왜 지금 나만의 비밀스러운 베팅원칙을 공개하느냐고 묻는다. 대답은 간단하다. 나는 다시 젊어질 수 없으므로 더 늦기 전에 스포츠팬들을 위해 뭔가 하고 싶었기 때문이다. 전략과 변수, 데이터베이스와 확률 등에 대해서 자세히 쓰자면 그것만으로도 책 한 권이

나오겠지만, 가능한 한 다음 두 장에서 압축해서 설명할 것이다.

우선 이번 장에서는 스포츠 베팅에서 성공하기 위한 나만의 핵심 원칙과 세 가지의 중요 요소, 즉 핸디캡, 베팅 전략, 자금 운용에 관해서 이야기할 것이다.

다음 장에서는 이 요소들에 대해서 좀 더 깊이 탐구할 것이다. 그리고 지금까지 누구에게도 공개하지 않았던 차트와 숫자들을 공개할 것이다.

이야기를 본격적으로 시작하기 전에 미리 확실히 해 둘 것이 있다. 나는 내가 운영하는 나만의 베팅 시스템을 가능한 한 자세히 이야기할 것이다. 그러나 당신은 스스로도 당신만의 베팅 모델을 만들 수 있다. 어떤 모델을 사용하든, 베팅 규모가 어느 정도이든 상관없이 숙지해야 할 스포츠 베팅만의 불변의 원리가 있다.

앞으로 두 장에서 나는 NFL에 초점을 맞춰서 설명하겠지만, 내가 설명하는 베팅 방식은 어느 스포츠 종목에도 적용할 수 있다. 내가 평생 베팅한 경험에 비추어 단언컨대 숫자는 종목에 따라 조금씩 달라지겠지만 원칙은 어느 종목에나 적용 가능하다고 본다. 그리고 나 스스로도 실제로 다음에 소개하는 원칙에 충실했기 때문에 큰 성공을 거둘 수 있었다고 단언한다.

기본

불과 얼마 전까지만 하더라도 미국에서 합법적으로 스포츠 베팅을 할 수 있는 곳은 네바다주밖에 없었다. 그러나 지금은 벳, 드래프트킹스, 팬듀엘, 시저스, 서카, 피나클 등 수많은 온라인 스포츠 베팅 웹사이트뿐 아니라, 모바일 앱까지 등장했기 때문에 스포츠 베팅은 이전보다 훨씬 복잡해졌고, 웹사이트 간의 경쟁도 치열하다. 다만 어느 웹사이트가 독자들을 포함한 초보자들에게 특별히 유리하다고 말할 수는 없을 것 같다.

일단 스포츠 베팅을 통해서 돈을 번다는 것 자체가 매우 어렵다. 웹사이트의 작동 구조 자체가 여러분들을 비롯한 베팅 참가자에게 불리하게 설계되어 있다.

우선 내가 반드시 지켜야 한다고 믿는 철칙부터 이야기하겠다. 베팅하는 방식은 여러 가지가 있다. 그러나 가장 중요한 원칙은 스프레드 베팅spread bet이다.

스프레드 베팅에서는 점수가 중요하다. 예를 들어서 탬파베이 벅스가 뉴올리언즈 세인츠에게 7.5포인트 차이로 유리하다고 예측된다고 치자. 그렇다면 당신은 탬파베이 쪽으로 -7.5에 걸 수 있다. (이 말은 탬파베이가 8점 혹은 그 이상의 점수 차이로 승리해야 당신이 베팅에서 성공한다는 의미이다). 아니면 뉴올리언스 쪽으로 +7.5에 걸 수 있다. (이 경우에는 뉴올리언스가 7점 혹은 그 이하의 점수 차이로 패하거나, 승리하면 당신의 베팅이 성공한 것이다) 경기의 결과가 어떻든 베팅을 하려면 보통 베팅액의 10%에 해당하는 금액을 더 내야 한다. 그러므로 100달러를 베팅하려면 일단 110달러를 내야하는 것이다. 이런 10%를 러시안 이디시어 단어인 비고리쉬에서 유래한 빅vig또는 주스juice 라고 부른다.

한번 베팅을 할 때마다 베팅액의 10%를 더 내는 것을 감안하면, 최소한 52.38%의 승률을 유지해야 본전이다.

이 말을 다른 방식으로 풀어서 설명할 수 있다. 당신은 100달러를 따기 위해 110달러를 지불했다. 그리고 정확히 두 번에 한 번꼴로 당신의 베팅이 옳았다고 치면, 북메이커 측에 지불한 금액을 감안할 때 투입한 돈의 95.4%만 돌려받을 수 있다.

220달러를 투입해서, 100달러를 따기 위한 110달러 베팅을 두 번 했다고 치자. 한번 성공하고 한번 실패 했다면, 성공한 베팅에서는 210달러(당신이 투입한 돈 110달러에 승리함으로 인해서 얻은 소득 100달러)를 얻을 수 있지만, 실패한 베팅에서는 110달러를 잃게 된다. 결국 두 차례의 베팅에서 220달러를 투입하고, 승리한 한차례의 베팅에서만 210달러를 거둬들였으니 투입한 금액 대비 회수율은 95.4%가 된다.

이 정도면 차라리 슬롯머신을 가지고 노는 것이 낫다. 일반적으로 슬롯머신의 회수율은 96%에 맞춰져 있다.

머니라인 베팅moneyline bet 은 단순히 누가, 혹은 어느 팀이 이길지에 베팅하는 것이다. 머니라인 베팅은 대개 야구, 테니스, 축구 등 많은 득점이 나지 않는 경기를 대상으로 하지만, 그렇지 않은 종목에 대해서도 할 수는 있다.

머니라인 베팅에서는 페이버릿 팀에 (-) 표시를 언더독 팀에 (+) 표시를 한다. 예를 들어서 설명하자면 탬파베이 벅스와 뉴올리언즈 세인츠가 경기를 벌인다면 탬파베이가 -180의 페이버릿이고, 뉴올리언즈에 +160의 언더독이라 치자. 당신이 탬파베이의 승리에 걸었다면, 실제로 탬파베이가 승리했을 때 180달러를 걸어야 100달러를 따게 된다. 만일 당신이 뉴올리언스의 승리에 걸었다면, 160달러를 걸어야 100달러를 딸 수 있다. 최종 점수는 전혀 중요하지 않다. 당신이 건 팀이 승리하면 돈을 따게 된다. 그리고 여기에 더하여 당신이 베팅한 금액의 10%에 해당하는 수수료를 북메이커에게 따로 지급해야 한다.

내 이야기의 핵심은 하우스나 북메이커들의 운영방식은 일반인은 구조적으로 잃을 수밖에 없도록 설계되어 있어서 승률을 획기적으로 끌어올릴 자신만의 특별한 비결 같은 것이 없다면 장기적으로 큰 손실을 볼 수밖에 없다는 것이다. 그러나 나는 이러한 구조적 한계를 극복할 수 있는 나만의 특별한 베팅 방식을 개발하는 데 성공했고, 실제로 36년간 그 방식을 실전에서 실천하면서 큰 성공을 누렸다. 그리고 지금부터 그 핵심 원칙을 독자들에게 공개하려는 것이다.

- 모든 베팅은 가치를 판단하는 것에서 시작해서 가치를 판단하는 것으로 끝난다.
- 베팅에 대한 투자 펀드 접근 방식을 유지하라.
- 큰 베팅은 기회가 왔을 때만 하라. 자신이 가지고 있는 자금 규모의 1~3%만 베팅하라.
- 시간은 돈이다. 팀 및 기회를 분석하는 데 투자하는 시간이 많을수록 가치를 찾을 기회가 더 많아진다.
- 오로지 있는 그대로의 사실에만 집중하라. 감정이나 특정 팀에 대한 충성심을 배제하라.
- 종목에 따른 특별한 숫자(점수)의 중요성을 이해하라. 3, 6, 7, 14 같은 숫자는 풋볼에서 자주 등장하는 숫자이다. 특히 터치다운 후 보너스 킥 득점까지 성공시키면 얻어지는 점수인 7과 필드골

을 성공시킬 때 얻어지는 점수인 3은 매우 자주 등장하는 점수이다.

- 풋볼에서 0.5포인트의 중요성을 이해하라. 그것은 내가 성공한 두 번째 비결이다. (핸디캡핑이 첫번째 비결이다) 대개의 풋볼 경기는 2~8점 사이에서 결정된다. 여기서 당신이 0, 5포인트를 어느 방향으로 설정하여 베팅할 것인지를 현명하게 결정할 수 있다면 세상의 모든 것이 달라질 것이다. 나의 베팅 팀은 이들 숫자에 대한 실제 가치를 파악하기 위한 특별한 수학 공식을 가지고 있다. 그것에 대해서는 다음 단원에서 이야기할 것이다.

- 최상의 가격을 얻기 위해 여러 곳을 돌아다녀라. 즉 여러 곳에 각기 다른 베팅 계정을 만들라. 배당률과 금액을 잘 비교하라. 이것은 매우 중요하다. 한 시즌 내내 센트 단위까지 꼼꼼하게 비교하라. 승리와 패배는 종이 한 장 차이이다. 베팅을 하기 전에 가장 적절한 베팅 금액과 배당률을 판단하라.

- 계속 공부하라. 나는 60년간이나 베팅을 했지만, 지금도 계속 배우고 있다.

핸디캡핑

———

스포츠 베팅에서 승리하기 위해서는 핸디캡핑Handicapping (경기 결과에 대한 예측 확률을 높이기 위해 각 팀 또는 선수의 능력을 평가하고 비교하는 과정)을 잘하는 것은 매우 중요하다. 나는 NFL의 모든 팀의 전력과 선수 개개인의 역량을 평가하는 팀을 별도로 운영하며, 경기가 시작되기 전에 중요한 요소들을 모두 수치화하여 관리한다. 우리는 마치 라스베이거스의 북메이커처럼 모든 NFL 경기의 결과를 예측한다. 나는 북메이커들의 예측보다는 나의 예측에 따라서 베팅을 한다. 나의 베팅 기록을 보면 알 수 있다. 그러나 스포츠 베터 대부분은 핸디캡핑을 제대로 할 수 있는 높은 전문성이나 충분한 시간이 있지 않다. 그럴 수밖에 없다. 제대로 핸디캡핑을 하기 위해서는 우선 ESPN 방송에서부터 지역 신문에 이르기까지 대중에게 공개된 매체에서 많은 자료를 얻을 수 있다. 그러나 여기서 모든 스포츠 베터가 반드시 명심해야 할 중요한 것들이 있다.

홈경기장의 이점

———

다양한 응원의 함성과 압도적인 응원 관중 등을 고려할 때 NFL에서 홈팀은 보통 3점 정도의 어드밴티지를 안고 경기를 한다고 생각한다. 그러나 실제로는 그보다는 좀 적었다. 1974년부터 2022년의 기간에 열렸던 모든 NFL 경기를 분석한 보니 홈팀은 원정팀보다 평균 2.5점을 더 득점했다. 특히 최근 4년 동안의 경기만을 분석하면 홈경기장의 이점은 1점 미만으로 홈팀이 원정팀보다 딱히 득점을 많이 하지 못한 것으로 확인되었다. (이는 아마도 코로나 팬데믹 때문이라고 생각할 수 있다.)

만일 당신이 지난 3년 동안 홈팀이 원정팀보다 3점 정도 더 득점할 것이라는 전제 아래서 베팅을 했다면, 많은 돈을 잃었을 것이다. 이것만 보더라도 최근의 새로운 경향성을 꾸준히 파악하고 업데이트하는 것이 얼마나 중요한지 알 수 있다. 나는 홈팀이 몇 점 정도나 유리한지를 기간별로 분석하는데 많은 시간을 투자하고 있다.

게다가 홈경기장이 홈팀에게 얼마나 유리한지는 도시마다 팀마다 다르다. 덴버 브롱코스 같은 팀은 홈구장의 지리적인 특성에 따른 이점을 특별히 누리는 팀이다. 그린베이 패커스나 마이애미 같은 팀은 홈구장이 있는 도시가 특별히 춥거나 특별히 더운 지역에 있기 때문에 다른 팀과는 홈팀이 누리는 이점의 수준이 다르다. 특별히 다른 팀보다 많은 관중을 모을 수 있는 팀이나 홈 팬들 가운데 광적인 팬들이 특별히 많거나 적은 팀, 홈팀이 홈구장에서 느끼는 안정감이나 경기장에 대한 친숙함, 원정팀이 원정 도시에서 느끼는 여행과 숙박의 편리함과 불편함 등 다양한 요인들이 홈팀의 어드밴티지를 키우기도 하고 줄이기도 한다.

경기의 고삐를 늦추기

경기의 고삐를 늦춘다는 것은 한 팀이 경기의 전반에 일찌감치 앞서 나가거나 경기를 전반적으로 앞서갈 때 다소 여유를 갖고 수비에 치중하며 시간을 보내려는 경향을 말한다.

팀별로 이러한 경향이 다르므로 그것을 잘 파악해 둘 필요가 있다. 이 팀은 경기에서 앞서갈 때 조금 여유를 부리는 경향이 있는가? 아니면 여전히 긴장을 풀지 않고 공세적인 플레이를 펼치는가? 그 팀의 감독이나 코치는 경기를 크게 앞서가면 핵심 선수들을 교체하여 휴식을 부여하는 경향이 많은가? 아니면 반대로, 더블 스코어 차이로 앞서나가도 결코 수비에 치중하지 않고 무조건 '돌격 앞으로'를 외치는 팀인가?

팀별로 각기 다른 경기 운영방식을 구사하기 때문에 그것을 미리 파악해 두는 것은 중요하다. 이 문제에 대한 팀별 경향성을 파악하고 나면, 페이버릿이든 언더독이든 상관없이, 베팅하기 훨씬 수월한 팀들이 가려질 것이다.

부상

선수들의 부상이나 질병은 팀의 경기력에 큰 영향을 미친다. 내 경험으로 보면 이 요소는 각 팀에 대한 핸디캡핑을 할 때 큰 영향을 미친다. 경기마다 누가 출전하는지, 누가 출전하지 않는지, 누가 부상에도 불구하고 출전하는지 등을 미리 파악하는 것은 중요하다. 우리는 NFL 측에서 발표하는 NFL 부상 리포트를 밀착해서 모니터링하고 부상의 정도에 대한 주요 정보를 얻기 위해 미디어와 기타 소스를 파악한다. 또한 이들을 부상 정도에 따라서 분류하는 것도 중요하다. 정해진 분류 방식이나 규칙은 따로 없지만, NFL 측에서는 다음과 같이 분류한다.

제외Out: 경기에 뛸 수 없는 상태에 놓여 있는 선수들을 이 카테고리에 분류한다.

가능성 낮음Doubtful: 뛸 가능성이 낮음. 출전 가능성은 50% 미만이다.

불확실Questionable: 부상자들에 대한 자료에서 가장 자주 등장하는 용어이다. 해당 선수의 출전 가능성이 반반인 경우 사용하는 용어이다. 여기에 속한 선수들에 대해서는 더 자세하게 조사하여 당신 나름대로 분명한 판단을 해야 한다. 특히 핵심 선수가 여기 속한 경우에는 반드시 그렇게 해야 한다. 부상선수의 상황에 따른 핸디캡핑을 마쳤다면, 이제는 백업 선수들에 대해 분석을 해야 한다. 각 팀이 부상선수를 대신해서 어떤 선수를 투입하고, 전략을 어떻게 변경하여 경기에 임할지를 분석해 보아야 한다. 그리고 그 분석 결과에 따라 핸디캡핑을 수정해야 한다. 또 부상자들이 어느 포지션에서 발생했는지도 고려해야 한다. 중요한 포지션에서 한 명 또는 여러 명의 부상자가 발생했다면, 부상이 경기에 미치는 영향은 승수효과를 나타내게 된다. 이 부분에 대해서는 다음 단원에서 더 자세하게 이야기할 것이다.

경기에 영향을 미치는 요소

각 경기에 영향을 미치는 요소는 부상자 현황 말고도 여러 가지가 있다. 대표적인 것들을 이야기하자면 다음과 같다.

잔디 상태: 원정팀의 경우 그들의 홈구장과 이번 원정경기가 열리는 경기장의 잔디 상태가 얼마나 다르거나 비슷한가?

디비전 매치 여부: 정규 리그가 끝난 후 열리는 플레이오프 경기에서 원정팀은 정규 리그 경기보다 더 거칠고 격렬하게 경기를 벌이는 경향이 있다.

직전 경기와의 시간 간격: 시즌 개시 전에 확정된 일정표에 따라서 경기를 벌이다 보면 경기마다 어느 팀이 다른 팀에 비해 하루나 이틀 정도 더 휴식을 취한 후 경기를 하게 되는 경우가 자주 발생한다.

이동 거리: 원정팀이든 홈팀이든 이전 경기를 마치고 현재의 경기장으로 이동한 상황이라면, 이동 거리가 멀고 짧음이 경기에 영향을 미친다.

연속 원정경기: 2주 연속하여 원정경기를 벌이게 된다면, 홈경기 후 첫 원정경기를 벌이는 경우보다 불리할 수밖에 없고, 3주 연속 원정경기를 벌여야 한다면, 더 불리할 수밖에 없다.

한 주간의 휴식: NFL은 매주 경기가 열리지만, 팀별로 경기가 없이 한 주를 쉬는 경우가 있다. 어떤 팀은 모처럼의 긴 휴식이 다음 경기에 도움이 되기도 하고, 오히려 반대의 결과가 나오기도 한다. 이는 팀마다 다르다.

시간대의 변화: 이동에 따른 시차가 발생하여 시간대가 바뀌는 것이 팀의 경기력에 영향을 미친다.

온도 차: 경기가 벌어지는 장소와 시간에 따라 따뜻한 날씨에 경기를 할 수도 있고, 추운 날씨에 경기를 할 수도 있다.

눈과 비: 유달리 악천후에 강한 팀들도 있다.

나는 다음 장에서 이 모든 요소가 경기에 어느 정도 영향을 미치는

지를 평가해 보고, 영향을 많이 미치는 요소들과 상대적으로 적게 영향을 미치는 요소들도 구별해 볼 것이다. 어쨌든 핸디캡핑을 잘해야 스포츠 베팅에서도 좋은 결과를 얻을 수 있다는 것을 명심해야 한다. 그러나 베팅의 성공을 극대화하기 위해서는 핸디캡핑 만으로는 부족하다. 나는 베팅에서 성공하기 위해서는 세 가지를 잘해야 하는데 핸디캡핑은 그 세 가지 가운데 하나일 뿐이다. 핸디캡핑 말고도 좋은 전략을 세우고, 자금을 효율적으로 관리하는 것도 매우 중요하다.

베팅 전략

경기에 대해 나름 훌륭한 핸디캡핑 능력을 갖추었다면, 이제는 베팅에 대해서 생각해 볼 차례이다. 베팅을 하기 전, 우선 제대로 된 베팅 전략을 수립해야 한다. 목표는 간단하다. 최소한 손해는 보지 말아야 하고, 가능하면 많은 돈을 버는 것이 베팅의 목적이다. 그러나 이 일은 생각만큼 쉽지 않다. 목적을 달성하기 위해서는 상당한 노력이 필요하다. 여기서 나는 성공적인 베팅 전략을 마련하기 위해 생각해 보아야 할 몇 가지 중요한 요소를 이야기해 보고자 한다.

- 자신의 베팅환경을 잘 파악해야 한다. 지금은 과거보다 스포츠 베팅을 합법적으로 할 수 있는 공간이 훨씬 많아졌다. 그리고 북메이커의 수는 계속해서 증가하고 있으며, 텔레비전 네트워크와 스포츠 리그는 게임 회사와 협력하여 스포츠 베팅을 촉진하고

있다.

- 특정한 카지노 한 곳 혹은 베팅 웹사이트 한곳에서만 베팅하는 것은 바보 같은 짓이다. 여러 베팅장소를 돌며 가장 적절한 장소를 찾아야 한다. 성공하려면 가능한 한 모든 베팅장소의 장단점을 확인해야 한다.

- 가능하다면 다양한 베팅장소에 여러 개의 계정을 만들어야 한다. 특정 북메이커에게 얽매이지 마라. 그리고 각 베팅장소가 합법적인지, 베팅에서 승리했을 때 쉽게 딴 돈을 찾을 수 있는지 확인하라.

- 베팅장소의 분위기와 시스템에 익숙해져야 한다. 수백 곳의 스포츠 베팅 장소나 웹사이트에 관한 정보를 모아 놓고 비교 분석해 놓은 웹사이트도 몇 군데 있으니 참고하라. 나는 모든 베팅 참가자가 그곳에서 베팅하든 않든 관계없이, 반드시 알고 있어야 할 다섯 곳의 스포츠 베팅 웹사이트를 추천하고자 한다. 이들은 가장 일찍부터 배당률을 게시하고 가장 많은 액수의 베팅이 이루어지기 때문에 베팅 라인이 어떻게 형성되고 어떻게 변하는지를 파악하는 데 큰 도움을 주며, 스포츠 베팅을 주도하는 업체들이기 때문에, 이들 다섯 곳을 살피는 것은 베팅 전략을 수립하는 데 매우 중요하다. 이 다섯 곳은 각각 시르카, MGM, 시저스, 스포츠 411 그리고 피나클이다.

- DonBest.com과 베가스 인사이더, SpankOdds.com 등은 베팅의 액수와 방향을 결정하는 데 도움이 되는 중요한 정보를 한곳에 모여 놓은 사이트다. 이 사이트들을 방문하면 처음 베팅이 열

렸을 때 형성되었던 라인과 현재의 라인, 그리고 서로 다른 하우스의 배당률과 베팅액수의 차이 등을 확인할 수 있고, 한 주간 동안 라인들의 변동 상황을 하루 단위로 확인할 수 있다.

- 페이버릿에 일찍 베팅하고, 언더독에는 늦게 베팅한다. 이는 스포츠 베팅의 세계에서 일반적으로 통용되는 경험칙이다. 물론 예외도 있다. 예외에 대해서는 뒤에서 자세히 설명할 것이다.

- 정확한 배당률이 매우 중요하며, 미미한 차이가 장기적으로 큰 영향을 미칠 수 있다. 북메이커들은 베팅 승률을 높이기 위해 0.5점 단위로 포인트를 사거나 팔 수 있는 시스템을 제공한다. 포인트를 사거나 팔 때는 적절한 가격이어야 하며, 언제, 어떻게 이를 활용하는 지 알아야 한다. 다음 장에서 도움이 될 만한 몇 가지 차트와 예시를 제시할 것이다.

- 0.5포인트의 가치를 이해할 수 있어야 한다. NFL은 한 시즌에 272경기가 열린다. 이 모든 경기에서 0.5포인트를 사용하면 시즌 전체로 보면 136포인트가 된다. 이 0.5포인트를 적절한 금액으로 구매하는 것이 승패를 가릴 수 있다. 다음 단원에서 이 0.5포인트 전략에 대해서 자세하게 설명할 것이다.

- 포인트 스프레드 베팅을 할 때와 머니라인 베팅을 해야 할 때를 구별할 수 있어야 한다. 항상 이익을 극대화할 수 있는 방식으로 베팅을 해야 한다. 나는 다음 단원에서 베팅 전략을 다루면서 매우 유용한 차트를 통해서 머니라인 베팅과 스프레드 베팅을 비교해 볼 것이다.

- 실력을 갈고닦는 데 최선을 다해야 한다. 가능한 한 좋은 계획을

세우고 한 번 세운 계획을 철저하게 실천하라. 손실을 보았다고 해서 충동적으로 계획에 없던 베팅을 하지 말라. 경마장에서 그동안의 손실을 만회하기 위해 마지막 경기에 크게 베팅하는 것이 재앙의 지름길인 것과 마찬가지로 일요일이나 월요일 밤 경기에서 손실을 모두 만회하기 위해 무리하게 베팅하는 것은 금물이다.

- 당신이 예측한 결과와 북메이커가 제시한 예상 결과 사이의 차이가 크다면, 당신에게 유리할 수 있다. 그러나 베팅을 하기 전에 베팅 금액을 결정해야 한다. 이는 포인트의 차이와 포인트의 가치에 따라서 달라진다. 다음 단원에서 각 포인트의 가치와 0.5포인트 구매의 가치를 보여주는 차트를 보여줄 것이다.

- 나의 베팅 시간은 그때그때 다르다. 나는 가장 좋은 숫자를 얻었다 싶으면 일찍 베팅하기도 하고, 때로는 더 좋은 숫자를 기다리며 늦게 베팅을 하기도 한다. 나는 앞서 언급한 사이트들을 포함한 주요 사이트들에 올라온 정보를 주시하며 예상 결과가 어떻게 움직이는지 확인하고 주요한 숫자들과 해당 숫자들을 주의 깊게 살핀다. 이에 대한 자세한 내용은 다음 단원에서 확인할 수 있을 것이다.

- 베팅할 때는 단지 최고의 배당률만 찾지 말고, 최고의 가격도 찾아야 한다. 업계에서 표준은 $110 (베팅 금액): $100 (승리 시 돌려받는 금액)이지만, 이보다 더 조건이 좋은 북메이커나 사이트를 찾을 수 있을 것이다. 미국인이 이용할 수 없도록 규제한 해외 사이트 가운데 하나인 피나클은 일부 베팅에 대해서 $105: $100을

적용하기도 한다. 장기적으로 볼 때, 이 낮은 가격은 큰 차이를 만든다. $110: $100 베팅의 경우, 베터는 52.38% 이상의 승률을 유지해야만 하지만, $105: $100 베팅의 경우에는 51.2% 이상의 승률만 유지해도 된다. 이 차이로 인해 베팅의 손익이 크게 달라질 수 있다.

팔레이 베팅과 티저 베팅

———

풋볼 경기에서 많이 하는 팔레이 베팅parlays이나 티저 베팅teasers은 한 번의 베팅에서 여러 경기 결과를 예측하는 베팅 방식이며, 높은 배당률을 제공하지만 승리하기가 쉽지 않다. 그런데도 하우스는 이러한 베팅을 선호한다. 이유는 간단하다. 그들로서는 수익성이 좋기 때문이다.

하우스 입장에서 수익성이 좋다는 것은 베터는 불리하다는 뜻이다. 불리하다는 것은 그만큼 큰 손실이 예상된다는 뜻이다. 즉 같은 배당률이라는 조건 아래서 여러 번 베팅할 경우, 베터가 잃을 것으로 예상되는 손실이 크다는 이야기이다.

일반적인 스포츠 베팅의 기대 손실은 4.6%이다. 무승부가 없다고 가정하면 두 팀에 대한 팔레이 베팅의 예상 손실은 9.8%로 일반 베팅의 두 배가 넘는다. 세 팀에 대한 팔레이 베팅의 예상 손실은 12.4%로 일반 베팅의 거의 3배가 된다.

내가 강조하고 싶은 말은 $110: $100 베팅을 진행한다고 가정했을 때 두 팀이나 세 팀에 대하여 팔레이 베팅을 하는 것은 일반 베팅과 비교해 볼 때 좋은 생각은 아니라는 것이 내 생각이다. 정말이다. 팔레이 베팅과 티저 베팅에 대해서는 다음 단원에서 자세히 설명할 것이다.

자금의 운용

자금을 적절하게 운용하는 것은 핸디캡핑을 잘하는 것이나 좋은 베팅 전략을 수립하는 것 못지않게 중요하다.

비즈니스를 할 때 제일 먼저 해야 할 일은 어떤 위험을 어느 정도 감수할지를 결정하는 것이다. 가지고 있는 돈을 모두 잃었다고 가정해 보자. 결론은 단순해진다. 돈이 떨어지면 더이상 사업이나 베팅을 계속할 수 없다. 그러므로 제일 먼저 할 일은 당신이 위험한 게임에 투입하기로 한 돈을 보호하기 위한 가능한 방법을 모색해야 한다.

그런 이유로 나는 독자들에게 게임마다 베팅 규모의 한계를 정하라고 권고하고 싶다. 내 생각으로는 한 번에 전체 금액의 1~3% 정도의 베팅이 적당하다고 본다. 이렇게 하면 위험을 충분히 분산할 수 있고, 한 번에 거액을 잃는 상황이 일어나는 것을 방지할 수 있다.

나는 특정한 단위를 정해서 베팅하는 것을 좋아한다. 단순하게 설명하자면 지금 당신이 1만 달러의 자금을 가지고 있다고 치고, 100달러 또는 전체 자금의 1% 단위로 베팅을 하기로 한다면, 당신은 최소한 100차례의 베팅을 할 수 있다.

여기에 더하여 당신이 분석한 핸디캡핑의 결과에 따라서 자신이 있는 게임에 대해서는 베팅 규모를 좀 늘려서 평소의 세배 정도의 규모로 베팅을 할 수도 있고, 반대로 어떤 경기에 대해서는 평소의 절반 정도의 규모로 베팅하는 융통성을 발휘할 수는 있다. 예를 들어서 경기별로 별점을 부여하여 자신감이 높은 게임에 대해서는 높은 별점을 부여할 수 있다. 어떤 경기는 별점을 부여하기 애매한 때도 있을 것이므로 별점의 간격을 1로 하지 말고 0.5로 하여, 별점 세 개를 부여하기는 자신 없고, 두 개를 부여하기에는 너무 별점이 너무 적다고 생각한다면 2.5의 별점을 부여하고, 2.5 단위로 베팅을 하면 된다.

물론 가장 중요한 것은 훈련과 경험이다.

세금 문제
———

마지막으로 빼놓을 수 없는 중요한 문제는 엉클 샘, 즉 미국 정부이다.

스포츠 베팅을 할 수 있는 지역이 미국 전역으로 확대되는 추세이니, 의회가 스포츠 베팅과 관련하여 세금 제도를 재정비한 것은 당연한 수순이었다.

내가 알고 있는 바로는 주식시장에서 자금을 굴리는 투자자들 가운데 그들의 자금의 상당 부분을 스포츠 베팅에 투입하여 크게 베팅을 하고 싶어 하는 사람들이 꽤 있다. 그러나 이 사람들은 바보가 아니다. 그들은 장기적으로 얻은 투자수익의 20% 정도를 세금으로 납부해 왔다. 그러나 스포츠 베팅에서 얻은 소득에 대해서는 경상소득인 것처럼 세금이 부과된다. 2023년의 경우 스포츠 베팅의 수입을 부부 공동 수입으로 신고할 경우는 37%의 세금이 일단 붙고, 여기에 순투자세 3.8%가 추가된다. 또 몇몇 주에서는 주정부 차원에서 부과하는 세금도 있으므로 자칫 일부 주에서는 세금이 50%를 넘길 수 있다.

게다가 손실을 다음 해로 이월하는 것은 불가능하다. 현행 국세청 세법에 따르면 한 해 동안 부동산, 주식, 채권, 또는 사업으로 인해 입은 손실을 보면 그 손실을 다음 해의 수입과 상쇄하고 난 순 수입액에 대하여 세금을 부과하지만, 합법적인 베팅이라 하더라도 세금을 부과할 때 손실을 감안하는 혜택이 없다.

반면 당신이 유럽 어느나라의 시민권을 가지고 있다면, 유럽에서 벌어들인 베팅 수입에 대한 세금은 없다. 이는 유럽에서 베팅의 중요한 이점이다. 영국에서는 아주 오래전부터 펀터punter : 베터의 영국식 용어들이 궁극적으로 돈을 따는 것은 불가능하다는 것과 그럼에도 불구하고 스포츠, 특히 축구 경기에 돈을 거는 것은 영국인들의 삶에 중요한 부분을 차지하는 문화라는 사실을 잘 알고 있었다. 게다가 베팅을 합법화함으로써 일자리가 대거 만들어져 다른 형태의 세금을 걷을 수 있다. 영국이나 유럽의 여러 나라 정부들은 장기적인 시각에서 볼 때 재미 삼아 베팅하는 사람들이 돈을 따는 것은 불가능하다는 것을 알면서도 베팅을 장려하는 이유는 그렇게 함으로써 수천 개의 일자리가 창출되고, 그로 인해 새로운 조세 수입원도 만들어지고, 많은 시민에게 범죄로부터 자유로운 오락거리를 제공할 수 있다고 생각하기 때문이다. 그러므로 정부가 베팅에 관하여 유일하게 신경 쓰는 문제는 모든 베팅이 공정하게 진행되어야 한다는 것이다.

나는 스포츠 베팅이 점점 대중화되어 가는 추세에 비추어 미국도 세금과 관련된 제도를 다시 한번 정비하기를 바란다. 최소한 공정해야 한다. 그러나 이 문제에 관하여 업계 관계자들도 일치되고 조직적인 목소리를 내지 않고 있고, 그만큼 의회도 세금 제도 등을 정비하는 데 적극적으로 나서고 있지 않다. 스포츠 베팅이 대중화되어 베팅에 참여하는 사람들이 더 늘어나면 산업의 규모도 커지고, 일자리도 늘어나고, 그로 인해 주정부나 연방정부가 걷어갈 수 있는 세금도 늘어날 것이다.

22장

심화학습

앞장에서 스포츠 베팅에 관한 기본적인 이야기를 했다면, 이번 장에서는 내가 스포츠 경기의 결과를 예측하기 위해 어떤 노력을 기울이고 있는지 자세히 설명할 것이다. 더 구체적으로 말하자면 특정 숫자에 대한 가치 부여, 각 팀의 전력 분석을 위해 기울이는 노력 등 스포츠 베팅에서의 나만의 성공의 비결을 공개할 것이다. (편의상 이번에도 NFL 경기를 예로 들어 설명할 것이다) 그러나 베팅에 실제로 참여하는 사람들을 위한 충분한 지식과 기술을 이 짧은 지면을 통해서 충분히 전수해줄 수는 없다. 그러려면 통계나 수학적인 부분을 깊이 다루어야 한다. 다만 내가 어느 경기에 한 번의 베팅을 위해 엄청나게 많은 노력을 기울이고 있다는 점을 알려주고 싶을 뿐이다.

내가 스포츠 베팅에서 성공할 수 있었던 것은 무엇보다도 확률 이론과 컴퓨터에 정통한 진정한 천재들과 함께 일할 수 있었기 때문이다. 내가 사용하는 나만의 베팅 시스템은 핸디캡핑과 금융투자 분석, 통계학 등의 분야에서 최고의 실력을 지닌 인재들로 구성된 팀이 개발한 것이었다.

25명 이상의 탁월한 실력자들이 나의 베팅 시스템 구축을 위해 일했다. 그들 가운데는 이름을 밝힐 수는 없지만, 칼텍Caltech을 최고의 성적으로 졸업 후 박사학위를 취득하고, 미국의 주요 대학교의 경제학과 학과장을 역임한 바 있는 수학의 천재이자 컴퓨터의 달인도 있다. 그는 보통 교과서에서는 다루지 않는 자신만의 이론적 독자성과 알고리즘을 기반으로 정량적이고, 데이터베이스에 입각한 핸디캡핑을 시스템으로 구현해 냈다.

우리 팀원들은 마치 헤지펀드 회사의 분석가처럼 일하면서 스포츠 경기에 영향을 미칠 수 있는 모든 요소나 변수를 수치화하려고 노력했다.

NFL 한 가지 종목만 하더라도, 나는 독립적으로 활동하는 여러 전문가팀을 운영하고 있다. 그들 대부분은 나와 30년 넘게 일해 왔지만, 서로 한 번도 만난 일이 없다. 그들은 오로지 나 한 사람하고만 연결되어 있고, 그들이 생산한 전문적인 정보는 나에게만 집중된다.

수십 년의 경험을 통해 나는 내가 베팅하는 팀 선수들 한 사람 한 사람의 장단점을 정확하게 파악하고 평가하여, 베팅에 필요한 구체적인 숫자들을 도출해 낸다. 그러고 나서 베팅을 할 것인지 말 것인지를 결정한다.

전력평가

요즘은 스포츠에 대한 정보가 넘치고, 쉽게 정보를 입수할 수 있는 시대이기 때문에, 누구나 맘만 먹으면 특정 경기에서 만나는 두 팀의 능력을 평가하고 승패를 예측하는 나름의 시스템을 만들어 볼 수 있다. 그것은 20년쯤 전만 해도 굉장히 어려웠던 일이다.

아래의 흐름도는 내가 구축한 시스템이 어떤 방식으로 작동하는지를 단계별로 보여준다. 우선 매년 시즌이 시작되기 전에 먼저 각 팀에 대해 평가를 하고(1단계 '초기 전력평가'), 여기에 경기별로 영향을 미치는 요소를 반영하고(2단계), 여기에 홈팀이 어느 정도 유리한지를 판단하고(3단계), 팀별 부상자의 존재 여부와 부상 정도에 따른 영향까지 반영(4단계)하는 순서로 진행된다.

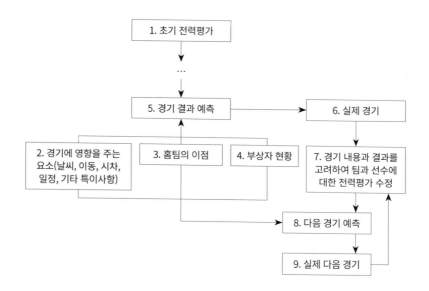

이렇게 해서 경기 결과를 예측할 수 있게 되면, 그 예측치를 공개적으로 게시된 포인트 스프레드와 비교해보고, 그 결과에 따라 행동한다. (6단계)

이렇게 한 경기가 끝나고 나면, 이제 다음 주 경기의 베팅을 준비해야 한다. 이 작업은 이번 경기의 결과를 바탕으로 각 팀과 선수에 대한 전력평가를 갱신하는 데서 시작된다. 이제는 지금까지의 사이클의 반복이다. 갱신된 새로운 평가를 바탕으로 게임에 영향을 미치는 요소들을 반영하고(2단계), 홈팀의 이점이 어느 정도인지 평가하고(3단계), 부상자 현황을 다시 챙겨 보고(4단계) 이를 바탕으로 다음 주 경기의 결과를 예측한다. 8단계는 이 모든 과정을 뭉뚱그려 표현한 것이다.

그리고 실제로 다음 경기가 열린다. 그리고 그 경기를 통해서 얻은 새로운 정보는 또다시 다음 경기의 결과를 예측하기 위한 자료로 활용된다. 이런 똑같은 과정이 시즌이 끝나는 날까지 매주 반복된다.

독자들이 이와 같은 일을 직접 해보려고 한다면, NFL이나 대학 풋볼을 포함한 여러 스포츠 종목에서 등장하는 팀과 선수들의 전력평가에 도움이 될 만한 괜찮은 정보를 쉽게 얻을 수 있는 곳이 있다. 특별한 기준 없이 생각나는 순서대로 열거하자면, ESPN, 사가린Sagarin, 골드시트GoldSheet, 메시 레이팅스Massey Ratings, 소니 무어스 컴퓨터 파워 레이팅스Sonny Moore's Computer Power Ratings, 케니 화이트 스포츠Kenny White Sports등의 웹사이트들이 그러한 곳이다.

이러한 전력평가는 균일한 포인트 스프레드 단위로 매겨져야 한다. 나와 나를 위해 일하는 팀들처럼 핸드캡핑 전문가들은 새로운 시즌을 준비하기 위한 전력평가 작업은 이전 시즌의 종료 당시의 팀의 전력평가를 기반으로 시작한다. 우리는 각 선수와 코치는 물론 신인 드래프트의 결과를 평가하기 위한 독자적인 데이터베이스를 운영하고 있다. 이 데이터베이스를 활용하여 시즌 종료 당시의 데이터에서 요소별 평가 점수를 가감하는 방식으로 새 시즌 개시 시점에서의 전력을 평가할 수 있다.

다시 강조하지만, 모든 평가는 균일한 포인트 스프레드 단위로 매겨져야 한다. 우리는 모든 감독과 선수, 그리고 디비전 내에서의 라이

벌 관계 등을 균일한 포인트 스프레드 단위로 평가하여 가치 점수를 부여한다. 그리고 독창적인 수학적 모델을 사용하여 정량적인 전력평가 점수를 계산해 낸다. 각 팀의 전력평가 점수에 따라 우리는 두 팀이 맞붙었을 때의 결과를 예측하게 된다.

우리의 전력평가 점수는 최고 +10(2022년의 캔자스시티 칩스)에서 최저 -10(2022년의 휴스턴) 사이의 특정 숫자로 표시된다. 모든 팀의 전력평가 점수의 평균은 0이 된다. 전력이 강한 팀은 높은 숫자, 약한 팀은 낮은 숫자로 표시된다.

구체적으로 예를 들어보자. 2021년 시즌이 종료되었을 때 뉴욕 자이언츠의 전력평가 점수는 -7이었다. (숫자가 낮을수록 팀 전력이 약하다는 의미이다. 강팀은 플러스 점수를 갖게 된다) 실제로 뉴욕 자이언츠의 2021년 성적은 좋지 않았다. 그러나 시즌 종료 후 비시즌 기간에 이 팀은 신인 드래프트에서 좋은 선수들을 여러 명 선발했고(+2.0 가산), 코치진을 새로 보강했고, (+1.6포인트 가산), 그 외의 몇 가지 긍정적인 변화가 있었다. (+1.8 가산) 또 우리는 팀의 주축선수였던 쿼터백 다니엘 존스와 러닝백인 사쿠온 버클리의 기량이 향상되었다. 반면 부정적인 변화도 있었다. 몇몇 선수가 FA 자격을 얻거나 타 팀과의 트레이드를 통해서 다른 팀으로 이적했고, 몇몇 선수를 자유계약선수로 공시하여 방출했다. 이로 인해서 생성된 부정적인 변화를 수치화 한 결과 -3.9의 감점 요소가 발생했다.

총 가산점은 2 + 1.6 + 1.8 + 2.2 = 7.6였다. 반면 -3.9의 감점 요소가 있었다. 이를 모두 합치면 +3.7의 가산해야 한다. 그러므로 2021년 시즌 종료 당시 -7이었던 자이언츠팀의 전력평가 점수는 이듬해 시즌을 시작하기 직전에는 -3.3으로 바뀌었다. 뒤에서 또 이야기하겠지만, 이 팀에 대한 전력평가 점수는 항상 이 점수에 머물지 않는다. 모든 팀의 전력평가 점수는 시즌이 시작되면 크고 작은 다양한 변화를 반영하여 시시각각 오르고 내린다.

성공적인 핸디캡핑을 위해서는 모든 요소를 면밀하게 검토하고 반영해야 한다. 자칫 그리 대단해 보이지 않는 작은 요인의 변화로 인해 경기 결과가 완전히 바뀌고, 베팅의 승패가 뒤바뀐다. 물론 각 요소가 경기에 영향을 미치는 정도는 대, 중, 소로 구분할 수는 있다. 그러나 정도의 차이는 있지만 분명히 영향을 미친다.

- 여러 팀의 상대적인 전력평가 점수는 그 가운데 어떤 두 팀이 중립적인 경기장에서 경기를 벌이게 될 경우 어느 팀이 승리할지 예측할 수 있는 지표이다. 이러한 상대적인 전력평가 점수는 시즌이 진행되는 동안, 그리고 시즌이 끝나고 다음 시즌이 개시될 때까지 계속해서 바뀐다.
- 각 팀의 직전 경기 성적
- 홈구장의 이점(이는 팀마다 경기마다 다르다.)
- 각 팀의 선수 각각의 개인적 가치
- 부상자나 환자의 존재. 각 팀의 상대 전력에 영향을 미친다. 부상자나 질병을 앓고 있는 선수가 있다면, 그만큼 각 팀의 상대 전력을 낮춰서 평가해야 한다.
- 부상 정도. 같은 부상선수라 하더라도, 부상으로 인해 경기에 아예 출장조차 할 수 없는 경우와 부상을 안고 뛰는 경우를 다르게

반영해야 한다.

- 게임에 영향을 미치는 요소들. 날씨나 직전의 경기 일정(예, 홈경기 후 원정경기, 연이은 원정경기 등), 이동 거리와 이동의 난이도, 경기장의 특성, 잔디 유형 등 경기에 영향을 미치는 다양한 유형을 고려해야 한다.
- 선수들에게 동기를 유발할 만한 요인들. 예를 들어서 설욕전, 라이벌전, 감독 교체 등

이러한 요소들을 정량화하고 가중치 등을 부여하면 각 경기의 결과를 예측할 수 있다. 즉, 두 팀 간의 상대적 전력차이를 수치화하여 볼 수 있다. 북메이커가 제시하는 예측치와 나의 예측 차의 차이를 보면 어느 정도 규모로 베팅을 해야 할지 정할 수 있다. 물론 베팅의 규모에 따라 당신이 얻게 될 수익 또는 손실의 규모도 달라진다.

팀들의 상대 전력

경기 결과를 예측하려고 할 때 제일 먼저 고려해야 할 변수는 서로 맞붙은 팀의 상대 전력차이이다. 이를 보통 전력평가점수라고 부른다. 그러려면 당신은 게임별 포인트 스프레드 전력평가 점수를 산출해 내는 당신만의 방법을 개발하거나 이미 발표된 점수를 참고해야 한다. 예를 하나 들자면, ESPN은 NFL 게임의 경기 결과를 예측하는 지표인 FPIFootball Power Index를 운영하고 있다.

이러한 유형의 경기 결과 예측 시스템을 통해서 우리는 중요한 두 가지 결론을 얻을 수 있다. 첫째로, 과거의 성적과 성과의 상대적 중요성을 이해하는 것은 앞으로의 성적을 예측하는 데 매우 중요하다. 둘째로, 각 팀의 전력 등급을 평가할 수 있는 나름대로의 방법을 고안하며, 그러한 전력 등급은 반드시 점수화되어야 한다.

핸드캡핑 전문가들 대부분은 미래의 성과를 예측하기 위해 과거의 성과를 중요한 자료로 활용하고, 그 논리 구조는 비슷하다. 여기서 잊지 말아야 할 것은 과거의 여러 경기 가운데서도 바로 직전 주의 경기나 최근의 몇 경기의 결과에 특별한 가중치를 두어 반영해야 한다는 것이다. 우리는 뒤에 개략적으로 설명할 공식에 의해서 모든 NFL 팀의 전력 등급을 매주 계산해 낸다.

이러한 전력 등급은 수치화되어 나타나며, 바로 포인트 스프레드의 차이로 변환할 수 있다. 예를 들어서, 시카고 베어스의 전력평가 점수, 또는 예상 전력을 10이라고 치고, 미네소타 바이킹스의 경우는 7이라고 치자. 그렇다면, 일단 베어스가 3점만큼 우위에 있다고 볼 수 있다. 여기에 더하여 경기에 영향을 미칠 수 있는 여러 가지 요소를 감안하여 이 숫자를 당신 나름대로 조정해야 한다. 경기마다 그 경기에만 영향을 미치게 될 독특한 외부 요인이 있기 마련이다.

나는 이미 앞 단원에서 경기에 영향을 미치는 몇 가지 외부 요인을 열거하여 설명한 바 있다. 여기서는 그러한 요인들 몇 가지를 골라서 좀 더 자세하게 살펴볼 것이다.

400

선수 능력 평가

———

당신은 수비 쪽이든 공격 쪽이든, 주요한 선수들의 능력을 수치화하여야 한다. NFL의 경우라면, 엔트리에 포함된 약 1,700명 정도의 선수들을 당신이 직접 일일이 평가하여 수치화하여야 한다는 의미이다. 언뜻 보기에는 엄청나게 방대하고 힘든 작업처럼 보이지만, 생각처럼 어려운 일은 아니다. 우선 그들 가운데 60% 정도는 '0' 또는 '0'에 가까운 평가수치를 부여받게 된다. 그러므로 0점보다 높은 의미 있는 점수를 받는 선수, 즉 진지하게 평가해서 그들의 능력을 수치화해야 하는 선수의 수는 약 600명 정도이다.

선수를 이렇게 평가하는 시스템은 이미 몇 가지 존재한다. 대표적인 것을 예로 들자면 ESPN과 마덴Madden에서 발표하는 선수 랭킹을 들 수 있다. 그러나 이 두 시스템 모두 포인트 스프레드 비교 수치를 제공해주지는 않는다. 그러므로 당신이 직접 이 랭킹을 보고 각 선수의 능력을 평가하여 점수화할 수 있어야 한다.

그러므로 일관된 포인트 스프레드 시스템을 구축해야 한다. 이 일은 우선 스타플레이어의 가치를 수치화하는 데서부터 시작할 수 있다. 어느 선수를 스타플레이어 그룹에 포함할지는 스스로 순위를 매긴 결과를 활용하거나 공개된 보고서를 활용할 수 있다. 예를 들어서 이야기하자면, 쿼터백의 역할은 터치다운을 통해 직접 득점을 해야 하는 다른 공격 포지션보다 더 비중 있게 평가하는 경향이 있어 쿼터백은 최고의 평가 점수를 받는다. 반면 쿼터백을 제외한 선수들은 보통 2.5에서 3점 정도의 평가를 받는다.

부상자나 환자가 발생하면 팀 성적에 상당한 영향을 미칠 수 있다. 나는 스포츠 베팅에서 핸디캡핑을 할 때 이 요소를 두 번째로 중요한 요소라고 생각한다. 그러므로 앞에서 이야기한 것처럼 누가 경기에 투입되고, 누가 부상이나 질병으로 인해 경기에서 제외되는지, 그리고 누가 부상을 안고 경기에 투입되는지를 파악하는 것은 매우 중요하다. 만일 부상 중임에도 불구하고 경기에서 뛰는 선수가 있다면 그 선수의 가치를 나타내는 점수를 그의 부상 정도를 감안하여 낮춰야 한다. 아예 경기에서 제외되는 선수가 있다면, 그의 가치를 나타내는 점수를 0점으로 바꾸고, 그를 대신하여 투입되는 선수의 가치 점수를 파악하여 추가하여야 한다.

또한 부상자가 동시에 여러 명 발생하는 상황도 주의 깊게 살펴야 한다. 하필이면 중요한 포지션에서 여러 명의 부상자가 발생하면, 그 영향력은 기하급수적으로 커진다. 그 결과는 포지션별로 팀별로 다르게 나타난다. 쿼터백을 제외하고, 여러 명의 부상자가 발생할 경우 영향을 크게 받는 포지션은 와이드 아웃과 슬롯 리시버, 타이트엔드 등 패스 리시버들과 디펜시브 라인, 오펜시브 라인, 디펜시브 백, 라인백, 러닝백 등이다.

예를 들어서 리시버 포지션에서 두 명의 부상자가 발생했는데 이 두 선수가 하필이면 리시버들 가운데 팀 내에서 1, 2위를 다투는 선수라고 치자. 그들의 부상으로 인해 줄어드는 가치 점수는 한 선수의 경우 2.5이고, 다른 선수의 경우는 1.5이다. 그러나 우리는 그 팀의 선수들의 가치점수에서 4를 감하지 않는다. 왜냐면 그들이 팀 내에서 차지하는 비중이 매우 높기 때문이다. 그래서 우리는 두 선수의 가치 점수의 단순한 합계에서 50%를 할증하여 6을 감하여 계산한다. 그러나 디펜시브 라인맨 포지션에서 같은 일이 일어나면 40%만 할증할 것이다. 이런 식으로 할증의 폭은 포지션의 중요도에 따라 달라진다.

개별 선수의 부상이 팀의 경기력에 미치는 영향에 관한 좋은 사례가 있다. NFL의 탬파베이 벅스의 공격진에서 오펜시브 태클 포지션을 맡은 트리스탄 윌프스는 팀 내에서 존재감이 그리 큰 선수는 아니었다. 그러나 탬파베이가 2022년 플레이오프에서 로스앤젤레스 램스를 만났을 때 부상을 입었다. 그런데 그 경기와 관련된 특별한 어떤 상황 때문에 그의 부재는 경기에 큰 영향을 미쳤다.

램스의 수비를 이끌고 있는 애런 도널드는 디펜시브 태클 포지션에서 역대 최고라는 평가를 받는 선수였고, 램스의 패스 러시는 맹렬했다. 반면 탬파베이의 쿼터백인 톰 브래디는 쿼터백 가운데서도 움직임이 크지 않은 것으로 유명했다. 우리는 정규시즌에서 벌어진 일반적인 상황이었다면 윌프스의 부재로 인한 가치 점수를 1.3만 감했을 것이지만, 플레이오프 경기에서 나타난 특별한 상황으로 인해 우리는 6점을 감했다.

이렇게 크게 선수 가치 점수를 낮춰야 할 이유가 있었다. 윌프스가 부상일 경우 대신 투입되어야 할 선수(평상시 그의 가치 점수는 0.3이었다.)마저도 부상이 있음에도 불구하고 출장을 강행한 특별한 상황이었기 때문이다. 그는 부상 중이었기 때문에, 시합에 출장했지만 우리는 그의 가치 점수를 0으로 낮췄다. 우리는 같은 포지션의 주전급 선수 두 명이 동시에 부상을 겪고 있는 상황이 팀의 경기력과 경기 결과에 큰 영향을 미칠 것이라고 보았다. 여기에 더하여 와이드 리시버인 안토니

오 브라운이 몇 주 전 팀을 떠났고, 또 다른 와이드 리시버 크리스 고드 윈이 경기를 뛸 수 없었고, 타이트 엔드 포지션의 롭 그롱코우스키가 상대 수비팀의 패스러시를 막기 위해 안쪽에 있어야 하는 상황이었다. 나는 당시 탬파베이 벅스 팀이 총체적 난국에 빠져 있다는 사실을 알고 있었다.

나는 이러한 분석의 결과를 따라서 냉정하게 베팅을 했고, 결과는 성공적이었다. 수비진에서 여러 명의 주전 선수가 동시에 다친 것이 경기력에 큰 영향을 미칠 것이라는 예상이 적중한 덕분이었다. 그러나 똑같은 상황이었다 하더라도 탬파베이의 쿼터백이 좀 더 기동력이 뛰어났거나, 강력한 러닝백을 보유하고 있었다면 좀 다르게 판단했을 것이다. 다시 이야기하고 싶은 것은 똑같은 선수의 부상이라 하더라도 특별한 어떤 상황이나 상대 선수들의 능력치에 따라서 부상선수의 가치가 달라지고, 경기 결과에 미치는 영향도 다르다는 것이다.

우리는 NFL에서 발표하는 부상자 리포트를 항상 살피고, 미디어를 포함한 다른 다양한 경로를 통해 따로 부상자들에 관한 정보를 모은다. 또 주요 언론인들의 소셜미디어 계정이나 영향력 있는 블로거들이 운영하는 블로그에 올라오는 관련 정보를 실시간으로 확인할 수 있는 컴퓨터 프로그램을 개발하여 운영하고 있다.

우리가 주목하고 있는 NFL 사정을 정통하게 꿰고 있는 소셜미디어 계정 소유자 몇 사람을 들자면 우선 프로 풋볼 의학 전문가인 데이비드 차오 박사, 물리치료 전문가 데드윈 포라스등을 들 수 있다. 이들은 트위터를 통해 부상자들과 관련된 정보를 실시간으로 전하고 있다. 우리는 또 매주 수요일부터 금요일 사이의 팀 훈련에 누가 참여하고 누가 참여하지 않는지도 면밀히 살핀다. 그들이 수요일 훈련에 참여하고 있다면, 훈련으로 인한 부상이 발생하지 않는 한 일요일의 경기에 충분히 출전할 수 있는 몸 상태라고 볼 수 있다.

감독마다 다르기는 하지만, 몇몇 감독들은 금요일 훈련에 참여하지 않는 선수는 일요일 경기에 절대 출전시키지 않는다는 규칙을 엄격하게 시행하고 있다. 그러므로 선수의 상황과 부상 상황뿐 아니라 감독에 대해서도 주의를 기울여야 한다. 부상 보고를 접하면 어떤 식으로 대처하는지도 감독마다 다르다. 이는 경기 당일 팀의 출전선수 명단을 작성하는데도 영향을 미친다. 또 부상이라 하더라도 누가 어느 부위에 부상을 입었는지에 따라서 팀 전체의 경기력에 미치는 영향이 다르다. 예를 들어서 오펜시브 라인의 선수들이 햄스트링의 부상을 입는 것보다 와이드 리시버가 발 부상을 입은 것이 팀 전력에 더 큰 영향을 준다.

이처럼 당신이 부상이 개인의 경기력과 팀 전력에 미치는 영향을 제대로 파악하고 평가할 능력을 갖추고 있다면, 여기에 따라서 그날그날 선수들에 대한 가치 점수를 조절해야 한다. 나는 이 단원의 뒷부분에서 구체적인 공식을 공개할 것이다. 이렇게 해서 각 선수의 당일의 가치 점수를 0~10까지 0.1 단위로 평가할 수 있지만, 앞서 이야기한 것처럼 몇 가지 사항이 누적될 경우의 가중치까지 반영하여 평가하여야 한다.

이에 관한 좋은 사례가 하나 있다. LA 차저스의 아웃사이드 라인배커인 조이 보사는 키는 188cm, 체중은 127kg인 아주 좋은 신체조건을 가지고 있고, 팀 내에서 차지하는 비중이 꽤 큰 선수이다. 컨디션만 좋다면 우리는 그에게 2.5 정도의 개인 가치점수를 부여한다. 2.5 정도의 점수는 베팅의 방향을 바꾸거나 베팅을 할지 말지를 결정하는 데 영향을 미칠 수 있는 큰 점수이다. 그렇다면 보사가 부상을 입으면 그의 개인 가치 점수를 어떻게 조절해야 할까? 일단 그의 부상 상태를 파악하는 데 도움이 될 만한 자료들을 최대한 모아 놓고 그 내용을 바탕으로 우리 스스로에게 질문을 던진다. "그의 무릎 부상 정도가 가치점수를 모두 지워야 할 정도로 심각한가? 아니면 0.5 정도로 낮춰야 할까? 아니면 1.75? 그를 대체하여 투입될 선수와 그와의 기량 차이는 어느 정도인가? 이런 의문에 대한 스스로의 답변 내용은 팀의 전력평가를 어느 정도 낮춰야 할지 결정하는데 중요한 작용을 한다.

쿼터백의 경우는 좀 다르다. 풋볼은 쿼터백 놀음이라고 할 정도로 쿼터백은 중요한 포지션이다. 그러므로 쿼터백을 평가하기 위해서는 다른 포지션과는 전혀 다른 쿼터백 평가만을 위한 독자적인 평가 시스템을 갖춰야 한다. 그러려면 선수별로 장기적인 평가지표와 단기적인 평가지표를 모두 분석해야 한다. 해당 시즌과 해당 시즌 이전의 경력을 평가하기 위해 고려해야 할 장기적인 변수는 다음과 같다.

- NFL 쿼터백 랭킹
- 패스 시도 횟수
- 성공한 패스의 평균 거리
- 패스를 시도하다가 상대방에 의해 인터셉트를 당한 횟수
- 쿼터백 스스로 시도한 러시 공격의 총 거리
- 색Sack을 당한 횟수
- 공을 떨어뜨린 횟수

다만 쿼터백을 평가할 때는 그와 함께 호흡을 맞추는 공격진의 자질과 능력, 그리고 상대팀의 수비 능력을 고려한다.

실제로 우리의 시스템은 어떻게 작동할까?

현재 우리 시스템에 의하여 0.10 또는 그 이상의 가치 점수를 부여받은 쿼터백이 아닌 선수는 991명이다. 이들은 0이 아닌 가치 점수를 부여받은 선수들이다. 이들 전체, 즉 쿼터백이 아닌 선수들의 평균 가치 점수는 0.63이다. 991명의 선수 가운데. 0.25를 초과하는 선수들, 즉 일정 수준 이상의 가치를 가지고 있다고 평가할 수 있는 선수는 612명이다.

반면 우리 시스템 안에 이름을 올리고 있는 쿼터백은 67명이다. 이들의 평균 가치점수는 7.74이고, 가장 낮은 선수는 6.0의 가치 점수를 가지고 있고, 가장 높은 점수인 9.5를 받은 선수는 캔자스시티의 쿼터백인 패트릭 마호메스이다.

이야기를 좀 더 하자면, 전체 NFL 선수들 가운데 의미 있는 정도의 가치점수를 부여받고 있는 선수는 전체의 40%에 불과하다. 바로 이 점 때문에 부상이나 질병을 앓고 있는 선수의 유무와 그 정도를 살피는 것은 중요하다.

경기에 영향을 끼치는 요인들

자, 이제 이야기를 정리해 보자. 우리는 NFL 풋볼의 모든 경기의 결과를 예측할 수 있는 시스템을 만들기 위해 쉬지 않고 노력해 왔다. 우리는 각 팀의 현재 전력(선수 각자의 가치와 감독의 가치까지 포함하여)을 평가했고, 홈팀이 갖는 이점과 부상선수나 환자가 있으면 부상과 질병이 심한 정도나 대체 선수의 능력 등에 따라서 선수 및 팀 전력평가 점수를 조정했다.

그리고 앞 장에서도 이야기했듯이 이것 말고도 각 경기에 영향을 미치는 여러 가지 요소들을 고려하였다. 즉 일기예보, 각 팀의 직전 일정(홈경기 후 첫 원정경기인지, 몇 게임 째 원정경기를 계속하는지 등), 최근 이동 거리와 이동의 난이도, 경기장별 특징, 그리고 잔디의 종류 등까지 고려하였다.

우리는 1974년부터 2023년까지 벌어진 모든 경기를 분석하여 이들 모든 요소 하나하나에 대하여 각 상황에 따른 유불리를 점수화하였다. 이들 모든 요인을 종합하여 평가한 점수에 1/5의 가치를 부여하였다. 즉 모든 요인을 고려한 결과 5라고 하는 환경요소 가치점수가 나왔다면, 그 팀의 전력평가 점수에서 1을 추가했고, 10이라고 하는 환경요소 가치점수가 나왔다면, 2를 추가하였다.

경기에 영향을 미치는 요소들은 경기 결과 예측에 매우 중요하다. 그래서 우리는 이들 수많은 요소 가운데 특별한 상황을 S 요소로, 날씨 관련 요소를 W 요소, 선수와 관객의 정서와 관계된 요소를 E 요소 등으로 구분하였다. 이러한 모든 요소가 경기에 영향을 미치는 정도를 오랜 기간에 걸친 분석 결과를 기반으로 예측했고, 아래와 같이 정리했다.

한 가지 강조하고 싶은 것은 아래에 소개된 모든 숫자는 2022~2023 시즌이 끝난 직후에 적용된 것이라는 것이다. 이 숫자가 미래에도 똑같이 적용될 것이라고 자신할 수는 없다. 우리는 해마다 풋볼의 트렌드에 따라서 각 요소가 경기에 영향을 끼치는 정도를 더 높게 평가할 수도 있고, 낮게 평가할 수도 있다. 심지어 아예 제외할 수도 있다.

아래에 열거한 대부분의 요소가 왜 홈팀이나 원정팀에게 유리한지 설명할 수 있어야 한다. '유동적'이라고 표시된 경우는 경기에서 맞붙는 두 팀의 장점과 약점을 알아야만 해당 요소들이 어느 팀에게 어느 정도 유리하게 작용할 수 있을지를 판단할 수 있는 경우이다. 예를 들어서 옥외 경기장에서 열리는 경기에서 바람이 심하게 부는 경우 패스 중심의 공격을 펼치는 팀과 러싱 중심의 공격을 펼치는 팀에 미치는 영향은 다를 것이다. 물론 공격력에 부정적인 영향을 주는 것은 분명하므로 어느 정도 팀 전력평가 점수를 낮추기는 해야 할 것이다.

NFL 2022~2023시즌의 S 요소와 W 요소

S 요소 (요소 점수에 0.2를 곱하여 반영함)

- 잔디
- 홈팀과 원정팀의 구장이 같은 종류의 잔디일 경우: 원정팀에 +1
- 홈팀과 원정팀이 다른 잔디를 가지고 있을 경우: 홈팀에 +1

- 디비전
- 홈팀과 원정팀이 같은 디비전에 속한 경우: 원정팀에 +1

- 컨퍼런스
- 홈팀과 원정팀이 다른 컨퍼런스에 속한 경우: 홈팀에 +1

- 일정
- 목요일 밤 경기: 홈팀에 +2
- 직전 목요일 밤에 경기가 없었다면: 0
- 일요일 밤 경기: 홈팀에 +4
- 월요일 밤 경기: 홈팀에 +2
- 직전 월요일 밤에 경기 없이 홈경기: 0
- 홈팀이 원정경기 후 월요일 밤 경기: 상대팀에 +4
- 원정팀이 홈경기 후 월요일 밤 경기: 상대팀에 +6
- 원정팀이 원정경기 후 월요일 밤 경기: 상대팀에 +8
- 홈팀의 토요일 밤 경기: 0
- 최근 네 경기 중 이번 경기 포함 3경기가 원정경기: 홈팀에 +2
- 홈팀의 직전 경기가 연장전까지 진행된 경우: 상대방에 +4
- 원정팀의 직전 경기가 연장전까지 진행된 경우: 상대방에 +2

- 휴식
- 평균 이하의 팀이 직전 주에 휴식한 경우: 해당 팀에 +4
- 평균 이하의 팀이 직전 주에 휴식하고 원정경기를 갖는 경우: 해당 팀에 +5
- 평균 수준의 팀이 직전 주에 휴식한 경우: 해당 팀에 +5
- 평균 수준의 팀이 직전 주에 휴식하고 원정경기를 갖는 경우: 해

당 팀에 +6

- 정상급 팀이 직전 주에 휴식한 경우: 해당 팀에 +7

- 정상급 팀이 직전 주에 휴식하고 원정경기를 갖는 경우: 해당 팀
  에 +8

• 플레이오프
- 직전 경기 부전승: 홈팀에 +1

• 슈퍼볼 출전 팀
슈퍼볼 승리 팀의 다음 시즌 첫 경기: 해당 팀에 +4
슈퍼볼 승리 팀의 다음 시즌 첫 네 경기: 해당 팀에 +2
슈퍼볼 패배 팀의 다음 시즌 첫 경기: 상대팀에 +4
슈퍼볼 패배 팀의 다음 시즌 첫 네 경기: 상대팀에 +2

• 이동 거리
- 3,200km 이상: 홈팀에 +1

- 탬파베이/잭슨빌/마이애미: 원정팀에 +1

- 댈러스/휴스턴: 원정팀에 +1

- 애틀랜타/캐롤라이나: 원정팀에 +1

- LA 차저스, LA 램스: 원정팀에 +2

- 라스베이거스/ LA의 두 팀: 원정팀에 +1

- 인디애나/신시내티: 원정팀에 +1

- 필라델피아/뉴욕 제츠/뉴욕 자이언츠/워싱턴/뉴잉글랜드/볼티모

어/버팔로(다른 변수가 없다면): 원정팀에 +1

- 뉴욕자이언츠/뉴욕제츠: 원정팀에 +2

- 볼티모어/워싱턴: 원정팀에 +2

- 시카고/그린베이: +1

• 시차

- 오전 10시 경기

  서부 팀에게 감점: 상대팀에게 +2

  고지대 팀에게 감점: 상대팀에게 +1

- 야간경기

  동부 팀에게 감점: 상대팀에게 +6

  중부팀에게 감점: 상대팀에게 +3

  고지대 팀에게 감점: 상대팀에게 +1

- 2개의 시간대를 뛰어넘는 먼 곳에서 2연속 원정경기를 벌이는 경
  우: 홈팀에 +2

• 직전 맞대결 경기 결과에 따른 팀의 설욕 의지

- 직전 경기에서 19점 이상의 차이로 크게 패한 경우: 해당팀에 +2

- 직전 경기에서 29점 이상의 차이로 크게 패한 경우: 해당팀에 +4

• 매치업

- 공격과 수비의 매치업, 부상 상황: 유동적

W 요소 (요소 점수에 0.2를 곱하여 반영함)

따듯한 도시를 연고지로 하는 팀이 추운 도시의 옥외 경기장에서 원정경기를 갖는 경우
- 기온이 영상 2도: 홈팀에 +0.25
- 기온이 영하 1도: 홈팀에 +0.50
- 기온이 영하 4도: 홈팀에 +0.75
- 기온이 영하 7도: 홈팀에 +1.00
- 기온이 영하 9도: 홈팀에 +1.25
- 기온이 영하 12도 또는 그 이하로 내려간 경우: 홈팀에 +1.75

추운 도시를 연고지로 하지만 돔구장을 홈구장으로 사용하는 팀이 옥외 경기장에서 원정경기를 갖는 경우
- 기온이 영하 2~ 7도: 홈팀에 +0.25
- 기온이 영하 7~ 12도: 홈팀에 +0.50
- 기온이 영하 12 ~ 15도: 홈팀에 +0.75
- 비가 올 때: 원정팀에 +0.25
- 비가 심하게 올 때: 원정팀에 +0.75
- 눈이 올 때: 유동적
- 바람이 심하게 불 때: 유동적

같은 W 요소라도 쿼터백의 역량에 따라서 약간의 가감을 해주어야 한다. 실제로 리그에서 활약하는 모든 쿼터백 선수들이 홈, 원정, 낮,

밤, 잔디 유형, 강수량 및 바람, 온도 등의 기상 조건 등 다양한 상황에 따라서 어떠한 역량을 보여주는지 평가되어야 한다.

시즌 종료 시의 각 쿼터백의 마지막 개인별 가치점수는 다음 해 시즌이 시작되면 매주 각 요소에 맞춰서 주기적으로 가감되어야 한다. W 요소는 필요한 경우 중요하게 평가되어야 한다. 예를 들어서 버펄로의 조쉬 알렌은 경기장 온도가 높거나 돔구장에서 벌어지는 경기에서는 W요소에서 1점 가산하지만 추운 장소에서 경기할 때는 1점을 뺀다. 반면 아론 로저스 같은 선수는 정반대이다. 그는 추운 날씨에 매우 강한 반면, 높은 온도에서는 상대적으로 부진하다. 각 쿼터백에 대한 W 요소의 가치는 +0.15이다.

E 요소는 선수들에게 감정적인 영향을 미치는 요소이다. 최근 성적이나 플레이오프에 영향을 주는 특정한 상황 등이 여기에 해당한다. 예를 들어서 어떤 팀이 두 경기 연속해서 패했다거나 서로 맞붙는 두 팀 가운데 한 팀은 플레이오프에 진출할 가능성이 있지만, 다른 팀은 가능성이 없는 때도 있다. E 요소 각각은 0.2점의 가치가 있다. 그 밖에도 E 요소 점수에 반영하는 상황을 열거하자면 다음과 같다.

(1) 코치진의 보직 이동이나 영입 또는 해고

(2) 선수들의 영입이나 방출

(3) 해당 경기가 전체 경기 일정상 혹은 특정 감독이나 선수에게 특별히 중요한 의미를 갖는 경우

(4) 과거 결과 통계

팀 전력평가 점수를 계산하고 갱신하기

각 팀의 전력평가 점수는 위의 모든 요소를 반영하여 매주 갱신되어야 한다. 이는 간단한 산수를 통해서 가능하다.

보통 새로운 팀 전력평가 점수는 기존 평가 점수를 90% 반영하고 내가 최신 경기력 측정 점수True Game Performance Level라고 이름 붙인 점수를 10% 반영하여 산출한다. 한 팀의 최신 경기력 측정점수는 직전 경기의 점수 차이에, 상대팀의 직전 전력평가 점수와 부상 상황에 따른 점수를 더하거나 빼서 계산한다.

언뜻 보기에는 무척 복잡해 보이지만 생각보다 어렵지 않다. 좀 더 쉽게 이해를 할 수 있도록 구체적인 사례를 살펴보자. 여기서는 시카고 베어스와 미네소타 바이킹스과의 경기를 예로 들어 살펴보기로 하겠다.

이 경기가 중립지대에서 열렸다고 치자. 즉 어느 팀도 홈구장의 이점을 누리지 못하는 상황이다.

(1) 직전 경기까지 업데이트된 양 팀의 직전 전력평가 점수는 베어스가 10, 바이킹이 4였다.

(2) 베어스는 부상선수 평가 점수는 +3.5이고, 바이킹스는 1.7이었다.

(3) 그리고 실제 경기에서 베어스가 27-20으로 승리 했다.

이 결과를 바탕으로 다음 주에 사용하기 위한 베어스의 새로운 전력평가 점수를 계산해 보기로 하자. 그러려면 우리는 먼저 최신 경기력 측정점수를 계산해 내야 한다. 우리는 이런 식으로 이 점수를 계산해 낼 수 있다.

점수 차이는 베어스의 7점 차 승리였으므로 +7이다.

상대팀인 바이킹스의 직전 전력평가 점수는 +4였다.

양 팀의 부상자로 인한 점수를 합한다. 베어스는 3.5 바이킹은 1.7 이었으므로 양 팀의 부상자 점수 차이는 3.5-1.7 = 1.8이다.

그러므로 베어스의 새로운 최신 경기력 측정점수는 7 + 4 + 1.8 = 12.8이다.

다시 앞으로 돌아가 보자. 나는 팀의 새로운 전력평가 점수는 기존의 전력평가 점수 90%와 최신 경기력 측정점수 10%를 반영하여 산출한다고 말한 바 있다. 그렇다면 기존 전력평가 점수 10의 90%인 9와 최신 경기력 측정점수 12.8의 10%인 1.28을 합친 10.28이 베어스의 새로운 전력평가 점수가 된다. 즉, 베어스가 바이킹스를 상대로 27-30으로 승리했다는 사실과 두 팀의 부상자 상황을 수치화한 점수를 반영한 결과 베어스의 전력평가점수는 10에서 10.28로 올라갔다.

그렇다면 이번에는 바이킹스의 최신 경기력 측정점수를 계산해 보자.

바이킹스는 베어스에게 7점 차이로 패했으므로 -7을 반영하여야 한다. 그리고 상대팀의 전력평가 점수는 +10이었다.

또한 양팀의 부상자 점수의 차이를 반영하면 1.7-3.5 = -1.8이다.

그러므로 바이킹스의 최신 경기력 측정점수는 -7 + 10 +(-1.8) = 1.2 이다.

이런 과정으로 바이킹스의 새로운 전력평가 점수를 계산하면 기존의 전력평가 점수 4의 90%인 3.60과 최신 경기력 측정점수인 1.2의 10%인 0.12를 합쳐서 3.72가 된다.

즉 바이킹스는 베어스에게 20-27로 패한 결과 팀의 전력평가 점수가 4에서 3.72로 하락했다.

아래의 표에서 몇 가지 사례를 더 살펴볼 수 있다. 중요한 것은 특정 팀의 새로운 전력평가 점수를 계산하려면 모든 관련 수치는 해당 팀의 관점에서 구해져야 한다는 것이다. 즉 최신 경기력 측정지수는 해당 팀의 부상자 점수와 상대팀의 전력평가 점수, 그리고 점수 차이를 플러스 요소로 계산해야 한다는 것이다. 반대로 또 상대팀의 부상자 점수는 차감되어야 한다. 이렇게 해서 일단 최신 경기력 측정지수가 구해지면 새로운 전력평가 점수는 직전의 전력평가 점수와 최신 경기력 측정지수를 정해진 비율에 따라서 조합하여 계산하면 된다.

다음 표의 첫 번째 사례를 살펴보자. 한 팀의 전력평가지수는 그 팀의 직전 전력평가지수를 90% 반영하고, 새로 계산된 최신 경기력 측정지수를 10% 반영하여 결정된다는 것을 기억해야 한다. 아래 표의 첫 번째 사례의 경우 해당 팀의 최신 경기력 측정지수는 점수 차 +14와 상대팀의 직전 전력평가 점수 -4.2, 그리고 양팀 부상자 점수의 비교치인 -1.8(4, 7-6.5)을 합하여야 한다. 즉 해당 팀의 최신 경기력 측정지수는 14-4.2-1.8 = 8 이 된다.

표1. 팀 전력평가지수 갱신 사례

현재 팀 전력평가 지수	해당 팀 부상자 평가 점수	상대팀 전력 평가 지수	상대팀 부상자 평가 점수	경기 점수 차	최신 경기력 측정지수	새로운 팀 전력평가 지수
8	4.7	-4.2	6.5	14	8.0	8.0
6.2	3.5	9.0	1.8	-10	0.70	5.65
-4.5	3.8	11	5.1	-8	1.7	-3.88
7.6	4.1	2.1	3.8	7	9.4	7.78
−2.8	1.9	6.4	2.8	−21	−15.5	−4.07
5.0	5.4	7.6	2.9	11	21.1	6.61

따라서 해당 팀의 전력평가지수는 직전 주의 전력평가지수인 8의 90%인 7.2와 최신 경기력 측정지수인 8의 10%인 0.8을 합친 값인 8로 갱신된다. 이러한 작업이 처음에는 좀 어려워 보이지만 여러 차례 반복하다 보면 숙달되어 별로 어렵지 않게 스스로 이러한 작업을 할 수 있을 것이다.

이와 같은 작업에 관심을 가지고 좀 더 알고 싶어 하는 독자들을 위해서 여기에 복잡한 요소 하나를 추가해 보겠다. 조금 전에 사례로 든 베어스와 바이킹스의 경기의 경우 중립지대에서 경기가 열렸다는 가정 아래 계산을 해보았는데 그러한 경우는 흔하지 않다.

NFL을 세계에 홍보할 목적으로 런던이나 멕시코시티, 혹은 독일의 어느 도시에서 열리는 극소수의 경기를 제외하고는 중립지대에서 열리는 경기는 없다. 그러므로 이 극소수의 경기를 제외한 나머지 모든 경기에서 최신 경기력 측정지수를 산출하려면 홈팀이 누리는 이점을 반영해서 계산하여야 한다. 그래서 나는 홈팀이 누리는 이점을 +2점으로 설정했다. 앞서 베어스가 바이킹스를 27-20으로 이겼던 경기가 만

약 베어스의 홈구장에서 열린 경기였다면 베어스팀의 최신 경기력 측정지수는 앞서 계산된 값에서 2를 감하여야 한다. 마찬가지로 원정경기에서 20-27로 패한 바이킹의 경우에는 앞서 계산된 값에서 2를 더하여야 한다.

그렇게 다시 계산하면 결과는 이렇다.

홈팀인 베어스의 최신 경기력 측정지수 = 7(점수 차이) + 4(상대팀 전력평가 지수) + 1.8(부상자 상대 평가 지수) - 2.0(홈팀의 이점) = 10.8

원정팀인 바이킹스의 최신 경기력 측정지수는 = -7(점수 차이) + 10(상대팀 전력평가지수) +(-1.8(부상자 상대 평가 지수) + 2.0(홈팀의 이점) = 3.2

그 결과 양 팀의 새로운 전력평가지수는

베어스: (10의 90%) + (10.8의 10%) = 9.0 + 1.08 = 10.08

바이킹스: (4의 90%) + (3.2의 10%) = 3.60 + 0.32 = 3.92

이렇게 해서 전력평가지수를 새로 갱신했다면 그다음에는 홈/원정에 따른 변수와 또 다른 요소 등 다음 경기의 점수와 결과에 영향을 미칠 수 있는 다른 요소에 대해서 생각해 보아야 한다. 홈 원정 여부가 전력평가지수에 영향을 미쳤던 것과 마찬가지로 경기에 영향을 미치는 다른 요소들과 현재 부상자의 상황 등을 고려하여 돌아오는 주말에 경기를 갖게 될 팀들의 전력평가지수를 조정해야 한다.

경기마다 적용되는 요소의 가짓수는 크게 달라진다. 2022~23시즌의 경우, 우리는 매주 각 팀에 최대 18가지의 S 요소를 적용했다. 그러나 하나도 적용하지 않았던 경기도 있었다. 그리고 평균을 계산해 보니 우리는 매주 팀당 3.2개의 S 요소를 적용했다는 결과가 나왔다. 이는 특정 경기마다 각 팀의 전력평가지수가 평균 0.64쯤 조절되었다는 의미이다.

2022~23시즌의 S 요소

최소 = 0

최대 = 18

평균 = 3.2

이제 마지막 단계로 들어가서 포인트 스프레드를 조절해야 한다. (5점의 요소 점수마다 1포인트 스프레드 점수가 바뀐다.)

두 팀의 전력평가지수를 비교해보자. 만일 A팀의 전력평가지수가 +3이고, B팀은 -2라면, 당신의 시스템은 A팀이 5점 차이로 승리할 것으로 예측하는 것이다.

베팅 전략

지금까지의 계산 과정을 거쳐서 특정 경기의 점수 차이와 승리 팀을 예측했다면, 이제는 베팅에 대해서 생각해 보아야 한다. NFL 시즌 동안 나는 매주 5~10 경기 정도를 베팅한다. 우리의 예상 스프레드와 베팅 운영자들이 설정한 라인 사이에 충분히 큰 차이가 있는 경기에 대해서만 베팅을 하고, 그 차이가 크면 클수록 많은 돈을 베팅한다.

또한 다른 사람들이 어느 방향으로 걸고 있는지 판단해야 한다. 내가 베팅한 팀의 승리에 다른 사람들도 많은 돈을 걸고 있다면 나도 베팅액수를 늘이고(당초 베팅액수에서 50% 이상은 늘이지 않는다), 반대로 라인이 나와 반대의 방향으로 현저하게 움직이면(주요 북메이커 사이트를 점검하면 알 수 있다.) 베팅 사이즈를 줄여야 한다. 특히 갑작스럽게 주요 선수가 부상당하거나 도덕적인 문제가 발생하는 경우 등을 유의하여야 한다.

또 미리 스스로 정해 놓은 규칙을 충실히 지키면서 가지고 있는 자금을 잘 관리해야 한다. 가지고 있는 자금이 증가하면, 거기에 비례하여 베팅 단위가 커질 것이다. 예를 들어서 가지고 있는 자금의 1%를 게임마다 베팅하기로 했다면, 베팅의 승패에 따라 가지고 있는 자금 규모도 늘거나 줄거나 하므로 베팅 규모도 자동으로 올라가거나 내려가야 한다. 베팅 금액을 정확하게 계산하는데 시간이 오래 걸린다면, 적당한 추측을 통해 베팅 금액을 조정해야 한다. 이 부분은 다시 한번 강조하지만 오랜 훈련과 경험이 필요하다.

점수의 가치

앞에서 언급했듯이 베팅하는 경기 종목에 따라서 특별히 유의해서 봐야 하는 숫자들이 있다. 우리는 1974년 이후에 벌어진 모든 NFL 경기를 조사한 결과 주요한 숫자들의 가치를 평가하기 위해 아래의 그래프를 만들었다.

이 숫자의 가치는 시간이 지남에 따라 변할 수 있다. 예를 들어 경기 규칙이 변경되면 (예: 추가 득점이 이제 32야드 라인에서 킥으로 시도되고, 더 많은 코치들이 터치다운 후 2점 획득을 시도함) 일부 숫자는 더 중요해지고 다른 숫자는 덜 중요해질 수 있다.

차트에서 볼 수 있듯이, 3이 가장 높은 상대 가치를 가지며 가중치는 8%이다. 즉, 스프레드가 3일 때 8%의 확률로 페이버릿 팀이 3점차로 이길 것이라는 뜻이다. 이는 다른 어떤 숫자보다 높은 수치이며, 따라서 3은 NFL 축구 베팅에서 가장 가치 있는 숫자다.

그리고 3은 11, 12, 13보다 상대적으로 더 가치가 있다. 11, 12, 13은 합쳐서 겨우 6%에 불과하다.

특히 스프레드가 주중에 변동함에 따라 점수의 상대 가치를 이해하는 것이 중요하다.

만일 언더독 팀이 6.5를 받았고, 당신도 그 팀에 베팅하고 싶다면, 일단 페이버릿 팀 쪽에 더 많은 돈이 투입될 경우, 승률이 7까지 올라갈 수 있는 지 잠시 기다리는 것이 좋다. 그러면 더 좋은 배당률에 7을 구매할 수 있을 것이다. 만일 라인이 반대로 움직여 6.5에서 6으로 내려간다면, 그리 큰 불이익은 아니며, 위험 대 보상 비율은 여전히 당신에게 유리할 것이다. 만약 당신이 언더독 팀에 베팅하고 숫자가 7.5라면 라인이 7로 내려가지 않게 하기 위해서

최대한 빨리 베팅하면 된다. 만약 8로 올라간다면 그리 큰 차이가 없다.

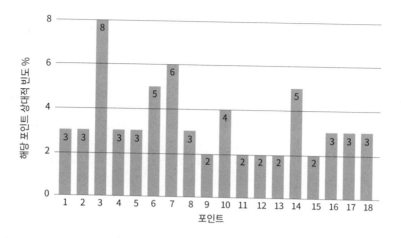

NFL 스코어에서 포인트별 상대 가치

(세로축: 해당 포인트 상대적 빈도 %, 가로축: 포인트)

* 위의 표에서는 이해를 돕기 위해 반올림되었다. 0.5 이상이면 올림 처리했고, 그 이하이면 내림 처리했다. 예를 들어 3.5는 반올림하여 4로 처리되었고, 3.4는 3으로 처리됐다.

만일 반대의 경우 페이버릿 팀에 베팅한다면 6.5를 최대한 빨리 베팅하는 것이 좋다. 왜냐하면 라인이 6으로 내려갈 경우 7로 올라갈 때 잃는 것보다 작은 이점을 얻을 수 있기 때문이다. 따라서 격언처럼 "페이버릿는 일찍, 언더독은 늦게 베팅하라"는 말이 나온다.

포인트 매수하기

경기를 시작하기 전에 포인트를 사서 팀의 승패 마진를 늘리거나 줄일 수 있다. 나는 이 전략을 사용하지만, 이는 내가 그 포인트에 적당한 가격을 베팅하고 있다는 것을 알고 있을 때 사용하는 전략이다.

포인트 구매 방식은 다음과 같다. 대부분의 북메이커들은 미식 축구 3점과 7점을 제외하고, 1달러 베팅 당 10센트를 추가로 지불하여 0.5포인트를 판매한다. 일부 북메이커들은 스프레드를 +2.5에서 3으로 늘리기 위해 25센트 이상을 청구한다. 하지만 3점에 도달하거나 벗어나기 위해 0.5포인트를 사는데 25센트를 추가로 지불하는 것은 너무 비싼 가격이다. 아래 표는 각 숫자를 사기 위한 적정 가격을 보여주고 있다. 표에 나와있는 금액 이하 또는 같은 금액으로 0.5포인트를 구매할 수 있다면 구매하라.

포인트 구매 시 가장 중요한 사항 중 하나는 가격 비교다. 어디에서 가장 저렴한 가격을 제공하는지 확인하고, 가격이 적절하지 않다면 0.5포인트는 구매하지 마라. 원래의 숫자를 유지하고 가장 좋은 가치를 제공하는 베팅을 선택해야 한다.

포인트의 가치

포인트	해당 숫자의 상대적 빈도 (%, 반올림 값)	0.5포인트 구입에 필요한 비용 (100달러 베팅 시)	베팅 크기 측정: 마진을 포인트 스프레드와 비교할 때 각 특정 포인트의 가치
1	3	6	3
2	3	6	3
3	8	20	8
4	3	6	3
5	3	6	3
6	5	10	5
7	6	13	6
8	3	6	3
9	2	3	2
10	4	9	4

11	2	5	2
12	2	4	2
13	2	5	2
14	5	11	5
15	2	5	2
16	3	6	3
17	3	6	3
18	3	6	3
21			
24			

* 위의 표에서는 이해를 돕기 위해 반올림되었다. 0.5 이상이면 올림 처리 했고, 그 이하이면 내림 처리했다. 예를 들어 3.5는 반올림하여 4로 처리되었고, 3.4는 3으로 처리됐다.

베팅의 강도와 크기 결정

지금까지 우리는 숫자의 가치와 0.5포인트를 구매하는 것에 대해서 살펴보았다면, 이번에는 얼마나 많은 금액을 베팅할지를 결정할 차례이다. 나는 내가 스스로 개발한 별점 시스템을 이용한다. 별점이 높을수록 더 많은 금액을 베팅한다.

우선 당신이 계산해 낸 스프레드와 게시된 스프레드를 확인하고 스프레드 상의 숫자들의 가치의 백분율도 파악해야 한다.

다음의 사례를 보자. 어떤 경기에 대한 당신이 설정한 스프레드는 7.5였고, 게시된 스프레드는 4.5였다. 이 두 숫자 사이에는 5와 6, 그리고 7이 들어 있고, 그 숫자 각각의 가치는 다르다. 표에서 보듯, 5라는 숫자는 3%의 가치를 가지고 있고, 6은 5%, 7은 6%의 가치를 가지고 있다. 그러므로 3 + 5 + 6 = 14%이다. 다음의 표에서 보듯이 14%라면 벌점3에 해당한다.

　만일 당신의 스프레드와 게시된 스프레드 값이 정수라면 특정 숫자의 가치를 절반만 계산한다. 예를 들어서 당신의 스프레드는 4포인트를 가리키고 있는데 게시된 라인은 2.5라고 치자, 이 경우 두 숫자의 사이에 있는 3에 대해서는 8%를 그대로 반영하고, 4에 대해서는 절반인 1.5%만 반영한다. 그러므로 9.5%라는 스프레드 퍼센트가 나오고 이는 별점 1.5에 해당한다.

　나는 나의 예측치와 게시된 스프레드의 차이에 따라 계산된 스프레드 퍼센트가 5.5를 넘지 않을 경우, 베팅하기에 적절하지 않다고 판단한다.

　여기서 하나 기억해야 할 것이 있다. 당신의 예측과 게시된 예측치 사이에 0이라는 숫자가 끼어 있다면 두 예측치의 실제 차이는 계산된 차이에서 이중으로 계산된 만큼 감해야 한다. 예를 들어서 당신은 특정 경기의 특정 팀에 대해서 +1.5를 예측했는데, 북메이커 측은 반대로 -1.5를 예측하고 있다면 두 숫자 사이에 놓여 있는 숫자는 -1(3%)와 +1(3%) 등 두 개이고 스프레드 퍼센트는 6%로 계산되기 때문에 베팅을 해볼 만한 경기라고 판단할지도 모르겠다. 그러나 양측의 예측치 사이에 0이라는 숫자가 끼어 있고, 1이라는 숫자의 가치가 두 번 계산되어 있어서 한 번에 해당하는 가치(3%)만큼은 감해야 한다. 그러므로 실제 스프레드 퍼센트는 3 + 3 - 3 = 3%가 되고, 베팅하기에 적절하지 않다고 판단하게 된다.

이러한 우리의 별점 시스템은 아래의 표로 정리할 수 있다.

표2. 베팅 강도를 판단하는 별점 시스템

스프레드 퍼센트	베팅 강도 별점
5.5%	0.5
7%	1.0
9%	1.5
11%	2.0
13%	2.5
15%	3.0

라인 변화 이해하기

———

몇몇 북메이커들은 포인트 스프레드를 옮기는 대신 게임 참여 수수료를 변경하곤 한다. 예를 들어서 게시된 스프레드를 3에서 바꾸기보다는, 3포인트 스프레드에 1달러를 베팅하는데 1.20달러를 받는 방식으로 운영을 하는 경우가 있다.

그들이 왜 그렇게 하는지 그 이유를 알아둘 필요가 있다. 예를 들어서 당신은 당신이 베팅하는 팀이 4.5 점을 이긴다고 생각하고 베팅을 했지만 게시된 스프레드 값은 3이었다고 치자. 1달러 베팅에 1.1달러를 받는다고 하면, 스프레드 퍼센트 값은 3에 대해서는 절반인 4%만 반영하고 4에 대해서는 3%를 반영하면 7%가 된다. 7%라면 베팅해 볼 만하다고 판단할 수 있다.

그런데 북메이커가 3포인트 스프레드에 대해서 1달러 베팅하는데 1.2달러를 받기로 했다면 어떻게 될까? 아래의 표에서 보듯이, 3포인트 스프레드에 베팅하는 비용이 -120이라면 이는 3.25나 마찬가지이다. 이제 다시 스프레드 퍼센트를 계산하게 되면, 게시된 스프레드와 당신의 스프레드 사이의 차이는 실제적인 라인이 3에서 3.25로 옮겨갔기 때문에 3에 해당하는 포인트 가치의 절반을 반영할 수 없게 된다.

우리의 시스템은 3.25일 경우 3에 해당하는 포인트 가치의 1/4인 2%만 반영하도록 설계되어 있다. 그리고 4에 해당하는 3%를 합치면 최종적인 퍼센트 스프레드는 5%가 된다. 결국 베팅하기에 적당하지 않은 게임이라는 결론이 나온다.

반대의 경우도 있다. 북메이커가 100달러 베팅에 1달러 10센트 미만의 수수료를 청구하는 경우도 있다. 심지어 수수료를 없애는 경우도 있고, 1달러 베팅에 1달러 5센트를 받는 때도 있다. 이 경우 나의 스프레드와 게시된 스프레드 사이의 실질적인 차이는 벌어지고, 그만큼 베팅할 만한 게임이라는 판단이 더 확실해진다.

일반적으로 주요 숫자에 대한 1달러를 베팅하기 위해 실제로 지불하는 돈은 1달러 10센트로 하는 것을 기준으로 삼아서, 이보다 더 커지면, 베팅 규모를 줄이고, 작아지면 거기에 맞춰서 규모를 키우면 된다.

베팅 수수료의 변화가 실제로 스프레드에 미치는 영향

아래의 표를 보면 북메이커가 1달러 베팅을 위해 수수료를 포함하여 1달러 10센트보다 높거나 낮은 가격을 책정할 때 실제로 스프레드에 어떤 영향을 주는지 보여주고 있다. 스프레드는 일정한 간격의 숫자로 펼쳐져 있지만, 숫자마다 베팅 수수료가 달라짐에 따라 실제 라인이 원래의 라인과 달라지는 효과가 일어나게 된다. 그러므로 당신이 경기의 베팅 가능성을 판단할 때는 베팅 수수료의 변화를 반영하여 환산된 실제 숫자를 활용하여야 한다.

게시된 스프레드 값	베팅 가격	$110 : $100의 베팅으로 환산한 스프레드 값
2.5	−115	2.625
3	+105	
2.5	−120	2.75
3	100	
2.5	−125	2.875
3	−105	
3	−110	3
3	−115	3.125
3.5	+105	
3	−120	3.25
3.5	100	
3	−125	3.375
3.5	−105	
7	100	6.75
6.5	−115	
7	−105	6.875
6.5	−120	
7	−110	7
7.5	100	7.25
7	−115	
7.5	−105	7.375
7	−120	

머니라인 베팅과 스프레드 베팅

스포츠 베팅을 할 때 머니라인 베팅과 스프레드 베팅의 차이는 간단하지만 중요하다.

머니라인 베팅은 단순하게 경기의 승자가 어느 팀일지 예측하여 베팅하고, 예측이 맞았을 경우 게시된 머니라인 배당률에 따라 수입을 챙기게 된다. 예를 들어서 베어스와 바이킹스. 두 팀이 맞붙는다 치자. 베어스의 배당률은 -158로, 바이킹스의 배탕률은 +120으로 게시되었다고 치자. 이는 베팅 참여자들이 베어스의 승리를 더 많이 점치고 있다는 의미이고, 실제로 베어스가 승리하면 베팅 금액 158달러당 100달러의 수입을 얻을 수 있다는 뜻이다. 만일 당신이 바이킹스가 승리한다는 쪽으로 베팅을 했다면, 실제로 바이킹스가 승리했을 경우, 베팅 금액 120달러당 100달러의 베팅 수입을 얻게 될 것이다.

머니라인에서 포인트 스프레드는 중요하지 않다. 만일 당신이 페이버릿 팀의 승리에 베팅했다면, 당신의 베팅이 맞았다 하더라도 같은 액수의 베팅 수입을 얻기 위해서 베팅 금액은 많아진다. 그러나 언더독 팀에 베팅할 때 당신의 베팅이 맞았다면 적은 액수를 베팅하고도 많은 베팅 수입을 얻을 수 있다.

다음 표는 $110/$100 베팅의 경우, 머니라인이 포인트 스프레드와 어떻게 연관되는지를 보여준다. 좀 더 설명하자면, 만약 내가 언더독을 좋아해 2포인트를 얻는다면, 그것은 100달러 베팅에 포인트를 받지 않고 108달러를 받는 것과 같은 머니라인이. 만약 +108 이상을 받을 수 있다면 스프레드에 베팅하고 2포인트를 받는 것보다 낫다고 할 수 있다.

표 3. 머니라인 변환 표

포인트 스프레드	머니라인
	페이버릿 팀 / 언더독 팀
1	+116 / -104
1.5	123 / 102
2	130 / 108
2.5	137 / 113
3	170 / 141
3.5	197 / 163
4	210 / 174
4.5	222 / 184
5	237 / 196
5.5	252 / 208
6	277 / 229
6.5	299 / 247
7	335 / 277
7.5	368 / 305
8	397 / 328
8.5	427 / 353
9	441 / 365
9.5	456 / 377
10	510 / 422
10.5	561 / 464
11	595 / 492
11.5	631 / 522
12	657 / 543
12.5	681 / 564
13	730 / 604
13.5	781 / 646
14	904 / 748
14.5	1024 / 847
15	1086 / 898
15.5	1147 / 949
16	1223 / 1012
16.5	1300 / 1076
17	1418 / 1173

17.5	1520 / 1257
18	1664 / 1377
18.5	1803 / 1492
19	1985 / 1642
19.5	2182 / 1805
20	2390 / 1977

사례를 하나 더 들어보면서 풋볼에서 가장 중요한 숫자라는 3의 의미에 관해서 이야기해 보자. 페이버릿 팀을 지지한다면 -170보다 좋은 어떤 것이든 $110/$100에 3점을 베팅하는 것보다 더 좋을 것이다. 반면에 언더독에 대해서는, +140보다 좋은 어떤 것이든 $110/$100에 3점을 베팅하는 것보다 더 좋다.

팔레이 베팅과 티저 베팅

———

이제는 팔레이 베팅과 티저 베팅에 관해서 이야기해 보자. 지금까지 우리가 다룬 베팅에 관한 규칙에서는 경기가 동점으로 끝날 경우는 베팅의 대상에서 제외했었다. 즉, 두 팀으로 구성된 팔레이에서 게임 중 하나가 동점이 될 경우, 한 게임으로 구성된 단일 베팅으로 전환된다. 즉 북메이커 혹은 카지노 측은 베팅에서 승리한 사람에게 100달러를 지급해야 할 경우 90달러 90센트를 지불하게 된다. 무승부가 발생하지 않는 상황에서 두 게임 팔레이 베팅에서 승리하려면, 두 경기 모두를 이겨야만 한다. (승/승)(무승부가 발생하지 않는다고 가정할 경우, 경우의 수는 승/승, 승/패, 패/승, 패/패 등 네 가지이다.) 이 경우 베팅에서 승리할 가능성은 25%이고, 두 팀의 팔레이에서 13-5를 지불하므로, 100 달러의 베팅 수입을 올리기 위해서는 260달러를 투입해야 한다. 현재의 규칙 아래서 두 팀 팔레이의 손실률은 9.8%인데 이는 $110 : $100 스트레이트 베팅에서의 손실률 4.6%보다 현저하게 높다.

세 팀으로 구성된 팔레이 베팅의 수익 구조는 더 나쁘다. 이 경우 무승부가 하나 발생하면, 자동적으로 두 팀 팔레이 베팅과 같은 효과가 발생하고, 두 경기가 모두 무승부가 되면 3경기 팔레이 베팅은 사실상 단일 게임에 대한 베팅과 같아지지만 100달러 베팅에서 90달러 90센트의 베팅 수입을 올리게 된다. 현재의 규정에 따르면 3팀 팔레이의 손실율은 12.4%나 된다. 이는 $110 : $100 스트레이트 베팅에서의 손실률 4.6%보다 현저하게 높다.

	승리 가능성 %	투입 비용	기대 수익	기대 손실(%)
스트레이트 베팅	0.5	110	100	-4.6
두 팀 팔레이	0.25	260	100	-9.8
세 팀 팔레이	0.125	600	100	-12.4

티저란 팔레이와 비슷한 형식의 베팅이지만 스프레드를 일정한 포인트만큼 이동시킬 수 있다는 것이 다르다. 그러므로 티저는 2팀, 3팀, 6포인트, 6.5포인트, 7포인트 등 다양한 형태로 진행할 수 있다. 우선 베팅에서 이기려면 두 경기를 모두 맞춰야 한다. 이 티저 역시 무승부 경기가 없다고 가정하면 4가지의 경우의 수가 존재한다. (승/승, 승/패, 패/승, 패/패) 그러므로 베팅에 참여하는 사람이 돈을 딸 확률은 25%이다.

티저 베팅에서는 확실한 이점이 하나 있다. 6포인트(또는 6.5나 7포인트)의 티저 베팅에서 베터는 포인트만큼 스프레드를 '이동'시킬 수 있다. 예를 들어서 6포인트 티저에서 스프레드가 9.5이고, 당신이 페이버릿 팀에 베팅했고, 당신이 베팅한 팀이 3.5 이상의 차이로 승리했다고 치자. 또는 당신이 언더독 팀에게 베팅했고, 그 팀이 15.5 이하의 점수 차이로 패했다면, 당신의 베팅은 성공한 것이 된다.

일반적으로 통용되는 규칙 아래서 진행되는 6포인트 두 팀 티저 베팅에서 한 경기라도 무승부가 발생하면 베팅은 무효가 된다. 다른 말로 하면 두 게임 가운데 한 게임이라도 무승부가 되면 베팅 자체가 없었던 일이 되는 것이다. 업계에서 통용되는 표현대로 이야기하자면 누구도 피해를 보는 사람이 없는 경우이다.

스프레드를 움직일 수 있으면 베팅이 성공할 확률이 분명히 높아진다. 1포인트 추가될 때마다 게임에서 승리할 확률은 3% 포인트씩 증가한다. 6점을 이동하면 승리 확률은 50%에서 68%로 넘겨진다. 두 게임 모두에서 이겨야 한다는 점과 두 번째 경기에서 게시된 스프레드에 따라서 베팅을 해야 한다는 점을 제외한다면 괜찮은 방법이다. 이는 1달러를 따기 위해 1달러23센트를 베팅해야 하는 스트레이트 베팅과 비교할 수 있다.

2팀 6포인트의 티저 베팅에서 120달러를 걸었을 때 예상되는 손실은 14.8%이다. 이는 129달러 60센트를 투자하는 것과 같다. 2팀 6포인트의 티저 베팅에서 130달러를 걸었을 때 예상되는 손실은 17.7%이고 이는 134달러 60센트를 투자하는 것과 같다. 지금까지 살펴본 바와 같이 현재의 배당률로는 불리하다.

나는 몇몇 베팅 장소별로 티저 베팅의 최근 가격을 아래의 표로 정리해 보았다. 어떤 포인트에서든 베터가 110달러를 투자하여 100달러를 받을 수 있는 경우는 없다. 실제로 이러한 베팅은 모두 베터에게 상당한 손실을 줄 수 있다.

베팅 장소별 두 팀 티저 베팅의 비용 비교

2팀 티저 베팅	6포인트	6.5포인트	7포인트
시저스	-$120	-$130	-$140
MGM	-$130	-$140	-$150
시르카	-$120	-$140	-$150

*모든 가격은 $100 베팅을 기준

마무리

———

나는 두 단원에 걸쳐서 많은 것을 공개했다. 부디 스포츠 베팅을 연구하는 사람들에게 요긴한 내용이 되기를 바란다. 이렇게 인간과 기계가 대결하는 복잡한 경기에서 승패의 우위를 점하기 위해서 시스템을 설계하고 구축하기 위해 나처럼 열심히 노력한 사람은 아무도 없다고 생각한다. 스포츠 베팅에 뛰어들고, 승자가 되고 싶다면, 마음을 다잡고 혼신의 노력을 기울여 보라. 부디 좋은 성과가 있기 바란다.

23장

실전 이야기

이렇게 정리된 이론과 정보들을 실전에서 활용하는 것은 또 다른 문제이다.

2009년에 열린 슈퍼볼 경기의 경우를 살펴보자. 큰 경기를 앞두고 나는 전문가팀과 함께 1주일 내내 페이버릿 팀인 피츠버그 스틸러스(6.5점)와 언더독 팀인 애리조나 카디널스에 대해 분석하는데 몰두했다.

우리가 산출한 전력평가점수는 애리조나가 +7.6이었고, 피츠버그는 +10.5였다. 부상자를 살펴보니 피츠버그가 부상선수와 정도가 좀 더 많고 심해서 피츠버그는 -1.6, 애리조나는 -1.2로 평가했다. 경기가 열리는 장소는 중립지대인 탬파였기 때문에 이번 경기를 예측하는 데 반영할 요소들이 많이 줄었다. 어쨌든 전력평가점수에서는 피츠버그가 2.9점(10.5-7.6), 부상자 평가 점수에서는 애리조나가 0.4(1.6-1.2) 앞서고 있었고, 예상되는 스프레드는 피츠버그의 2.5 우세로 나타났다.

베팅 라인은 피츠버그가 6.5 차이로 형성되지만, 우리는 경기가 접전이 될 것으로 예상했기 때문에 언더독 팀에 베팅하기 좋은 기회라고 판단했다. 우리가 예측한 라인(2.5)과 게시된 베팅 라인(6.5) 사이에는 3, 4, 5, 6이 들어 있고, 이 숫자들에 대한 가치 값은 19%인데 이는 별 세 개에 해당하는 15%를 초과하는 가치 값이다.

이러한 근거에 따라서 나는 애리조나에 큰돈을 걸었다. 다만 위험을 분산하기 위해 여러 개의 베팅을 동시에 했다.

나는 평소에는 경기 전 동전 던지기에서 어느 팀이 이겨 선택권을 행사할지, 어떤 선수가 첫 패스를 잡을지, 경기 전 국가 연주에 얼마나 시간이 소요될지 등, 경기 안에서 일어나는 다양하고 자잘한 해프닝을 예상하여 맞추는 '프롭prop'베팅은 하지 않는다. 그러나 슈퍼볼은 이러한 짜릿하고 사소한 해프닝의 연속이기도 하다. 그래서 우리가 승산이 높다고 생각되는 세 가지 다른 베팅 방식을 골라냈다.

통계를 확인해 보니 카디널스는 동전 던지기에서 이길 경우, 첫 번째 공격권을 상대팀에게 양보하는 경우가 있기는 하지만 많지는 않았다. 반면 스틸러스는 대개 수비를 선택하는 경향이 있었다. 또 우리가 가지고 있는 다른 데이터들을 고려할 때, 첫 번째 킥오프를 받아 먼저 공격권을 갖는 팀이 선취점을 올리고, 더 나아가서 1쿼터에서 승리할 가능성이 크다고 판단했다. 즉, 이 세 가지가 서로 영향을 주는 것이다.

나는 카디널스가 먼저 공격권을 갖는 쪽으로 5만 달러를 베팅하고, 카디널스가 선취점을 얻고, 앞선 채로 1쿼터를 마칠 것이라는 쪽으로 각각 10만 달러를 베팅했다.

이미 지나간 경기니까 독자들도 결과를 알고 있겠지만, 경기는 예상과 다른 방향으로 흘러갔다. 카디널스는 동전 던지기에서 이겼지만, 공격권을 양보하고 수비를 선택했다. (5만 달러) 첫 번째 공격권은 카디널스의 킥오프를 받은 스틸러스가 갖게 되었다. 먼저 공격을 시작한 스틸러스의 쿼터백 벤 로에슬리스버거는 와이드 리시버인 하인스 워드에게 38야드의 패스를 성공시켰고, 선취점을 얻을 가능성이 커졌다. 스틸러스는 결국 필드골로 선취점을 얻었고, (10만 달러), 1쿼터를 3-0

으로 앞선 채 끝냈다. (10만 달러)

1쿼터가 끝나는 시점에서 이미 25만 달러를 잃은 것이다. 2쿼터를 18초 남겨 놓은 시점에서 나는 식은땀이 나는 것을 느꼈다. 카디널스는 10-7로 뒤지고 있는 상황에서 스틸러스 진영 1야드 지점에서 공격하려 하고 있었다. 나는 언더독으로 평가된 애리조나가 전반전에서 이긴다는(+4) 쪽에 85만 달러를 걸어 놓고 있었다. 이 상황에서 카디널스가 아무런 성과 없이 전반을 끝내도 60만 달러(85만 달러에서 25만 달러를 뺀 금액)를 벌게 될 것이고, 터치다운이나 필드골을 성공시켜도 마찬가지였다. 바로 그때 슈퍼볼 역사상 가장 극적인 순간으로 길이 남을 장면이 그라운드에서 펼쳐졌고, 나는 머릿속이 하얗게 변했다. 아마 독자 여러분들도 그 순간을 기억할 것이다. 스틸러스의 괴물 아웃사이드 라인배커인 제임스 해리슨이 커트 워너가 던진 패스를 골라인 근처에서 가로채더니, 오른쪽 사이드라인을 따라 상대방 선수들의 블로킹을 요리조리 피해 가며 경기장을 가로질러 달리기 시작했다. 그가 상대 진영의 골라인에 한발 한발 가까워질 때마다 중계방송하던 캐스터 알 마이클스의 목소리도 한 옥타브씩 높아지고 있었다.

해리슨, 중앙선을 통과하고 있습니다…… 해리슨, 계속 달립니다!…… 해리슨, 끝까지 갈 것 같습니다!

기록적인 100야드 인터셉트 터치다운을 성공시키는 장면이 우리 집 TV 화면에서 펼쳐지고 있었고, 무려 110kg나 되는 거구의 라인배커가 공을 가슴에 품고 경기장을 횡단할 때, 내 눈에는 그가 쥐고 달리는 공이 나의 피 같은 돈으로 보였다. 전반전 종료. 스틸러스 17 카디널스 7. 나는 118만 5,000달러를 잃었다. 하지만 나는 최종 스코어에 150

23장 실전 이야기

만 달러를 걸고 있었기 때문에 아직 만회할 기회는 남아 있었다. 독자 여러분들도 알고 있겠지만, 그날의 경기는 스틸러스가 27-23으로 승리한 채 끝났기 때문에 나는 150만 달러를 막판에 딸 수 있었고, 앞에서 잃은 것을 빼고, 베팅 비용도 제하고 나니 31만 5,000달러를 번 것으로 끝났다.

(해리슨의 가로채기에 이은 터치다운으로 마무리한 바로 다음 해에 나는 슈퍼볼에서 350만 달러나 벌어들였는데, 이는 내가 슈퍼볼에서 벌어들인 최고 액수였다. 그해의 슈퍼볼 경기는 뉴올리언즈 세인츠가 인디애나폴리스 콜츠를 상대로 31-17로 승리했는데 나는 뉴올리언즈 쪽(-4.5)에 베팅을 했었다. 그런데 나는 시즌이 시작되기 전에 장기 예상 베팅에서 뉴올리언즈가 그해 **NFC**National Football Conference : 미국 NFL을 구성하는 양대 콘퍼런스의 하나에서 우승하고 슈퍼볼에서도 승리한다는데 베팅해 놓은 것이 따로 있었기 때문에 200만 달러를 따로 챙길 수 있었다. 결국 뉴올리언즈가 우승 축하 퍼레이드를 벌이는 순간, 나도 내 재산이 550만 달러 불어난 것을 자축했다.)

이후 나는 행운의 여신이 나를 따라다녔는지, 슈퍼볼로 인해 수백만 달러가 날아갈 뻔했다가 극적으로 승리하는 순간도 경험했다.

2015년의 슈퍼볼은 슈퍼볼 역사상 길이길이 기억될 명경기였다. 경기 직전 형성된 베팅 라인은 시애틀 씨호크스가 톰브래디가 이끄는 뉴잉글랜드 패트리어츠에 비해 우세한 것으로 나타나고 있었다. (-2.5) 우리가 분석한 뉴잉글랜드의 전력평가 점수는 +9.3이었고, 시애틀은 +7.6으로 뉴잉글랜드가 1.7 차이로 앞서고 있었다. 부상자 지수는 시애틀이 -2.3, 뉴잉글랜드는 -1.0으로 뉴잉글랜드가 1.3 차이로 유리했다.

이 경기 역시 중립지대에서 열려 어느 팀도 홈팀의 이점을 가지지 못했기 때문에, 종합해 보면 뉴잉글랜드가 3만큼 앞선다고 예측했다. (1.7 + 1.3) 나는 뉴잉글랜드의 승리 쪽으로 200만 달러를 베팅했다. 경기 종료 시간이 거의 가까워져 오자 베팅 라인은 뉴잉글랜드의 승리 쪽으로 기울었고, 라인이 이렇게 바뀐 데는 내가 베팅한 금액도 어느 정도 영향이 있었을 것이다. 10점을 뒤진 채 3쿼터를 끝낸 뉴잉글랜드는, 4쿼터 들어서 브래디가 MVP다운 기량을 발휘한 끝에 2분을 남긴 시점에서 와이드 리시버인 줄리안 에델만에게 터치다운 패스를 성공시키며 28-24로 역전시켰다. 상황이 이렇게 되자 나는 정확하게 손익을 계산하지는 않았지만 꽤나 기분이 좋았다. 그러나 이게 끝이 아니었다. 남은 시간이 서서히 줄어들고 있을 즈음, 씨호크스의 쿼터백인 러셀 윌슨이 던진 긴 패스가 뉴잉글랜드 진영 5야드 지점의 사이드라인 근처의 팀 동료 저메인 커즈의 손으로 기적적으로 빨려들어 갔다. 경기 종료 1분 5초 전의 상황이었다.

심각한 상황이었다. 5야드만 더 전진하면 모든 것이 뒤집힐 상황이었다. 아니나 다를까 다음 공격에서 윌슨은 마션 비스트 모드 린치에게 짧은 패스를 성공시킨 덕분에 남은 거리는 단 1야드로 줄어들었다. 이제 나는 완전히 망했다는 생각이 들었다. 시간을 30초 남긴 상황이었고, 내 머릿속에 패트리어트는 빈스 포크를 중심으로 한 강력한 수비진을 보유한 팀이라는 생각이 새삼 떠올랐다. 시애틀의 피트 캐롤 감독도 득점을 장담할 수 없는 상황이라는 것을 알고 있을 것이라는 생각도 들었다. 시애틀의 시간 관리에도 문제가 있었다.

이 순간 캐롤 감독은 다음 월요일 아침까지 내내 논란의 중심에 설 결정을 내렸다. 와이드 리시버인 리카르도 로켓에게 비스듬한 방향으로 패스를 던지는 작전을 시도한 것이다. 윌슨이 로켓을 향해 공을 던지는 순간 패트리어츠의 코너백인 말콤 버틀러도 이를 가로채기 위해 함께 뛰어올랐다.

영원히 기억될 사건이 벌어진 것이다. 경기가 종료되었고, 브래디가 패트리어츠의 네 번째 슈퍼볼 우승에 감격하여 무릎을 꿇는 모습이 화면에 잡혔다. 나는 불구덩이에서 살아 나온 기분이었다. 무려 220만 달러를 잃는 듯했으나, 순식간에 반전이 일어난 덕분에 200만 달러를 딴 것이다. 단 한 번의 플레이가 나에게는 무려 440만 달러짜리 플레이가 된 것이다. 순간, 살아가는 방법도 가지가지라는 생각이 내 머리를 스쳤다.

기왕 이야기한 김에 슈퍼볼에 얽힌 이야기를 하나만 더하고 싶다. 2023년에 열린 57회 수퍼볼 경기를 앞두고, 초기 베팅은 필라델피아 이글스(-1.5)의 승리를 예상하는 쪽으로 흘러가고 있었다. 나는 한 가지 점에 주목하여 캔자스시티 치프스 쪽으로 마음이 기울고 있었다. 칩스의 와이드 리시버인 쥬쥬 스미스 슈스터의 무릎 상태와 타이트 엔드 포지션의 트래비스 켈스의 허리 상태가 경기 결과를 좌우하게 될 것이라는 점이다. 쿼터백인 패트릭 마홈스와 잘렌 허츠의 몸 상태도 정상은 아니었지만, 나는 마홈스가 노련한 선수이기 때문에 경기의 승패는 그의 패스를 받아 줄 와이드 리시버의 컨디션에 따라 결정될 것이라고 본 것이다. 경기 일이 다가오면서 나는 스미스 슈스터와 켈스, 두 사람의 이름이 모두 부상자 보고서에서 빠져 있다는 소식을 듣고 이글스의 수비진을 상대로 치프스가 충분히 득점해낼 수 있다고 기대하게 되었다. 경기 직전 분석 결과 캔자스시티의 전력평가 점수는 +10.6으로 필라델피아의 +6.4에 비하여 4.2나 앞서고 있었다. 그러나 치프스는 이글스보다 부상자가 더 많았기 때문에 부상자 지수는 치프스가 2.3, 이글스가 1.1로 이글스가 1.2만큼 우위에 있었다. 우리의 계산법에 이것을 그대로 대입하면 캔자스시티가 3점 앞선다는 예상이 나왔다.

대부분의 베팅 관리자들이 필라델피아가 1.5 정도 우위를 보인다고 보고 베팅을 설계했다면, 이는 우리에게는 좋은 기회가 온 것이었다. 이 두 숫자 사이에는 -1과 0.1 그리고 2가 존재하고, 3에 대해서는 절반의 가치를 부여할 수 있다. 이를 숫자별 퍼센트 가중치를 두어 환산하니 별점 2개짜리 경기가 되었다.

그날 경기에서 켈스는 여섯 차례에 걸쳐서 81야드의 패스를 받아냈고, 터치다운도 하나 성공 시켰다. 스미스 슈스터도 7번에 걸쳐서 53야드의 패스를 받아냈고, 경기 후 MVP로 선정된 마홈스는 전반 종료 시까지 10점 뒤지던 팀의 막판 추격을 이끌었고 마지막 순간에 경기장을 질주한 끝에 시간이 거의 모두 소진된 상황에서 수비 측의 홀딩반칙 선언을 끌어내며 팀을 승리로 이끌었다. 마홈스의 활약 덕분에 종료 8초를 남기고 필드골의 기회를 잡게 된 치프스는 마지막 공격에서 해리슨 버트커가 27야드 필드골을 성공시켰고, 치프스는 내가 예측한 대로 3점 차의 승리를 얻었다. 내 휴대전화에 88만 달러가 입금되었다는 문자가 도착했다.

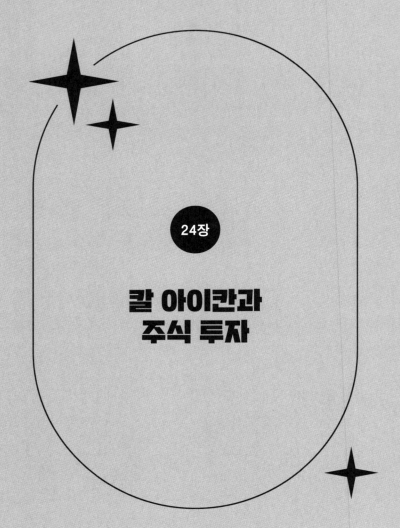

24장

칼 아이칸과
주식 투자

주식에 관해서 이야기하자면, 나는 '우주의 영웅'이라 불리는 칼 아이칸을 만나기 전까지는 그리 훌륭한 투자자는 아니었다. 시사 주간지 타임은 칼 아이칸에게 기업 사냥꾼, 벌처 투자자vulture capitalist : 부실기업을 저가에 인수하여 구조조정을 통해 기업을 정상화시킨 후 큰 차액을 내고 되파는 투자자, 행동주의 투자자 등 보는 관점에 따라 다양한 별명이 따라다닌다고 소개했다.

　칼은 저평가된 상장기업을 인수 대상으로 정하고, 어마어마한 금액을 투입하여 기업의 절대적 지분을 확보하는 적대적 인수를 감행하기 때문에, 업계의 존경과 질시를 동시에 받는 인물이었다. 타판, TWA, 텍사코, AOL, 타임 워너, RJR 나비스코 같은 기업들이 그의 표적이 되었던 회사들이다. 그는 인수 대상 기업의 고위경영진들에 대해서 경멸적인 평가를 서슴지 않았기 때문에, 탐욕스러운 약탈자라는 이미지가 굳어져 있다. 금융가의 보수적인 분위기에 어울리지 않는 그의 거침없는 행보는 많은 이야깃거리를 만들어냈고 영화 「월스트리트」에서 마이클 더글러스가 연기한 주인공인 고든 게코의 이미지도 그로부터 영감을 받아 만들어졌다. 이 영화를 감독한 올리버 스톤은 영화에서 칼 아이칸이 남긴 명언을 그대로 사용했다. "친구가 필요하다고? 그러면 개를 한 마리 사면 돼."

　2022년에 HBO가 제작한 다큐멘터리 영화 「아이칸, 지칠줄 모르는 억만장자The Restless Billionaire」는 칼을 '자본주의의 바다의 위대한 백상

아리'로 묘사했다. 이는 대리인들이 마주 앉아서 벌이는 복잡한 경영권 협상에 임하는 그의 거침없고 공격적인 면모에 기인한 것이었다. 간단히 말하자면, 웬만한 일이 아니라면 보통 사람들은 상대하고 싶어 하지 않는 사람이라는 이야기이다.

칼이 라스베이거스에 본격적으로 진출한 것은 중저가 카지노호텔 체인인 애리조나 찰리스의 모기지 부채를 인수했던 1997년의 일이다. 그는 이 호텔을 전형적인 칼 아이칸 방식으로 1년 만에 스테이션 카지노에 큰 이익을 보고 팔아넘겼다. 그 후, 그는 파산한 스트라소스피어 카지노호텔을 인수했는데, 이 호텔은 350m에 달하는 인상적인 타워가 유명한 호텔이었다.

그 무렵 나는 친구의 소개로 힐튼호텔에서 그와 저녁 식사를 하면서 처음 만났다. 당시 그는 식당 뒤편쪽에 마련된 자리에 낡은 카키색 정장에 전혀 비싸 보이지 않는 기성품 셔츠를 입었는데, 110억 달러의 재산을 가진 거부의 분위기는 전혀 찾아볼 수 없었다.

우리는 금방 친해졌다. 학력만 빼고는 이상할 정도로 공통점이 많았기 때문이다. 나야 고등학교를 겨우 졸업했지만, 칼은 프린스턴 대학에서 철학을 전공했었다. 그가 썼다는 논문은 내가 이해하기는커녕 발음하기도 어려운 「의미의 경험주의적 판단의 충분한 설명을 공식화할 때 나타나는 문제점」이라는 제목이었다. 그러나 우리는 다른 부분에서 많은 공통점을 발견했다. 칼은 뉴욕 퀸즈의 초라한 파록커웨이에서 자란 유대인이고, 나 역시 켄터키의 가난한 시골에서 어린 시절을 보냈다. 우리는 둘 다 부모님과 특별히 가깝게 지내지는 못했지만 롤 모델로 삼았던 삼촌이 있었다. 나에게는 해리 삼촌이 있었다면, 칼에게는 어린 조카에게 40만 달러를 빌려줘 뉴욕 증권거래소에서 주식을 살 수 있게 해준 엘리엇이라는 숙부가 있었다. 무엇보다도 위대한 성공을 거두기 위해 많은 위험을 항상 감수해야 한다는 신념으로 살아간다는 공통점이 우리를 빠르게 하나로 묶어 주었다. 그날 우리는 우리의 역사적 배경, 역설적인 신념, 그리고 칼이 겉보기와는 달리 분위기가 적당한 곳에서는 상당한 유머 감각을 발휘한다는 사실을 확인하면서 많은 이야기를 나눴다. 칼은 열렬한 스포츠팬이었고, 풋볼에 푹 빠져 있었다. 그는 전략과 팀, 선수 등 궁금했던 질문을 마구 퍼부어댔다. 물론 처음에는 국가 안보상의 비밀과 이익을 보호해야 하는 외교관처럼 서로 조심스럽게 행동했었다. 나는 스포츠 베팅에 대하여 이야기하면서도 나만의 비법은 감추고 일반적인 이야기만 했고, 칼 역시 내가 그의 투자 철학을 묻자 아주 일반적인 이야기만 했다. 저녁 식사 중에 칼은 범죄가 빈번한 지역이라는 열악한 입지 조건으로 인해 경영에 어려움을 겪고 있는 스트라트호텔에 관한 엄청난 일을 구상하고 있다고 털어놓았다. 자신은 주변 동네를 깨끗하게 정비하고 발전시키고 싶지만, 행정당국을 설득하는 데 어려움을 겪고 있다는 것이다. 나는 내가 도움을 줄 수 있을 것 같다고 말했고, 실제로 그를 대신해서 시 의회 의원들과 이 문제를 이야기했다.

칼이 식사를 마치고 자신이 머무르던 호텔로 돌아가려다 말고 걸음을 멈추고 내게 물었다. "스포츠 분야에 관해서는 정확히 어떤 식으로 베팅을 하나요?"

나는 말했다. "이렇게 합시다. 당신이 당신의 투자 관련 비즈니스 방식을 알려주신다면, 나도 스포츠 베팅 분야의 비즈니스 방식을 알려드리겠습니다."

그는 파안대소했고, 그날부터 시작된 우리의 우정은 지금까지 이어지고 있다. 그로부터 몇 년 지나서 나는 플로리다주의 햄프턴과 마이애미비치 인근에 있는 그의 집에서 부부 동반으로 어울리기도 했다.

그와의 첫 번째 저녁 식사를 마치고 돌아오면서 나는 문득 이런 생각이 머리를 스쳤다. "저 사람은 월스트리트의 마이클 켄트 같은 사람이다. 저 사람의 생각을 배워야겠다."

다음 날, 나는 앨런 던컨에게 전화를 걸었다. 그는 딘 위터^{Dean Witter}: 미국의 증권 중개회사의 라스베이거스 지역 사무소의 책임자였고, 당시 월터스 그룹의 CEO로 일하고 있던 릭 철리크의 옛 동료이기도 했던 사람이다. 나는 앨런에게 칼이 보유한 주식의 포트폴리오를 자세하고 깊이 알아보고 싶다고 말했다. 칼은 마법의 소스를 가진 요리사였고, 나는 그 맛을 보고 싶었던 것이다. 나는 아주 짧은 시간 안에 미국증권거래위원회의 공시 서류, 분석가 보고서, 신문 기사 모음, 배당 내역 등 칼과 관련된 자금 흐름을 파악할 수 있는 자료를 확보했다. 칼이 왜 특정 기업을 표적으로 삼았는지, 그가 시장에서 투자할 때 어떤 식으로 주식을 사들이는지 등을 연구해 보았다.

얼마 지나지 않아 나는 그를 투자의 롤 모델로 삼게 되었다. 그의 투자 방식을 추적하는 것은 빅풋을 찾아 헤매는 일과는 달랐다. 칼은 주로 상장기업만을 거래 대상으로 삼았다. 그는 또한 다른 사람의 돈으로 투자를 하지는 않았다. 오로지 자신의 돈만 걸었다. 그의 개인적인 철학은 이렇게 요약할 수 있었다. "인생을 살아가고 사업을 하다 보면 두 가지 가운데 한 가지의 죄를 분명히 짓게 된다. 하나는 생각 없이 성급하게 행동하는 것이고, 또 하나는 생각만 하고 전혀 행동하지 않는 것이다."

나는 칼의 투자 전략의 진정한 신봉자가 되기 전에도 여러 해에 걸쳐서 주식을 거래했었다. 내가 앨런과 함께 처음으로 낸 대량 매수주문은 윈 리조트의 주식 5만 주를 매수하는 주문이었다. 나는 그때 순진하게도 루이빌의 깡촌 출신인 내가 부자가 될 수 있을 거라고 믿었었다.

나는 주식 초보 시절에는 대책 없이 투자에 뛰어들었다. 스포츠 베팅만큼이나 공격적으로 주식을 사들였다. 앨런에게 전화를 걸어 '여기서 5만 주, 저기서 50만 주' 사라고 했다. 신용거래도 했는데, 가진 돈을 몽땅 날려 버리기 딱 좋은 투자 방식이었다. 공항에서 자동차를 렌트하려고 줄을 서서 기다리다가 문득 떠오르는 감에 의지하여, 렌터카 업체인 허츠의 주식을 2,000만 달러나 매수했고, 대형 건축자재 회사인 USG가 석면 관련 소송을 당하여 파산의 위기에 몰렸다는 뉴스를 듣고 즉흥적으로 2,500만 달러의 매도 주문을 내기도 했다.

지금 와서 되돌아보면 이랬다. 나는 내가 운용할 수 있는 적정한 규모를 뛰어넘는 규모로 주식을 거래했다. 심지어는 남의 돈도 주식 거래에 투입했다. 나는 앨런이나 내 회사의 사장인 마이크 루스에게 전화를 걸어서 추가증거금을 마련하기 위해 급히 수백만 달러를 마련하라고 독촉했던 적이 한두 번이 아니었다. 그 결과 자금 조달과 입금이 1분이라도 늦었던 적은 한 번도 없었다.

이러한 무모한 투자로 많은 자해의 상처가 누적되었던 1990년대 중반쯤, 나는 이런 무책임한 투자를 중단해야 한다는 중요한 교훈을 스스로 깨닫게 되었다. 내가 사업과 베팅에 적용했던 체계적인 자금 관리 전략을 주식 투자에도 적용한 것이다. 즉 시간제한 없이 포커게임을 할 때처럼, 인내심을 가지고 게임하고, 베팅을 접어야 할 때 과감히 접고, 베팅의 위기를 관리하고, 주식을 주문할 때마다 그로 인해 얻어질 보상과 감당해야 할 위험 요소를 냉정하게 평가하여 자금을 운용하기로 한 것이다. 어떤 주식이 좋아 보여도 처음부터 많이 사들이지 않기로 했다. 일단 전체 금액의 50~70%만큼만 사고, 나머지 금액은 혹시라도 주가가 하락할 때를 대비하여 현금으로 남겨두었다가 더 낮은 가격에 나머지 금액만큼 사들여 주식의 평균단가를 낮추기로 했다. 이것도 칼을 보면서 배운 교훈이다.

이전과는 전혀 다른 방식으로 주식을 거래하기 시작했다. 나는 앨런과 그의 아들 스콧에게 신용시장의 정보, 금리, 상품가격, 환율, 실적차트, 애널리스트 보고서, 경상수입, 부채, 현금 흐름 등의 정보를 요청하는 전화를 수시로 걸어댔다. 공개된 정보들에 대한 끝없는 갈증이었다.

그리고 투자 종목도 한 번에 6~8종목 정도로 줄였다. 최소 500만 달러에서 최대 1억 달러에 달하는 자금으로 주식을 하면서, 투자 종목에 대해서 완전하게 이해하고 싶었다.

거래 횟수가 많고 금액도 많았기 때문에 나는 좋은 조건을 협상할 수 있었다. 50%만 현금을 내고 투자할 수 있었고, 자산 가치가 30% 밑으로 내려가지 않는 한 추가로 투자금을 납부할 필요가 없었다. 하지만 처음에는 너무 많은 돈을 빌려 투자하다가 큰 실수를 했지만, 그 후에는 신용 거래를 현명하게 이용하는 법을 배웠다.

나는 주가가 하락할 때 거액을 투입하여 엄청난 수량의 주식 샀다가 반 토막 나서 수천만 달러의 손실을 감수하는 시장에 역행하는 위험한 투자에 목숨을 걸고 있었다. 사실 그런 사람들이 의외로 많다. 허츠의 주식을 샀다가 2,500만 달러의 손실을 보았다. 그러다가 9.11테러가 발생하자 MGM의 주식을 공매도한 것은 잘한 일이었지만, 금융 침체기 1년 동안 4,800만 달러의 손실을 보았다. 마치 켄터키에서 당구와 포커를 할 때와 마찬가지로 대박과 쪽박을 수시로 오가는 아슬아슬한 투자자였다. 그때와 다른 것이 있다면 규모가 엄청나게 커졌다는 것뿐이었다. 실제로 주식 투자는 매우 위험한 일이기는 하지만, 성공했을 때 얻어지는 보상은 내가 스포츠 베팅에서 맛본 것과는 비할 수 없을 정도로 컸다. 그리고 나는 주식 투자를 하면서 보낸 모든 순간을 사랑한다.

몇 차례의 실패에도 불구하고 나는 시장이 심각한 금융침체에 빠져 있을 때도 이를 극복할 만큼 충분한 수익을 올렸다. 나는 스포츠 베팅과 골프 비즈니스 등을 통해 벌어들인 충분한 현금을 경제가 어려운 것을 기회로 활용할 수 있는 몇 안 되는 운 좋은 사람 가운데 하나였다. 나는 1980년대에 부실자산 매입에 대해서 많은 것을 배웠다. 또 내가 아는 분야에 속한 기업에 투자하는 것이 옳다고 판단했기 때문에 자동차 소매업에 눈을 돌렸다.

2004년, 나는 켄터키주 렉싱턴에서 그리 멀지 않은 니콜라스빌에 있는 포드 자동차 대리점의 지분을 일부 매입했다. 그러나 내가 이 분야에 본격적으로 뛰어든 것은 그로부터 5년 후였다. 당시는 2007~2008년에 발생한 금융 위기의 여파로 전국적으로 자동차 대리점을 인수할 기회가 생겼을 때였다. 나는 자동차 관련 사업이야말로 뿌린 대로 거둘 수 있는 사업 분야라고 생각한다. 당시 나의 사업 파트너는 래리 밀러 자동차 그룹에서 일했던 로버트 바이어였다. 우리는 새로 생긴 자동차 판매 회사의 이름을 월터스 바이어 자동차 그룹이라고 정했다. 우리는 시작할 때는 캘리포니아주, 조지아주, 켄터키주 등 3개 주에서 대리점을 운영했고, 후에 나는 조지아와 켄터키에 있는 대리점을 바이어로부터 인수했다. 우리는 캘리포니아의 7개 대리점과 파트너 관계를 유지했다. 그리고 제러드 가이니와 손잡고 남동부에도 진출했다.

한참 사업이 전성기를 달릴 때 우리는 조지아, 플로리다, 켄터키 등지에 현대, 크라이슬러, 지프, GMC, 포드, 뷰익 인피니티, 피아트, 토요타, 닷지, 기아, 링컨 등의 대리점을 운영했다.

나는 대리점을 인수할 때, 독립된 사업체의 지분을 인수하는 동시에, 부동산도 인수하기 위해 가능성을 타진하기도 했다. 나는 자동차 사업을 비교적 잘 알고 있는 사람이다. 우리의 전략을 간단하게 말하자면, 자동차를 팔고, 관련 서비스를 제공하는 일은 결국 사람을 상대하는 일이기 때문에 고객서비스에 중점을 두고, 서비스를 개선하여 올바르게 관리한다는 것이었다. 그 결과 한참 사업이 잘 될 때는 신차와 중고차를 합쳐서 매년 2만 8천 대 이상의 차량을 판매했다.

자동차 사업에 관해 특별히 기억에 남는 것이 하나 있다. 나는 2009년 9월, 디트로이트를 여행하다가 우연한 기회에 포드자동차의 CEO인 앨런 멀러리를 만나게 되었다. 당시 미국의 자동차업계는 죽음의 수렁에서 허우적거리고 있었다. 제너럴모터스와 크라이슬러가 파산신청을 하고 미국 정부로부터 구제 금융을 받아야 하는 상황이었다. 멀러리

452

는 보잉에서 37년간 근무하며 빛나는 경력을 쌓은 후 2006년에 포드에 합류하여 포드를 크게 개혁하여 장기적인 성장의 기반을 닦은 인물이었다. 캘러웨이 골프의 임원으로 재직하고 있던 로저 클리블랜드와 루크 윌리엄스는 둘 다 나와 가까운 친구였다. 로저는 웨지로 명성이 높았던 클리블랜드 골프를 설립했다가 매각한 경험도 있었다. 로저와 루크는 자동차와 골프클럽의 금속 마감재와 관련하여 캘러웨이와 포드가 합작사업을 벌이는 문제를 논의하기 위해 포드 본사가 있는 디트로이트를 방문하게 되었다. 그곳에 우리는 두 곳의 포드 대리점을 운영하고 있었기 때문에, 나도 동행하고 싶다고 말했다. 로저는 기꺼이 내 요청을 받아들였다. 덕분에 나는 포드 공장을 둘러보고, 임원 사무실로 이동하여 로저, 루크, 그리고 앨런 멀러리와 자리를 함께 했다.

나는 앨런과 같은 이력을 가진 사람을 만나본 적이 없었다. 그는 뛰어난 엔지니어였을 뿐 아니라, 대인관계도 탁월한 사람이었다. 당시 자동차 업계는 극심한 불황에 시달리고 있었지만, 포드 임직원들의 사기는 매우 높았다. 앨런은 나와 골프를 함께한 후 다시 자신의 포드 사무실로 초대했고, 사진도 함께 찍었다. 나는 포드의 이사진과 직원은 물론 대리점 사장들과 고객들까지 그를 지지하는 이유를 금방 알 수 있었다. 나는 앨런 멀러리 같은 사람이 미국 대통령이 된다면 미국은 더 나은 국가가 될 것이라고 확신한다.

나는 나의 사업이 너무 복잡해졌다고 판단하여 정리하는 차원에서 두 개의 대리점만 남겨 놓고 모두 매각했다. 그러나 자동차에 대한 나의 애정은 앞으로도 변하지 않을 것이다.

2009년에는 오랫동안 내 주식 자문을 해주었던 앨런 던컨이 은퇴했다. 그 후 나는 그의 아들인 스콧을 포함한 몇몇 사람들의 도움을 받으며 주식 투자를 계속하다가, 골드만 삭스의 사모펀드 파트에서 일했던 롭 밀러의 자문을 받게 되었다. 후에 그는 런던에 본사를 두고 있는 버클레이 은행으로 자리를 옮겼고, 지금은 세인트루이스에 본사를 둔 다국적 투자은행인 스티펠 파이낸셜에서 일하고 있다.

롭과 함께하면서 나는 좀 더 활발하게 주식 거래를 했다. 우리는 매수하기 적당한 저평가 기업을 발굴해 내기 위해서 하루에 6, 7회, 많으면 10회 이상도 통화를 했고, 엄청난 데이터를 주고받았다. 그렇게 해서 내가 투자하게 된 회사 가운데 하나가 딘 푸드였다. 이 회사는 앨런 던컨과 함께 하던 2004년부터 내가 투자했던 회사였다. 내가 딘 푸드에 주목하기 시작했을 때, 이 회사는 미국 내 최대 규모의 우유 유통업체였다. 나는 이 회사 상품의 가격과 원유, 특히 디젤 연료와 석유 가격을 살피면서 하나의 상품이 다른 상품에 어떤 영향을 미치는지 깊이 연구해 보았다. 예를 들어서 곡물 가격이 급등하면, 소에게 주는 사룟값도 상승하고, 이는 우유 가격이 급등하는 원인이 된다.

투자할 때 마음에 드는, 저평가된 가치주를 찾아내더라도 한 번에 수백만 주에 달하는 엄청난 양을 매수 하지는 않았다.

스포츠 베팅을 비롯한 과거의 나의 다양한 경험들도 주식투자에 도움이 되었다. 나는 시장의 일반적인 흐름과는 다른 비정상적인 가격 변동이 주는 '신호'를 항상 주시했다. 이러한 움직임은 옵션 시장에서의 어떤 움직임이나, 금리나 환율의 변동 또는 현명하고 영향력 있는 어떤 투자자들의 특정 주식을 대량 매수 또는 매도할 때 발생한다.

예를 들어서 행동주의 투자자로 유명한 칼 아이칸이 어떤 주식을 대거 매수했다는 사실이 알려지면, 그 종목의 주가는 상승한다. 그러나 이러한 상승은 대개 일시적이기 때문에, 좀 더 기다리면 다시 하락하는 흐름이 나타난다. 그러면 나는 칼보다 같거나 더 낮은 가격에 같은 종목을 매수한다. 나는 칼이 상당 부분의 주식을 보유한 회사라면, 장기적인 관점에서 시간이 흐르면 주가가 분명히 상승할 것이라고 확신하기 때문이다. 내가 투자한 종목 포트폴리오를 보면, 그 가운데 80%는 칼이 가지고 있는 종목이거나 칼이 내게 준 어떤 정보에 의지하여 매수한 경우가 많았다. 그러나 어떤 경우에도 칼이 그 종목에 최소 10억 달러 이상 투자한 경우에만 나도 투자했다. 스포츠 베팅에서 내가 경기마다 별점을 매겨서 별점 1개짜리 경기는 버리고, 4개 이상 되는 경기만 골라서 베팅한 것과 마찬가지이다.

나는 또한 거액을 투자하여 아이칸과 그의 아들 브렛이 지배주주로 있는 아이칸 엔터프라이즈의 주식도 수십만 주 매수했다. 이 회사는 에너지, 자동차, 식품 포장, 부동산에 이르기까지 다양한 분야의 기업에 투자하고 있었다. 그 결과는 굉장했다. 2022년, 아이칸 엔터프라이즈의 주가는 2000년 대비 1,900% 이상 치솟아 S&P의 기업가치의 세 배에 이르렀다.

내가 칼에게 천 번도 더 들었던 말이 있다.

"주식을 매수하는 것보다 더 즐거운 일은 자신이 매수한 주식이 하락하는 것이다. 그래야 그가 그 주식을 더 싼 가격으로 더 많이 살 수있다"

오늘날도 그의 철학은 유효하다. 그리고 나도 시장의 이러한 변화를 공략하는 데 주저함이 없었다.

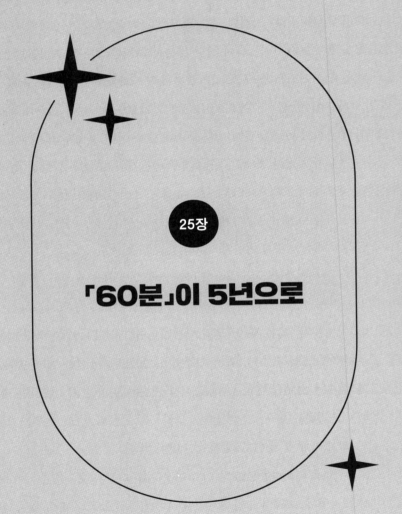

25장

「60분」이 5년으로

로웰 버그만은 영화 「인사이더」에서 알 파치노가 프로듀서로 연기했던 「식스티미니츠」라는 유명 탐사보도 프로그램의 실제 인물이다. 90년대 초, 로웰은 나를 찾아와서 자신의 프로그램에서 컴퓨터 그룹과 나에 관한 이야기를 다뤄보고 싶다고 말했다.

"나는 그 프로그램에 출연해서 마이크 월리스와 인터뷰 할 생각이 조금도 없습니다."라고 잘라 말했다.

다행히도 「식스티미니츠」로부터 어떤 다른 이야기도 듣지 못하고 20년이 흘렀는데, 가까운 친구인 데이비드 페허티가 나에게 이제는 생각을 좀 바꾸는 것이 어떻겠느냐고 넌지시 제안했다. 당시 데이비드는 「식스티미니츠」의 제작사인 CBS에서 골프 프로그램을 진행하는 아나운서로 막 계약한 상황이었다.

나는 "「식스티미니츠」에 출연할 생각은 조금도 없어."라고 분명히 말했다. 그러자 그렇다면 그 프로그램의 총괄프로듀서인 제프 페이저에게 직접 전화라도 한통 걸어 달라고 부탁했다.

나는 페이저에게 전화를 걸어서 똑같은 말을 했다. 그러자 그는 「식스티미니츠」가 장수 프로그램이 된 것은 무엇보다도 공정성에 우선을 두고 프로그램을 제작하기 때문이라며 나를 설득했지만, 나는 그의 말이 위세를 떠는 언론인들의 전형적인 말버릇처럼 들렸다. 그러나 페이저는 출연은 하지 않더라도 그 프로그램의 베테랑 프로듀서인 톰 앤더슨과 콜먼 코원을 만나줄 수는 없겠냐고 부탁했고, 결국 그들이 라스베이거스로 나를 찾아왔다.

그들은 다음과 같은 논리로 나를 설득했다. 광범위한 금융사기로 촉발된 금융 위기로 미국인 수백만 명이 자산이 급감하는 고통을 겪었다. 이럴 때, 스포츠 베팅과 주식 등 두 가지 분야에서 발생 가능한 위기 요소를 철저하게 분석하는데 풍부한 경험을 쌓고 큰 성공을 거둔 몇 안 되는 사람을 소개하는 것은 대중들에게도 유익하다는 것이다. 그들은 이렇게 말해놓고 나의 대답을 기다렸다. 나는 방송에 출연하기로 했다. 아마도 나는 오랫동안 사람들이 라스베이거스를 죄악의 도시라 하고, 스포츠 베터를 타락한 사람들로 간주하는 것을 보면서 많이 지쳐 있었고, 어쩌면 이번 방송 출연을 통해, 합법적으로 행해지는 스포츠 베팅이 부동산이나 주식 또는 채권과 다르지 않다는 것을 보여줄 기회라고 생각했던 것 같다.

큰 대가를 노리고 어느 정도의 위험을 감수하는 것은 크게 다를 것이 없는 것이 아닌가?

에피소드의 소제목은 「겜블러The Gambler」였고, 2011년 1월 16일, 뉴잉글랜드 패트리어츠와 뉴욕 제츠 간의 NFL 플레이오프 경기가 끝난 직후에 방송하기로 했다.

페이저가 약속한 대로 인터뷰는 매우 공정하게 진행되었다. 나와의 대담은 라라 로건이 맡았다. 나는 물론이고 내 가족과 친구들은 대부분, 이 특집 프로그램이 아주 재미있고, 유익할 것으로 생각했다. 적어도 마지막 순간, 내가 그것이 아무리 사실이라고 해도 1,700만 명이나 되는 시청자 앞에서는 절대로 하지 말았어야 하는 말을 하기 직전까지

458

는 모두 그렇게 생각했다.

로건: 월터스 씨가 큰돈을 날렸다고 말했던 곳이 바로 월스트리트지요.

월터스: 나는 주식시장에서 큰돈을 날린 적도 꽤 많아요. 엔론 주식을 샀다가 모조리 허공에 날려버렸지요. 월드콤 주식도 마찬가지고요. 지금 생각해 보면 타이코 주식을 샀다가 손해 본 것도 엄청나지요.

로건: 월터스 씨가 우리 프로그램에 출연하기로 결정한 것도 월스트리트를 바라보는 그의 비판적인 시각 때문입니다. 베팅의 세계가 많은 사람이 생각하는 것처럼 특별히 음습한 곳은 아니라는 점을 알릴 기회라고 생각한 것이지요.

월터스: 나쁜 놈들도 많이 만났고, 도둑놈들도 많이 만났어요. 그들은 「최후의 만찬」도 훔칠 작자들이에요. 그렇지만 그들은 내가 카지노에서 만난 사람들과는 달리 멋진 넥타이를 맨 말쑥한 정장 차림이었지요.

로건: 그렇다면 라스베이거스를 휩쓸던 사람이 월스트리트에 발을 들여놨다가 큰 낭패를 봤다고 말할 수 있을까요?

월터스: 정확한 말씀입니다.

문제는 금융 시장을 규제하는 정부에 몸담은 착한 사람들에게는 "사기꾼"이니 "도둑놈"이니 하는 단어가 귀에 많이 거슬렸을 것이라는 점이다.

459

나는 눈치 못 채고 있었지만, 2011년 7월, 그러니까 방송이 나간 지 7개월만인 2011년 7월, FBI와 연방 법무부의 뉴욕 남부 지방검찰청에서 나와 칼 아이칸을 비롯한 몇 사람을 '의심스러운 주식 거래' 혐의를 두고 조사해 왔다는 사실을 알게 되었다.

같은 달, 칼은 청소용품 회사인 클로록스에 102억 달러를 투자했고, 이로 인해 클로록스의 주가는 급등했다. 칼은 자신이 이 회사의 지분의 9.4%를 인수했다고 발표한 지 8개월 만에 적극적으로 나서기 시작했다. 칼이 8개월 전, 처음 이 회사를 언급했을 때부터 나는 블룸버그 터미널Bloomberg Terminal : 블룸버그 LP에서 제공하는 금융 정보 및 증권 거래 플랫폼을 통해서 클로록스를 자세히 살펴보기 시작했다. 칼이 이 회사를 인수하겠다는 의향을 밝히기 며칠 전에 주로 옵션 시장에서 대량 거래가 발생했고, 규제 기관들은 뭔가 있다고 의심하게 되었다. 게다가 이때 이 회사의 옵션거래에 뛰어든 사람들은 불과 나흘 만에 600%의 수익을 올렸다는 사실이 관련 매체의 헤드라인을 장식하기도 했다. 온갖 억측이 난무하고 있었다.

나는 옵션에는 투자하지 않았지만, 칼이 회사 인수 의향을 밝히기 사흘 전, 다우존스 산업평균지수가 200포인트나 하락하는 와중에도 주가가 4달러나 오르는 것을 확인한 후 클로록스의 주식을 매수했다. 나는 늘 아이칸의 투자 동향을 따라갔고, 그가 이미 클로록스의 지분 9.4%를 가지고 있다는 것을 알고 있었고, 그와는 별도로 나만의 원칙에 따라서 이 회사가 투자할 가치가 있다는 점을 확인했다. 클로록스는 칼의 가장 큰 투자처 가운데 하나였다. 시장의 전반적인 흐름과는 다른 움직임을 보였다. 또 칼이 이 회사 주식을 매수한 가격보다 주가가 낮왔기 때문에 가격 면에서도 매력적이었다. 굳이 별점을 매기자면 별점 4점짜리 종목이었다. 내가 그 주식을 사들이는 것은 당연한 수순이었다.

그때는 몰랐지만, 나는 거의 30년 동안 나와 숨바꼭질을 했던 연방정부가 동원한 거대하고 못된 4개의 기관의 추적을 받게 될 운명이었다. 미국증권거래위원회, 법무부, FBI, 그리고 국세청까지 나의 개인적인 금전 흐름은 물론 회사의 세무 관련 사항까지 샅샅이 뒤졌다.

배심원은 2017년, 나의 내부자 거래 혐의에 대해 유죄 평결을 내렸다. 그러나 클로록스의 주식 거래가 아닌 전혀 다른 회사의 주식 거래에 대한 평결이었다. 참담하기는 하지만, 나는 그 판결을 받아들여야 했고, 그것에 대해서 이제 와서 따지고 싶지는 않다. 나는 뒤에서 구시렁거리거나 징징거리는 것을 별로 좋아하지 않는다. 그러나 수사와 재판, 그리고 필 미켈슨 등 몇몇 관련자들에 얽힌 이야기는 분명하게 밝혀야 할 것 같다.

2014년 초, 우리는 미국증권거래위원회가 클로록스와 관련하여 3년간이나 조사를 벌인 끝에 아무런 범죄 증거를 찾아내지 못한 채 조사를 마무리했다는 사실을 알게 되었다. 연방정부는 나나 칼 아이칸 등 누구도 기소하지 않았다. 그러나 나중에 알게 된 사실이지만, FBI의 팀장 차원에서 공식적으로 일단락된 이 사건을 뉴욕 남부 지방검찰청이라는 강력한 사정 기관에 소속된 프리트 바라라라는 과시욕이 강한 검사와 그가 이끄는 충성심 강한 법무부 요원들은 그냥 끝내고 싶지 않았던 모양이다. 그 결과 FBI는 2014년 4월 22일, 30일간 내 휴대전화를 감청할 수 있는 영장을 발부받았다. 그들은 한 달 후인 5월 23일, 또 다시 30일 짜리 감청 영장을 발급받았다. 그들은 이미 2011년 11월부터 전화 이용 상황 기록 장치를 내 전화에 몰래 설치하여 내가 걸거나 받은 모든 전화번호를 확보해 놓고 있었다. 이 장치는 내 전화에 무려 650일간이나 설치되어 있었다. 그런데 이번에는 그것으로는 모자랐던지 감청 영장까지 발부받아 내가 통화하는 모든 내용을 들어보려고 한 것이다.

2014년 5월 30일, 월스트리트저널에 다음과 같은 제목의 기사가 실렸다. "FBI, SEC증권거래 위원회, 칼 아이칸과 빌리 월터스, 그리고 필 미켈슨의 불법 거래 확인: 2011년부터 클로록스 관련 이상 거래 정황 잡고 조사 진행" 수잔 풀리엄과 마이클 로더필드 등 두 명의 기자가 작성한 이 기사는 정부의 주장만을 충실하게 반영하고 있었다.

그 기사에는 이런 대목이 있다. "연방 수사관들은 투자자 칼 아이칸, 골퍼 필 미켈슨, 라스베이거스의 베팅 전문가 빌리 월터스를 조사하면서 이들이 금융과 베팅, 그리고 스포츠 분야에서 내부자 거래를 행했는지 여부를 조사하고 있다. 조사에 참여한 관계자는 FBI와 SEC가 미켈슨과 월터스가 아이칸으로부터 상장기업의 투자에 대한 비공개 정보를 받아 불법적인 거래를 했는지 조사 중이라고 말했다."

같은 날 오후, 뉴욕타임스도 비슷한 기사를 내보냈다. 미켈슨에 관해서는 두 신문 모두 똑같은 오보를 낸 것이다. 미켈슨은 크롤록스의 주식을 사고판 적이 전혀 없다. 뉴욕타임스는 후속기사를 통해 "필 미켈슨에 대한 조사와 관련한 보도에서는 다소 과장된 내용이 있었다."라고 인정했다. 이런 오보가 나온 것은 전적으로 기자만의 책임은 아니었다. 기자들이 내 사건을 담당하고 있던 FBI의 최고 특별 요원인 데이비드 차베스의 말을 지나치게 신뢰한 것이 오보로 이어진 것이다. 결국 뉴욕타임스의 벤 프로테스 기자가 차베스가 사실과 다른 정보를 기자에게 알려주었다고 불평하자, 차베스는 프로테스 기자와 뉴욕타임스를 향해 그들도 자신의 '레이더망' 안에 들어 있다고 협박한 것이 문제가 되기도 했다.

프로테스 기자도 지지 않고 미국 법무부 차관인 리처드 자벨에게 직접 전화를 걸어 FBI 요원이 기자를 협박했다며 조치를 요구했다. 이에 자벨은 법무부의 바라라 연방검사를 비롯한 6명의 고위직 인사에게 이메일을 보내, 이러한 대화 내용에 대해 '놀랍다'라고 말했다며, 이 문제에 대해 FBI와 대화를 나눌 것이라고 말했다. 자벨은 이 이메일에서 이렇게 말했다. "지금은 여러 가지 이유로 이 문제를 평소와 같이 다루어서는 안 된다고 생각합니다."

이 말을 알기 쉽게 이야기하자면, "우리는 아직 정보 유출을 통제하고 싶지 않고, 이런 이야기가 밖으로 새 나가는 것을 원하지도 않는다."라는 것이었다.

FBI가 대배심의 비밀정보를 유출한 것은 명백한 불법이다. 게다가 요원들은 내 전화를 60일 동안이나 도청했다. 그래서 그들은 무엇을 알아냈는가? 아무것도 없었다.

하지만 그들은 멈추지 않았다.

2016년 5월 18일, 라스베이거스의 한낮 온도는 이미 섭씨 32도를 웃돌고 있었다. 나는 OV의 린다 스미스와 발리하이에서 함께 점심 식사했는데, 식사를 거의 마칠 때쯤, 근처에 있는 두 사람이 눈에 들어왔다. 그들은 사막의 기후와는 전혀 어울리지 않는 옷차림을 하고 있었다. 나는 그들이 FBI 요원임을 알아챘다.

올 것이 왔다는 것을 직감했다. 나의 변호사들은 몇 주 전부터 내가 기소될 것 같다고 걱정하고 있었다. 나는 변호사들을 통해서 몇 차례에 걸쳐서 자진 출두 의사를 밝혔지만, 저들은 그것이 마치 그럴듯한 광경을 연출하여 내게 유리한 여론을 조성하려는 시도라고 생각한 모양이다.

그들 FBI 요원들이 발리하이를 떠나는 것을 보고, 우리 쪽 경호원들이 그들을 미행하여 근처 소방서 주차장까지 따라갔다. 그곳에는 싸구려 정장에 선글라스를 착용한 사람들과 검은색 SUV 차량 몇 대가 대기하고 있었다고 한다. 그로부터 얼마 지나지 않아 대여섯 명의 연방 요원들이 내 사무실로 들어오더니 내 직원들이 보는 앞에서 내 손목에 수갑을 채우고 나를 문밖으로 끌고 나갔다. 나는 그들이 핸더슨 구치소로 향할 것으로 생각했다. 누군가가 체포되면, 그곳으로 가서 지문을 찍고 구속을 위한 수속을 밟는 것이 일반적으로 알려진 절차였다. 그런데 그들은 반대 방향으로 차를 몰고 있었다. 좀 이상하다는 생각이 들었다. 그런데 더 이상한 일이 벌어졌다. 나를 태운 SUV 차량이 멈춘 곳은 JW매리어트호텔이었고, 그들은 나를 데리고 1층의 프런트 데스크를 통과해서 침실 하나의 작은 객실에 나를 집어넣었다. 다섯 명의 FBI 요원들이 나를 감시하기 위해 그 방안에 배치되었다. 몇 분쯤 지났을 때 그중 한 사람이 입을 열었다.

"지금 당신은 우리가 당신을 왜 여기로 데려왔는지 의아해하고 있지요?"

"그래요. 그 생각을 하고 있었소." 나는 대답했다.

그는 프리트 바라라 연방검사가 다음 날 뉴욕에서 기자회견을 열어 나를 체포한 사실을 발표할 예정이며, 그렇게 되면 굉장히 부산하게 나를 추적하게 될 라스베이거스의 기자들을 피하려고 미리 나의 신병을 확보하여 이곳으로 옮긴 것이라고 설명해 주었다. TV 회견이 끝날 때까지 나를 JW매리어트호텔 안에 숨겨두려는 생각이었다.

다음 날 아침, 바라라 검사는 수많은 카메라 앞에 서서 불법 내부자거래 혐의자들을 체포했다고 발표했다. "월터스는 다른 사람들보다 먼저 정보를 입수하여 거래에 유리한 지점을 선점했습니다. 이제 내일 헤드라인은 그의 이름으로 장식되겠지요." 그는 내 인생을 가지고 장난을 치고 있었다.

바라라 검사가 FBI 요원인 데이비드 차베스와 한때 나하고 친구였던 톰 데이비스 등 두 명의 주장과 진술을 지나치게 의존한 결과였다. 이들 두 사람 중에 우선 톰 데이비스에 대한 내 생각부터 이야기해야 할 것 같다.

크로녹스와 관련된 뉴스가 나온 지 2년 후인 2013년 4월, 금융산업규제청은 내가 딘 푸드 주식을 다량 보유하고 있다는 사실을 증권거래위원회에 통보했다. 당시는 FBI와 연방검찰이 아직도 크롤록스 관련 거래를 조사하느라 시간을 허비하고 있을 때였다. 그들은 딘 푸드에 관한 이야기까지 듣고 반드시 나를 무너뜨리겠다는 각오를 다시 한번 다졌다고 한다.

나는 이미 십 년 가까이 딘 푸드를 포함한 여러 상장기업의 주식을 사고팔았다. 마치 내가 스포츠 베팅을 할 때 그랬던 것처럼, 나는 주

465

식을 사고팔기 위해 주식을 연구하고, 애널리스트들과 토론을 하고, 과거의 거래 내용을 복기하고, 투자 전략을 세우는 일을 수백 시간 이상 해왔다.

2000년경, 내가 톰 데이비스를 처음 만나기 전까지는 딘 푸드라는 기업의 이름조차도 들어본 적이 없었다. 당시는 내가 아메리칸 골프와 내셔널 골프 프로퍼티를 인수하기 위한 자금을 마련하느라고 동분서주할 때였다. 톰 데이비스는 하버드 비즈니스 스쿨을 졸업하고 해군에서 복무한 바 있는 사람이었고, 당시는 투자은행인 DLJ의 은행업무 관리 파트너로 일하고 있었다.

그는 텍사스의 거물급 투자자인 톰 힉스와 친밀한 사이였고, 훗날 힉스가 소유하고 있는 프로야구 구단인 텍사스 레인저스와 아이스하키 팀인 댈러스 스타스의 지분을 의미 있는 규모로 보유한 주요 주주가 되었다.

나는 톰 데이비스가 댈러스 지역의 비즈니스계의 대표적인 인물이자 사회의 엘리트 저명인사 가운데 하나라고만 생각했다. 우리가 처음 만난 것은 미국에서 가장 고급스러운 골프클럽 가운데 하나이고, 그가 회장으로 재직하기도 했던 프레스턴 트레일에서 이루어졌다. 우리는 처음부터 잘 어울렸고, 그의 유머러스하고 외향적인 성격이 마음에 들었었다. 그는 샌디에이고에 있는 라호이아 컨트리클럽 안에 있는 자신의 자택에서 시간을 보내는 것을 좋아했다.

그는 일주일에도 몇 번씩 나에게 전화를 걸어 야구나 농구, 테니스, 골프 등 다양한 스포츠를 주제로 이야기를 나누곤 했다. 그는 나를 대단치 않은 겜블러로 여기는 것 같았고, 함께 베팅을 한 적도 없었다. 내가 톰 데이비스를 만난 직후 그가 일하던 DLJ는 125억 달러에 크레디트 스위스로 인수되었다. 그는 최소한 1,000만 달러 이상의 차익을 남겼다.

톰 데이비스가 나중에 법정에서 직접 증언하기도 했지만, 그는 딘 푸드의 이사회의 이사로 재직했고, 나 같은 거액의 투자자들을 만나 딘 푸드의 주식에 투자하도록 홍보하고 권유하는 일은 이사로서 그의 임무 가운데 하나였다. 나는 딘 푸드의 주식을 매수하기 전에 그에게 공개된 정보임에도 내가 미처 파악하지 못했을지도 모르는 정보는 없는지, 과거 투자자 회의에서는 무엇이 논의되었는지, 언제 또 회의가 열리는지, 대규모로 이 회사의 주식을 사고파는 사람과 주요 투자자들은 어떤 사람들인지 등 많은 것들을 물어보았다. 예를 들어서 나는 내가 높이 평가하는 투자자이기도 한, 글로벌 헤지 펀드인 아팔루사 매니지먼트의 데이비드 테퍼가 2011년에 딘 푸드의 지분을 상당히 많이 인수했다는 사실도 그를 통해 알게 되었다. 이것은 비밀스러운 내부 정보는 절대 아니다. 이미 세상에 공개된 정보였다.

나는 그가 아주 부유한 친구라고 생각했었다. 그런데 2010년 4월, 그로부터 62만 5,000달러를 빌려달라는 부탁을 받았을 때 속으로 매우 놀랐었다. 나는 그에게 무슨 일이냐고 물었더니, 자신이 부동산은 많이 가지고 있지만, 당장 쓸 현금은 부족하다고 대답했었다. 거기까지는 충분히 있을 수 있는 일이라고 생각했다. 불과 몇 년 전에 미국을 덮쳤던 대불황의 여파로 주식시장은 침체하였고, 많은 사람이 재산 가치 하락과 현금 부족에 시달리고 있었다.

나는 그처럼 저명한 인사라면 은행에서 대출을 받는 게 어떠냐고 물어보았다. 그는 댈러스에서 거주하고 활동하는 그 누구에게도 자신이 현금 부족에 시달리고 있다는 사실을 알리고 싶지 않다고 말했다. 그에게 돈을 빌려주고 싶었지만, 나는 삶의 경험을 통해서 가까운 사람들에게 돈을 빌려주는 것이 또 다른 문제의 원인이 될 수 있다는 사실을 오래전부터 깨닫고 있었다. 그런데도 나는 나 자신을 다스리지 못했다. 가까운 사람들이 찾아와서 도움을 청하는데 그것을 모질게 끊어내기는 쉽지 않았다. 그래서 나는 그에게 켄터키에 있는 루터 제임스라는 친구를 소개해 주었다. 루터는 청소년기부터 알고 지낸 아주 오랜 친구였다. 루터는 52에이커나 되는 쏘로우브레드 목장에서 살고 있었고, 은행의 예금 잔고도 상당한 알부자였다.

루터는 그로부터 정확한 지급날짜가 명기 된 차용증을 받고 62만 5,000달러를 빌려주기로 했다. 차용증 상의 만기가 돌아오자 톰 데이비스는 이자만 지불하고 만기를 연장했다. 또다시 만기가 돌아왔을 때도 그는 이자만 지급하고 또 만기를 연장하려고 했다. 당시 루터는 심장에 문제가 있었다. 그는 심장 수술 날짜를 잡았고, 모든 현금을 신탁에 맡겼다. 그는 톰 데이비스에게 만기를 또 연장해주지 않기로 했다. 대신 원금을 모두 회수하고 싶어 했다.

2012년 1월이 되자 톰 데이비스는 루터가 가지고 있는 현재는 64만 7,000달러로 불어난 자신에 대한 채권을 내가 인수해 줄 수 있느냐고 물었다. 그러면서 연말까지 분명히 모두 갚겠다고 약속했다. 나는 마지못해 동의했다. 우리는 담보를 받고, 회사로부터 대출 형식으로 돈을 꺼내서, 그의 원리금을 갚아주기로 했다. 사실 나는 지난 몇 년간 약 20여 번에 걸쳐서 여러 사람과 이런 식의 돈거래를 해본 적이 있었다.

그들 가운데는 약속대로 모든 돈을 갚은 사람들도 있었고, 그렇지 않은 사람들도 있었다. 이게 문제였다. 나는 어려움을 호소하는 사람들을 모질게 대할 만큼 마음이 강하지 못했다.

2015년 5월 18일, 톰 데이비스는 미국증권거래위원회에서 그와 나, 두 사람 모두 어떤 잘못된 행동을 한 적이 없다며 결백을 주장했다. 법원 기록에 따르면 그는 "우리가 논의한 내용은 모두 애널리스트들로부터 쉽게 구할 수 있는 범위를 벗어나지 않았다."라고 증언했다. 그는 또 "빌 월터스가 자신에게 딘 푸드에 관한 어떤 내밀한 사항도 물어본 적이 없다. 그래서 나는 빌이 이 회사 이사회의 이사로 재직 중인 나의 입장을 존중해주고 있고, 나를 곤란한 상황에 빠지게 하고 싶어 하지 않는다는 느낌이 들었다. 실제로 그런 적은 한 번도 없었다."라고 말했다.

그런데 나는 몰랐지만, 연방정부 측은 톰 데이비스의 어떤 약점을 잡은 것 같았다. 그가 남들이 보는 앞에서는 지역 사회에서 존경받는 저명한 경영자로 행세했지만, 남들의 눈에 띄지 않는 곳에서는 지나칠 정도로 술을 마시고, 도박과 섹스에 중독되어 살아가는 전형적인 이중 생활자의 모습을 포착한 것이다. 블랙잭 한 판에 20만 달러를 날리는 등 감당하기 어려울 정도로 불어난 도박 빚을 갚기 위해 댈러스에 있는 한 자선단체의 돈을 횡령한 사실까지 잡아냈다. 쉘터 골프라는 비영리 단체는 해마다 가정폭력으로 고생하는 여성들에게 쉼터를 제공하는데 필요한 돈을 모금하기 위한 자선골프대회를 열고 있었다. 톰 데이비스는 댈러스의 재계와 사회 각계각층의 유지들로 구성된 이 단체의 이사회의 부의장이라는 직함을 가지고 기금 모금 활동을 책임지고 있었다.

그는 아내의 호화로운 생일 파티를 위해 이 단체의 공금 수만 달러를 썼고, 이 단체의 계좌에서 10만 달러를 횡령했다. 이 단체의 회계사가 의도적으로 조작된 세금 신고서에 서명을 거부하자, 그는 자신이 쉽게 조종할 수 있는 다른 사람으로 회계사를 교체하기도 했다.

톰 데이비스는 결국 나에게 돈을 빌려 쉘터 골프에서 횡령한 돈을 채워 넣었다. 그는 나에게 댈러스에 있는 어느 파산한 은행을 연방예금보험공사로부터 인수하는 데 필요하다며 40만 달러를 담보 없이 빌려달라고 부탁했다. 나는 그의 요청을 받아들여 그 돈을 빌려주었다. 그는 이 돈으로 자선단체에서 횡령한 돈을 메워 넣는 데 사용했고, 남은 돈은 도박으로 탕진했다. 어느 은행을 인수한다는 말은 처음부터 거짓이었다.

그의 문제는 이것만이 아니었다. 법원의 속기록에 따르면 그는 사업상 출장 중 무려 22번이나 에스코트 서비스일반인 여성들과 친구 대행 또는 가이드 등의 역할을 가장하여 벌이는 성매매를 불렀다고 한다. 수사관들이 그의 추악한 면모를 파헤치고 많은 거짓을 찾아낸 결과 그는 횡령, 탈세, 공무집행방해, 내부자 거래 등의 혐의로 장기간의 감옥생활을 할 위기에 직면하게 되었다.

조사과정에서 톰 데이비스는 자신이 이사로 있던 딘 푸드에 관한 미공개정보를 댈러스의 유명한 보석상 두 명에게 알려준 사실이 드러났다. 그는 그 보석상 가운데 한 명이 자신과 연락을 끊었고 연방 요원들이 보석상들에게 의심스러운 주식 거래를 추궁했다는 사실도 알게되자, 그들이 자신에게 불리한 진술을 할지 모른다고 두려워했다. 겁에 질린 그는 결국 거래하기로 결심했다.

그의 변호사인 토머스 멜샤이머는 댈러스에서 활동하는 변호사로 과거 억만장자인 마크 큐반의 내부자 거래 사건을 맡기도 했던 사람이다. 멜하이머는 맨해튼에 있는 연방검찰청을 다루는 데는 학연이나 근무 인연을 동원하는 것이 효과적인 방법이라는 것을 잘 알고 있었다. 멜샤이머는 마크 큐반의 사건을 맡았을 당시에는 뉴욕의 변호사인 크리스토퍼 클라크라는 과거에 뉴욕 남부지방 검찰청에서 연방검사로 근무한 경력이 있는 변호사를 고용했다. 결국 큐반은 댈러스에서 열린 내부자 거래 혐의에 대한 자신의 재판에서 승리했었다.

클라크는 톰 데이비스에게 도움이 될 것이라며 자신의 새로운 동료인 벤자민 나프탈리스를 멜샤이머에게 추천했다. 나프탈리스는 나를 쫓던 바로 그 사람들과 함께 8년간 뉴욕 남부 지방 검찰청에서 화이트 범죄를 전문적으로 다루며 8년간 일하다가 사직하고 변호사로서 첫발을 막 내디디려고 하고 있었다. 멜샤이머도 불과 얼마 전까지 바라라 연방검사 밑에서 일하던 사람이 톰 데이비스의 재판에 도움이 될 것이 분명하다고 생각했다. (바라라도 2022년에 연방검사직에서 물러나 윌머헤일이라는 사회 상류층들의 사건을 전문적으로 다루는 로펌에 합류하여 과거 연방검사로 일했던 다른 전직 검사들과 함께 일하게 된다. 내 사건을 담당했던 다른 세 명의 검사들도 후에 고위층에 속한 사람들의 사건만 전문적으로 취급하는 유명 로펌에 입사했다. 나머지 한 사람은 연방 하원의원 선거에 출마하여 뉴욕에서 당선되었다. 훗날 출판될지도 모를 이들의 자서전에는 왕년에 나를 기소하여 잡아넣었다는 사실이 대단한 업적으로 포장되어 한 대목을 차지하게 될 것이다.)

나프탈리스는 검찰과의 연줄을 이용해서 연방 검찰이 톰 데이비스를 미끼로 사용하고 있다는 사실을 알아차렸다. 전직 검사인 그가 게임의 맥을 정확하게 짚어낸 것이다. 그는 여러 해 동안 그 게임에서 직접 뛰었던 사람이었고, 최종 목표는 나라는 사실을 알고 있었다.

훗날 나는 한 사립 탐정으로부터 톰 데이비스가 2015년 8월, 그의 전처인 루이스를 차에 태워 댈러스에 있는 조용한 공원묘지로 데려갔다는 사실을 알게 되었다. 그는 그녀가 혹시 도청 장치를 달고 있는지 확인한 후 이렇게 말했다고 한다.

"그들의 표적은 내가 아닌 것 같아. 그들은 빌리 윌터스를 무너뜨리기 위해서 나를 이용하는 거야."

결국 톰 데이비스는 2016년 5월 16일에 횡령과 세금 사기, 위증 등 12개의 혐의에 대해 유죄를 인정하는 거래를 마무리했다.

바로 다음 날, 나는 2008년부터 2014년까지 내부자 거래를 통한 사기행위를 저질러 3,200만 달러의 실현 및 미실현 이익을 얻고, 약 1,100만 달러의 손실을 회피했다는 이유로 10건의 공모, 유선 사기, 증권사기 혐의로 연방대배심에 기소되었다.

그리고 앞서 이야기한 대로 체포된 후 하루 동안 JW매리어트호텔에 연금 상태로 머물렀다.

톰 데이비스 입장에서는 자신에게 중죄 혐의가 몇 가지나 적용되든 상관없었다. 그는 이미 징역형을 살거나 벌금을 선고받지 않기로 약속되어 있었기 때문에 100가지의 혐의를 유죄로 인정하더라도 큰일이 아니었다. 이유는 뻔했다. 그는 이미 나에게 불리한 증언을 해주는 대가로 그에게 레드카펫을 깔아주기로 연방 검찰과 거래를 끝내놓은 상태였다. 실제로 그는 훗날, 연방정부와의 거래가 최종 타결된 날, 사실상

자유의 몸이 된 것을 자축하기 위해 아내와 또 다른 친한 부부와 함께 라스베이거스 카지노에서 놀다가 또 5만 달러를 날렸다는 사실을 인정했다.

FBI 특수요원인 데이비드 차베스는 나에게 유죄 판결이 떨어지는 데 크게 기여한 또 다른 악당이다. 그는 뉴욕 지부 사무실에서 나를 가장 적극적으로 조사했다. 뒤에 알게 된 이야기지만 그는 여러 해에 걸쳐서 대배심에서 진행되는 나와 관련된 비밀스러운 사항을 언론에 유출 시켰다. 정보를 이런 식으로 유출한다는 것은 설사 그 내용이 사실이라 하더라도 그것만으로 범죄행위가 성립된다. (게다가 그가 유출한 정보의 일부는 사실이 아니었다.)

2016년 9월 23일, 나의 변호사들은 정보의 불법 유출을 조사하기 위한 재판을 요구했다. 검찰은 예상대로 이를 반대했고, 그것은 자신들의 불법행위를 사실상 인정하는 것이나 다름없었다. 바라라 검사와 법무부는 우리 측의 요구가 "거짓과 근거 없는 비난으로 가득 찬 국면전환 시도에 불과하다"라고 비난했다. 물론, 그들은 법원이 이러한 요구를 대개 기각한다는 사실도 알고 있었다.

우리도 큰 기대를 하지는 않았다. 법률적인 싸움이 야구 경기와 같지는 않겠지만, 우리 사건은 맨해튼 남부지방법원의 케빈 카스텔 판사가 맡고 있었으니, 양키 스타디움에서 뉴욕양키스와 시합하면서 양키스 팬이 심판을 보는 것과 크게 다르지 않았다.

그런데 카스텔 판사는 사건의 심리를 시작하면서 예상과는 달리 우리의 요구를 받아들였고, 심리는 2016년 12월 12일에 열기로 했다. 이는 재판 과정에서 우리에게 유리한 판단을 내린 유일한 사례였고, 그만큼 모두에게 충격적인 결정으로 받아들여졌다. 그런데 공판이 열리기 며칠 전, 검찰은 우리에게는 밝힐 수 없는 어떤 문제가 발생했다며 심리를 며칠 연기할 것을 요청했고, 결국 공판은 12월 21일로 연기되었다. 나중에 알고 보니 바라라 검사가 닷새 전에 카스텔 판사에게 열두 쪽 분량의 장문의 반성문을 은밀히 보냈다는 것이었다. 법원에서 판사 앞에서 거짓말을 했다가 들통날 위기에 처한 남부지방 검찰청과 법무부는 마침내 자신들의 부패하고 불법적인 행위로 인한 파장을 최대한 줄이기 위해 그런 시도를 한 것이다.

바라라 검사는 내용을 영구히 비밀로 해 달라는 요청과 함께 법원에 보낸 이 별도의 서한에서 당국의 고위 감독자(차베스라는 이름은 밝히지 않았다.)가 연방대배심의 비밀정보를 월스트리트저널과 뉴욕타임스 등 두 개 주요 일간지의 4명의 기자에게 반복적으로 제공했으며, 그 덕분에 수사가 교착 상태에서 되살아날 수 있었다고 말하며 자신들의 위법 사실을 '논란의 여지가 없이' 인정했다. 내 변호사들이 법원에 제출한 문서에 기술한 바와 같이 '법무부는 맨해튼에 있는 미국 검찰청의 고위 관리들이 실시간으로 상황을 유출한 사실을 알고 있으면서도 2년 반이나 의도적으로 불법행위에 관한 조사를 하지 않았다. 이는 명백히 자신들의 의무를 이행하지 않은 행위였다.' 게다가 그들은 자신들의 불법을 숨기기 위해 연방판사에게 거짓말까지 했다.

차베스의 변호사들은 '심리적인 문제'라는 구실로 그의 이름을 비밀로 해 달라고 법원에 요청했다. 그들은 차베스의 심리 상태가 매우 불안정하다고 주장했다. 뉴욕타임스를 협박하고 무리한 수사로 수많은 사람을 감옥에 보낸 바로 그 특수요원의 심리 상태가 이렇다는 그들의 주장은 매우 우스운 것이었다. 카스텔 판사는 그의 심리적 불안함을 뒷받침할 만한 의사의 소견서를 제출할 것을 요구했다. 며칠이 지나도 연락이 없자 카스텔 판사는 변호사를 불러들였다. 차베스의 변호사들은 그의 이름과 신상을 밝히지 말아 달라고 요구하자 카스텔 판사는 차베스의 변호사들에게 그들의 의뢰인에게 잘 건너줄 것을 조언하라고 말했다.

그리고 얼마 지나지 않아 모든 화이트칼라 범죄 수사를 책임지던 FBI의 뉴욕 사무실 소속 요원이 대배심 정보를 불법으로 유출했다는 사실과 함께 차베스의 이름도 공개되었다.

바라라 검사 측은 차베스가 오랫동안 지속된 계획적인 기밀 유출 행위는 자신의 독단적인 판단에 따라 행한 것이며, 오로지 교착 상태에 빠진 나에 대한 수사의 불씨를 되살리기 위한 충정에 따른 것임을 그의 상사인 자신에게 고백했다고 주장했다. 바라라 검사는 또 차베스의 진술 가운데는 '모호하거나 모순되는' 진술이 꽤 있었기 때문에, 법무부가 그의 진술의 진실성을 보증하기는 어렵다는 점도 인정했다.

이야기를 정리해 보자.

이제 와서, 법무부가 직접 나서서 딘 푸드와 크롤록스의 주식과 관련하여 지난 3년간이나 수사를 벌였던 수사 실무책임자인 화이트칼라 범죄 전문 수사관이 사실은 신뢰하기 어려운 인간이라고 공개적으로 밝힌 것이다.

세계 경제와 자금의 중심지인 월스트리트가 포함된 지역을 책임지고 있는 연방검사인 프리트 바라라는 나 한 사람을 십자가에 매달기 위해 FBI가 절대로 넘어서는 안 될 선을 넘어서 대배심에서 논의된 기밀 사항을 유출했다는 사실을 연방판사 앞에서 스스로 시인한 것이다. 게다가 검사들도 거짓말을 했고, 그것이 발각되자 그들은 철저하게 비밀에 부쳐지기를 원했다.

그러나 법무부는 내 변호인단의 공개 요청에도 불구하고 기밀 유출과 관련한 수천 건의 문서 가운데 6건만 공개했다. 바라라는 자신의 거짓을 밝혀낸 바로 그 판사 앞에서 관련 문건은 그 여섯 건 말고는 아무것도 없다고 또 잡아뗐다. 게다가 변명까지 늘어놓았다. 정부, 즉 법무부가 유출한 내용을 모두 공개하는 것 자체가 대배심 내용의 비밀유지의무에 반하는 것이기 때문에 그 내용을 완전히 공개할 수는 없다는 것이다.

나는 지금도 법무부가 이렇게 사건을 틀어막으려 했던 유일한 이유는 기밀 유출 행위와 사실 은폐에 검찰과 FBI 관계자들이 너무 많이 관련되어 있기 때문이라고 믿고 있다. 비록 그들이 기밀 유출 사실을 인정하기는 했지만, 그 내용을 담은 입장문 조차도 거짓말투성이였다. 기밀 유출에 대한 모든 책임을 차베스 한 사람에게 뒤집어씌우고 빠져나오려는 의도가 분명했다.

나는 그렇게 확신한다. 카스텔 판사도 법무부와 검찰이 저지른 일에 대해 분노했던 것 같다. 사실 화를 안 내는 것이 이상한 상황이었다. 그는 법정에서 이와 같은 발언을 했다.

나는 내가 FBI의 특수요원이 기밀을 고의로 누설하고, 그 사실이 FBI 내부와 미국 법무부에도 알려지고 나서 FBI 내부의 책임 있는 인사에 의해서 강력한 경고가 내려진 후에야 모든 것을 알게 될 만큼 무관심한 사람은 아닙니다. 인간의 본성이 그러하듯이, FBI 요원이 우연히 기자들과 이야기를 주고받다가 실언을 하는 실수를 저지를 수 있지만, 이번 경우는 그렇지 않았습니다. 저녁 식사를 겸한 회의도 있었던 것 같습니다. 나는 이 사건의 핵심을 모를 만큼 어리석지는 않습니다. 정확하게 표현하자면, 나는 큰 충격을 받았습니다. 월터스 씨가 비공개 정보를 누설한 혐의가 있으나, 바로 그 사건 수사에 필요하다는 이유로 특수요원이 타인에게 비밀정보를 알려주는 부적절한 행동을 했다는 것이 바로 이 사건입니다.

이어 카스텔 판사는 차베스를 형사상의 모욕죄와 사법 방해죄로 기소되어야 할 것 같다고 말하면서 나의 변호사들에게는 기소 전체를 기각할 것을 요구하는 요청서를 제출해 달라고 말했다. 달력이 한 장 더 넘어가 새해가 되었을 즈음, 내 변호사들은 기각을 요청하는 요청서를 제출했다. 그들은 그 요청서에서 '정부 안에서 조직적이고 만연한 위법 행위가 저질러졌고, 이는 의뢰인(나)의 시민으로서의 기본권을 침해할 정도로 말도 안 되는 행위'라고 기각 요청 이유를 분명히 밝혔다.

카스텔 판사가 차베스의 문제를 엄격하게 다루는 것을 보고, 우리는 그가 정부에게는 사법적인 타격을 주고 나를 풀어줄 것이라고 믿었다. 적어도 우리는 그가 이 문제를 다루는 청문회는 열어 줄 것이고, 법무부가 보관하고 있는 이메일을 직접 확인하고, 차베스를 포함한 다른 5명에 대해서 증언 선서를 시킨 후 그들과 기자들과의 만남에 관해 질문할 기회를 얻게 될 것이라고 기대했었다.

그러나 3월쯤 되자 상황이 달라졌다. 카스텔 판사는 연방정부를 상

477

대로 일을 벌이는 데 부담을 느끼는 기색이 역력했다. 그는 오히려 우리의 요청을 기각하고, 나에 대한 형사 기소를 계속 진행하라고 명령했다.

1개월 후, 나는 결국 기소되었고, 연방검사가 내 변호인들에게 조정하자며 접근해 왔다. 검사는 칼 아이칸을 직접 거론하지는 않았지만, 내가 (내가 아는 바로는 아무런 잘못도 저지르지 않은) 칼의 불법행위에 대한 증거를 제시해주면 내 문제는 완전히 없었던 걸로 덮어줄 수 있다고 제안한 것이다.

나는 그들의 제안을 일축했다.

나는 누구보다도 진상을 잘 알고 있었기 때문에, 그리고 과거 내가 검사들에게 시달린 경험에 비추어 볼 때 내가 유죄 판결을 받는 일은 없을 것이라고 확신하고 있었다. 확률로 이야기하자면, 내가 이길 가능성은 10-1 정도로 압도적으로 높다고 생각했다. 이 재판에 대해서도 베팅할 수 있다면 배심원단이 모든 증거를 검토한 후, 내게 적용된 모든 혐의에 대해서 무죄 평결을 내릴 것이라는데 전 재산을 걸었을 것이다.

나는 과거 네바다, 캘리포니아, 켄터키 등에서 법원의 재판을 받은 경험이 있었기 때문에 사법 절차의 흐름을 잘 알고 있다고 스스로 생각했다. 돌이켜 보면, 나는 순진했고, 뉴욕 남부지방법원이라는 지역의 특성을 간과했다. 오죽하면 사람들이 그곳을 '별도의 국가'라고 하겠는가?

2017년 3월, 수잔과 나는 재판을 위해 뉴욕으로 가면서 이 재판에 대한 필 미켈슨의 역할을 생각했다.

2012년 7월, 필은 나와 란초 산타페 골프클럽에서 라운드한 후 점심을 먹으면서 내게 어떤 주식이 좋은지 물었고, 나는 두 종목을 언급했다. 하나는 당시 당뇨 치료제를 개발하여 미국 FDA의 최종 승인을 목전에 두고 있는 샌디에이고의 바이오테크 기업인 애밀린 파마슈티칼이었고, 또 하나는 딘 푸드였다. 그때 나는 2004년부터 그 주식을 장기 보유하고 있다고 말하고, 그 회사의 주가는 아직도 저평가되어 있다고 말했다.

당시 내가 운영하던 주식 분석팀에서 직접 재판에 출석하여 증언한 바와 같이, 당시 가뭄과 그로 인한 옥수수 가격 상승으로 젖소에게 먹일 사룟값이 올라 회사의 주가는 크게 떨어진 상태였다. 당시 그 회사는 화이트웨이브라는 유기농식품 사업을 벌이고 있었는데, 꽤 호황을 누리고 있었고, 전문가들은 이것이 주가에 아직 제대로 반영이 되지 않았다고 진단하고 있었다. 2010년, 딘 푸드는 화이트웨이브 사업 부문을 분사하는 방안을 검토하고 있지만, 아직 확정된 것은 아니라고 공개적으로 밝혔다.

2012년 5월 초, 크레디트 스위스와 도이체방크는 모두 화이트웨이브의 분사하기로 한 것은 훌륭한 결정이라는 보고서를 발표했다. 분사를 통해 딘 푸드는 부채를 크게 줄이고 회사의 내실을 단단히 다질 수 있다는 것이다. 5월의 실적 발표 후 열린 컨퍼런스콜에서 딘 푸드의 CEO인 그레그 잉글스는 도이체방크의 에릭카츠만으로부터 화이트웨이브의 분사 또는 매각 여부에 관한 질문을 받았다. 잉글스는 "우리는 분사나 매각이 주주들에게 우리 회사의 기업가치를 확인시켜줄 기회가 되리라는 것을 알고 있다."라고 말하면서도 아직 어떤 것도 결정된 것은 없다고 말했다. 그럼에도 같은 달, 크레디트 스위스와 도이체방크는 물론, UBS와 샌포드 번스타인 등 주요 금융 회사들은 분사가 임박했다는 예측 보고서를 발표했다. CNBC의 짐 크레이머는 5월 21일, 분사 가능성이 회사의 가치를 새로운 수준으로 바꿀 것이라며 투자를 권유하기도 했다. 나는 현 단계의 주가가 주기적으로 반복되는 가뭄과 화이트웨이브 분사설 등을 고려할 때 투자할만한 수준이라고 판단했다. 내 생각은 간단했다. 화이트웨이브가 분사된다면 주가는 현재의 시세에서 40~50%쯤 더 오를 것이다. 그러나 분사가 되지 않는다고 해도, 가뭄은 언젠가 끝날 것이고 가뭄이 끝나면 주가는 상승할 것이다. 상황이 어떤 방향으로 전개되든 딘 푸드에 투자하는 것은 나쁘지 않은 선택이라는 것이 당시 나의 생각이었다.

나는 필 미켈슨이 그날 나와 점심 식사를 한 후 딘 푸드의 주식을 240만 달러어치나 매수했다는 사실을 뒤늦게 알게 되었다. 1개월쯤 후인 8월 7일, 딘 푸드 측은 2010년에 CEO가 공개적으로 언급하기도 했고, 3개월 전인 5월, 분석가들과의 대화에서 얘기하기도 했던 내용을 정식으로 발표했다. 딘 푸드가 화이트웨이브를 분사한다는 것이다. 주가는 단숨에 40%나 상승했다. 멋진 투자였다.

나중에 알게 된 일이지만, 비슷한 시기에 필 미켈슨은 돈세탁 혐의로 당국의 추적을 받고 있었다. 내가 스포츠 베팅에서 필과 파트너 관계를 맺기 10여 년 전부터, 그는 과거 샌디에이고에서 주식 브로커로 활동했고, 유명 인사나 유명 배우들과 교분을 맺고 있는 열렬한 골프 애호가인 그레고리 실베이라를 통해서 거액의 베팅을 해왔다. 그들의 베팅에 관해 확실히 알고 있는 두 명의 서로 다른 소식통에 따르면, 실베이라는 1996년부터 2013년까지 필의 베팅에 거간 역할을 했고, 이런 식으로 베팅한 것이 수천 번도 넘고, 하루에 12개 이상의 경기에 베팅한 적도 있었다는 것이다.

2010년 봄, 필은 실베이라에게 은밀한 부탁을 들어줄 수 있는지 물었다. 스포츠 베팅으로 생긴 빚을 갚아야 한다며 자신이 실베이라에게 몇백만 달러 규모의 거금을 송금할 테니, 그 돈을 해외에 개설된 그의 개인 계좌로 송금해 달라는 것이었다. 실베이라는 이 부탁을 들어주기로 했는데, 이는 그 자신에게도 불행한 선택이었다. 국세청이 이 수상한 송금을 잡아내지 못할 리 없었던 것이다.

법원 문서에 따르면 이 사건의 핵심은 2010년 3월 26일, '신원 공개를 원치 않는 어떤 갬블러'가 실베이라의 웰스 파고 은행 계좌로 275만 달러를 이체한 것이다. 이 문서에는 그 갬블러는 필 미켈슨 이름의 약자인 P.M.이라는 이니셜을 사용했다.

3월 29일, 실베이라는 필이 역외 부채 지불을 돕기 위해 자신이 손쉽게 관리할 수 있는 체이스 은행의 계좌로 247만 5,000달러를 송금했다. 그 전에 실베이라는 필에게 송금받은 돈 가운데 10%에 해당하는 27만 5,000달러를 수고비 명목으로 취하여 웰스 파고에 개설된 자신의 다른 계좌로 옮겼다.

거액의 돈이 갑자기 들어왔다가 순식간에 특정 계좌로 빠져나간 것을 확인한 웰스 파고 측은 당연히 국세청에 의심활동보고서를 제출했고, 국세청은 이 거래에 대한 범죄 여부를 확인하기 위한 조사에 착수했다. 그로부터 얼마 지나지 않아 클로록스 주식과 관련한 뉴스 보도에 필 미켈슨의 이름이 등장했고, 또 얼마 지나지 않아 딘 푸드 주식 거래 관련 보도에도 그의 이름이 나오기 시작했다.

연방 당국의 추적을 당하고 있던 필은 당시 그의 주요 스폰서 기업이었던 KPMG의 관계자들을 통해 그레고리 크레이그라는 워싱턴 DC에서 활동하던 변호사를 소개받았다고 말했다. 크레이그로 말하자면, 단순한 변호사가 아니었다. 그는 오바마 대통령 당시 백악관의 수석 고문이었다. 소년 같은 외모에 희고 텁수룩한 헤어스타일을 한 크레이그는 학부 과정을 하버드대학교에서 공부하고 예일대학교의 로스쿨을 졸업한 정통 아이비리그 출신이었다. 게다가 바라라 연방검사는 물론, 로레타 린치 전 법무부 장관, 그리고 증권거래위원회의 집행담당 책임자와도 긴밀한 관계를 유지하고 있었다. 이쯤 되면 그에 대한 재판은 정치적으로 흘러갈 수밖에 없었다.

돈세탁 수사와 더불어 내부자 정보를 이용한 주식 거래에 대한 수사의 표적이 되어 있는 필을 도와야 하는 변호사가 화려한 경력과 인맥을 자랑하고 있는 사람이라면, 검사들이 필을 괴롭히지 않도록 무슨 일을 할 수 있을까? 그는 마치 해리 후디니Harry Houdini : 세계적인 마술사이자 탈출 묘기 전문가가 쇠사슬에 묶인 채 물속에 잠겨 모자에서 토끼를 끌어내는 따위의 묘기를 부리는 것과 같이 말도 안 되는 법률적 수단을 동원했다.

2016년 5월 19일, 증권거래위원회는 "프로골퍼, 거래 이익 환수에 동의하다"라는 제목의 보도 자료를 냈다. 이 보도 자료는 딘 푸드 관련 문제만을 다루고 있었고, 필을 '구제피고인'이라고 지칭했다. 구제피고인이란 '타인의 사기 범죄를 규명하고, 그가 범죄로 얻은 이익을 회수하기 위한 목적으로 고소장에는 이름은 올리지만, 자신이 저지른 불법 행위로 기소는 되지 않는 피고인을 지칭하는 말'이다.

이 보도 자료에는 "필 미켈슨은 증권거래위원회의가 부과한 혐의에 대해서 인정하지도 부인하지도 않았지만, 주식 거래의 이익 93만1,738 달러 12센트와 여기에서 발생한 이자 10만 5,291달러 69센트를 전액 환수하는 데 동의했다."라고 설명하고 있다. 또 내가 필 미켈슨에게 딘 푸드를 거래하라고 '권유'했으며, 그는 주식을 팔아서 얻게 된 100만 달러 가까운 이익 가운데 일부를 나에게 진 빚을 갚는 데 썼다고 덧붙이고 있었다.

보도 자료는 또 "필 미켈슨이 주식 거래를 통해 번 돈은 결국 월터스의 불법행위 결과이기 때문에 환수되어야 하는 것"이라고 설명하고 있었다.

반면 그의 돈세탁 혐의에 대한 언급은 어디에도 없었다. 크레이그 변호사도 별도의 성명을 발표하며, 다른 사람들이 필의 잘못이라고 주장하는 어떤 혐의에 대해서도, 필은 그저 "순진한 방관자"일 뿐이라며 거들고 나왔다.

필과 바라라 검사는 모두 자신들이 원하는 것을 얻었다. 필의 변호인들은 또 다른 성명을 통해 필은 내가 관련된 내부 정보에 의한 거래 사건의 무고한 희생자라고 주장했다. 그 과정에서 필은 돈세탁 관련 사건에서는 벗어났다. 오로지 나 한 사람에게만 범죄 혐의가 씌워진 것이다.

그로부터 한 달 뒤, 필의 부탁을 받고, 받은 돈을 송금해 준 잘못 밖에 없는 그레그 실베이라는 275만 달러를 돈세탁한 혐의로 12개월 1일의 징역형을 선고받았다. 반면 모든 사건의 중심에 서 있어야 할 필은 유유히 사라져버렸다.

나는 그때까지만 해도 필이 적어도 나의 내부자 거래 재판에서 증언해주기를 바라고 있었다. 그러나 수잔과 나는 맨해튼에 도착하고 나서 내가 필을 증인석에 세우려고 하면, 그는 수정헌법 5조를 근거로 증언을 거부할 수 있는 권리를 행사할 수 있다는 사실을 변호사를 통해 알게 되었다. 나는 필과도 잘 알고 지내는 가까운 친구에게 도움을 청했다.

나는 이렇게 부탁했다. "이보게. 나도 이런 일에 자네를 끌어들이는 게 싫어. 하지만, 나는 필이 법정에 나와서 자신이 FBI에 진술한 내용을 그대로 이야기해줬으면 좋겠어. 내가 자신에게 내부 정보를 누설한 적이 없다고 말이야. 필에게 내 말을 꼭 전해주게. 그저 사실을 사실대로만 말해달라고 부탁하더라고 말이야."

그 친구는 필에게 전화를 걸었고, 필과 만나기로 했다고 한다.

그는 필을 만나서 이렇게 말했다고 내게 전했다. "이건 빌리의 인생이 걸린 일이야. 그는 자유와 구속의 갈림길에 서 있어. 어쩌면 꽤 오랫동안 감옥살이를 해야 할지 몰라. 빌리는 자네가 사실을 있는 그대로 진술해주기를 바라고 있어. 빌리가 자네에게 내부 정보를 전달해 준 적이 없다고 말이야."

"좋아 증언하겠어." 필이 그에게 말했다고 한다.

"정말이야? 그렇다면 자네는 먼저 나가. 나는 자네가 나가는 것을 보고 바로 빌리에게 전화해서 알려야겠어."

필은 자신이 분명히 증언대에 설 것이라고 다시 한번 이야기하고 두 사람은 헤어졌다고 한다.

그러나 필은 끝내 증언을 하지 않았다.

그때의 상황을 수없이 돌이켜 봤지만, 필이 증언해서 나에게 도움을 주었다 하더라도 내가 온전히 자유의 몸이 되어 법정을 떠날 수 있었을지는 장담할 수 없다. 필은 이미 FBI의 조사를 받으면서 내가 자신에게 딘 푸드는 물론 그 어떤 회사의 미공개 내부 정보를 이야기해 준적이 없다고 두 번이나 진술한 바 있다. 이 사실을 아는 검찰이 필에게 전화를 걸어 증언하지 말라고 강력하게 요구했다는 것을 나는 알고 있다. 필과 같이 대중적인 이미지가 좋은 유명인이 법정의 증인석에서 선서하고, 자신이 아는 한 나에게 제기된 혐의는 모두 무죄라고 증언하는 것은 검찰로서는 절대로 보고 싶지 않은 끔찍한 광경이었을 것이다.

어쨌든, 필은 끝내 증언을 하지 않았다.

돌이켜 보니, 나는 필의 삶 속에서 그와 꽤 긴 기간을 함께 한 몇 안되는 사람 가운데 하나였다. 필은 35년간 PGA투어 선수로 활약하면서, 짐 본 맥케이라는 캐디와 25년을 함께 했고, 그레그 실베이라와 17년간 베팅을 했고, 5년간 나와 파트너가 되어 베팅을 했다.

그는 자신이 코너에 몰리면 자기 자신 이외의 누구도 신경 쓰지 않는 사람이었다. 매번 그랬다. 한 번도 다른 친구의 편에 선 적이 없었다. 감옥으로 갈 수도 있고 면죄부를 받을 수 있는 경계선에서 그는 사실을 있는 그대로 말하는 것조차 거부했다.

연방 수석보좌검사인 마이클 페라라는 나의 재판에서 배심원단에게 한 첫 발언에서 그는 이렇게 한마디를 했다.

"탐욕"

페라라 검사는 배심원들에게 이렇게 말을 이었다. "이 사건은 바로 탐욕에 관한 사건입니다. 수백만 달러의 이익을 얻고, 수백만 달러의 손실을 피하려고 공개되지 않은 내부 사업정보를 불법적이고 부당하게 입수하여 사용하려 한 윌리엄 월터스라는 사람의 탐욕이 이 사건의 본질입니다.

페라라는 이 사건 재판의 성패는 내 친구였고, 지금은 검찰 측의 주요 증인인 톰 데이비스의 증언 신빙성에 달려 있다는 점을 인정했다.

나는 속으로 톰 데이비스의 증언을 배심원들이 믿을 만한 근거는 없다고 확신했다. 그러나 미처 내 변호인단의 수석 변호사마저 흔들릴 가능성까지는 생각하지 못한 것은 나의 실수였다. 나는 듀크대학교에서 학부 과정을 공부하면서 파이 베타 카파Phi Beta Kappa : 미국에서 가장 명성이 높은 명예학술협회 활동을 했고, 하버드 로스쿨을 수석 졸업하고 뉴욕에서 활동하고 있는 키가 크고 듬직한 변호사인 베리 버크에게 내 사건을 맡겼다. 내가 그를 처음 만났을 당시 그는 화이트칼라 범죄사건 변호에 있어서는 마이클 조던과도 같은 신화적인 인물이라는 평판을 받는 아주 매력적인 사람이었다. 그가 나의 재판을 망쳐버릴 것이라고는 조금도 생각하지 않았다. 문제는 그의 모두 발언에서부터 시작되었다. 그는 「새터데이 나이트 라이브」에서 나올만한 콩트 같은 그리스 우화로 말문을 열었다. 배심원들 앞에서 버크는 말했다.

"아주 오랜 옛날, 한 남자가 다른 사람의 재산을 모두 훔치기로 마음먹고 그리스의 작은 마을을 떠나 수도인 아테네로 향했습니다. 아테네로 들어가는 관문에 도착하니 수문장이 그에게 아테네로 들어가는 이유를 물었습니다. 그는 자신이 예전에도 아테네에 왔던 적이 있다고 말하면서, 아테네에 있는 오랜 친구를 만나고 싶어서 왔다고 말했습니다. 그러자 수문장은 다시 물었습니다. '그렇다면 파이래우스를 만나러 가는 거요?' 어차피 적당히 꾸며 대답해야 했던 그는 이렇게 대답했습니다. '그렇습니다. 그는 나하고 아주 친해요. 사촌이라고 해도 좋을 정도로 친해요.' 그러자 수문장은 그를 노려보며 부하에게 명령했습니다. '이자를 체포해. 이자가 진실을 말하고 있다면, 파이래우스가 아테네에서 가장 오래된 항구라는 것을 알고 있을 거야.'"

이 어설픈 우화로 시작해서 버크는 듣는 사람이 누구라도 헷갈릴 수밖에 없는 길고 애매한 모두 발언을 계속해 나갔다. 내가 배심원이라 해도 버크가 빌리 월터스에 관해서 말하는 것인지, 톰 데이비스에 대해서 이야기하는 것인지, 아니면 진짜 고대 그리스의 어리석은 어떤 사기꾼 이야기를 하고 싶은지 종잡을 수 없었을 것이다.

그는 장황한 이야기가 거의 끝날 때쯤에서야 비로소 우리 사건을 이야기했다.

"나는 이 재판을 통해서 배심원 여러분께 두 가지를 설득할 것입니다. 하나는 톰 데이비스가 거짓말을 하고 있다는 것이고, 또 하나는 빌리 월터스는 스스로 자신이 어떤 잘못도 하지 않았다고 확신하고 있다는 점입니다."

톰 데이비스와 나는 2002년부터 그때까지 수백 번을 만났고, 다양한 화제를 놓고 이야기를 나눴었다. 물론 휴대전화 통화도 수없이 했다. 나의 모든 주식 거래는 공개된 실적 발표 내용을 근거로 이루어졌음에도 불구하고, 검사는 나와 그 사이의 수많은 전화 통화와 나의 주

487

식 거래 사이에 모종의 관계가 있을 것이라고 주장했다. 그들은 나를 기소하면서 자신들이 내가 행한 주요한 주식 거래 10건 중 9건과 관련 있는 통화기록을 확보했다고 주장했다. 그러나 사실 그들은 나의 주요한 주식 거래와 관련된 어떤 통화기록도 가지고 있지 못했다. 그러니 전혀 문제가 될 것이 없었다. 그들의 주장은 톰 데이비스가 창작한 허구일 뿐이었다.

톰 데이비스는 검찰에게 나름 자세한 진술을 했다. 내가 그에게 댈러스의 러브 필드의 한 사설 항공 터미널 주차장에서 검은색 선불폰을 주었다고 주장한 것이다. 그들은 그 전화기를 '베트폰'이라고 명명하며, 내가 톰 데이비스와 2012년 7월에 있었던 대량 거래에 관한 대화를 그 전화기를 이용해서 나눴다는 것이다. 당시는 딘 푸드가 화이트웨이브의 분사를 정식 발표하기 한 달 전이었다.

톰 데이비스는 내 전화를 받았다 하면서도 정확한 날짜는 특정하지 못했다. "2011년인데 날짜는 정확히 기억나지 않습니다. 날씨가 좋았던 기억이 납니다. 하지만 날짜는 정확히 모르겠습니다. 2011년 여름이었을 겁니다." 그의 증언은 대개 이런 식이었습니다.

그는 진실을 이야기하지 않았다. 우리는 그것을 입증할 증거를 가지고 있다.

비행 기록과 통화기록을 근거로 정리해 보면 톰 데이비스와 내가 동시에 러브 필드에 있었던 시기는 2012년 12월 18일 하루뿐이었다. 범죄에 사용되었다는 문제의 베트폰을 이용해 나와 통화한 시점과 주식 매입 시점은 그보다 몇 개월이나 전이었다.

그 문제의 전화기는 지금 어디 있었단 말인가? 통화기록은 왜 없단

488

말인가? 법무부는 톰 데이비스에게 문제의 베트폰을 댈러스 북부의 출입이 통제된 곳에 있는 터틀 크릭이라는 구불구불하게 흐르는 강물에 던져버렸다는 증언을 받아내 이 문제를 대충 넘겨버렸다. 이 진술 때문에 FBI 소속의 잠수 요원들이 현장에 파견되어 물을 빼내고 수색을 하는 등 이틀 동안이나 법석을 떨었다.

톰 데이비스의 두 번째 부인인 테리는 후에 현지 TV를 통해 수색 장면을 지켜보던 중, 톰 데이비스가 웃으며 고개를 저으며 "절대 못 찾을 거야."라고 말하는 것을 들었다고 말했다.

못 찾을 것이라고 말한 이유는 간단했다. 베트폰이라는 것은 처음부터 없었다. 법무부 쪽은 우리가 셀 수도 없이 많은 대화를 휴대전화를 통해 나누다가 2012년 7월부터는 대포폰을 사용하기 시작했다는 그들의 주장을 배심원들이 믿어주기를 바랐다. 그러면서도 2012년 9월과 10월에 다시 휴대전화를 사용했으며, 기소장에 나와 있는 다른 거래와 관련한 '내부 정보'는 휴대전화를 통해 얻었다는 것이다. 전혀 말이 되지 않는 이야기였다.

우리는 톰 데이비스의 거짓 증언을 다룰 별도의 재판을 청구했다. 그러자 검사들은 톰 데이비스가 전화를 언제 어떻게 걸었는지에 관한 '기억이 정확하지 않거나, 시기를 잘못 기억하고 있을 뿐'이라고 둘러댔다.

카스텔 판사는 우리의 별도의 재판 청구를 기각했고, 그가 사건을 어떤 방향으로 몰고 갈지도 분명해졌다. 그러면서 그는 "2011년에 전화를 받았다는 그의 증언은 사실일 가능성이 크다. 다만 베트폰을 통해 전화를 받은 정황을 정확하게 기억하지 못하고 있거나, 이후 러브필드에서 월터스를 만났을 때의 장소나 상황을 착각했을 가능성이 크다."
라고 정리했다.

그러나 내가 2011년에 톰데이비스를 만났다는 건 아무런 증거가
없었다. 더욱이 나의 휴대전화 기록을 확인해 보면 나는 그해 단 한 번
도 텍사스에 발조차 들인 적이 없다는 것을 확인할 수 있었다.

그러나 이 사건을 맡은 이 판사에게는 정확한 사실이 무엇이냐는
중요하지 않은 것 같았다.

우리 변호사들은 실전에 대비하기 위해 그들끼리 모의재판도 열었
다. 그들은 나에게 7~8년 전에 했던 어느 주식 거래를 놓고 그와 관련
한 전화 통화에 관해서 나를 추궁했다. 나는 솔직하게 기억이 나지 않
는다고 대답했다. 그러자 변호사는 그런 답변이 뭔가 모호하게 들린다
고 말했다. 사실 그렇다, 내가 생각해도 모호하다. 그러나 기억할 수가
없는 것이 사실이었다.

만일 7~8년 전에 누군가와 15~30초 정도 통화한 내용을 기억할 수
있는 사람이 있다면, (게다가 그 통화 상대방이 매일 수도 없이 통화하는 사
람이었다면) 나는 그런 사람에게 독자들이 가지고 있는 기업의 CEO직
을 맡기라고 주저 없이 충고하고 싶다. 그런데도 톰 데이비스는 멘사
회원들도 불가능해 보이는 정확한 시간, 날짜, 내용을 거침없이 증언하
며 거짓 기억의 칼을 내 등에 꽂아버렸다. FBI와 29번이나 만나면서 만
들어진 이야기들이었다. 실제로 그랬다. 그는 자신을 조사하는 검사들
과 8년이나 함께 일했던 벤 나프탈리스 변호사의 철저한 코치를 받으
며 29번이나 FBI와 만났다.

내 변호사인 베리 버크도 나름 애를 많이 썼다. 그는 4일간의 반대 심문에서 톰 데이비스의 논리를 박살 내고, 그가 성추행범이고, 세금포탈자이고, 거짓말을 입에 달고 살았고, 도박에 중독된 삶을 산 사람이라는 것을 생생하게 입증했다.

톰 데이비스의 심문 이틀쯤 후에 FBI의 특수요원인 폴 로버츠가 찬조 출연하여 2008년부터 2014년 사이에 나와 톰 데이비스 사이에 있었던 수십 건의 전화 통화의 자세한 내용을 설명했다. 그는 통화 시점과 주식 거래와의 관련성을 입증하기 위해 이메일, 문자 메시지는 물론 차트와 그래프까지 동원했다. 그는 2012년 5월부터 2013년 2월 사이에 내가 딘 푸드 주식을 500만 주 이상 일괄 매수했다가 일괄 매각한 사실을 주목했다.

그러나 로버츠가 배심원단에게 배부하고 설명한 내용에는 내가 주식의 매수와 매도를 판단하기 위해 벌였던 어마어마한 양의 연구나 활동은 전혀 반영되어 있지 않았다. 나를 변호했던 변호사들 가운데 한 사람인 폴 슈만이 반대 심문에서 그 자신도 인정했듯이 로버츠는 내가 나를 담당한 증권 브로커나 애널리스트들과 엄청난 통화를 했다는 사실, 또 그즈음에 있었던 다른 종목의 주식 거래와 관련해서도 비슷한 사람들과 비슷한 양의 통화를 했다는 사실은 무시했다. 다음은 로버츠에 대한 반대 심문 내용이다. 이 내용은 법정 녹취록을 그대로 옮긴 것이다.

문: 자. 당신은 어제 증언을 하셨습니다. 수많은 통화와 거래 가운데 어떤 거래와 어떤 통화를 당신의 차트에 반영했나요? 매일 매일의 통화와 거래 가운데 반영할 것을 따로 추리는 작업을 당

491

신이 직접 하셨나요?

답: 그렇습니다.

문: 그렇다면 당신이 제시한 차트에는 모든 통화와 모든 거래가 다 집계된 것은 아니군요?

답: 맞습니다.

문: 당신은 어제 증언에서 기소 내용을 확인하고 검사와 상의했다고 했다고 말했지요? 그렇게 말한 것을 기억합니까?

답: 그렇게 말했습니다.

문: 그렇다면 당신이 제시한 차트에 담겨 있는 내용 가운데 검사와 상의하지 않고 선정한 것은 하나도 없다는 말인가요?

답: 맞습니다.

이런 심문도 오갔다.

문: 당신은 월터스 씨의 불법행위와 관련이 있다고 생각되는 거래에 관한 사항만 차트에 표시했나요?

답: 맞습니다.

문: 그렇다면 이번 사건에서 검찰이 제기하고 있는 의혹과 관련 없는 통화는 차트의 집계에 반영하지 않은 것이지요?

답: 그런 통화는 포함하지 않았습니다. 맞습니다.

로버츠는 그의 증언에서 중요한 사실을 빠뜨렸다. 2013년 2월, 나는 딘 푸드의 주식 100만 주를 팔았는데 이는 캘리포니아의 팜 데저트에 있는 빅혼 골프클럽을 사들이는데 필요한 자금을 마련하기 위한 것이었다. 2주 후, 딘 푸드의 실적이 발표되었는데 예상보다 저조했고, 주가도 주당 2달러 하락했다. 검찰 측은 내가 내부 정보를 미리 알고 100만 주의 주식을 팔아 200만 달러의 손실을 회피했다고 주장했다.

언뜻 보면 그럴듯한 주장이지만 여기에는 함정이 있다. 나는 100만 주를 판 것은 사실이지만 다른 430만 주는 여전히 가지고 있었다는 것이다. 그래서 실적 발표가 나온 후 860만 달러의 손해를 봤다. 정상적인 판단력을 가진 배심원들이라면 누구나 "이왕 손실을 회피하려면 왜 860만 달러의 손해를 봤을까? 왜 다 팔지 않고 100만 주만 팔았을까?"라는 의문을 품지 않을 수 없었을 것이다.

로버츠가 빠뜨리고 배심원들에게 감춘 중요한 사실이 또 있다. 나는 비슷한 시기에 데이비스가 이사회의 이사로 재직하고 있는 다른 회사의 주식도 활발하게 거래하고 있었다. 그 회사는 어퍼머티브 보험이었고, 내가 이 회사의 주식을 거래하기 시작한 것은 2005년부터였다. 딘 푸드와 마찬가지로 내가 보유하고 있는 그 회사 주식 수량의 증감은 있었지만, 나는 그 회사가 심한 어려움을 겪을 대도 항상 주식을 보유하고 있었다. 그 회사는 2016년에 파산신청을 했고, 나는 그때까지 가지고 있던 50만 주의 주식을 단돈 1센트에 팔았다. (날카로운 두뇌와 명석한 기억력을 가진 톰 데이비스가 나에게 이 회사의 내부 정보를 미리 넘겨주는 일을 깜빡 잊었나 보다) 왜 나는 그 부실기업의 주식을 마지막까지 보유하고 있었을까?

재판이 막바지에 이를 때까지도 나는 무죄를 확신했다. 그러나 나보다는 다른 사람들의 마음을 잘 읽는 편인 수잔은 확신하지 못하는 눈치였다. 수잔은 버크가 배심원들을 대할 때 너무 자신만만하고 거만한 인상을 주는 것 같았고, 말이 너무 빨랐고, 데이비스의 논리를 너무 철저하게 박살 내버리려 한 것이 오히려 배심원들의 동정을 불러일으킬지도 모른다고 걱정했다.

우리 변호사들의 생각은 달랐다. 우리가 이긴다는 게 그들의 중론이었다. 그들은 배심원단의 분위기가 처음과 많이 달라졌다며, 어느 정도 판세가 정해졌으니 위기를 관리해야 한다고 조언했다. 우리 쪽의 분위기도 다소 이완되어 있었고, 배심원들도 조금씩 집중력을 잃어가고 있었다. (심지어 판사들은 재판하다 말고 졸고 있는 배심원들에게 주의를 환기하는 해프닝도 몇 차례 있었다) 그들은 모두 재판을 빨리 끝내고 쉬고 싶어 하는 듯 보였다. 실제로 어떤 배심원은 판사에게 다음 주에는 자신의 사업상 이유로 재판에 참석할 수 없다고 말하며 빨리 끝내주기를 종용하기도 했다. 우리로서는 철저하게 재판에 임함으로써 지나치게 시간을 끌어 그들을 화나게 할 필요가 없다고 생각했다.

우리는 우리를 위해 증언해 줄 증인들의 23번째 청문회를 취소하기도 했다. 그들 가운데는 나의 주식 거래의 정당성을 입증해 줄 아주 저명한 전문가도 포함되어 있었다. 과거 조지 W 부시 대통령 시절 미국 경제자문위원회의 의장을 지냈고, 당시에는 컬럼비아대학교 경영대학원의 원장으로 재직 중이던 글렌 허바드가 그 사람이다. 우리는 배심원들이 톰 데이비스는 능숙한 거짓말쟁이일 뿐 아니라 끔찍한 인간이고, 자기 한 사람 살기 위해서 나를 희생양으로 삼으려 하고 있다는 사실을 인정해 줄 것이라는데 올인했다.

우리 변호사들은 우리가 승소할 것을 확신했기 때문에, 나에게도 더 이상 증언대에 서지 말라고 권고했다. 변호사들은 그렇게 권고하면서 결정은 나에게 미루었고, 나는 그들의 권고에 따랐다.

한마디로 정리하자면 그것은 치명적인 실수였다.

재판의 막바지 단계에서 버크가 마지막으로 두 시간의 최후변론을 마쳤을 때, 배심원들은 마치 심폐소생술이 필요할 정도로 지쳐 보였다.

재판을 마치고 변호인단이 법원의 대기실에서 몇 시간쯤 대기하고 있을 때, 배심원들이 숙고 끝에 평결을 내렸다는 소식이 전해졌다. 돌이켜보면 실수도 잦았고, 고비도 있었지만, 브룩 쿠치넬라 검사가 다소 상기되어 있는 것을 보고 내 가슴도 뛰었다. 법조계에서는 보통 평결이 빨리 나올수록 피고인에게 유리한 판결이 나오는 경향이 크다는 통설이 있다.

그러나 배심원들이 법정에 입장하는데 아무도 나와 눈을 마주치려 하지 않았다. 좋은 징조가 아니었다.

배심원단 대표가 일어섰고, 그의 입에서 나오는 말을 들으면서 나는 눈앞이 아찔해지고 온몸에 뜨거운 불똥이 튀는 것 같은 느낌이 들었다.

유죄…. 유죄…. 유죄….

만장일치였다. 열 명이 모두 유죄로 판단했다.

휴정이 선언되었다. 나는 법정 밖 복도에서 멍한 채로 앉아 있는데 기자가 다가와 심경이 어떤지 물었다.

나는 말했다.

"내 인생 가장 큰 베팅에서 진 것 같아요."

31개월을 감옥에서 보내는 동안 나는 재판 과정을 몇 번이고 복기했다. 내가 변호사들의 권유에 따라 증언을 거부한 것은 역사적이고 기념비적인 실수이고, 계산 착오였던 것이 분명했다. 나는 일생일대의 고비에 서 있고, 나를 판단할 권한을 가진 배심원들은 내가 어떤 사람인지, 어디서 왔는지, 어떻게 살아왔는지 알고 싶어 하는 상황이었다. 그들은 나에 대해서 알고 싶어 했고, 나의 행동에 대한 설명을 듣고 싶어 했다.

특히 내 재판의 경우에는 배심원들이 꼭 들어야 하는 내용임에도 듣지 못한 것들이 있었고, 그들이 들었다면 나에게 유리하게 작용했을 내용이었다.

- 그들은 연방정부가 내 전화를 60일간이나 도청했음에도 내 혐의를 입증할 만한 내용을 하나도 발견하지 못했다는 사실을 듣지 못했다.
- 그들은 필 미켈슨이 FBI의 조사를 받으면서 두 차례 서로 다른 조사에서 그가 나로부터 기업의 내부 정보를 받은 적이 없다고 진술한 사실을 듣지 못했다.
- 그들은 정부 요원들이 불법적으로 정보를 외부로 유출했고, 그 가운데는 있지도 않은 조작된 사실도 유출되었다는 사실을 들은 적이 없다. 또 처음부터 내 사건을 책임졌고, 조작도 했던 차베스의 잘못이 노골적으로 은폐되었다는 사실도 들은 적이 없다.
- 그들은 차베스가 정직을 당했고, 자신을 방어하기 위해 형사 전문 변호사를 고용하였으며, 수정헌법 5조에 근거하여 증언을 거

부했다는 사실도 알지 못했다. 또 바라라 검사가 직접 자신의 입으로 차베스는 믿을 수 없는 사람이라고 말했다는 사실도 들어보지 못했다.

- 그들은 자신들이 매일 만나면서 존경의 눈빛으로 바라보았던 바로 그 판사인 카스텔 판사가 차베스는 두 가지의 잠재적인 중범죄 의혹에 대하여 조사를 받아야 한다고 말했던 사실을 듣지 못했다.

나는 수백 번 생각해 보았다. 배심원들이 이런 것들을 들어 알고 있었다면, 나에게 유죄 평결을 내렸을까? 독자 여러분들도 한번 생각해 보라. 여러분들이 이런 사실을 알고 있었다면 나에게 유죄 평결을 내리시겠는가? 아무리 생각해봐도 내 대답은 똑같았다.

나는 선고가 있기 하루 전에 뉴욕으로 날아가 보호관찰관인 레베카 도슨의 조사를 받으며 하루를 지냈다. 그녀는 나에 대해 철저하게 확인하더니 나에게 모든 주변 정황 조사를 마치고, 판사에게 양형을 공식적으로 요청하는데 보통 한 달에서 6주쯤 걸릴 것이라고 말해주었다.

한편 내 주변 친구들은 카스텔 판사 앞으로 1백 통 이상의 편지를 보내면서 나를 도우려 했다. 그들 가운데는 전·현직 주지사와 의원 시장들도 10명이나 포함되어 있었다. 그들 중에는 짐 기븐스와 상원 의회의 다수당 리더였던 해리 리드도 있었다.

결국 보호관찰사무소는 나에 대하여 1년 1일의 징역형을 권고했다. 사건에 따라 다르지만, 통계만으로 보면 판사들이 이 권고 형량을 그대로 받아들이거나 감형될 가능성은 95%쯤 되고 이보다 더 높은 형량이 선고될 가능성은 거의 없었다.

하지만 7월 말, 카스텔 판사는 연방교도소 수감 60개월과 1,000만 달러의 벌금형을 선고했다. 이후 몰수 및 추징금 등으로 3,420만 달러를 더 납부하라고 명령했다.

그는 선고문에서 "주식에 관한 한 빌리 월터스는 사기꾼이자 범죄자이지만, 아주 영리하지는 못했다. 그에게 돈은 게임 스코어였을 뿐이었다."

글쎄. 카스텔 판사의 말 가운데 내가 동의할 수 있는 것을 딱 한 마디만 고르라면 이 말이 아니었을까 싶다. 내가 내부자 거래에 연루되어 5번이나 기소를 당하고도 톰 데이비스와의 통화 사실을 숨기고, 필 미켈슨에게 미공개정보를 제공할 만큼 어리석다면, 어리석다는 이유만으로도 감옥에 가는 것이 당연할 것이다.

법정 밖에서 수잔은 나에게 눈물로 포옹하며 자신의 뺨을 내 얼굴에 비볐다. 나는 속삭이듯 말했다. "걱정하지 마. 늘 그랬듯이 이 고비도 잘 넘길 수 있어."

1년 후, 나는 내 죄의 인정 여부와 관계없이 벌금 2,500만 달러를 내는데 합의하면서 증권거래위원회와의 민사상의 문제를 마무리했다.

FBI의 불량 간부인 데이비드 차베스가 어떻게 되었는지도 궁금할 것 같아 이야기하자면, 그는 어떤 잘못으로도 처벌받지 않은 채, 2017년 정년을 채우지 않고 조용히 사직하는 것으로 마무리되었다. 그는 정보를 불법적으로 외부에 유출했다는 이유로 형사상 모욕죄 및 사법 방해 혐의로 FBI의 법조 윤리 실과 법무부 감찰관실의 조사를 받았던 사람이다. 최소한 3곳 이상의 정부 기관이 그의 범죄 혐의를 의심하고 조사를 벌였었다. 그러나 6년이 지난 지금까지 그에게 어떤 조치가 취해졌다는 이야기를 듣지 못했다. 카스텔 판사가 그에 관한 사건도 책임지고 있는 것으로 추정된다. 그러나 차베스는 처벌을 받기는커녕 FBI를 떠난 후 사이버 보안 및 증권사기 전문가로 경력을 쌓아가기 시작했다.

바라라 연방검사는 공직을 떠난 후인 2017년 10월 라스베이거스에 있는 네바다대학교의 로스쿨인 윌리엄 S 보이던 학교에서 특강을 하려고 라스베이거스에 온 적이 있었다. 당시는 내가 감옥에 있었을 때다. 특강 후 문답 시간에 내 사건에 관한 질문이 나왔다. 그는 여러 해 동안 다른 검사들이 나를 기소하는 데 실패했지만, 자신은 기소했다고 말하면서 "끝까지 사건을 지켜보지는 못했다."라고만 답했다. 그는 나에게는 고향과도 같은 이곳의 청중들이 내 사건의 내용과 결과를 알고 있을 가능성이 크다는 것을 의식했던 것 같다

FBI 요원인 차베스에 관한 질문과 그의 불법 유출 혐의에 대해 제대로 기소나 처벌이 부족하지 않으냐는 질문에 대해서는 그 요원은 "끔찍한 짓을 저질렀고, 그런 행위에 의한 결과로 겪어야 하는 일을 겪을 것이며, 당연히 겪어야 한다."라고만 말했다. 그는 또 "차베스의 비밀 유출 사건이 세상에 알려지게 된 것은 우리 검찰이 적극적으로 수사했고, 그가 스스로 자신의 범법 사실을 자발적으로 법원에 알렸기 때문"이라고 자화자찬했다. 말도 안 되는 소리이다. 사실은 그게 아니다. 바라라는 차베스의 기밀 유출은 없었다고 차베스의 혐의를 부인했지만, 그로부터 1년도 채 지나지 않아 우리가 법원에 그의 기밀 누출 혐의를 확인하기 위한 별도의 심리를 열도록 적극적으로 설득하면서 알려지게 된 것이었다. 만일 우리가 차베스에 관한 별도의 심리를 요청하지

않았다면 그의 불법행위는 묻혔을 것이다. 라스베이거스에서의 그의 특강과 답변은 파렴치의 극치였다.

　나를 구렁텅이에 빠뜨리는데 결정적으로 기여한 또 다른 사기꾼인 톰 데이비스 역시 그의 혐의에 대한 재판을 받기 위해 카스텔 판사 앞에 서야 했다. 검찰은 그가 자신의 행동에 대해서 솔직하게 인정하지 않은 것은 맞지만 나에 관한 그의 이야기는 모두 사실이라고 강조하면서 검찰의 주요 증인으로서의 그의 기여를 참작하여 관용을 베풀어 달라고 요청했다. 그러나 판사는 데이비스가 전처 두 명을 협박한 것을 인정한 것을 근거로 그의 선처 요청을 받아들이지 않았다. 2017년 10월 19일, 카스텔 판사는 그에 대하여 "댈러스 지역 사회에서는 공작새와 같은 기품 있는 모습으로 비쳤지만, 사실은 위선자이자 사기꾼이며 협잡꾼이었다."라며 내부 정보를 이용한 거래 혐의로 2년의 징역형을 선고했다. 그러나 그는 11개월 조금 안 되는 기간만 복역한 후 풀려났다. 그러나 중요한 것은 그게 아니었다. 데이비스가 실형을 선고받기 며칠 전, 나는 펜서콜라에 있는 연방교도소에서 낯선 삶을 시작해야 했다.

26장

펜서콜라 교도소

입감 절차를 위해 펜서콜라 교도소에 자진 출두하기 열흘 전, 나는 칼스배드를 떠나 라스베이거스의 집으로 갔다. 그동안 진행하던 사업을 정리하기 위해 내 주변 사람들 가운데서도 가장 신뢰할만한 사람들을 만났다. 오랫동안 월터스 그룹의 회장으로 일했던 마이크 루스, 골프장 사업 부문을 책임졌던 조 켈리, 그룹의 운영 총괄매니저였던 조 달스트롬, 발리하이에서 식음료를 책임졌던 미치 엡스타인 등이 그들이었다. 나는 그들에게 내가 없는 동안에도 사업이 차질 없이 진행되도록 필요한 지침을 주었다.

10월 1일 저녁 6시경, 발리하이에 있는 내 사무실을 나설 때만 해도 모든 것이 잘 정리되었다는 느낌이 들었다. 네 시간 후, 한 친구가 나에게 전화를 걸어 라스베이거스의 번화가에서 열린 가수 제이슨 올딘의 공연에서 대형 총기 난사 사건이 벌어졌다는 끔찍한 소식을 전해주었다.

나는 사건의 구체적인 내용은 알지 못한 채 몇 시간쯤 얕게 잠이 들었던 것 같다. 제이슨 올딘은 사흘간의 일정으로 열린 루트 91 하베스트 컨트리 음악 축제의 마지막 공연의 주인공으로 무대에 올랐었다. 2만 2천 명이나 되는 군중들이 모여 「그녀가 베이비라고 말할 때When She Says Baby」라는 노래를 따라 부르고 있을 때 공연장이 한눈에 들어오는 만달레이베이호텔 32층에서 총성이 터져 나왔다.

경찰은 네바다주 메스키트 출신의 64세의 고액 연봉의 회계사를 용의자로 특정했다. 그는 며칠 동안 AR-15와 AR-10 소총 등 고성능 무기로 가득 찬 22개의 여행 가방을 들고, 호텔 스위트룸에 체크인하여 며칠간 머물렀다. 이 대형 참극은 갑옷도 뚫을 수 있는 위력적인 탄환이 1천 발 이상 발사되어 58명이 사망하고, 850명의 부상자가 발생하고 나서야 끝났다. 범인은 자신의 머리에 총을 발사해 사체로 발견되었다.

다음 날 이른 아침, 나는 마지막으로 트럼프 대통령의 사면을 호소해볼 생각으로 대통령의 친구이자 트레저 아일앤드 카지노호텔의 소유주인 필 루핀을 만나려고 그의 호텔로 향했다.

필 루핀은 나의 호소를 들은 후, 트럼프 대통령이 취임한 지 10개월 정도밖에 안 되었기 때문에, 이 일까지 신경 쓸 여유가 있을지 모르겠다고 말했다. 필 루핀은 나의 빠른 사면 가능성이 별로 없다는 사실을 말을 돌리지 않고 솔직하게 이야기한 것이다.

공식적인 다른 선택의 여지는 없었다. 그날 오후, 나는 루이빌로 가서 두 아들을 만나서 그들과 관련된 세부적인 사항들을 챙겼다. 다시 집으로 돌아와 TV 뉴스를 보니 총격 사건으로 온통 도배되어 있다시피 했다. 화면에는 끔찍한 영상도 나왔다. 라스베이거스 사람들은 자신들이 사는 곳을 스스로 '작은 도시, 큰 가족'이라고 부르기를 좋아한다. 초현실적인 사건에 직면하여 주민들이 느끼는 집단적인 슬픔을 이보다 더 적절하게 묘사하는 표현은 없었다.

희생자들과 가족들이 겪을 고통을 생각하니 끔찍했다. 수잔과 나는 한 가지 조건을 붙여 50만 달러를 기부했다. 그 조건이란 기부자 이름을 익명으로 처리해 달라는 것이었다.

이틀 후, 클라크 카운티 위원회 의장인 스티브 시솔락의 전화를 받았다. 그는 총격 희생자들을 위한 모금이 벽에 부딪혔다며 보다 많은 사람의 관심을 유도하기 위해 우리의 기부 사실을 공개하고 싶다는 것이었다. 나는 그게 도움이 된다면, 뜻대로 하라고 대답했다.

그 덕분인지는 모르지만, 2,000만 달러 이상의 돈이 모금되었고, 이와는 별도로 만달레이베이호텔을 소유하고 있는 MGM 그랜드 리조트가 별도로 희생자들과 가족들에게 전달해 달라고 8억 달러를 내놓았다. 그 돈이 가족과 사랑하는 사람들을 입은 사람들의 아픔을 말끔히 보상할 수는 없겠지만, 작은 도움은 될 수 있기를 바랐다.

펜서콜라 교도소의 수감자 대부분은 마약 관련 범죄자들이고, 뭔가 잘못을 저지르고 들어온 의사와 변호사들 그리고 금융 범죄자들도 다수 있었다. 수감 초창기에 나는 에르네스토 플라코 오르티즈라는 수감자를 알게 되었다. 그는 내가 그곳에 있는 동안 가장 친하게 지낸 사람이었다. 그는 영화 「쇼생크 탈출」에서 모건 프리먼이 연기한 레드의 펜서콜라 버전이라고 불릴 만한 사람이었다. 그는 마약을 베네주엘라에서 그의 고향인 푸에르토리코로 들여오려다가 적발되어 10년 형을 선고받고 형기를 반쯤 마친 상태였다. 플라코는 푸에르토리코 출신 재소자들 가운데서는 보스로 통하는 인물이었다. 더 좋은 방에서 지내고 싶고, 어떤 특별한 음식을 먹고 싶다던가, 그 밖에 뭔가 필요한 것이 있다면, 그를 통하면 대부분 해결되었다. 나도 그에게 그가 한동안 신었던 편한 테니스화를 얻는 '특혜'를 누렸다. 나는 내 영치금 계좌에 돈이 입금되는 대로 신발값을 지불하겠다고 말했었다.

플라코는 그때 "아무 때나 되는대로 갚아요."라고 간단하게 대답했었다.

그곳에서 생활하다 보니 써야 할 돈이 충분히 제때 없다는 것 말고도 불편한 것이 많았다. 수감 초기에는 내 손이 자주 주머니로 갔었다. 수감자 신분이라는 것을 깜박 잊고, 문자 메시지나 이메일을 확인하려고 있지도 않은 휴대전화를 찾았던 것이다.

더 불편한 것은 주중에는 다섯 차례, 주말이나 휴일에는 여섯 차례에 걸쳐서 실시되는 인원 점검에 적응하는 일이었다. 오후 4시에 첫 저녁 점검이 실시되고, 밤 9시, 새벽 2시, 새벽 4시에 인원 점검을 했다. (주말과 휴일에는 오전 열 시에 한 차례 더 점검했다.)

간혹 밤에 화재경보기가 울리는 일도 있었는데, 대부분은 무단으로 이탈한 죄수들이 인근의 월마트나 버거킹에 몰래 나갔다 돌아오면서 인원 점검에 혼란을 주기 위해 고의로 화재경보기를 울리는 경우였다. 펜서콜라 교도소는 견고한 벽이 없었고, 교도소 주변을 24시간 감시하기에는 근무자가 부족했기 때문에 잠시 슬쩍 나갔다 오는 재소자들이 꽤 있었다.

만약 이들이 잠시 나갔다가 인원 점검 시간까지 못 들어오게 되면 화재경보기를 누군가가 누르도록 미리 약속되어 있었다. 그러면 소방대원들이 출동해서 방 하나하나를 일일이 검사하여 이상 없음을 확인할 때까지 모든 재소자는 건물 밖으로 나와 밖에서 서성거려야 했다. 이 정도면 그들이 돌아올 때까지 시간을 벌기에 충분했다. 그들은 자신들이 몰래 외출했던 사실이 발각되지 않도록 햄버거나 술, 그 밖에 몰래 사들이려 했던 물건들을 모두 버리고 새벽 4시의 다음 인원 점검 시간 전까지 조용히 들어와 밖에서 서성거리며 웅성거리는 죄수들 사이로 스며들어 들면 되는 일이었다.

나는 입감한 지 1주일도 되지 않아서 비위생적인 공기와 환경을 견디지 못하고 탈이 나고 말았다. 의무실에 갔더니 '죽음의 박사'라는 별명으로 알려진 의사가 그저 독감일 뿐이라고 간단하게 진단했다.

그는 무관심한 어조로 "물이나 많이 마셔요."라고 말했다.

나는 더 정확하게 살펴 달라고 부탁했지만, 죽음의 박사는 항생제나 약을 처방해주지 않았다. 나는 내쫓기다시피 의무실에서 나왔다. 이틀을 견딘 후 나는 간신히 침대에서 나왔다. 그리고 온 힘을 모아 겨우 의무실까지 갔지만, 그곳 사람들은 나를 또다시 귀찮은 듯 내쳐버렸다. 어쩔 수 없이 매점에 가서 아스피린을 사서 몇 알 먹어 봤지만 별로 도움이 되지 않았다.

나는 원인을 알 수 없는 감염의 고통으로 인해 1주일 정도 거의 기절한 것처럼 누워 있어야 했다. 솔직히 말하자면 나는 그때 내가 곧 죽을 것으로 생각했었다. 내가 내 몸 안으로 침투한 정체불명의 병원균들을 때려눕히고 다시 일어설 수 있었던 것은 또 다른 동료 재소자인 루이 둘룩이 나서서 그들끼리만 알고 있는 은밀한 유통망을 통해서 구해준 항생제 덕분이었다.

모든 사람이 그렇듯, 나도 내가 개인의 자유에 대해서 충분히 이해하고, 그 소중함에 감사하고 있다고 생각했었다. 그러나 막상 그 자유를 박탈당하고 나니 그것이 얼마나 소중한지 새삼 깨닫게 되었다. 무엇을 먹을지, 무엇을 입을지, 언제 잠자리에 들지 등, 내가 스스로 결정하는 것이 당연하다고 생각했던 것들조차도 나 스스로 정할 수 없게 되어 버렸다. 살아남기 위해서는 그곳 사람들이 정해 놓은 '시스템'을 묻지도 따지지도 말고 받아들이고 적응하는 것 말고는 방법이 없었다.

내가 해결해야 했던 첫 번째 과제 가운데 하나는 가장 기본적인 인간의 욕구를 해결할 방법을 찾는 것이었다. 괜찮은 음식, 깨끗한 물, 따듯한 옷, 마른 수건, 새로운 칫솔, 치약, 비누, 머리를 손질하기 위한 솔, 일회용 반창고, 면봉 등 일상 속에서 아무 생각 없이 소비하던 것들조차 쉽게 구할 수 없었다. 재소자들은 입감할 때 어떤 물품도 휴대하지 않은 채 입감해야 했고, 필요한 필수품은 매점에서 터무니없이 비싼 돈을 주고 구입해야 했다.

나는 수감 초창기부터 교도소 생활이 베팅과 비슷한 점이 많다는 것을 깨닫게 되었다. 이 베팅 게임의 이름을 붙인다면 숫자라고 할 수 있겠다. 각자에게 수형자 번호가 붙어 있고, 세탁기에도 번호가 붙어 있고, 일상과 관련된 수많은 것들에 번호가 붙어 있다. 매점에서 물건을 구입할 수 있는 최대한도는 360달러로 제한되어 있고, 전화는 매월 1초의 에누리도 없이 300분까지만 사용할 수 있다. 면회는 금요일에는 오후 5시부터 8시까지, 토요일과 일요일에는 오전 8시부터 오후 3시까지로 정해져 있었다.

주중에는 해가 뜨기 전에 일어나서 6시 30분까지 작업을 준비해야 하고, 매일 8시간씩 일을 하고 30~80센트의 시급을 받았다. 나는 얼마 지나지 않아 사업가로서의 경험이 있는 죄수는 재고나 예산 등을 다뤄야 하는 중요한 업무를 담당하며 나름 대접받는다는 사실을 알게 되었다. 가장 인기 있는 작업장은 세탁실이었는데, 나는 그곳에서 마이크 마이스너라는 수단이 좋은 재소자의 지휘를 받으며 일하게 되었다.

플로리다주의 보카 러톤에서 한때 큰 호황을 누렸던 상품 유통 사업을 했던 50대 후반이었던 마이크는 수백만 달러 규모의 폰지 사기 계획을 실제로 행동에 옮겼다는 혐의에 대해 유죄를 인정하고, 15년 6개월의 징역형을 선고받고 형기를 절반쯤 마친 상태였다. 마이크는 자신이 고객들을 총으로 쏴 죽였다면 오히려 이보다 더 낮은 형을 선고받았을 것이라고 농담을 하곤 했다. 지내다 보니 교도소에는 재미있는 유머들이 많았다.

마이크도 교도소 음식이 입에 맞지 않아 심한 위장 장애로 고생하는 나에게 큰 도움을 주었다. 나는 급히 소화제가 필요했지만, 아직 영치금이 입금되지 않은 상황이었다. 다행히 마이크는 교도소에서 전해 내려오는 민간 치료법을 알고 있었다. 얼마나 다행인지 모른다. 그는 따듯한 비눗물을 주둥이가 물총 모양인 병에 담아 주면서 즉석 관장을 해서 대장을 청소하라고 권했다. 보기는 영 이상했지만, 효과는 괜찮았다. 죽음의 의사의 푸대접을 받지 않고도 문제를 해결할 수 있었다.

마이크는 이 전에 몇 군데의 교도소를 거쳐서 2013년에 펜서콜라 교도소에 왔다고 한다. 그는 이곳에서 마침내 세탁장이라고 하는 탐나고 괜찮은 직장을 얻었다고 말했다. 세탁장의 일이란 800명에 달하는 재소자들의 죄수복을 세탁하고, 건조하고, 분류하고, 잘 접고, 보관하고 배포하는 순서로 진행된다. 매일 세탁장에서는 지저분한 옷으로 채워진 300개의 망사 가방을 처리해야 했다.

나는 수감 된 지 몇 주 만에 내 세탁 가방을 맡기러 갔다가 마이크 도움을 받게 되었다. 당시 나는 수감 전에 했던 많은 골프 연습과 시합으로 손목터널증후군이 생겨 손목 보호대를 차고 있었는데, 그가 그것을 눈여겨본 것이다.

그는 나처럼 손목터널증후군을 앓고 있는 사람들은 죄수복 하의에 지퍼 대신 단추가 달려 있으면, 그것을 잠그고 푸는 데 어려움을 겪는다는 사실을 알고 있었다. 내가 다음번에 세탁실을 방문했을 때 그는 내 바지를 지퍼 달린 것으로 바꾸어 주었다. 이것도 그 덕분에 내가 누린 작은 특권이었다.

마이크는 당시 이미 7년이나 되는 세월을 감옥에서 보내다 보니 그것 말고도 잡다한 지식과 경험이 있었다.

그는 잡다한 행정 업무가 귀찮다고 말했다. 그러면서 그는 이 문제를 해결하기 위해, 내가 원한다면 세탁실에서 일하게 해줄 수 있다고 말하며 나를 스카우트 했다.

그는 나를 세탁실의 케이지라고 불리는 세탁물 보관 구역에서 일하게 했다. 사실 나는 집에 있을 때 내 손으로 세탁을 해본 적이 없었기 때문에, 처음에는 마이크에게 옷을 제대로 분류하고, 개고, 정리하는 기본적인 것들을 배워야 했다. 그러나 얼마 지나지 않아 나는 소모품을 적절하게 주문하고 예산을 맞추고, 재고를 집계하는 등의 일을 능수능란하게 할 수 있게 되었다.

세탁실의 책임자는 드와이어라는 사람이었는데 그는 유능한 관리자였다. 그는 자신의 책임 아래 일하는 사람들이 제대로 일을 하면 적극적으로 그들을 대변해 주었지만, 그렇지 못하면 거기에 합당한 책임을 물었다. 그는 펜서콜라 교도소 재소자들 가운데 서열 3위로 대접받는 사람이었다. 세탁실을 책임지고 있는 교도관은 존슨이라는 사람이었는데 그는 우리를 인격적으로 존중해주는 훌륭한 품성을 가진 사람이었다. 우리는 그를 보통 미스터 제이라고 불렀다. 그는 내가 숫자에 밝고 괜찮은 비즈니스 감각이 있다는 사실을 인정해주고, 거기에 맞는 일을 우리에게 맡겨 준 것이다.

나는 세탁실에서 일하는 재소자들을 또 하나의 가족처럼 여겼다. 솔직히 말하자면, 나는 그곳에 이층침대와 화장실만 있다면, 시끄러운 감방 대신 거기서 먹고 자며 지내고 싶었다.

펜서콜라에서 나는 한동안 두 가지 일을 동시에 하느라 바빴던 적이 있다. 내가 영치금을 받고 플라코에게 테니스화 외상값을 갚자, 그는 교도소 내의 인맥을 이용해서 교도소 내에서 필요한 다양한 작업을 수행하는 23지정 구역에서 나를 일하게 했다. 그곳의 책임자는 제임스 헬름스였다. 그는 세탁실의 드와이어나 미스터 제이와 마찬가지로 아주 괜찮은 사람이어서 자기 일을 묵묵히 성실하게 수행하는 사람이라면 오래 함께 일해도 좋을 만한 사람이었다. 우연히 알게 된 사실이지만 제임스도 나와 마찬가지로 켄터키 출신이었고, 영국에서 농구 관련 일을 했었다.

23구역에서 내가 담당한 일은 트레일러를 개조해서 만든 작은 사무실에 앉아서 잔디깎는기계, 제초기, 트랙터 등, 수리나 교체가 필요한 각종 장비의 유지 관리 등을 위한 주문서를 작성하는 등의 서류 작업이었다. 내 근무시간은 대개 오전 6시 30분부터 오후 3시까지였다. 일과가 끝나면 35명의 다른 수감자들과 함께 버스를 타고 교도소 수감동으로 돌아와서 한 명씩 몸수색을 받고 나서야, 비로소 자유롭게 걸어가 최대 10명이 함께 사용할 수 있는 샤워실에서 몸을 씻을 수 있었다. 뛰는 것은 절대 허용되지 않았다. 이동할 때는 반드시 걸어야 했고, 나도 마찬가지였다. 나는 걸음이 빨랐기 때문에 부족한 샤워실을 먼저 차지할 수 있었다. 나는 샤워를 위해 기다릴 필요는 없었다.

샤워를 마치면 나는 세탁실의 케이지로 가서 세 시간 동안 그곳 일을 처리했다. 교도소 직원들의 말에 의하면 당시 두 가지 일을 맡은 사람은 나밖에 없었다고 한다. 투잡 생활을 한 지 5개월쯤 지났을 때 세탁실을 책임지고 있던 드와이어가 더 좋은 일거리를 찾아 다른 작업장으로 옮겼는데, 그의 뒤를 이어 성질이 아주 고약한 다른 재소자가 그곳의 책임을 맡게 되었고, 그의 밑에서 일하는 것은 나에게는 고역이었다. 그래서 나도 세탁실 일을 그만두게 되었다.

펜서콜라에서 만난 가장 끔찍한 인간은 재소자가 아니라 RDAP를 운영하는 책임자였다.

2m의 장신인 데니스 프로핏은 대학 시절 농구 선수로도 활동한 적 있었다. 사무실 벽에 붙어 있는 직원 사진에도, 농구 유니폼을 입은 그의 사진이 붙어 있었다. 대학에서 임상심리학을 전공했다는 그는 재소자들 앞에서 자신이 마치 신이라도 되는 듯이 행동했다. 그의 말과 행동을 그렇게밖에는 표현할 방법이 없다. 9개월간 진행되는 RDAP를 책임지고 있다는 것은 또 하나의 권력이었다. 그 프로그램을 이수하면 형기가 1년 줄어드는 혜택을 받을 수 있었기 때문에 모든 재소자는 그 앞에서는 꼼짝도 못 했다.

나도 알코올과 관련해서는 과거 한때 좋지 못한 이력을 가지고 있었기 때문에, RDAP를 신청할 자격이 분명히 있었다. 대개의 재소자는 형기를 상당히 많이 보낸 후 막바지에 이 프로그램을 신청하는 경향이 있다. 그런데 내 경우는 5년 형을 선고받고 복역한 지 7개월쯤밖에 지나지 않았을 때, 프로핏이 나를 불러 RDAP에 들어올 자격을 확인했다고 말했다. 나는 의아했다. 내가 그 프로그램에 한가하게 참여하기에는 타이밍이 너무 나빴다. 미국 제2순회 항소법원에 항소심이 계류 중이었고, 딘 푸드가 나를 상대로 제기한 4,500만 달러의 소송에도 대응해야 했다. 아들 스콧은 깊은 나락에 떨어져 있었고, 국세청의 감사관들은 나의 베팅 내역을 들여다보고 있었다.

나는 프로핏에게 내가 수감된 지 7개월밖에 되지 않았고, 항소심도 진행해야 하고 가족 문제도 있다고 상황을 설명했다. 이왕 프로그램을 시작한다면 최선을 다해서 전 과정을 충실하게 밟아가고 싶었다.

그는 충분히 알아들었다고 말했다. 상황이 정리되면 언제라도 들어오라고 덧붙였다. 7개월 후, 항소심에서 유죄 판결에 대한 증거를 재심리했음에도 불구하고 패소한 후 나는 RDAP을 신청했다. 그사이에 나는 동료 수감자들로부터 프로핏이 매우 악의적이고 강압적으로 통제한다는 이야기를 들어 알고 있었다. 믿을 만한 소문에 의하면, 워낙 그에 대한 불만이 많다 보니 교도소의 간부들이 교정 당국에 그에 대한 조사를 요청할 정도였다고 한다.

프로그램을 시작하기 위한 절차의 하나로 나는 프로핏과 면담을 했다. 그는 세 명의 다른 동료들과 면담 테이블에 앉아 있었다. 그런데 그들은 프로그램의 내용과 전혀 관련이 없어 보이는 것들을 물었다. 내 자산, 변호사에게 지급한 비용, 출소 후 삶의 계획 등을 캐물은 것이다. 아무래도 의미 없는 요식행위로 느껴졌고, 지금도 그렇게 확신하고 있다.

프로핏은 잠시 자리를 벗어나더니 돌아와서 이렇게 말했다. "당신은 자신이 특권을 가진 자라고 생각하는 것 같소. 이 프로그램에 받아들이기에는 당신의 환경이 너무 좋아요. 당신의 지원을 거부하겠습니다."

이렇게 해서 내 형기를 1년이라도 줄여보려던 생각은 물거품이 되었다. 특히 화가 났던 것은 내 나이 때문이었다. 72세의 나이에 형기 1년을 줄이고 늘이는 문제는 내 아들을 다시는 볼 수 있을 수도 있고, 다시는 못 볼 수도 있는 중대한 문제였다.

그곳 재소자들 사이에서도 빌리 월터스가 들어와 있다는 소문은 퍼져 있었지만, 나는 티 나지 않게 살려고 자세를 가능한 한 낮추고 지냈다. 그저 수많은 재소자 가운데 한 명으로 사는 것이 나한테도 편했다. 그것이 할머니가 나를 키웠던 방식이었다. 교도관이나 직원들에게도 "Yes sir" 또는 "No sir"라고 존칭을 붙여 답했다. 내가 그곳에서 나름 존중받은 것은 항상 눈은 크게 뜨고, 입은 다물고 생활했기 때문이다. 나는 항상 줄을 서서 차례를 기다렸고 어떤 특권도 누리지 않았다. 동시에 나는 부당한 양보도 하지 않았다. 그곳에서 나는 죄를 짓고 들어온 한 사람의 사기꾼에 불과했다.

"당신의 시간은 당신이 쓰기 나름입니다."라고 마이크가 말한 적이 있었는데, 이는 자유로이 쓸 수 있는 시간에는 누군가의 방해도 받지 않고 최대한 자유롭게 활용하라는 의미였다. 내 정신 건강을 위해서도 분노를 최대한 억누르고 심신을 단련할 수 있는 방법을 찾아야 했다. 나는 내 나름대로 하루 계획을 정했고, 어지간해서는 그 계획을 어기지 않기로 했다. 일단 작업장에서 일해야 하는 시간에는 열심히 일했다. 작업이 끝나고 나면 운동을 했다. 운동장 트랙에서 속보로 5km쯤 걷거나, 타원형 펀치볼을 치거나 스쿼트를 하고, 역기를 들었다. 저녁 7시에서 8시 사이에 교도소 전화기로 수잔과 전화 통화를 했고, 잠자리에 들기 전에 간단하게 샤워를 하고, 책을 보다가 잠이 들었다.

책은 주로 역사 관련 서적이나 자서전들을 읽었다. 샘 월턴, 필 나이트, 안드레 애거시, 하워드 휴즈, 드와이트 아이젠하워 등의 자서전과 1차 세계 대전에 관한 책을 읽은 것이 생각난다. 한겨울에는 실내 온도가 너무 낮아서 장갑을 낀 채로 책을 읽었기 때문에 책장을 넘기기가 불편했던 것이 기억에 남는다.

작업 후 자유로운 시간에 책을 읽거나 운동을 하지 않을 때는 음악을 들으며 시간을 보냈다. 구내매점에서 MP3 플레이어와 이어폰을 구입하고 듣고 싶은 음악을 다운로드 받았다. 낯선 곳에서 외롭게 보내던 그 시절 내가 가장 좋아했던 노래는 싱어송라이터 해리 채핀의 '일요일 아침의 햇살Sunday Morning Sunshine'이라는 노래였다. 나는 그 노래를 눈을 감고 몇 번이고 반복해 들으면서 내 귓속으로 메아리치듯 들리는 해리의 말과 목소리 속에서 켄터키에서의 어린 시절, 라스베이거스에서의 삶, 나의 삶의 내면, 그리고 내가 사랑하는 수잔을 떠올렸다.

"나는 어깨에 배낭 하나를 메고 이 마을에 들어왔지.
내 주머니 속에는 내가 말할 수밖에 없는 이야기들이 가득 차 있었고"

루이 둘루크는 감옥의 단조로운 일상에서도 내 두뇌가 퇴화하지 않

514

도록 큰 도움을 준 동료였다. 우리는 친하게 지내면서 각자의 지난 인생의 중요한 고비를 돌아보면서 깊은 반성과 성찰의 대화를 나눴다. 마침 루이의 감방 동료가 출소하자 나는 당국에 요청해서 나는 그와 마이크 마이스너와 한방을 쓰게 되었고, 우리의 우정은 더욱 깊어졌다.

그는 더 나은 삶을 꿈꾸며 맨손으로 일어서고자 하는 사람들에 관한 관심이 큰 완벽한 기업가였다. 우리는 철저하게 고수하는 자기만의 원칙, 집중력, 그리고 실패를 딛고 일어서는 과정 등 자수성가에 성공한 입지전적인 인물들의 공통적인 특성에 관해서 많은 대화를 나눴다.

나는 루이에게 누구나 자신이 성공했다고 말할 수는 있다고 말했다. 그러나 현실은 실패하기 전까지는 누구도 자신이 성공했었다는 사실을 말할 수 없다는 것이다.

조금 시간이 지나고 나니 나도 모르는 사이에 나는 십여 명의 재소자들의 멘토 역할을 하고 있었다. 나는 스스로 나이가 많다고 생각하지도 않았고, 현명한 사람이라고 생각해 본 적도 없었지만, 몇몇 재소자들의 눈에는 그렇게 보였던 모양이다. 나는 그들의 인생 이야기를 꽤 많이 들어주었다.

내가 그곳에서 만난 사람들 가운데 폭력적인 범죄나 심각한 범죄를 저지르고 들어온 사람들은 별로 없었다. 대개는 나보다 더 불우한 환경에서 태어나 성장했고, 운도 좋지 않았던 사람들이다. 나는 동료 재소자들 가운데 접견하기 위해 찾아오는 사람이 하나도 없는 사람들이 60%나 된다는 사실에 매우 놀랐다. 그 이유는 가족들이 그들을 포기했거나 아니면 펜서콜라까지 찾아올 수 있을 정도의 경제적 여유가 없기 때문이었다. 리틀 조도 그런 친구였다.

나는 조 라미레즈라는 재소자가 심한 속쓰림으로 힘들어한다는 이야기를 소문으로 듣던 중 그를 우연히 만나게 되었다. 나는 그에게 잔탁이라는 위산의 역류를 막아주는 약을 좀 주었다. 조는 그 가운데 한 알을 다시 나에게 주었다. "난 당신을 몰라요. 난 당신에게 아무런 신세도 지고 싶지 않아요." 하지만 점차 대화를 나누면서 그는 마음을 열었다.

그즈음, 조는 40대 후반의 나이였고, 이미 20년 넘게 복역하고 있었다. 그의 키는 1m 70cm정도의 단신이었지만 100kg의 다부진 체구의 잔인하고, 공포스런 싸움꾼이라고 소문이 나 있었다. 그는 플로리다 태생이었지만, 8살 때까지 멕시코에서 할머니 밑에서 자라났다고 한다. 그 후 그는 플로리다로 돌아와 와네타에서 성장했다. 디즈니월드에서 남서쪽으로 1시간쯤 걸리는 곳에 있는 와네타는 멕시코 출신 이주자들의 집단거주지가 형성되어 미국의 다른 곳과는 여러모로 달랐다고 한다.

조의 말로는 마약 거래는 와네타의 주 수입원이었고, 자신도 자연스럽게 마약 거래에 발을 디뎠다고 한다. 2001년, 그는 인신매매 혐의로 체포되었고, 27년 형을 선고받고 복역 중이었다. 그가 구속되었을 당시 그의 여자 친구는 임신 6주째였다고 한다. 내가 그를 처음 만났을 때, 그는 애틀랜타에 있는 고도의 보안시설이 갖춰진 교도소에서 14년 간이나 생활하다가 펜서콜라로 막 옮겨온 직후였기 때문에, 스스로 더 이상 살아야 할 이유가 없다고 생각하며 막연한 분노를 속으로 삭이고 있었다.

조는 또 BOP라고 부르는 히스패닉계 교도소 내의 폭력 조직(조는 이 조직을 형제단이라고 불렀다.)의 리더이기도 했다. 그는 조직 덕분에 교도소 안에서 상당한 권력을 누리고 있었지만, 늘 불만에 가득 차 있었다. 스스로 인정했듯이 그는 자신이 살든 죽든 관심이 없어 보였다.

그러나 그는 나에게 자신의 속마음 깊은 곳에 자리 잡은 슬픔을 털어놓았다. 벌써 17세나 된 딸인 조던 엘리사 라미레즈를 아직 한 번도 못 만나 봤다는 것이다. 그는 딸이 어렸을 때는 일주일에 두 번쯤 통화를 한 적도 있었다고 한다. 그러나 세월이 흐르면서 통화는 줄어들었고, 지금은 전화를 걸어도 받지 않는다고 했다.

나는 조에게서 나 자신을 보는 것 같았다. 나도 나의 잘못된 선택으로 인해 사랑했던 사람들과의 관계가 깨졌던 아픈 경험이 있었다.

내가 말했다. "딸과 연락을 할 수 있는 방법을 함께 찾아보세. 내가 자네와 딸이 다시 연락할 수 있도록, 그리고 가능하다면 그 아이가 여기로 한 번 찾아올 수 있도록 힘써 보겠네."

내가 맘먹고 나서면 그의 딸의 소재를 파악하는 것은 어렵지 않을 것이다. 내가 움직일 수 있는 밖에 있는 친구들을 통해서 수소문해 보니, 조던의 어머니가 아이오와의 한 직장에 다니고 있다는 사실을 확인할 수 있었다. 그리고 그들이 매주 금요일 저녁의 면회에 맞춰서 펜서콜라로 올 수 있도록 도움을 주었다.

그들이 만났을 때 수잔과 나도 면회실에 있었다. 눈물 없이는 볼 수 없는 만남이었다. 조와 그의 딸은 기쁨과 감사의 마음으로 떨며 오랫동안 포옹을 했다.

조의 말에 의하면 그때 그의 딸이 면회 온 것이 길고 긴 수감생활 동안의 첫 면회였다고 한다. 또 딸이 어떻게 생겼는지도 몰랐다고 한다. 딸의 엄마도 많이 변했다고 한다. 그녀가 조를 향해서 손을 흔들 때까지 조는 그녀를 알아보지 못했다고 한다.

그때 조의 딸 조던은 노란색 상의에 청바지를 입고 있었다. 원래 교도소의 규칙에 따르면 면회자와 재소자 사이에는 잠깐 포옹하는 것 이상의 장시간의 신체 접촉은 허락되지 않는다. 그러나 조는 그런 규칙을 신경 쓸 겨를이 없었다. 두 사람은 마냥 껴안고 울기만 하고 있었다. 간수 중 하나가 그들을 떼어 놓으려 하는데 내가 교도관에게 다가가 조용히 말했다. "딸 좀 안아보게 놔두시지요!"

조던이 입을 열어 처음으로 한 말은 "정말 만나보고 싶었어요."였다.

그는 2020년 7월 코로나에 걸리는 바람에 가석방되어 풀려났다. 그때 51세인 조는 지금 플로리다에 있는 한 기아자동차 대리점에서 일하고 있는데, 그곳에서 모범직원으로 인정받고 있다고 한다. 그는 최근 나에게 가끔 조던을 만나고 있다고 말하며, 가끔 예고 없이 딸이 불쑥 찾아오는 것이야말로 아버지로서 받을 수 있는 최고의 선물이라고 덧붙였다.

그는 말했다. "이제는 지금 당장 죽는다고 해도 더 바랄 것이 없어요."

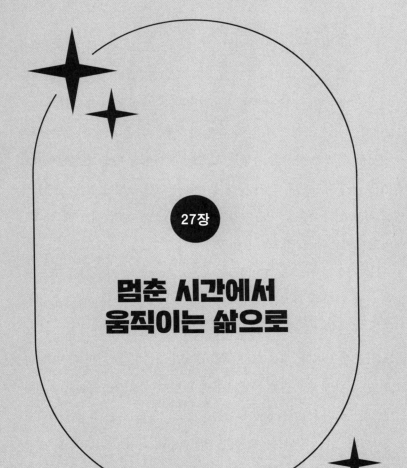

27장

멈춘 시간에서
움직이는 삶으로

몇 주가 지나고, 몇 달이 되고, 몇 년이 흐르고 나니 나도 수감생활에 꽤 적응하게 되었다. 다른 교도소도 마찬가지겠지만, 펜서콜라에도 고자질꾼이나 전문 사기꾼들이 득실거린다는 사실을 알게 되었다.

내게 처음으로 접근해 온 뱀 같은 사기꾼들 가운데는 애리조나주의 주지사를 지냈던 사람의 아들이 있었는데 자신을 미술 컨설턴트라고 속이며 내게 다가왔다. 그가 내게 찾아와 자신이 유명한 미술품 수집가인 스티브 윈과 2주간 지낸 이야기를 그럴싸하게 말할 때 만해도 그저 재미있게 들었다. 그것으로 끝이었다.

나는 가능한 한 그를 멀리하고, 대신 신뢰할 만한 재소자들 몇 사람들과 나름 긴밀한 관계를 형성하여 함께 지냈다. 거기서 가깝게 지낸 친구들 가운데는 보스니아에서 역도 선수 생활을 했다 하여 보즈라 불리는 친구가 있었다. 그는 15년 형을 선고받고 형기를 거의 다 마쳐 가고 있었다. 한때 올림픽을 목표로 운동을 했다는 보즈는 180kg의 벤치 프레스를 들고 턱걸이를 600개나 하는 우리 기준으로는 엄청난 괴력의 소유자였다. 한눈에 봐도 어깨가 무척 넓었고, 근육도 탄탄해 보여 그가 복도를 걸어가면 사람들은 그와 부딪히지 않기 위해 벽에 붙어서 옆걸음으로 통과해야 했다. 나는 그가 다른 재소자들의 운동을 도와준다는 이야기를 듣고 나도 매주 두 번쯤 함께 운동하며 지도해 달라고 부탁했다. 우리는 일요일에는 웨이트트레이닝을 하고 목요일에는 코어

운동과 스쿼트를 함께 했다. 나는 스쿼트에 특별히 집착하여 꾸준히 횟수를 늘려나갔다. 그 결과 출소할 때쯤에는 쉬지 않고 191회까지 해본 적도 있었다.

나는 감옥에서만 일어날 수 있는 사건을 통해서 보즈라는 친구의 됨됨이를 파악할 수 있었다. 우리가 만난 것은 내가 두 번째로 기거하던 방에서 휴대전화와 성인용품 등 금지 물품이 발견되어 그 방의 룸메이트들이 뿔뿔이 흩어진 직후에 만났다. 일반적으로 고도의 보안시설을 갖추고 있는 교도소에서는 휴대전화를 몰래 소지하고 있다가 발각되면 일종의 징벌방으로 옮겨진다. 그러나 펜서콜라에는 따로 징벌방 같은 장소가 없는 대신 보통 중범죄자나 흉악범들이 기거하는 방으로 옮겨진다. 또 일정 기간 접견권을 박탈당하거나 외부전화 통화시간 축소, 또는 매점 사용금액한도 축소 등의 징계를 받는다.

나와 한 방에서 기거하는 재소자 가운데 문제를 일으킨 사람은 레온이라는 친구였다. 불시에 실시된 검방 과정에서 한 교도관이 그의 사물함에서 하나도 아니고 두 개의 휴대전화와 배터리로 진동까지 되는 휴대용 자위기구까지 발견한 것이다. 마이크 마이스너는 그 기구에 "레온의 여자 친구"라는 별명을 붙여주었다. 한 방에 기거하는 나를 포함한 다른 재소자 9명은 누구도 그가 그런 것을 가지고 있다는 사실조차 알지 못했다.

그런 소동이 있고 나면 이어서 무슨 일이 벌어질지는 독자들도 대강 상상할 수 있을 것이다. 레온은 강력범들이 기거하는 방으로 옮겨졌다. 나도 복도의 맨 끝 방으로 옮겨졌고, 거기서 보즈와 카를리토스라는 내성적이고 감옥에 올 일이 전혀 없어 보이는 푸에르토리코 출신의 젊은 친구를 만났다. 나는 어린 시절부터 담배농장에서 일하고, 술집과 경마장에서 노름을 하며 거친 친구들을 상대했었기 때문에 플라코나 카를리토스 등 교도소에서 만난 별별 친구들과도 무리 없이 잘 지낼 수 있었다. 그들 가운데는 폭력배도 없었고, 거친 싸움도 없었고, 특별한 고비도, 극적인 순간도, 폭력도 없었다.

나는 그곳 생활에 어느 정도 적응이 된 후부터는 어떤 긴박한 상황이 발생하면, 흥분하지 않고 조용한 중재자 역할을 하려고 노력했다. 새로 배정받아 마이크와 함께 들어간 방에서 나는 키 1m 90cm에 130kg이나 되는 엄청난 체구를 가진 제임스라는 친구와 친해졌다. 제임스는 호감이 가는 성품의 소유자였지만, 23년 동안이나 감옥에 있어서 그런지 변덕이 좀 심했다. 제임스는 언젠가부터 복음주의 기독교 신앙에 심취하여 그것을 많은 주변 사람들에게 전파하는 데 열중하기 시작했다. 그런데 감옥에서는 종교에 관한 이야기를 할 때는 매우 조심해야 한다. 자칫 큰 문제가 터질 수 있기 때문이다. 그가 성경이 동성애를 정죄하고 있다며 지옥불과 유황불의 형벌에 관해 거침없이 이야기하는 것을 보며, 그가 육체적인 문제는 감당한다고 하더라도 정서적인 안정이 걱정되기 시작했다.

어느 날 제임스가 또 설교를 시작했다. 나는 그때 뉴욕타임스를 읽으면서 내 사업에 관하여 이런저런 생각을 하고 있었다. 또 다른 동료 재소자인 마이크 베를런이 그의 설교를 중간에 끊고 나섰다. 그는 원래 변호사였고 민주당의 조지아주 대표를 지내기도 했던 인물이었으나 그가 운영하던 로펌에서 고객의 돈 200만 달러 이상을 부당하게 취했다는 이유로 5년 형을 선고받고 복역 중이었다. 그는 성경은 동성애 등 성소수자를 결코 정죄하지 않고 있으며, 성소수자의 권리는 보호받아야 한다는 소신을 가지고 있었다.

나는 제임스가 같은 감방 동료들을 상대로 뭐라고 떠들건 애써 무시하려고 했지만, 그가 마이크와 충돌할 기미가 보이자 더는 가만히 있을 수 없었다. 나는 중재자의 역할을 감당해야 한다고 생각하면서 내가 사용하고 있던 이층침대의 아래 침상에서 일어나 나왔다.

나는 제임스를 말리면서 말했다. "제임스. 잠깐만 참아요. 당신은 불과 몇 개월만 지나면 여기서 나갈 겁니다. 불필요한 사고를 저지르지 말아요. 정말 부탁합니다. 이 방에서 또 불미스러운 사고가 나서 방 식구들이 모두 흩어지고, 또다시 다른 낯선 방으로 배정받아 들어가는 일은 피하고 싶어요. 손에 들고 있는 파이프 내려놔요."

누군가가 이렇게 중얼거렸다. "나이도 많으신 분이 괜히 끼어들어서 험한 꼴 당하지 않을까 걱정이네!"

제임스는 나보다 15cm쯤 컸고, 몸무게는 거의 두 배였다. 그의 눈은 뭔가 홀린 듯 광기 같은 것이 서려 있어 보였다. 그래도 나는 설득을 계속했다. 그도 한방을 쓰는 동료 재소자이고 평소 나를 멘토처럼 따랐던 사람 아닌가? 우리 사이에는 나름대로의 신뢰와 존경의 마음이 형성되어 있다고 믿었다.

내부 사정을 잘 모르는 사람이 구내식당의 메뉴판만 보면 마치 미국 올림픽 대표팀을 위한 식단 같다고 생각했을지도 모르겠다. 언뜻 보면 영양가가 아주 풍부한 음식이 제공되는 것처럼 보인다. 그러나 겉과 속은 전혀 달랐다. 내가 교도소 식당에서 제대로 식사한 것은 열두 번

도 채 되지 않았다. 음식이 도저히 넘어가지 않았다. 실제로 다른 교도
소에 있다가 펜서콜라로 이감된 사람들치고 교도소 음식이 최악이라
고 말을 하지 않는 사람은 하나도 없었다.

대부분의 동료 수감자들과 마찬가지로 나도 교도소의 매점에서 파
는 음식을 선호했지만, 그러려면 꽤나 많은 돈을 따로 지출해야 했다.
아침 식사로 건포도가 곁들여진 시리얼을 먹으려면 3달러 65센트, 돼
지고기 바비큐 버거를 먹으려면 4달러 40센트를, 초리조라는 스페인
향신료로 맛을 낸 소시지를 먹으려면 2달러 10센트나 지불해야 했다.
우리는 그런 것들을 사서 원래 해군이 사용하다가 교도소로 팔려 왔다
는 중고 전자레인지에 데워서 먹었다. 나는 세프 역할을 톡톡히 했던
마이스너에게 다양한 조리법을 배웠고, 대부분의 식사를 그런 식으로
함께 해결했다.

내가 그곳에서 살아남는 데 큰 도움이 되었던 것은 면회실에 있었
던 세 대의 산업용 규모의 자판기였다. 매주 할머니 한 분과 그녀의 딸
이 지역의 퍼블릭스Publix : 미국의 대형 식품 유통업체 매장에서 가져온 물건을
자판기에 채워 넣었다. 나는 그곳에서 신선한 과일과 요거트, 단백질
쉐이크, 치즈치킨, 지미 딘의 소시지, 계란 등을 필요할 때 구입하여 먹
을 수 있었다.

매주 면회를 와주는 수잔 덕분에 나는 매주 한 번씩 건강한 음식으
로 배를 채울 수 있었다. 그녀는 나에게는 구세주 같은 존재였다. 그녀
는 거의 매주 루이빌에서 번잡하기로 유명한 애틀랜타 공항을 거쳐 펜
서콜라까지 비행기를 타고 찾아왔다. 매주 금요일, 내가 23구역에서
버스를 타고 면회 장소에 도착하면, 수잔은 면회가 시작되는 오후 5시

보다도 최소한 두 시간은 먼저 도착하여 잔디밭 근처에서 기다리고 있었다.

토요일과 일요일에는 수잔은 면회가 시작되는 시간보다 세 시간이나 이른 새벽 5시부터 나를 기다리고 있었다. 비가 오든, 진눈깨비가 내리든, 눈이 쏟아지든 나는 수잔이 나를 기다린다는 것을 의심하지 않았다. 내가 복역하는 동안 면회가 가능한 날은 370일이었는데, 수잔은 15번 정도만 빼고는 모두 면회를 왔었다.

수잔은 거의 매번 자판기 앞에 늘어선 줄의 맨 앞이나 두 번째 자리를 선점했다. 수잔은 매번 많게는 100달러나 되는 돈을 자판기에 넣었다. 규칙에 따라서 수감자는 직접 자판기나 돈을 만질 수 없었다. 그래서 나는 옆에서 원하는 음식을 이야기해 주곤 했다. 치킨 가져와! 요거트도 부탁해! 내 아들 데린이 처음 면회를 와서 자판기의 버튼을 이것저것 누르면서 내게 필요한 음식을 사려고 하는 모습을 몇 걸음 떨어진 곳에서 지켜보면서 심장이 멎는 것 같은 느낌이 들었다.

금요일 저녁에 아내가 면회를 오면, 나는 처음 45분 동안은 거의 한마디도 말하지 않고, 턱이 아플 때까지 신선한 과일이나 요거트, 치킨, 돼지고기, 케이크 등을 차례로 집어삼키고 나서야 겨우 숨을 돌렸다.

날씨에 따라서 나는 수잔과 실내에서 만나기도 했지만, 바깥의 피크닉 테이블에 앉아서 내 발과 발목에 붉은 반점의 상처를 남기려는 불개미의 공격을 피해가며 이야기를 나눴다. 우리는 불개미들을 잡으면서 도미노나 카드게임을 함께 했다. 말은 편하게 하지만 내가 수감되고 초기 몇 개월 동안은 나는 아들 스콧의 신경계통의 증상 악화 때문에 무척 힘들었다.

렉싱턴에서 부동산 관련 일을 하는 데린은 모두 12번 면회를 왔는데, 그 가운데 한 번을 가장 감동적인 순간으로 꼽고 싶다. 우리는 뜨겁게 포옹하며 그 어느 때보다 큰 소리로 울었다. 나는 데린과 함께 스콧과 토냐에 대한 이야기를 하면서 가족이라는 것의 의미를 새삼스럽게 느꼈다. 데린은 겉으로는 강해 보였지만, 사실은 아주 부드럽고 겸손한 성품이었고, 때로는 깊은 우울감에 빠지기도 했다.

거의 한 번도 빠지지 않고 항상 면회객이 찾아온다는 것은 교도소 안에서도 드문 화젯거리였다. 가족, 친구, 동료 등이 면회가 허용되는 날마다 최소한 1명 이상 찾아왔고, 그 덕분에 외로움과 고립감을 크게 덜 수 있었다.

마이크 루스는 한 달에 두 번쯤 면회를 왔다. 그는 새벽 6시에 비행기 편으로 라스베이거스를 출발해 휴스턴을 거쳐 펜서콜라에 내려 오후 5시가 되면 수잔과 함께 자판기로 달려갔다. 그리고 토요일에 한 번 더 나를 만난 후 비행기를 타고 돌아가곤 했다. 나는 그 기회를 이용해 나 없이도 사업이 차질 없이 운영되고. 고객들과 직원들을 모두 불편하지 않게 하고, 내가 없는 틈을 타서 부당한 이익을 몰래 취하려는 직원들을 퇴출시키는 문제를 이야기하는 등 많은 대화를 나눴다.

짐 콜퍼트도 대여섯 번 나를 찾아왔다. 피츠버그대학교의 풋볼 감독을 지냈고, ESPN에서 분석가로 활동하던 마이크 고트프리드와 스포츠 분석가인 대니 쉐리단도 여러 번 찾아왔다. 나를 「식스티미니츠」의 라라 로건과 연결해 주었던 전 뉴욕시 경찰청장도 여러 번 나를 찾아왔다. 라스베이거스 레이더스 구단의 소유주인 마크 데이비스는 팀이 마이애미 돌핀스와 원정경기가 있을 때면 경기 관람차 함께 왔다가 나를

526

만나기 위해 시간을 내서 교도소로 찾아왔다. 라스베이거스 샌즈의 이사회 의장이자 CEO인 롭 골드스타인, 나의 오랜 친구인 싱어송라이터 맥 데이비스는 그의 아내인 리즈와 함께 여러 번 찾아와 주었다.

후에 공식 집계를 확인해 보니 200명 이상의 사람들이 1,400회에 걸쳐서 나를 찾아와 주었다. 한 교도소 관계자는 이 수치가 교도소 역대 최고기록이었다고 말했다. 펜서콜라 교도소는 창살이나 벽이 없었지만, 수감자들에게 가축처럼 갇혀 있다는 사실을 상기시켜 주는 잔인한 곳이었다. 때로는 고독이 나를 짓누르기도 했지만, 내 삶을 되돌아보는 시간을 가질 수도 있었다.

감옥에 갇혀 있으면 매분, 매시간, 매일매일 마음이 아프다. 스콧이 계속되는 발작을 가라앉히기 위해 약물을 복용하다 보니 거의 무기력증에 가까운 상태에 처해 있다는 사실을 알게 되었다. 스콧이 내가 필요한데, 내가 그를 위해 할 수 있는 것이 아무것도 없다고 생각하니 미칠 것 같았다. 스콧이 세상을 떠나 다시는 볼 수 없게 되는 악몽을 여러 차례 꿨다.

우리는 스콧을 전세기에 태워 펜서콜라로 데려오기로 했다. 그에게는 첫 면회이고 어쩌면 마지막이 될지도 모를 면회를 시키기로 한 것이다.

휠체어에 얹힌 채 나에게 다가오는 스콧을 보니 미쳐 소리칠 것 같았다. 내가 보아 알고 있던 아들이 아니었다. 나는 마음을 다잡고 애써 눈물을 참았다.

아들을 바라보며 나는 엄청난 분노와 죄책감을 느꼈지만, 내가 펜서콜라에 있으면서 가장 힘들었던 것은 내 딸 토냐가 겪는 고통을 마주하는 일이었다.

이 책의 초반부에서 이야기했지만, 토냐가 나와 나의 첫 아내 샤론 사이에서 태어났을 때 나와 샤론의 나이도 10대였다. 아빠가 될 준비가 전혀 되어 있지 않았을 때였고, 그로 인해서 가족이 겪었던 고통은 100% 나의 잘못이다. 내가 샤론과 이혼한 후 토냐는 샤론의 새로운 남편과 함께 독일로 건너갔다. 토냐의 새아버지는 토냐를 나름 책임감을 느끼고 양육했다. 토냐와 나는 토냐가 12살이 될 때까지 거의 연락하지 못하고 지냈고, 그사이에 나는 수잔과 결혼을 했다. 그 후에는 약간의 소통이 있기는 했지만, 대개 돈과 관련한 이야기를 나눴을 뿐이었다. 토냐가 16살이 되었을 때 나는 자동차를 한 대 사주었고, 그녀의 청소년기 내내 재정지원을 해주었다.

후에 나와 수잔이 라스베이거스로 이사한 후, 토냐가 몇 번 찾아왔었다. 그때 수잔은 토냐에게 교활한 면모가 있다는 사실을 발견했다. 토냐는 카지노를 방문할 때마다 습관적으로 지갑을 잃어버렸다거나, 도둑맞았다며, 내 친구들까지 찾아가 돈을 빌리곤 했다는 것이다.

토냐는 20대에 접어들면서 결혼을 했고, 아들 지미를 낳았다. 토냐는 루이빌에서 살면서 재정적인 어려움을 겪고 있었고, 처방 약물과 관련해서도 많은 문제를 겪고 있었다. 결국 이혼하고 나자, 샤론은 내게 토냐를 도와주어야 한다고 부탁했다. 나는 토냐가 지미와 함께 라스베이거스로 이사하도록 했다.

나는 토냐가 우리 회사의 골프코스 마케팅팀에서 일하도록 했고, 나중에는 스포츠 베팅 작업에도 참여시켰다. 이 무렵은 토냐와 내가 서로 알아가는 과정이었다고 생각한다. 그녀는 마이크 스나이더라는 남성을 만나 결혼을 했다. 결혼은 했지만, 이들 신혼부부의 재정은 주택 담보 대출금을 다달이 갚거나 계약금을 감당하기에는 벅찬 상황이었기 때문에 나는 그들을 위한 집을 한 채 마련해 주었다. 나는 토냐가 살아가는 모습이 아주 건강하고 깨끗하다고 생각되면 그 집의 명의를 토냐 앞으로 이전해 줄 생각이었다.

그러는 사이 손자 지미도 십 대의 청소년기에 접어들고 있었고, 나는 그 아이가 더 나은 환경에서 살아갈 수 있도록 해주고 싶었다. 나는 토냐와 이 문제로 대화를 나눈 끝에 지미를 버지니아주에 있는 사립 기숙학교인 오크힐 아카데미로 보내기로 했다. 후에 나는 지미가 그 학교를 졸업했을 때, 대견스럽게 느꼈고, 졸업선물로 트럭을 한 대 사주었다.

지미가 애리조나대학교에서 입학허가서를 받았을 때 나는 지미를 불러서 말했다. "네 학비와 숙식비, 그리고 차량 유지비는 내가 충분히 지원해 줄 것이다. 이 기회를 잘 활용해라. 이 기회를 망쳐버린다면, 이제 더 이상 지원은 없을 것이야."

그러나 지미는 학업에 성실하지 않았다. 나는 지미가 수업도 거의 듣지 않고 술과 파티만 탐닉하고 있다는 사실을 알게 되었다. 어느 해 추수감사절 휴가 때 지미는 라스베이거스에 나타나더니 휴가 기간이 끝나고도 학교로 돌아가지 않았다. 그때쯤, 나는 지미가 마약성 진통제인 옥시oxy에 중독되어 있다는 사실을 알게 되었다. 나는 그를 라스베이거스의 재활프로그램에 집어넣었다. 한 번도 아니고 두 번이나 집어넣었다. 그는 월요일부터 금요일까지는 재활프로그램에 나름 충실하게 순응했지만, 주말에는 그곳을 벗어나려고 고집을 피웠다. 물론 프로그램 운영진은 그것을 허락하지 않았고, 지미는 벽을 주먹으로 치며 반항하더니 뛰쳐나갔다. 그 후로도 그는 크고 작은 사고를 끊임없이 저질렀다.

토냐도 문제였다. 몇 년 동안 라스베이거스에서 생활하고 일하는 모습을 살펴보니 나의 나쁜 유전자를 물려받은 탓인지 도박과 사치스러운 생활에 중독되어 있었다. 약물 문제도 심각했다. 토냐는 위장과 목 등에 통증을 자주 느끼고 있었다. 웬만한 약물로도 통증이 쉽게 가라앉지 않자 옥시를 처방받기 시작했다. 다른 많은 옥시 중독자들과 마찬가지로 토냐도 통증을 치료할 수 있는 약물을 찾고 있었던 것이다. 토냐는 부인했지만, 나는 그녀가 거짓말을 하고 있다는 것을 알고 있었다.

토냐의 행실에 대한 의심과 걱정은 2012년쯤에는 가장 심각한 지경에 이르렀다. 메르세데스를 타고, 유명 디자이너의 고가 의류와 신발로 몸을 휘감고, 루이뷔통 가방을 들고 출퇴근을 했다. 당시 토냐는 안정적으로 적지 않은 수입을 올리고는 있었지만, 그 정도의 호화판 생활을 즐길 정도는 아니었다. 그즈음 수잔은 토냐의 은행 계좌에서 수상한 돈이 드나들고 있다는 사실을 알게 되었다.

수잔과 나는 우리 회사 전담 회계사와 '양배추'라는 별명을 가진 레이 코이라는 직원 한 명을 대동하고 발리하이에서 토냐를 만났다. 레이는 켄터키 출신의 현실 감각이 뛰어난 착한 청년이었는데, 루이빌의 건초 시장에서 과일과 채소를 나르는 일을 하면서 양배추라는 별명을 얻었다고 한다. 그는 내가 루이빌에서 자동차 도소매업을 크게 할 때 내 밑에서 9년간이나 일한 적이 있었고, 후에 라스베이거스로 넘어와 나를 도와 스포츠 베팅 작업을 함께 했다. 그는 개인적으로는 친구처럼 여기는 내가 매우 신뢰하는 직원이었다.

나는 그날 약속장소에 나타난 토냐의 모습을 잊을 수가 없다. 나는 골프장에서 흔히 볼 수 있는 편안한 골프복 차림이었고, 수잔은 상의는 스웨터, 하의는 청바지 차림이었다. 반면 토냐는 온몸을 명품 디자이너 브랜드 의류로 휘감고 구찌 가방을 들고 나타났다. 우리는 토냐의 계좌의 입출금 내용을 하나하나 검토했고, 수상해 보이는 출금에 대해서 캐물었다.

"토냐! 이건 이해가 되지 않는다."

그러자 딸이 벌떡 일어났다.

"나는 이런 식으로 대화하고 싶지 않아요."라고 흥분하며 말했다.

그리고 그곳을 나가 버렸다.

며칠 후 나는 수잔과 양배추와 함께 토냐를 만나 간단하게 아침 식사를 함께 먹었다. 그때 이미 우리는 별도의 조사를 통해서 내 딸이 나의 돈을 최소한 200만 달러 이상 횡령을 했다는 사실을 파악하고 있었다.

"토냐, 우리는 네가 무슨 일을 저질렀는지 알고 있어."

토냐는 발뺌하며 모든 책임을 양배추에게 뒤집어씌우려 했다. 그러나 우리와 양배추는 무려 40년 이상의 세월을 함께 해 온 사이다. 그는 한 번도 정직하지 않은 일을 한 적이 없었고, 불성실한 모습을 보인 적이 없는 사람이다.

토냐는 끝내 고개를 숙였다. 결국 모든 것을 포기한 듯 울기 시작했다.

"맞아요. 내가 했어요."라고 말하며 모든 것을 실토했다.

그날 이후, 나는 토냐를 월터스 그룹에서 내보냈다. 그녀는 가지고 있던 명품 옷들과 핸드백 등을 이베이에 내다 팔면서까지 약값을 조달하면서 그 버릇을 버리지 못했다.

딸이 그렇게 된 것에 대한 좌절감과 책임감으로 나는 어떻게든 토냐를 도와주고 싶었다. 나는 개인적으로 매우 가까운 친구이기도 한 샌디에이고의 스크립스 병원에서 일하는 의사에게 도움을 요청했고, 그는 그 방면의 전문가 몇 사람을 소개해 주었다. 우리는 그들과의 진료 약속을 잡아 놓고, 토냐를 샌디에이고로 보냈지만, 토냐는 매번 약속된 진료 시간에 나타나지 않았다. 의사들은 토냐의 그런 행동이 많은 환자에게서 발견되는 자연스러운 행동이라고 말했다. 토냐는 어떻게든 약을 충분히 처방받고 싶을 뿐이었다. 어쨌든, 토냐의 상황은 점점 악화되어 가고 있는 것은 분명했고, 토냐에게 약을 처방해주는 의사들도 자신이 해야 할 일을 하는 것뿐이었다. 나는 무척 괴로웠다. 그러나 토냐도 한 사람의 성인이다. 내가 할 수 있는 일은 별로 없다는 것을 받아들여야 했다.

토냐와의 관계는 껄끄러워졌고, 자주 보지도 못하게 되었지만, 대화의 끈을 놓지는 않았다. 특히 토냐의 삶에 어떤 심각한 문제가 생기면, 그것이 대화의 기회가 되기도 했다. 그런 일은 종종 있었다.

내가 감옥에 가기 직전에 나는 그 사실을 토냐에게 알리고, 한번 보고 싶다고 말했다. 그러나 발리하이의 내 사무실에 나타난 토냐의 모습을 도저히 받아들일 수 없었다. 한때 예뻤던 내 딸이 마침내 모든 것을 회복하고 깨끗해졌다면 얼마나 좋았을까 생각해 본다. 그러나 실상은 그게 아니었다. 메스암페타민과 코카인이 옥시를 밀어내고 그녀의 삶의 한복판에 자리를 잡고 있었고, 그것들에 중독된 사람들이 다 그렇듯이 그녀의 삶은 철저히 파괴되어 있었다.

그때 내가 만난 여인은 예쁜 딸이 아니라, 지팡이에 의지해서 보행하는, 나 보다도 늙어 보이는 노쇠한 여인이었다. 나는 울고 싶었다.

토냐와 헤어진 후, 나는 수잔에게 내가 감옥에 있으면서 내 딸이 심장마비 따위로 인해 세상을 떠났다는 전화를 받게 될까 봐 무섭다고 말했다.

2019년 3월 12일, 내가 23구역에서의 일을 마치고 감옥으로 돌아가기 위해 버스에 오르려는데 교도관 한 사람이 나를 불렀다.

"월터스. 교도소 통제본부에서 당신을 호출했어요." 그가 말했다.

다음에 일어난 일을 나는 절대로 잊을 수 없다. 그날 통제본부를 책임지고 있던 미스 케네디라는 여성 교도관이 조금 전 수잔에게서 긴급 전화를 받았다고 말했다. 나는 바로 수잔에게 전화를 걸었고, 토냐가 총으로 스스로 목숨을 끊었다는 이야기를 들었다. 그때 토냐의 나이는 54세였다.

나는 어찌할 바를 몰랐다. 자식을 잃는 것보다 더 큰 고통이 어디 있겠는가? 그 고통스러운 소식을 나는 아무것도 할 수 없는 연방교도소에서 듣게 된 것이다. 딸의 죽음을 가족들, 친구들과 함께 슬퍼할 수도 없이 갇혀 있는 상황에서 그 소식을 들은 것이다. 만약 내가 펜서콜라에 갇히는 일만 없었다면 토냐가 죽지 않았을 것이다. 언제나처럼 힘든 일이 있으면 나에게 전화를 걸었을 것이고, 이렇게 죽는 일만은 없었을 것이다.

다음 날 아침, 나는 교도소 내의 버스 정류장에서 고개를 푹 숙이고 완전히 움츠린 채, 23구역으로 향하는 버스를 기다리고 있었는데 루이 둘르크가 내게로 다가왔다. 그는 나를 오래 안아 주었다. 아마 10초쯤 될 것 같은 시간 동안 나는 흐느꼈고, 그 10초가 평생의 슬픔처럼 느껴졌다.

"루이. 너무 힘들다. 너무 힘들어." 나는 그때 그렇게 말했다.

나는 교도소 당국과 켄터키주 보호관찰국에 단기 여행 요청서를 제출해서 이틀간의 휴가를 받았다. 내가 모범적으로 복역한 것을 고려할 때 기적만은 아니었다. 나는 켄터키에 가서 사랑하는 예쁜 딸을 묻고 돌아왔다.

믿기 어렵겠지만, 모범 수형자에 관한 규정에 따라 나는 동행 교도관 없이 혼자 루이빌로 갔다. 오후에 루이빌에 도착해 곧장 장례식장으로 향했다. 토냐와의 관계는 소원했지만, 나는 진심으로 토냐를 사랑했다. 토냐의 관 앞에 혼자 있을 때 내 머릿속에는 내가 감옥에만 가지 않았다면 내 딸은 죽지 않았을 것이라는 생각이 떠나지 않았다.

영화 「환상특급」에서나 나올 법한 일을 치르고 나서 나는 수잔과 저녁을 먹고 집에서 잤다. 잠자리에서 수잔과 자유를 향한 고통스러운 몸짓이 어떤 것인지 이야기를 나눴다. 다음 날, 나는 토냐를 위한 예배에 참석한 후 비행기를 타고 펜서콜라로 돌아왔다. 훗날, 누군가가 내게 그날 펜서콜라로 돌아가지 않고, 자가용 비행기로 외국으로 탈출할 생각은 없었냐고 말했다. 당시 그런 생각은 떠오르지도 않았다. 사실 감옥으로 돌아가는 것은 괴로운 일이다. 그러나 해야 할 일이었다.

1년 후인 2020년 3월, 펜서콜라 연방교도소는 코로나바이러스의 빠른 확산에 대응하기 위해 철저한 봉쇄 정책을 시행하기 시작했다. 봉쇄, 문자 그대로 봉쇄였다. 면회가 금지되었고, 구내식당에서 식사할 수도 없었다. 포장된 음식이 감방별로 하루 세 차례 배달된 것이 전부였다. 공용 전자레인지를 사용할 수도 없었고, 운동장 트랙에서 산책하거나 운동할 수도, 햇볕을 쬘 수도 없었다. 전화는 한번은 15분, 한 번은 10분씩 1주일에 두 차례만 허용되었다.

그러한 상황에서 샤워실과 화장실의 불결한 위생 상태가 재소자들을 위험에 빠뜨릴 가능성은 열 배는 높았다. 200명의 성인 남성들이 하루 24시간 내내 한 바닥에 갇혀 지내야 하는 상황이었다. 아주 드물게 TV 룸이 비어 있을 때면 나는 CNBC 채널을 시청했다. 장담하건대, 그곳에 있는 누구도 CNBC 채널을 보고 싶어 하지 않았다. 바로 그때 작은 기적이 일어났다.

나의 74번째 생일을 두 달 반쯤 앞두고 있던 5월 1일, 법무 당국은 코로나바이러스의 확산을 사전에 방지하기 위해 전국의 나이가 많고, 재범의 위험이 가장 낮은 재소자 24,000명을 조기 석방하기로 한 것이다. 나이로 보나 모범적으로 수형 생활을 한 것으로 보나 내가 석방 대상자에 포함될 것은 거의 분명해 보였다.

이와 같은 방침이 정식으로 발표된 당일, 나는 60개월의 형기 가운데 31개월간 복역한 시점에서 펜서콜라 교도소에서 완전히 풀려났다. 떠나기 전, 나는 플라코, 리틀 조, 루이, 카를리토스 등 가까이 지냈던 재소자들과 인간적으로 정이 들었던 인품이 훌륭한 몇몇 교도관과 눈물로 포옹하며 작별을 했다. 당시 62세였던 마이크 마이스너는 이미 3개월 전에 다른 이유로 조기 석방된 상태였다.

영화를 보면 석방된 수감자들이 교도소 문밖으로 첫걸음을 내디디면서 하늘을 응시하고, 두 팔을 공중에 넓게 펴고, 크고 깊은숨을 들이쉬는 장면이 자주 나오지만, 나는 그렇게 하지는 않았다. 그저 빨리 그곳에서 멀리 벗어나고 싶었을 뿐이었다.

플로리다주 세인트오거스틴에서 나와 파트너 관계였던 기아 자동차 대리점을 운영하는 말루이스 텔레호이가 마중 나왔다. 내가 처음 펜서콜라에 들어갈 때도 그가 데려다주었으니, 그가 마중 나오는 것은 당연했다. 나는 곧장 비행기를 타고 칼스배드에 있는 수잔에게로 갔다. 그날 저녁 나는 다시는 못 먹을 것 같던 집밥을 먹을 수 있었다. 미트로프와 켄터키 옥수수로 만든 빵, 감자와 녹두, 케일, 그리고 식초 등 대단할 것도 화려한 것도 없는 그저 평범한 저녁 식사였다. 나는 잔여 형기 동안 직장과 교회, 그리고 회사 등 세 곳으로 거주가 제한된 가택 연금 상태였지만, 마음으로 자유의 벅찬 감격을 누리고 있었다.

잠시 시간을 앞으로 돌려 보자면, 2017년 4월, 내부자 정보거래로 유죄 판결을 받자마자 나는 도널드 트럼프 대통령의 사면을 받아내기 위해 워싱턴 DC에서 활동하는 거물급 변호사들과 브로커들에게 거액을 지출한 적이 있었다. 그로부터 거의 4년이 지난 2021년 1월 19일은 트럼프 대통령의 임기 마지막 날이었다. 나는 여전히 가택 연금용 전자발찌를 차고 캘리포니아의 집에서 내 변호사의 전화를 기다리고 있었다.

저녁식사를 대충 마친 후, 친구이자 전 뉴욕시 경찰청장인 버니 케릭이 웨스트윙에서 나온 소식을 전해주었다. 정말 고대하고 고대하던 소식이었다. 대통령이 퇴임을 앞두고 내린 사면조치에 포함된 사면대상자 명단이 20분 전에 나왔다는 것이다.

그로부터 세 시간이 더 지났지만, 여전히 구체적인 소식은 없었다. 동부 해안 시간은 이미 새 대통령의 임기가 시작된 1월 20일 새벽 3시가 되었고, 서부 시간도 자정을 막 넘어갔다. 수잔은 아래층 침대에 누워 개들을 꼭 껴안고 있었다. 나는 서재의 의자에 앉아 휴대전화를 손에 든 채 잠들지 않으려고 애쓰고 있었다.

갑자기 내 휴대전화 화면이 밝아지면서 백악관의 공식 홈페이지에 긴급 메시지가 떴다. 초조하게 명단에 적힌 이름들을 하나하나 확인하기 시작되었다. 무작위로 나열된 굵은 글씨의 명단을 차근차근 살펴보았다. 토드 볼랜저 완전 사면, 아벨 홀츠 완전 사면, 릭 렌찌 의원 완전 사면 등등.

나는 계속해서 초조하게 화면을 아래로 넘기며 명단을 살펴보았다. 마침내 107명의 이름이 적힌 명단의 거의 맨 하단까지 내려왔다. 랜달 '듀크' 커닝햄, 그리고 바로 그다음에

"윌리엄 T. 월터스! 초대형 로또가 터졌다!"

그 뒷사람들의 명단까지 읽어볼 이유는 없었다. 나는 소리 쳤다.

"수잔! 됐어. 됐다고!"

나는 완전히 지쳐서 침대에 쓰러졌지만, 마음은 날아갈 것 같았다. 지난 3년 반 동안 반전과 반전을 거듭하던 끝에 드디어 제자리도 돌아왔음을 느끼며 모처럼 숙면을 했다. 트럼프 대통령 가문과 각별한 관계

를 유지하고 있던 내 친구 부치 하몬의 11시간에 걸친 끈질긴 호소 덕분에 지난 몇 년 동안의 숨 막히는 고통의 시간이 끝난 것이다.

그러나 다음 날 아침이 되니 뭔가 잘못된 것인지도 모른다는 조짐이 보였다. 아침 일찍 축하 전화를 걸어주었던 레이드 상원의원에게 또다시 전화가 왔다.

"빌리. 당신의 사면 건이 뭔가 좀 확실치가 않아요."

또 다른 조짐은 내가 전자발찌를 제거하기 위해 보호관찰 핫라인에 전화했을 때 나왔다. 전화를 받는 여성 상담원은 "월터스 씨, 보호관찰 담당관 전화번호를 드릴 테니 그분과 통화하세요."라고 말했다.

보호관찰 담당관? 이건 또 무슨 소리인가?

어쨌든 발찌가 풀린 후 나는 변호사인 릭 라이트에게 전화를 걸었다.

도대체 나의 사면 여부를 어떻게 확인할 수 있단 말인가?

릭은 트럼프 대통령의 개인 변호사로 활동하면서 대통령의 러시아 관련 스캔들의 변호를 담당한 존 다우드에게 전화해 보았지만 답이 없었다. 그는 다시 사면 담당 검사실에 전화를 걸어 보았지만, 그 조직은 해산되었다. 웹사이트에 접속해보니 웹사이트도 폐쇄되었다. 사면을 발표한 보도 자료도 찾을 수 없었다.

그날은 바이든 대통령의 취임식이 있던 날이었다. 무슨 일을 할 수 있겠는가?

1월 23일, 나는 마침내 트럼프 대통령이 직접 서명한 문서의 사본을 입수해서 내가 궁금해 왔던 내용을 확인했다.

"나는 상기 윌리엄 T 월터스에게 선고된 60개월의 형기를 그가 실제 복역한 기간으로 감형하여, 잔여 형기를 면제한다. 나는 출소 후 1년간의 관찰, 벌금, 배상금, 몰수금 및 특별히 할당된 징수금의 미납액 집행 등 선고 내용의 모든 요소는 그 효력을 그대로 유지한다."

알기 쉽게 말하면 완전한 사면은 아니었다. 대통령은 나에게 신체적인 자유만 허락해 준 것이다.

그때 나는 트럼프 대통령의 절친한 친구인 스티브 윈이 뒤에서 손을 써서 나에게 단단히 한 방 먹였다고 생각해서 매우 화가 났었다.

스티브 윈이 자신이 만들다시피 한 카지노와 엔터테인먼트의 메카에서 여전히 논란거리로 남아 있는 것은 아이러니가 아닐 수 없다. 오늘날 라스베이거스는 그를 기피인물처럼 여기는 분위기이다. 그가 이처럼 혹독한 평판을 받는 것은 한 건의 사건에서만 무려 750만 달러의 합의금을 지불한 것으로 알려진 성폭행 사건을 비롯하여 수년 동안 수십 명의 직원 관련 성희롱, 갑질, 외설적 노출 등 탈법과 위법행위를 무수히 저질렀기 때문이다.

그러나 윈은 트럼프 대통령과 40년 이상 친분을 유지하고 있었다. 그들은 자주 만나 식사와 라운드도 하고, 때로는 서로 고소를 주고받으며 다투기도 했었다. 트럼프 재임 시절, 법무부가 윈이 중국 정부의 요청으로 대통령을 상대로 로비를 했다는 이유로 그를 고발하는 등 그들의 관계는 복잡한 사이였다. (물론 윈은 이를 부인했다) 예를 들어 윈은 1996년에 월스트리트저널과의 인터뷰에서 트럼프는 "무능하고, 모자라고, 허세만 가득하다"라고 혹평했다. 트럼프는 1998년, 뉴욕 매거진과의 인터뷰에서 "스티브 윈은 심리적으로 문제가 많다. 항상 불안정한 사람이다."라고 반격했다.

그런데도 윈의 가족 중 한 명은 트럼프 대통령이 윈에게서 자주 자기 자신의 모습을 보고 있다고 말했고, 어떤 면에서는 그를 숭배하고 있다고 주장하기도 했다. 한 가지 확실한 것은 윈이 공화당 전국위원회의 전직 재정위원장으로서 트럼프 대통령의 재선을 위해 많은 노력을 했고, 나의 사면에 대해서도 결정적인 영향력을 행사했다는 점이다.

스티브 윈이 내 뒤통수를 세게 쳤다고 확신하는 데는 그만한 이유가 있다. 윈은 선밸리에서 열렸던 모금행사에서 그곳에 참석한 여러 카지노의 경영진들이 포함된 공화당에 거액을 기부한 여러 인사 앞에서 직접 그 소식을 전했기 때문이다.

그 행사에서 윈은 자신이 내 사면을 무산시켰다고 직접 말하면서 공화당을 위한 모금활동을 통해 영향력을 과신하면서 나를 엿 먹인 것을 그토록 통쾌해했다는 이야기를 전해 들었다.

결국 나는 형기만 줄어들었을 뿐 사면 된 것이 아니라는 사실을 확인하고 나니 비명을 지르고 싶을 정도로 속이 터지는 것 같았다. 그러나 몇 시간쯤 지나 화를 좀 다스리고 나니 이상한 일이 일어났다. 여섯 살 이후 평생 숫자를 맞추고 내기만을 해온 나에게 아주 이상한 일이었다. 평생 내 DNA 속에 뿌리 박혀 있는 분노와 강박이라는 쌍둥이의 나선이 사라진 것이다.

내가 사면을 받지 못한 것은 분명하다. 그러므로 나는 여전히 유죄 판결을 받은 전과자이다.

그러나 따지고 보면 트럼프 대통령에게 접수된 11,611건의 청원 중 사면 또는 사면이 결정된 237건 중 하나에 불과했다. 나에 대한 탄원은 그 가운데 하나였을 뿐이다. 나 말고도 억울하게 유죄 판결을 받았지만, 영향력 있는 인사들의 탄원서나 탄원을 끌어낼 만한 능력이 없어서 억울함을 풀지 못한 사람이 얼마든지 많을 것이다. 그렇게 생각하니 나를 밤낮없이 짐승처럼 추적하던 GPS가 내 발목에서 사라진 것만으로도 충분히 기뻐할 수 있는 여유가 생겼다.

3주간의 재판, 31개월의 감옥살이 그리고 8개월의 가택 연금 등 3년 반 동안 나를 겹겹이 두르고 있던 스트레스와 심리적 압박감이 말끔히 사라지는 것을 느꼈다. 그 후 어느 날, 나는 수잔과 함께 앤시니타스 대로변을 따라 식사할 곳을 찾으면서 행복감과 새로움을 느끼고 있었다. 그날은 2017년 10월 9일 이후 처음으로 해가 진 후에 외출을 한 날이었다.

나는 큰 소리로 말했다. "세상에. 정말 아름다운 저녁이야."

수잔이 반문했다. "갑자기 무슨 소리예요?"

내가 대답했다. "불빛이 보이잖아? 내가 지금 사무실과 상점들이 켜놓은 수많은 불빛을 보고 있잖아?"

그날 저녁에 처음으로 깨달은 것이 있다. 4년이라는 긴 터널 같은 세월을 거쳐, 태어난 지 74년 만에 처음으로 세상을 바라보는 시각이 바뀌었다는 것을.

믿어지지 않겠지만, 평생 처음 자유라는 것을 느꼈다.

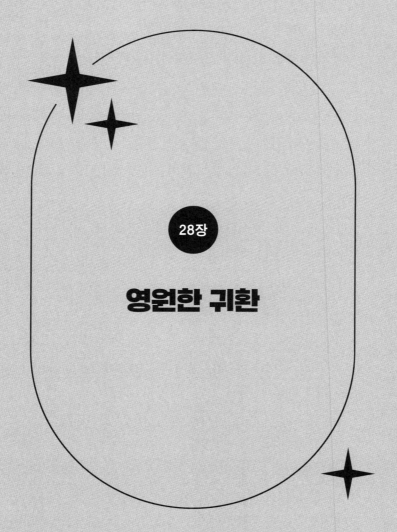

28장

영원한 귀환

2021년 3월 23일 화요일.

라스베이거스에 착륙할 때 비행기를 심하게 흔들었던 바람과는 상관없이 내 안에는 뭔가 긴장되는 느낌이 있었다. 60일간의 보호관찰 여행금지 기간이 끝났고, 나는 다시 매 순간 최선을 다하는 사업가의 삶으로 돌아갔다. 길을 멀리 돌아서 다시 제자리로 돌아왔다는 생각이 들었다.

제이슨 올딘의 공연에서 벌어졌던 비극적인 총기 난사 사건의 혼란 속에서 라스베이거스를 떠나, 교도소살이를 시작한 지 42개월 만에 다시 돌아온 것이다. 공항 활주로에서 도열한 브라스밴드가 나를 거창하게 맞이해 줄 것으로 생각할 정도로 순진하지는 않았지만, 누가 어떻게 나를 맞아 줄지 궁금하기는 했다.

내가 감옥에서 풀려나고 그 이후 나에게 형기 단축 등 몇 가지 관용적 조치가 취해진 것이 이곳에서 몇 가지 오해와 불화의 불씨가 되었다는 것을 알고 있었다. 어떤 사람들은 빌리 월터스가 자신이 구축해 놓은 자신이 스스로 정해 놓은 규칙에 따라서 일종의 회색지대에서만 살아왔고, 그 결과 마땅히 치러야 할 대가를 치른 사기꾼에 지나지 않는다고 믿고 있었다.

이런 사람들은 당연히 아무도 발리하이에 오지 않았을 것이고, 그것은 나에게도 다행스러운 일이었다. 나는 쏟아지는 박수갈채 속에서 클럽에 임시로 마련된 나의 귀환을 환영하는 행사장으로 들어섰다. 바텐더, 웨이터, 웨이트리스, 요리사, 캐디, 프로골퍼 등 다양한 직종에서 일했던 전·현직 직원들 수십 명이 나를 맞아 주었다. 나는 그들 모두와 차례로 포옹을 하며 이 아름다운 발리하이를 이뤄낸 세월과 추억을 되살렸다.

귀환 후 처음 며칠은 정신없이 지나갔다. 밀린 업무를 점검하고, 오랜 친구들과 점심 또는 저녁 식사 약속을 연달아 잡고, 감옥생활 때문에 축났을지도 모를 건강을 점검하기 위해 의사도 여러 번 만났다.

건강을 검진해 보니, 심장에 문제가 있으니 판막을 교체해야 한다는 소견이 나왔다. 여러 곳에 수술이 필요한 상태였다. 어깨와 심장 판막 교체, 그리고 무릎 등의 수술 일정이 잡혔다. 또 치과 임플란트 수술 일정도 잡았다. 이 모든 수술을 거쳐 회복하려면 꽤 긴 시간이 필요하겠지만, 그래도 진즉 했었어야 할 일을 하는 것이었다.

자신이 죽음을 앞두고 있다고 생각해 보라. 자신이 살아온 삶이 눈앞에 스쳐 지나갈 때, 사람은 인생에서 가장 중요한 것들을 우선 생각하는 경향이 있다고 한다. 내가 무엇을 먼저 떠올릴지 나는 쉽게 예상할 수 있다. 나는 아내를 사랑한다. 가족을 사랑한다. 나는 물가에 머무르기를 좋아했다. 따듯하고 온화한 날씨를 좋아했다. 그리고 골프를 좋아했다.

펜서콜라에 있을 때 내가 가장 하고 싶었던 일은 따뜻한 곳에서 반바지를 입고 골프를 치고, 맑은 공기를 호흡하며, 운동을 즐기고 친구들과 함께 지내는 것이었다. 수잔과 내가 그런 일을 하기 위해서 선택한 그 특별한 장소는 마우이 해변의 별장이었다. 2021년 12월, 우리가 그곳의 개인 리조트를 빌려 머물렀는데 하필이면 그곳에 열대성 폭풍이 강타하고 있었다. 강풍과 폭우 속에서 수잔은 "날씨가 영 안 도와주네!"라고 말하며 한숨을 푹 쉬었다.

내가 말했다. "이 정도면 멋진 날이야. 왠지 알아? 내가 먹고 싶은 것을 선택해서 먹을 수 있고, 먹고 싶을 때 먹을 수 있어. 목욕할 때 다른 남자들 대여섯 명과 함께해야 할 일도 없고, 목욕탕의 코를 찌르는 불결한 냄새에 코를 막아야 할 필요도 없잖아. 내가 하고 싶은 일을 내가 하고 싶을 때 얼마든지 하고 싶으니 이 정도면 최고의 날이야."

감옥생활로 인해 나의 삶에 많은 변화가 일어났다. 모든 것을 새로운 시각으로 바라보게 해주었고, 당연하게 여겼던 많은 것들이 사실은 얼마나 중요한 것들이었는지 새삼 깨닫게 해주었다.

이제 나는 어떤 것도 당연하다고 여기지 않게 되었다. 특히 가족들이 그렇다. 2021년 여름, 월터스 집안의 가족들이 모처럼 한자리에 모였을 때도 이 사실을 다시금 깨달았다. 그 어느 때보다 즐거운 시간을 보냈다. 수잔을 위해서 성대한 생일 파티를 열어 주었고, 새미 마릴리아, 루터 제임스, 모 무어맨 등 가장 오래되고, 가장 오래된 친구들과 함께 점심 식사도 했다.

루이빌에서 먼포드빌로 이어진 길을 오랜만에 다시 지나가면서 할머니와 해리 삼촌, 당구장 같은 추억을 떠올렸다. 나는 수잔을 위해 가이드 역할을 하면서 어머니와 아버지의 묘에 세울 비석을 새로 맞춰서 묘지를 방문할 때는 어린 소년 시절로 돌아간 느낌을 받았다. 데어리 퀸매장이 있던 곳도 지나갔다. 스탠다드 오일 주유소가 있던 곳도 가보았다. 스튜어트 씨가 살던 집이 있던 언덕도 지나갔다.

월터스 집안의 가족 모임은 내가 생각했던 것보다 훨씬 많은 감동을 받았다. 외가 쪽 식구인 퀘선버리 가문 쪽 사람들과 아버지 쪽인 월터스 가문 쪽에서 숙모, 숙부, 사촌, 조카, 외조카, 또 그들의 자녀 손자 손녀 증손자 증손녀들까지 60명 가까운 사람들이 모여 인근 교회 마당을 빌려 함께 음식을 나누며 즐겼다.

사촌인 티미 퀘선버리와 주니어 퓨리어 같은 옛 친구들을 오랜만에 만나 어린 시절의 추억을 나눴다. 사촌인 게일이 여러 가족을 일으켜 세워 한마디씩 하도록 하고, 특히 결혼한 지 60년이나 된 세 쌍의 부부를 따로 챙겨 소개하는 것을 보니 감격스러웠다.

여행에서 돌아온 후 수잔과 나는 켄터키를 우리의 삶의 마지막 종착지로 삼기로 하고 영원한 귀환을 결심했다. 우리는 지금 루이빌에 새 집을 짓고 있고, 매일 용기 있는 싸움을 계속하고 있는 스콧과 더 많은 의미 있는 시간을 보낼 계획이다.

그러는 동안 나는 새로운 섬김의 소명을 품게 되었다. 수잔과 나는 켄터키주에 새로운 '기회의 마을'을 건설하기로 한 것이다. 바드스타운의 거스리 오퍼튜니티 센터와 라그랜지의 세다 레이크 롯지가 그곳이다. 두 곳 모두 지적 장애와 발달 장애를 가진 이들을 위한 시설이다.

그리고 마지막으로 나는 새롭고 큰 도전 과제를 정했다. 그것은 엉망진창이라는 것을 내 눈으로 직접 확인한 교도소 시스템을 뜯어고치기 위한 방법을 찾아보자는 것이었다.

우선 내가 겪은 사법 시스템에 대해서 분명하게 말해두고 싶은 것이 있다. 나는 지금도 내가 감옥생활을 한 것에 대해 억울한 부분이 있다고 생각한다. 그러나 나는 운이 좋은 사람이었던 것도 분명하다. 나는 돈이 있었기 때문에 변호사를 고용할 수 있었지만, 어떤 이들은 단지 돈이 없다는 이유로 경험이 부족한 국선 변호사에게 의지하게 된다.

나는 백인이었고, 훌륭한 친구들을 많이 가지고 있었다. 그러나 나와는 처지가 전혀 다른 많은 사람들은 소위 국가가 정한 법무 시스템으로 인해 인생을 망치게 된다는 것을 알고 있다. 나는 내 문제를 가지고 투덜대는 것이 아니다. 이 책을 쓰면서 사법제도 내부를 들여다볼 기회를 얻었고, 이 나라에서 사람들, 특히 소수자에게 가해진 심각한 불의에 대해 여러분도 알았으면 한다.

감옥에서 1년을 보낸다는 것은 한 인간의 인생을 5년 이상 박탈당하는 것보다 더한 것이라 해도 과언은 아니다. 많은 수감자가 사회에 적응할 준비가 전혀 되어 있지 않은 상태에서 출소하여 오랫동안 우울감과 분노에 휩싸여 허송한다. 그 결과 너무도 많은 사람이 또다시 감옥으로 돌아오게 된다.

이들의 문제를 더 잘 다뤄야 하는 것은 사회의 의무이고, 마음만 먹으면 그렇게 어려운 문제도 아니다. 대책을 생각하여 말로 이야기하는 것과 그것을 제대로 행동으로 옮기는 것은 다른 문제이다. 그래서 교도소 개혁을 위해 행동하는 사람이 되기로 결심했다.

내가 생각하고 있는 아이디어는 몇몇 교도소 안에 직업학교를 설립하는 것이고, 나는 실제로 그런 학교가 세워진다면 충분히 재정을 지원해줄 준비가 되어 있다. 물론 수감자들은 자신이 충분히 재활과 갱생을 할 각오가 되어 있음을 행동으로 보여주어야 하고, 그런 사람들을 선별해서 입교시켜야 한다. 그리고 학교는 교도소 당국이 아닌 외부 민간 기관에 위탁하여 운영해야 한다. 이 학교는 특수 직업학교로 운영하면서 자동차, 전기, 건설, 배관 등 사회에서 인력의 수요가 아주 많은 기술을 배울 수 있어야 한다.

내가 꿈꾸는 대로 된다면 교도소 안에서 성실하게 직업 훈련을 받은 사람은 대부분 출소와 동시에 안정된 직업을 가질 수 있을 것이다. 학교 안팎에 직업 상담사가 배치되어, 수감자들이 사회에 기여하는 구성원이 되는 데 필요한 직업과 기술을 갖출 수 있도록 지원할 것이다.

내가 직접 겪어보니 오늘날 교도소는 여러 세대에 걸쳐 범죄자를 양산하고 있다. 아무런 희망도 없이 감옥에서 나온 아버지와 어머니는 자녀에게 희망을 줄 수 없을 것이다. 하지만 기술을 배우고 가족을 부양하는 사람들은 자신 삶에 대한 더 큰 비전을 가진 자녀를 키울 가능성이 훨씬 더 높다고 생각한다.

내가 이 일을 추진하면서 든든한 동지가 되어줄 사람을 하나 알게 되었다. 그의 이름은 존 폰더였다. 내게 존을 소개해 준 것은 클라크 카운티의 보안관을 지낸 바 있는 빌 영이었다. 한때 수감생활을 한 적이 있는 존은 2010년에 라스베이거스에서 '재소자의 희망'이라는 비영리 단체를 설립했다. 재소자들이 사회가 필요로 하는 기술을 습득하도록 도와 그들이 출소 후 사회에 자연스럽게 복귀하여 더 나은 삶을 살아갈 수 있도록 돕는 일을 하는 그의 활동은 한때 그를 은행 강도 혐의로 감옥에 집어넣었던 FBI를 포함한 법무 당국의 지지도 받고 있었다.

매년 450명 정도의 출소자들이 존이 운영하는 프로그램을 거치고 그들 가운데 75%가 건전한 직장을 얻어 사회로 복귀한다. 존과 나는 서로 비슷한 꿈을 꾸고 있다는 사실을 확인하고 그 꿈을 현실로 바꾸기 위해 힘을 합쳤다. 나와 수잔은 2022년 2월, 라스베이거스에서 빌리 월터스 센터를 건립하는데 필요한 자금을 기부하는 과정에서 '재소자의 희망'이 벌이는 활동에 큰 감명을 받았다. 새로 설립하는 시설은 정부의 가석방과 보호관찰 담당 기관, 가족 재결합을 위해 활동하는 기관, 정부의 차량국과 사회보장 관련 기관 등과 협력하여 기숙 직업훈련학교의 기능과 함께 고등교육의 기회와 약물 남용 방지, 정신 건강 상담 등의 서비스를 제공하도록 했다.

그날 나는 이렇게 말했다.

"내가 감옥생활을 하면서 겪게 된 긍정적인 일은 단 한 가지였습니다. 나는 31개월 동안 펜서콜라에 있으면서 가장 행복했던 일은 20명 이상의 동료 재소자들에게 멘토 역할을 하며 조언해 줄 수 있었다는 것입니다. 나는 그 사람들과 많은 이야기를 나누면서 확인한 것은 그들 가운데 누구도 다시 감옥으로 돌아오고 싶어 하지 않는다는 것이었습니다. 그러나 그들 가운데 누구도 삶의 희망을 제대로 품지 못하고 있었습니다. '재소자의 희망'은 그들이 이루고자 간절히 원했던 것을 실제로 이룰 수 있도록 동기를 유발하고, 기회와 도구를 제공해주는 기관입니다. 여러분이 원한다면 세상은 여러분에게 도움을 줄 것입니다. 그러나 여러분이 새로운 삶을 살고자 전적으로 헌신하지 않는다면, 미안한 이야기이지만 아무 소용없을 것입니다. 여러분이 정말 혼신을 다해서 새로운 삶을 개척해보겠다는 각오가 없다면, 쓸데없이 자리만 차지하느니 차라리 다른 사람에게 기회를 양보하는 게 좋을 것이라고 충고하고 싶습니다."

2023년 4월, 우리는 라스베이거스의 엥겔스타드 재단에 200만 달러를 또 기부하여 네바다주 인디애나 스프링스에 서던 데저트 교정센터를 건립하는 데 힘을 보탰다. 이 학교는 '재소자의 희망'과 네바다주 교정국이 함께 운영할 예정이고, 상용트럭 운전, 건설 기술, 접객, 물류 센터 운영 등의 직업 교육을 제공할 예정이다.

내가 교도소 개혁 외에 또 다른 자부심을 느끼는 것은 상원의원이자 집권당이던 민주당의 원내대표를 지낸 해리 리드 의원을 기념하는 의미로 맥카랜 국제공항의 명칭을 해리 리드 국제공항으로 바꾸는 일을 추진해 성사시킨 일이다. 라스베이거스가 국제적인 도시로 성장하고, 연간 4,000만 명이나 되는 사람들이 방문하는 도시로 탈바꿈한 것은 이 도시의 현대화를 위한 그의 지칠 줄 모르는 노력에 힘입은 바 크다는 것을 생각할 때 그를 이런 식으로 기념하는 것은 당연한 일이었다.

안타깝게도 그는 췌장암으로 투병 중이었기 때문에 2021년 12월에 열린 공항의 명명식에는 참석하지 못했지만, 따로 보낸 성명서에서 "내 인생 가장 위대한 영광 가운데 하나"라고 소감을 밝혔다.

2주 후, 해리 리드 의원이 4년간 간암으로 투병하다 82세의 나이로 세상을 떠났다. 하필이면 같은 날, 파나마의 베팅 사무실의 책임자로 오랫동안 나를 도와주었던 제이버드가 52세의 나이로 심장마비로 사망하고 나니 리드 의원의 죽음과 더불어 나는 말로 설명하기 힘든 슬픔을 느꼈다. 제이버드는 내가 아들처럼 여겼기 때문에 내가 받은 충격은 상당히 컸다.

거칠고 굴곡이 많았던 나의 인생 이야기를 마무리하는 시점에서 나는 몇 가지 분명한 원칙을 가지고 살아왔고, 앞으로도 그렇게 살아갈 것이다. 우선 나는 죽을 때까지 일할 것이다. 나는 평생을 아슬아슬한 상황 속에서 보냈기 때문에, 이제는 더 이상 바닥을 향해 가속페달을 밟고 싶은 욕망에 사로잡히진 않을 것이다.

솔직히 말하자면, 나는 지금도 도박중독자이고, 그로 인한 위험 부담은 무덤에 들어가는 날까지 지고 살아야 할 것이다. 궁금해할지도 몰라 이야기하자면, 갬블러로서의 본능은 이 나이에도 여전히 살아서 내 안에서 꿈틀거리고 있고, 아주 잘 작동하고 있다. 나는 최근 80여 명의 지원자 가운데 엄선한 아주 명석하고 탁월한 프로그래머를 채용했고, 지금도 스포츠 베팅의 모든 주변 요소들을 분석하고 판단하고 계산하고, 베팅에서 유리한 위치를 점하기 위해 다양한 각도에서 그 요소들을 검토하고 있다.

내 또래의 사람 대부분이 그렇듯이, 나도 언젠가 창조주 앞에 섰을 때 어떤 평가를 받을지에 대해 많은 생각을 하곤 한다. 사람은 누구나 빈손으로 이 세상에 오고, 세상을 떠난 후에는 그에 대한 평가만 남는다.

나는 좋은 사람이었을까? 이 말을 곱씹으면서 나는 숱한 고비를 넘겼던 나의 삶을 돌아보게 된다. 그러다 보면 나는 뉴욕에서 열린 재판에서 선고를 받기 직전 수잔이 나를 대신해서 쓴 수십 통의 편지를 다시 떠올리게 된다. 그 편지를 생각하면 나와 수잔이 다른 사람들의 삶에 미친 긍정적인 영향이 한 페이지쯤은 있었다고 생각하게 된다.

나는 가능하다면 많은 다양한 사람들에게 도움을 준 사람으로 기억되고 싶다. 나는 내가 받아 누리는 것을 돌려주기 위해 노력해 왔다. 나는 신뢰라는 단어를 중요하게 여긴다. 결국 나는 인생에서 겪어야 하는 위험보다는 외로운 삶에서 얻는 보상이 훨씬 크다는 결론을 내리게 되었다.

한 마디 더하면, 켄터키 출신의 빌리 월터스라는 80살이 다 되어 가는 노인을 보고, 과연 저 사람이 사용할 수 있는 카드가 더 있을지 궁금해하는 사람들이 있다. 카드가 더 이상 남아 있지 않을 것으로 생각하는 사람들은 내가 머지않아 석양 속으로 사라져 갈 것으로 생각한다.

그러나 나는 나를 의심하거나, 얕잡아 보거나, 나를 파괴하려는 사람들에게 항상 했던 말이 있다.

"베팅은 함부로 하는 게 아니야."

감사의 글

이 책은 50년째 나와 함께 해준 아내 수잔 B 월터스의 지지와 조언, 그리고 인내가 있었기에 빛을 볼 수 있었다. 그녀는 인생의 모든 고비마다 나와 함께 있었다. 수잔이 내 삶에 끼친 영향과 그녀의 조언은 이 책의 거의 모든 페이지에 고스란히 담겨 있다.

나는 2005년부터 작가 잭 시한Jack Sheehan의 도움을 받아 이 책을 쓰기 시작했다. 내가 원고를 구체화하는 데는 초창기 그의 공로가 컸다. 작가 케빈 쿡Kevin Cook도 내가 감옥에 있는 동안 나와 함께 작업을 했다. 나는 특별히 이 긴 여정을 함께 한 저널리스트이자 친구인 아르멘 케데얀Armen Keteyian에게 특별한 감사를 전하고 싶다. 아르멘과 나는 2020년 여름에 처음 만났다. 우리는 수백 시간 동안 직접 만나거나 전화 통화를 하면서 내 인생의 희로애락을 세세하게 정리했다. 많은 상을 받은 바 있는 아르멘의 취재 능력과 이야기 전개 능력은 내 인생의 이야기를 내가 원하는 방식으로 독자들에게 전달하는 데 꼭 필요했다.

마찬가지로 글렌 F 번팅이 대표로 있는 전략 커뮤니케이션 전문기업인 '지 에프 번팅 플러스'가 이 프로젝트를 전체적으로 감독하고 이끌어가는 과정에서 보여준 전문성과 지도력에 특별한 감사를 표하는 바이다. 글렌은 이 책이 만들어지는 내내 진정성 있는 조언을 해주었고, 편집 방향을 제시해 주었다. 데이브 새터필드는 중요한 시점에서 합류하여 몇몇 복잡한 단원을 쉽게 정리하는 데 도움을 주었다. 미란다 질카는 이 책을 만드는 작업이 선로를 이탈하는 것을 막아주는데 기여했다. 제니 코인은 처음부터 끝까지 함께 하며 없어서는 안 될 도움을 준 사람이다.

작가인 웨스 스미스와 연구원인 캐롤라인 카이넌 또한 없어서는 안 될 도움을 주었다.

사이먼앤슈스터그룹에 관해서는 어바이드 리더 프레스의 부사장이자 발행인인 조피 페라리 애들러에 대해서 무슨 말로 감사해야 할지 모르겠다. 그의 세심하고 간결한 편집 덕분에 이 책의 수준이 한 단계 높아졌다. 나는 에스앤에스의 존 사장, 홍보책임자인 데이비드 카스, 보조편집자 캐롤라인 켈리, 카피라이터 롭 스터니츠키 등 조피가 이끌었던 팀원 모두에게도 감사하고 싶다.

교정하는 과정에서 이 책을 여러 차례 읽으면서 독자의 관점에서 의견을 준 내 에이전트인 데이비드 비글리아노의 도움이 컸다. 또 변호사로서 40년 넘게 연달아 벌어진 법적 분쟁에서 항상 내 옆을 지켜준 리처드 라이트에게는 기립 박수를 보내주는 바이다. 또 항상 내 편이 되어준 지퍼렌 브리튼험 법률사무소의 엔터테인먼트 전문 변호사

554

인 켄 지퍼렌과 그가 이끄는 팀도 마찬가지이다.

내게 변함없는 성원과 지지를 보여준, 친척, 친구, 그리고 지지자들이 많다는 것은 정말 큰 축복이다. 그들에 대한 감사의 말을 일일이 이야기하려면 따로 책 한 권을 더 써야 할 것이다. 그렇지만, 내 인생에서 정말 특별했던 사람들 몇 사람은 언급해야 할 것 같다.

우선은 나의 소중한 가족들의 이름부터 불러보고 싶다. 내 아버지 서먼 월터스, 어머니 에일린 '데일' 퀘선버리 월터스, 그리고 누구보다도 고마운 내 할머니 루시 퀘선버리가 그분들이다. 일일이 이름을 열거할 수는 없지만, 조부모님, 숙모, 숙부들, 조카 외조카, 사촌, 손자 그리고 증손자들까지, 그리고 특히 내 딸 토냐에 이르기까지, 오랫동안 나를 이해해주고 사랑해준 가족들에게 감사의 말을 전한다. 물론 나의 두 아들 스콧과 데린도 마찬가지이다.

또 특별히 가까웠던 친구 짐 콜버트, 레이 캐비지 코이, 맥 데이비스, 휴지 그린웨이 박사, 캘빈 해쉬, 죠니 험프리, 루터 제임스, 새미 마릴리아, 모 모건, 랜디 피터슨, 브렌드 라이스, J T. 심즈, 허브 바인, 가런드 빅 매버릭 월터스 그리고 밥 워드 등도 잊을 수 없다. 나를 도와 월터스 컴퍼니를 잘 이끌어준 마이크 루스 제프 콜튼, 조 달스트롬, 미첼 앱스타인 등을 포함한 모든 임직원들에게도 고맙다는 인사를 전한다.

나의 헛소리와 허물을 참고 견뎌 준 과거와 현재의 갬블링 친구들에게도 감사의 말을 전한다. 바비 볼드윈, 빌리 백스터, 잭 비니언, 칼

555

보블리트, 닉 보그다노비치, 도일 브런슨, 앨런 레드 드보르키스, 사지 페리슨, 존 켄트, 마이크 켄트, 제이 코네게이, 잭 뉴턴, 진 맥칼리, 퍼기 피어슨, 칩 리스, 마크 테어, 듀이 톰코, 존 트리요니스, 스투 웅거 등이 그들이다.

골프 분야에서 나의 멘토 역할을 해준 사람들이나 골프 친구들의 이름도 언급해야겠다. 지미 발라드, 스코티 카메론, 로저 클리블랜드, 데이비드 페허티, 제이슨 핀리, 마크 포드, 행크 조지, 빌리 하몬, 부치 하몬, 딕 헬름스터, 피터 제이콥슨, 조 켈리, 데이비드 리드, 짐 '본즈' 매케이, 로저 맥스웰, 게리 매코드, 에디 메린스, 마이크 누이치, 존 레드먼, 제리 로버츠, 그레그 트리아스, 테리 투릴리아티, 폴 비잔코, 밥 보키 등이 그들이다.

그리고 마지막으로 자동차 사업 분야에서 나와 협력해준 밥 바이어, 샘 브르노비치, 제러드 가이엔니, 네이선 스탈, 마리우스 텔레호이, 데이브 주코스키 등 친구들에게 특별히 큰 감사를 드린다.